内 容 简 介

本书不仅阐述了数字经济框架体系，还全面、系统、深入地阐述了数字化转型的基本概念、技术体系、策略方法、应用案例及发展趋势，可帮助读者掌握数字经济及数字化转型的基本概念和系统知识，提升读者对数字化转型基本原理的认知。此外，书中还阐述了数字化转型的实现路径、云化的数字平台应用案例、数字化转型的发展趋势、元宇宙及其发展趋势，可帮助读者建立数字化转型的系统化思维方法，并通过体验更多的实践案例产生认知的飞跃，从而更好地完成企业的数字化转型与个人数字化素养的提升。

全书由 3 篇 12 章组成。第 1 篇数字化转型的概念与框架体系，包括第 1 章科技范式的转变驱动产业变革，第 2 章数字新时代已经开启，第 3 章数字化转型的概念、内涵及框架体系；第 2 篇数字化转型的技术体系，包括第 4 章云计算技术及其发展，第 5 章大数据和 AI，第 6 章 5G 和物联网，第 7 章区块链，第 8 章信息安全技术及其发展；第 3 篇数字化转型的策略、案例及发展趋势，包括第 9 章数字化转型的策略、方法及实现路径，第 10 章数字平台场景应用案例，第 11 章数字化转型的发展趋势，第 12 章元宇宙的概念及其发展趋势。

本书内容兼顾普及性和专业性，力求将理论、技术、策略与实践相结合，尽可能照顾不同层次的读者。本书不仅适合作为企业管理人员、CIO、CTO、IT 从业人员、政府相关工作人员日常学习和工作的参考书，还可作为大专院校相关专业的教材。

图书在版编目 (CIP) 数据

数字化转型认知与实践 / 雷万云，韩向东著 . —北京：清华大学出版社，2023.7 (2023.9重印)
ISBN 978-7-302-64153-7

Ⅰ.①数… Ⅱ.①雷… ②韩… Ⅲ.①产业经济－转型经济－数字化－研究－中国 Ⅳ.① F269.2

中国国家版本馆 CIP 数据核字 (2023) 第 133959 号

责任编辑：杨如林
封面设计：杨玉兰
版式设计：方加青
责任校对：徐俊伟
责任印制：宋　林

出版发行：清华大学出版社
　　　　　网　　　址：http://www.tup.com.cn，http://www.wqbook.com
　　　　　地　　　址：北京清华大学学研大厦 A 座　　　　　邮　　编：100084
　　　　　社 总 机：010-83470000　　　　　邮　　购：010-62786544
　　　　　投稿与读者服务：010-62776969，c-service@tup.tsinghua.edu.cn
　　　　　质 量 反 馈：010-62772015，zhiliang@tup.tsinghua.edu.cn
印 装 者：三河市铭诚印务有限公司
经　　销：全国新华书店
开　　本：188mm×260mm　　　　　印　　张：21.25　　　　　字　　数：599 千字
　　　　　（附白皮书）
版　　次：2023 年 8 月第 1 版　　　　　印　　次：2023 年 9 月第 2 次印刷
定　　价：99.00 元

产品编号：100535-01

数字化转型
认知与实践

雷万云　韩向东 ◎ 著

清华大学出版社
北京

成就数据驱动型企业
中国企业数字化转型
白皮书

中关村数字经济产业联盟

元年研究院 | 主编

《管理会计研究》杂志

成就数据驱动型企业
中国企业数字化转型
白皮书

中关村数字经济产业联盟
元年研究院 ｜ 主编
《管理会计研究》杂志

内容简介

本书从总结分析学术界、实务界不同群体对数字化转型的理解出发，创新性地提出数字化转型的"3×3"概念框架。通过对数据驱动的洞察，率先提出数据驱动的应用模型，并进一步指出企业应拥有一套"六步闭环"的数据价值体系。从数字化转型工作推进角度，提出数字化转型"五要素推进法"的行动方法论，并结合实践案例分析了数字化转型在研发、生产、供应链、营销、经营管理和财务六大领域应用的关键路径。最后，本书对未来企业数字化将会呈现怎样的构架形式、数字化转型需要哪些配套机制等方面进行了详细阐释。

书中参考或引用了大量企业案例，涵盖多个具有首创性的模型框架，不仅对企业开展数字化转型实践具有重大意义，而且为学者开展数字化转型研究提供启发价值。

前言

每一场危机中总是孕育着巨大的机会，这考验的是决策者的远见和勇气。

2003 年"非典"期间，刘强东在中关村经营的所有门店被迫歇业。为维持运营，刘强东硬着头皮在论坛、网站刷帖子与用户沟通卖货。这次尝试，令此前对 BBS 一无所知的刘强东刷新了对互联网和电子商务的认知。"非典"结束后，刘强东放弃了复制国美电器、苏宁易购的商业模式的战略，力排众议关掉所有线下门店，全力发展京东多媒体网，正式跻身电子商务行业。刘强东的顺势而变，让京东弯道超车，迅速崛起为我国互联网头部企业。

2022 年，新型冠状病毒感染情况已在全球持续两年之久。数字化转型却在疫情中逆势加速，成为企业穿越不确定性、实现高质量发展的新引擎。在市场倒逼转型的时代面前，现在的企业决策者已无须像刘强东当年一般为"转不转"反复思量、背负非议和不理解，但也会面对相对更不确定的转型过程和转型收益。"转什么？怎么转？从何处转？"成为长久盘桓在决策者心头的"问号三连"。

为此，联合中关村数字经济产业联盟、元年研究院、《管理会计研究》杂志共同完成了这份报告，基于对 100 多家中国企业数字化转型的实践调研和对专业人士的实地访谈，结合桌面调研、文献研究等研究方法，为迷茫中的企业带去一份数字化转型的实施方法论及行动指南。

在这份报告中，我们无意复制任何一家企业的数字化答卷，但我们努力在提出的每个行动建议后筛选并编写富有价值的案例或应用场景，希望企业结合自身情况，进行有选择的借鉴，并因此获益。

CONTENTS

目录

01

不同人群
对数字化转型的理解

首先，让我们来看一个故事。

作为新能源汽车的领军企业，2020 年，比亚迪从零起步开始制造口罩机，生产口罩。为此，比亚迪调集了 3000 名工程师、10 万名产业工人，3 天出图纸，7 天出设备，10 天量产，20 天做到全球第一。口罩的最高日产量达到 1 亿只，是疫情前全球产量的 5 倍。比亚迪总裁王传福表示，这些成绩的取得，除了依靠强大的制造实力，还有一个重要保障，就是比亚迪搭建了大量的数字化、自动化生产线。依托强大的能力，比亚迪仅用 7 天时间，在 8 个基地，快速建成了 5000 多个信息网络终端，实现研发、生产、供应链、营销、管理、财务等价值链全环节的数字化、智能化。口罩从原料、成型、包装，直到送达用户手中，实行全生命周期管理，让每一只口罩均可溯源。比亚迪快速援产口罩的案例是中国企业数字化转型的一个样本，从中我们可以形成对数字化的初步认知。

1.1　学术文献中对数字化转型的描述

1.1.1　国外文献中关于数字化转型的研究

麻省理工学院 Jeanne W.Ross 等（2017）[①] 的研究指出：数字化转型可分成两类，Digitized 和 Digital。其中，Digitized 以实现更高效率、更高可靠性和更优成本为目标，而 Digital 则是以聚焦快速创新、实现创收和增长为方向。

Bresciani、Ferraris 和 Del Giudice（2018），Scuotto、Arrigo、Candelo 和 Nicotra（2019）认为：数字化转型不仅是传统的 IT 后端过程，而且是重新定义战略、创新与治理机制，通过影响整个组织创造出新的企业价值链以及企业间的关系，改变了企业开展业务的方式以及同上下游企业等利益关联者建立联系的方式。

- **Sanchis R. 等（2020），Marc K.Peter 等（2020）认为：** 低代码开发平台、大数据、云计算、区块链以及人工智能等数字技术，为企业数字化转型提供了强有力的技术支持。
- **Huanli Li 等（2021）认为：** 数字化转型通过加强企业内外部关系，促使数字技术与企业经营战略相结合，从而增强企业面对市场环境变化的应对及反应能力。

1.1.2　国内文献中关于数字化转型的研究

国务院发展研究中心课题组联合一些企业开展的《传统产业数字化转型的模型和路径》课题（2018）指出：数字化是利用新一代信息技术，构建数据的采集、传输、存储、处理和反馈的闭环，打通不同层级与不同行业间的数据壁垒，提高行业整体的运行效率，构建全新的数字经济体系。

- **李辉等（2020）认为：** 数字化转型是构建于互联网和信息技术基础之上的智能化和数字化，通过搭载全新的产业形态与平台，重构交易模式，将企业的生产设备、交易过程和物理世界数字化后再连接，推动企业竞争从实体空间向网络空间转变的一种全新的生存、生产、经营、竞争与创新方式。
- **肖静华（2020）认为：** 从技术视角来看，数字化转型是以新一代数字技术（5G 网络、边缘计算、工业互

---

① Jeanne W. Ross etc.Don't Confuse Digital With Digitization,2017.

联网、物联网、云计算、大数据、区块链、AI 等）、商业模式、竞争模式、新型人力资本积累和相应制度变革为关键驱动因素的颠覆性创新力量。

- **尹金等（2020）认为：** 从组织因素来看，数字化转型就是利用信息化技术对企业的组织架构进行重塑，让企业的业务构架变得更加快捷和方便，包括企业的交易模式、管理模式和生产方式都可以实现数字化和信息化发展。数字化变革意为移动互联网、物联网、大数据、云计算、人工智能等与实体企业深度融合，代表着以数据为驱动要素的新经济形态和产业发展规律。

1.2　企业对数字化转型的认识

以下是部分企业对数字化转型的认识。

Gartner（高德纳，又译顾能公司）给数字化转型"Digital transformation"的定义是：开发数字化技术及支持能力以新建一个富有活力的数字化商业模式。数字化转型完全超越了信息的数字化或工作流程的数字化，着力于实现"业务的数字化"，使公司在一个新型的数字化商业环境中发展出新的业务（商业模式）和新的核心竞争力。

- **谷歌认为：** 数字化转型是利用现代化数字技术（包括所有类型的公有云、私有云和混合云平台）来创建或调整业务流程、文化和用户体验，以适应不断变化的业务和市场需求。

- **亚马逊认为：** 数字化转型的本质是信息技术和能力驱动商业的变革。企业数字化转型的三个关键是：一，建立起数字化的企业战略、模式和文化；二，企业掌握驾驭数字化新技术的能力；三，将数据视为企业的战略资产。

- **IDC（国际数据公司）：** 一方面认为数字化转型是"利用数字化技术（例如云计算、移动化、大数据 / 分析、社交和物联网）能力来驱动组织商业模式创新和商业生态系统重构的途径或方法"；另一方面又觉得数字化转型经济与信息经济、网络经济、互联网经济等大同小异。

- **阿里巴巴认为：** "数字化是一个从业务到数据，再让数据回到业务的过程"，关键在于 IT 架构统一、业务中台互联网以及数据在线智能化。

- **华为认为：** 数字化转型就是基于业务对象、业务过程和业务规则的数字化，华为希望构建一个实现感知、联接和智能的数据平台。感知是物理世界与数字世界之间形成完整且有效的映射；联接是把各种离散的数据相互联系成有机整体；智能是在这个基础上加入一些大数据和高级模型算法。

- **腾讯 CEO 马化腾认为：** 数字化转型未来的趋势就是数据打通，再造流程，简化流程提高效率。

- **美的集团 CEO 方洪波认为：** 数字化即企业价值链的数字化，也就是从数据出发，利用现有的一些新技术对所有的数据进行分析、计算、重构，然后实时指导经营管理的全过程。

02

数字化转型的
"3×3" 概念框架

对于数字化转型，可以说一千个人眼中就有一千种看法。但无论这些看法如何各异，其仍具有一些共性。基于 1.1 节中提到的研究，我们可以看到，无论国内还是国外，企业界还是学术界，在谈到数字化转型时有几个词是被反复提及的，这些词包括技术、连接、数据、智能、商业模式、管理模式、效率，它们构成了数字化转型的核心关键词。

在这些关键词中，连接、数据和智能处于"C 位"，是数字化转型的内核；技术的迭代是驱动转型的原动力；而商业模式、管理模式和效率则是转型带来的结果。企业首先通过连接业务和管理在线化，然后利用数据驱动业务经营和管理决策，最后基于数据实现智能化场景应用和人工智能等高阶场景。所有这一切的发生都是基于技术迭代，在技术的推动下进行，与此同时，它们又给企业的商业模式、管理模式和效率带来变化。

由此，我们提出数字化转型的概念框架，如图 2-1 所示。

图 2-1　数字化转型的概念框架

2.1　技术是推动企业变革的核心力量

数字化首先是一个技术概念。在数字化时代，技术已成为推动企业变革的核心力量。站在技术的视角上看数字化，我们应该抓住三个关键词：信息化、新一代信息技术和数字化。

2.1.1　信息化改变而不是颠覆流程

从技术的视角上看，数字化是信息技术（Information Technology，IT）向数据技术（Data Technology，DT）转化的过程。因此，我们在谈论数字化时，就不能不提信息化。

根据国务院发布的《2006—2020 年国家信息化发展战略》中给出的定义：信息化是充分利用信息技术，开发利用信息资源，促进信息交流和知识共享，提高经济增长质量，推动经济社会发展转型的历史进程。延展到企业，信息化是指企业基于计算机和网络技术，广泛应用以 ERP 为核心的信息系统，实现经营活动的电子流，改进和再造流程，并对流程进行有效控制和管理，降本增效并提升可靠性。信息化具有三大核心特点。

（1）从应用的广度上看，信息化主要是单个部门的应用，很少有跨部门的整合与集成。信息化只能实现部分流程、部分信息和数据的线上化，其价值也主要表现在局部有限的管理和效率提升方面。

（2）从应用的深度上看，信息化只是物理世界的支撑和辅助工具。信息化尽管将线下的流程和数据搬到了线上进行处理，但企业内部各部门、企业与企业之间、企业与社会之间都没有建立连接。信息化没有改变业务本身，对流程而言，仅仅是对线下流程的改进和再造，而不是颠覆；对数据而言，只是有限提升了数据存储、处理和传递的效率和可靠性，但数据的录入、存储都是事后的，数据分散于一个个烟囱式的信息系统中形成大量孤岛，难以真正发挥出真正的价值。

（3）从思维模式上看，信息化还是线下的流程化思维，是为了高效、严格、没有纰漏地对线下物理世界的活动进行管控。在信息化时代，流程是核心，信息系统是工具，而数据则是信息系统的副产品。

2.1.2　新一代信息技术推动数字化变革的发生

如果没有以大数据、人工智能、云计算、移动互联、物联网为代表的新一代信息技术的突破性发展，企业从信息化向数字化的变革根本就不可能发生。

大数据技术是推动数字化变革的重要力量。大数据技术的出现，使得海量数据能够以高效、低成本的方式进行存储、处理和分析，数据从财务向业务、从结构化向非结构化、从内部向外部的三个扩展能够得到有力的技术支持。

大数据和 AI 的结合是数字化转型的核心。AI 技术赋予机器人类的智慧，不仅能够会记，还能够会听能懂，听懂自然语言，理解自然语义、并根据设定标准做出判断。从技术演进路线和应用场景扩展来看，AI 可以分为运算智能、感知智能、认知智能三个阶段：运算智能让机器拥有快速计算和记忆存储能力；感知智能让机器能听、能看、能交流；认知智能让机器能够理解人、做判断。AI 技术的发展为机器开展深度数据分析和辅助决策提供了技术支持。

云计算是数字技术的引擎。互联网以及移动互联网和物联网的核心就是云计算。基于云计算发展出了移动计算、大数据，从而支撑新一代信息产业、现代服务业、现代制造业。

移动互联技术让连接无处不在、无时不在。基于移动互联技术已经产生了类似移动出行（滴滴）、即时通信（微信）、短途出行（青桔）等一系列创新的商业模式。未来，人们坐的车、住的房子、房子里的设备、戴的眼镜和手表等都能通过一部手机互联，这将给人类社会带来巨大的改变。

物联网是在互联网基础上延伸和扩展的网络，它让所有能够被独立寻址的普通物理对象形成互联互通的网络，使物品与物品之间、物品与人之间可以进行信息交换和通信。物联网为数字化提供了大量源头数据，如大量生产设备、生产线在生产过程中的运行数据。

新一代信息技术是一个分水岭，把人类从工业社会带入数字社会。基于这些技术，人们能够将现实缤纷世界在计算机世界全息重建。现实世界什么样，人们就有能力把它在计算机世界里存储成什么样——这就是现实世界与虚拟世界并存且融合的数字化新世界。

2.1.3　数字化是转型数字业务的过程

Gartner 对数字化（digitalization）的定义：数字化就是利用数字技术来改变商业模式并提供新的收入和价值创造机会；是转向数字业务的过程。从这个定义中，我们可以提炼出数字化的三个关键点：改变商业模式、实现价值创造、转向数字业务。

与信息化相对应，数字化具有如下核心特点。

（1）从应用的广度上看，数字化不是企业的一个部门、一个流程、一个系统的变革，而是在企业整个业务流程中进行数字化的打通，会牵扯到企业中的所有组织、所有流程、所有业务、所有资源、所有产品、所有数据、所有系统，甚至会影响上下游产业链生态。

（2）从应用的深度上看，数字化为企业带来了从商业模式、运营管理模式到业务流程、管理流程的全面创新和重塑。数字化打破了部门壁垒、数据壁垒，延伸到上下游产业链，实现跨部门、跨单位的系统互通、数据互联。在数字化时代，数据被全线打通融合并形成数字资产，赋能业务、运营、决策。

（3）从思维模式上看，如果说信息化时代是以流程为核心，那么数字化时代一定是以数据为中心。在数字化时代，企业的思维模式应从流程驱动转向数据驱动。数据是物理世界在数字化世界中的投影，是一切的基础，而流程和系统则是产生数据的过程和工具。

（4）数字化并不是对信息化的推倒重来，而是要基于对企业以往信息系统的整合优化，提升管理和运营水平，用新的技术手段提升企业的技术能力，以支撑企业满足数字化转型的新要求。

2.2 连接、数据、智能构成数字化转型三大内核

2.2.1 连接是数字化最基本的内容

凯文·凯利（Kevin Kelly）在《失控：全人类的最终命运和结局》中表达了一个观点：互联网的特性就是所有东西都可以复制，这就会带来移动技术的两个特性——随身而动和随时在线——那样，人们需要的是即时性连接体验。这一观点可以帮助我们理解数字化最基本的内容——连接。

互联网、移动互联网、物联网的突破性发展颠覆了人与人、人与物、物与物之间的连接方式。今天，人们已经习惯在线连接去获取一切。企业可以基于云端平台，与供应商、用户、税务局、工商局等进行对接，实现交易在线化、透明化，统一对账和结算。通过将企业内部的 IT 系统与智能制造设备相连，企业能够开展供应链计划和精益成本管理。基于互联网，企业内部各个部门、企业与企业之间、企业与管理机构之间的人员都可以建立连接，快速进行社交分享、沟通，发起会议，开展协作。

2.2.2 数据是数字化的基础

在数字化时代，数据就如同人们生活中的空气和水，它既是数字化的基础，也决定了数字化的价值。过去，企业所拥有的数据构成主要是财务数据和部分业务数据。数字化转型的推进，使得企业的数据生态发生了极大的变化；工业 4.0 的推进，极大丰富了企业生产运作过程中的在线数据；而互联网、新零售等 C 端丰富多彩的应用，产生了大量充分展现消费者行为的数据信息。内部数据与外部数据的边界正在逐步消融。数据信息日益丰富，甚至日益广泛且深入地渗透进人们的生活中。这些丰富的数据海洋给我们提供了无限的可能，企业可以通过这些数据来理解和分析业务、做出决策，再应用到现实中。例如，在电子商务（以下简称电商）平台亚马逊，人人都知道的一句话就是"凡事要有数据支撑"。

同时，这些数据也对我们提出了问题：我们需要哪些数据？需要什么样的数据？怎样获得和存储这些数据？怎样对数据进行管理和处理？怎样挖掘出数据的价值？这些都是数字化转型中的最为核心和关键的问题。

2.2.3 智能是数字化未来的最高形式

数据赋能离不开智能的应用。本报告主要聚焦于企业智能，它是建立在大数据和 AI 基础上的运营全面智能化，是企业实现"连接"坐拥"数据"之后的延伸，是数字化转型的高阶目标，也是数字化未来的最高形式。

万物互联、传感器遍布世界，数据类型进一步丰富，温度、位置、环境等物体数据大增，数据量级进一步大涨，数据维度保持多样性，各类数据联通在一起，实现智能化场景应用和人工智能等高阶场景。

比如，系统基于智能化场景测算模型，从战略出发，结合管理需求，构建数字化逻辑应用模型，充分利用业务运营分析洞察和机器学习模型等智能技术，自动对业务过程提出建议或做出行动，能够实现企业级经营场景的自动化、智能化应用。

又比如，系统基于机器学习模型、语音识别模型、管理测算模型等 AI 模型，融合具体业务场景、运营场景，将模型与场景相关联，实现一体化应用，辅助或直接做出快速决策，促进"生产智能化、服务生态化、管理协同化、决策数据化"，实现人工智能高阶场景。

2.3 数字化转型给企业带来三大巨变

在信息技术快速发展和全社会对数字化转型高度关注的背景下，数字的产生、获取、处理、应用都发生了翻天覆地的巨大变化。这些变化对企业形成了三重冲击，由此带来了三大方面的改变。

2.3.1 推动外部商业模式和生态巨变

在数字化时代，当整个世界被连接在一起之后，过去"从研发生产端到销售端"的传统商业模式被颠覆，取而代之的是"从市场端到研发生产端到销售终端"的现代商业模式；过去简单的、线性的产业链被击破，取而代之的是更加高效的、以消费者为核心的生态系统。

在数字化时代崛起了一大批企业，但它们的盈利模式却和传统企业完全不同。中国最知名的三家互联网公司：百度、阿里巴巴和腾讯（简称 BAT）中，百度的主营是提供搜索服务，但用户享受免费搜索服务；阿里巴巴主营电商，但不靠淘宝赚钱；腾讯提供社交服务，但无论是 QQ 还是微信都是免费的。

不仅是企业的商业模式在变化，各行各业的产业生态都在数字化时代悄然焕新。Uber（打车应用）没有一辆属于自己的车，却改变了全球租车市场；亚马逊没有一家实体门店，却倒逼全球零售商纷纷走到线上；Airbnb（旅行房屋租赁行）没有自己的房产，却搅动了全球旅游酒店市场。融合是数字经济发展的重要方向。产业数据链、技术链、供应链、资金链等各条链路在数字化时代都要实现同频共振，通过产业数字化和数字产业化双轮驱动助推现代产业体系建设。

2.3.2 引起内部运作机制和管理者行为巨变

互联网将企业和用户连接在一起，打破了信息不对称，不仅使企业与用户之间的沟通变得越来越实时和没有缝隙，也让潜在用户能够听到真实用户的声音。例如，通过大众点评，餐饮企业可以在大众点评上实现与用户间去中介化的沟通与交流，用户的线上好评与口碑降低了因渠道不通畅导致的信息不对称。同时，这些评价也会直接影响其他潜在用户的消费意愿。

用户的影响力在数字化时代实现了大幅提升,用户获得了前所未有的主导权。无论在线上还是线下,提升用户体验成了商业最核心的问题,甚至直接决定企业的生死。这就要求企业必须建立起以用户为中心的运营模式,并不断完善服务,提升服务质量。相应地,企业管理者的思维方式也要发生转变,从经营产品向经营用户价值转变,从经营市场向经营数据转变,从经营企业向经营生态转变。这些转变的背后,要求管理者的行为模式要实现从管控向赋能的转变。以"控制和命令"为核心的权威式管理行为被削弱,取而代之的是以"服务和指导"为核心的赋能式管理行为。

2.3.3 推动工作效率及用户体验的提升

数字化的实现要借助新一代信息技术的广泛应用,这不仅给企业带来了业务活动的在线化和数据处理的智能化,还带来了大量流程、大量业务处理的自动化。数字化使许多工作都可以交由机器自动完成,从而在最大幅度上降低失误、提升效率。

同时,数字化还为企业带来了用户体验的极大提升。数字化连接一切,企业能够基于互联网与用户互动,无论是用户对产品和服务的需求,还是用户对产品和服务的反馈,都能够直接快速地传递到企业。企业能够据此高效地做出改进产品和服务的决策,并完成产品和服务升级。

总结起来,我们可以用这样一段话对企业数字化转型进行诠释:在数字化时代,企业通过广泛且深入地应用新一代信息技术,建立起人与人、人与物、物与物之间广泛且在线的连接。这些连接让数据的传递变得更加高效,信息变得更加透明,运营效率不断提升;引发了企业的商业模式、产业生态和运营管理模式的巨大变化。同时,这些连接也让企业获得了海量的内外部数据,使 AI 的模型和算法有了用武之地。企业可以依托模型和数据,建立起依赖可信依据而非依赖商业经验或直觉的自动化、智能化的决策体系,高质量、快捷地完成业务与管理活动。

03

数据驱动是
数字化转型的主线

如果要在数字化转型概念框架的九大要素中找到一个关键要素，能串联起其余，那无疑是数据。技术的迭代、连接的建立令数据量空前膨胀，数据传输速度更快、存储更高效，数据孤岛被打破，人或系统可以依赖数据做出更加准确、快速的决策。

在国务院下发的"十四五"规划等重要文件，以及各部委、各地区下发的数字化报告和规划中，都多次提到了数据、数据中台，包括数据治理和元数据管理。数据作为企业的战略资产越来越受到重视，从最初的数据协助业务协同，转化为数据驱动业务、数据驱动运营，乃至数据驱动人工智能和智能场景应用。因此，可以说数据驱动是数字化转型的主线。充分发挥数据价值是数据驱动的目的。数字化时代数据价值的利用和发挥将影响企业数字化转型过程和形成数字化背景下企业的核心竞争力。

理解数据驱动有两大框架性问题：数据驱动是什么？数据驱动怎样发生？

3.1　洞察数据驱动的三大结论

数据和模型是数据驱动的基本前提，数据价值的利用和发挥是数据驱动的目标。辨析和明确数据驱动内核要解决的主要问题，就是数据驱动在企业决策和行动中到底扮演什么角色，数据驱动的作用方式、作用过程和应用场景。因此，我们将从对这几个问题的分析和解决入手，对数据驱动展开研究，为回答"数据驱动是什么"的问题做铺垫。

3.1.1　数据驱动是动力而不是助力

很多人容易将数据驱动与"以数据为中心进行决策"混为一谈，但我们认为这两者存在本质差别。"以数据为中心进行决策"，顾名思义就是用数据来支持决策。通过对数据的整理、抽取，将数据转化为可读的知识，形成分析结果，决策者根据分析结果考虑并决定决策结果，最终决策由人做出。以数据为中心进行决策，人为决策的本质未变，决策者作为个人的局限性无法避免；难以应对复杂多变的数字化时代高频次动态决策的需求；同时，仍旧打不破企业业务流程环节多、决策链条长、信息不对称等传统决策模式下存在的问题；也没有完全体现当下自动化智能化的发展趋势。在这种定位下，数据驱动所带来的效率和价值都会大打折扣。

以一个简单的例子来说明：假设有 A 公司和 B 公司两家订票网站，A 公司将从网站采集到的数据进行分析，根据数据分析结果认为五一节是出行高峰，于是决定抬高价格，并手动从后台调整了五一节前后的机票价格和酒店价格，这就是"以数据为中心进行决策"。B 公司通过自动化手段实时采集、分析相关信息，总结规律，形成智能模型，当用户进行搜索时，后台自动根据模型规则，对价格进行调整，这就是数据驱动。在 A 公司中数据和系统处于被动地位，人机属于简单互动，数据更多地是呈现客观事实或根据分析需要简单加工；在 B 公司的人机交互过程中，数据实际上形成了一个"自助池"，能根据用户需求和习惯主动地进行决策和行动。

3.1.2　数据驱动与人机协同模式紧密关联

"数据 +AI"是数据驱动的核心要素。万物互联时代的到来，表明多元互联互通的实现成为可能，极大地扩展了数据的规模，提升了数据的质量。AI 所具备的自主学习、自主决策、主动交互、情境感知等能力与特性，给数据驱动创造了更多更高层级的应用场景。AI 的终极目标是"人、机、物"等多元协同共生。在数字化、智能化时代，企业在人机协同的工作方式下开展数据驱动将成为常态。

郝宇晓等（2020）参考智能驾驶 L5 模式，提出企业数据智能分析 L5（Level1~5）模式：

Level1 是辅助分析，实现自然语言交互方式的数据查询与探索，支持简单的通用计算模型。

Level2 是部分自主分析，支持通用的分析模型，对特定场景进行数据计算、数据结果的查询常识性判断。

Level3 是条件自主分析，基于知识图谱的推理能力，能代替人执行明确规则的数据监控和异常识别、溯因能力，具有对于特定领域的非结构化数据的自主处理能力。

Level4 是高度自主分析，应用 NLG 技术完成对数据分析结果的解释，能主动进行数据挖掘和预测，能适用于大多数应用场景。

Level5 是完全自主分析，机器在数据分析上达到与专业人士同等的水平，可以完全代替人类做出决策。

数据智能分析是"数据 +AI"的核心体现。数据智能分析的 L5 模式同样适用于数据驱动的应用中。随着机器智能化程度和自主能力的增强，人机协同的数据驱动有不同层次的应用场景，是一个"人的参与渐次减弱，机器的参与渐次增强"的体系。

3.1.3　以数据驱动替代流程驱动推动数字化转型

流程驱动的基本思想就是改变传统的按照分工原则把一项完整的工作分成不同部分，由各自相对独立的部门依次进行工作的工作方式。流程驱动通过流程重构和业务在线把企业"搬"到线上，从业务需求出发，再造业务流程、优化组织、建设 IT，在企业数字化转型早期有积极作用，如图 3-1 所示。但流程驱动依靠人的直觉和经验，用过去的流程来管理和应对现在和未来的变化，在市场环境日益复杂多变的现在和未来，都显然不可取。数据驱动依靠数据、算法和模型而不是人的直觉和经验驱动流程中的行为，能够更迅速、智慧地响应企业的业务和管理需求，如图 3-2 所示。例如，数据驱动的产品开发平台、产品推荐系统、爆款预测模型、资产优化管理等，均以更加智能的方式，以数据记录的事实为决策基础，提供数据驱动的决策方案，越来越广泛地被决策者们信任。表 3-1 为流程驱动与数据驱动的对比。

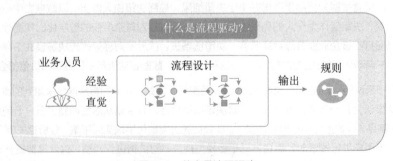

图 3-1　什么是流程驱动

图 3-2　什么是数据驱动

表 3-1　流程驱动与数据驱动对比

项目	流程驱动	数据驱动
输入	人的经验和直觉	数据
过程	文档设计，流程分析	数据建模，机器学习
可视化	设计过程可解释，过程可视	模型训练过程不可视
自动化	非自动化	可自动化
迭代	慢	快
输出	规则体系	决策体系

3.2　数据驱动的概念框架

基于上述分析，为更清晰地展现数据驱动在企业的发生过程，我们结合数据驱动在企业从发生动因到应用路径的传导机制，梳理出理解数据驱动概念和内涵的五大关键要素，它们分别是：服务对象、需求动因、应用场景、模型、数据。根据这五大要素之间的关系，我们构建了数据驱动的分析框架（见图 3-3），并以此为基础，从人机协同视角出发，对框架要素逐一进行描述，形成数据驱动的概念框架（见图 3-4）。

图 3-3　数据驱动的分析框架

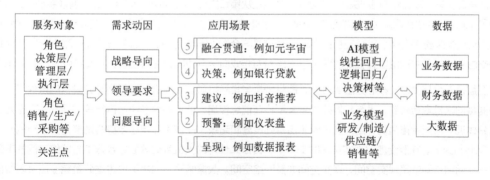

图 3-4　数据驱动的概念框架

3.2.1　服务对象覆盖各层级管理决策人员

服务对象即"人机协同"中的"人"。数据驱动的服务对象既包括企业高层决策者，如集团领导和部门的中层管理人员，又包括销售、生产、采购、研发、质控等各个经营环节的业务执行人员。这些服务对象既是数据的使用者又是提供者，以自身不同的关注点对系统提出需求，通过需求传导，在具体场景中形成基本的人机互动，并逐步上升到人机协同和人机融合。

3.2.2 以需求动因作为人机协同传导链条

与服务对象相对应，需求动因分为企业决策层的战略需求、管理层的管理需求以及执行层解决具体业务问题的需求。需求作为人机协同中的传导链条，不同层次的需求动因将对应不同层次的数据驱动应用场景。事实上，在数据驱动发展至今的过程中，低层级的需求一直存在，只是逐步向高层级发展。这就要求在构建数据驱动概念框架时，应持有发展动态的原则，结合人机协同的发展，尽可能完整地体现数据驱动的全貌。

3.2.3 匹配不同层次的数据驱动应用场景

找到高价值的应用场景是数据驱动的前提和核心。数据驱动的应用场景，实际上对应的是服务对象不断发展的从低到高的需求，层级的高低则是由人机协同的程度来体现。具体而言：

- 第一层是呈现：核心是要用户能看见，即将数据结果呈现给用户，只反映客观事实，不做判断。典型的应用场景如数据报表。在这个层级上的数据驱动未形成人机协同，仅有简单的人机交互。

- 第二层是预警：核心是助用户分辨，即基于数据判断好坏优劣。典型的应用场景如红绿灯、仪表盘。在这一层级上系统已开始进行数据的处理分析，并能协助用户进行数据判断，人机交互程度进一步提高；但数据分析判断过于简单，仍未达到人机协同的程度。

- 第三层是建议：核心是帮用户抉择，即基于数据做出行动建议，例如商品选择、抖音推荐。这一层级在一定程度上已经开始出现人机协同。与传统的工具不同，信息系统可以运行设定好的模型算法，针对用户的输入执行相应的命令，做出预设性的建议，人与数字系统的交互是双向、多重的，并且可以形成多轮开放式对话，但做最终决策的仍然是人，系统仍处在被动地位。

- 第四层是决策：核心是替用户决断，即基于数据自动决策和执行，例如银行贷款等。依托智能系统，数据驱动场景正式进入人机协同阶段，智能系统具有情境感知、自适应学习、自主决策及主动交互与协同等关键特征。当人与具备这些特征的智能系统进行交互时，仿佛是与合作伙伴或者队友打交道，开始选择性地将经营管理事务交由系统自动决策和执行。在此过程中，人和系统互相双向学习，推动人机交互向人机智能协同发生深刻转变。

- 第五层是融合与贯通：核心是虚实合一，即将虚拟与实际打通。在人机智能得到充分融合的条件下，人机协同将向人机融合转变，人与机器的共生关系将在信息传递、信息处理及决策执行等方面都得到全方位的充分体现。以元宇宙为例，用户通过元宇宙基础设施和超级 VR 技术让自己全身心地成为元宇宙的一份子（Cyborgs）。在混合虚拟现实技术的支持下，日益人性化的人机互动界面导致网下与网络空间的不断重合——网络空间就是现实空间，现实空间亦是网络空间。数据驱动下的决策也将难分是完全由机器做出还是由人做出，机器和数据已经成为现实人不可分割的部分。

3.2.4 构建自动优化的 AI 模型和业务模型

数据驱动的不同层次场景、人机协同的不同程度，都需要依靠模型来构建。企业数据驱动场景下的模型主要有两类，一类是 AI 模型，包括线性回归、逻辑回归、线性判别分析、决策树、学习矢量量化、深度神经网络等，它们为解决各类数据处理问题提供科学的算法，并可以基于机器人的自适应学习机制持续自主地进行模型更新。另一类是业务模型。基于数据＋算法＋算力，企业通过将业务过程抽象化、数据化，开展数据建模，形成覆盖从研发、制造、供应链、物流、市场、销售等环节的全链路的多维业务模型。这些模型沉淀在系统中成为知识，多向共享赋能不同业务场景中的数据应用，并在此过程中自动进行优化和迭代。

3.2.5　夯实海量实时多维共享的数据基础

数据是物理世界在数字化世界中的投影，是数据驱动的基础，也是使机器获得智能的钥匙。数据信息日益丰富，甚至日益广泛且深入地渗透进人们的生活。数据量的提升、数据时效性的加强、数据来源复杂化、数据维度多元化、数据共享化，为数据驱动提供了大量、实时、多维、贯通和定制化的生产要素，让数据驱动向全场景渗透。

3.3　数据驱动的六步闭环

一个真正的数据驱动型企业应拥有一套闭环的数据价值体系。数据价值体系指的是一套完整的从数据采集、整理、报告到创造价值的流程。

从人类驱动各类行为的路径出发，可借鉴为思考数据驱动的作用过程，从而对数据价值体系的全貌进行阐释：①人体全面感知周围的信息；②大脑对基于感官采集的各类信息进行加工分析、洞察决策；③在选择好执行方案后，协调手足、语言等执行；④在执行过程中随时对执行情况进行监控、分析和评价，及时做出改进；⑤将执行结果反馈给大脑中枢。数据驱动的价值体系落实到操作层面亦大致如此：通过对数据的采集、整理、提炼，总结出规律形成一套智能模型，之后通过人机协同的方式做出决策，在人机协同的工作方式下直接驱动行动的快速执行，最终将决策和行动数据化并进行反馈。

完整的数据价值体系分为 6 个环节（见图 3-5）：数据采集、数据治理、数据建模、智能决策、指挥执行、反馈改进。

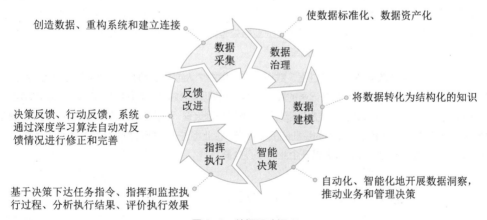

图 3-5　数据驱动闭环

数据采集是数据驱动闭环的起点，是创造数据、重构系统、建立连接的过程；数据治理环节是数据标准化、数据资产化的过程；数据建模环节是通过建模，将数据转化为结构化的知识的过程；智能决策是自动化、智能化地开展数据洞察，推动业务和管理决策的过程；指挥执行是用决策的结果直接驱动业务活动的过程，包括下达任务指令、监控执行过程、分析执行结果、评价执行效果等一系列活动，确保数据驱动价值的实现；反馈改进是系统结合决策和执行中的反馈情况，通过深度学习算法自动修正和完善的过程。最终形成一个动态的、自主发展的闭环。

3.3.1 数据采集是数据驱动闭环的起点

数据采集是数据驱动闭环的起点，是创造数据、重构系统、建立连接的过程。以往的数据采集方式主要有两种。第一种是伴随运营过程简单记录，最主要的特点是数据往往伴随着一定的运营活动而产生并记录在数据库中，比如超市每销售出一件产品就会在数据库中产生相应的一条销售记录。这种数据的产生方式是被动的、伴随性的。第二种是用户原创，随着流媒体、移动互联网设备的快速发展，由用户通过电商点评、平台意见发布等主动产生数据。

到现在感知式系统阶段，人们已经有能力制造极其微小的带有处理功能的传感器，通过对传统信息系统的重构，可以将这些感知设备广泛布置于企业内外环节的运转中进行监控。这些设备会源源不断地产生新数据，这种数据的产生方式是自动的。数据产生经历了被动、主动和自动三个阶段，这些被动、主动和自动产生的数据共同构成了数据驱动的数据来源，而自动式的，由系统不间断创造的数据是数据驱动最主要的数据产生方式。

同时，互联网、移动互联网、物联网的突破性发展颠覆了人与人、人与物、物与物之间的连接方式，企业、供应商、用户、监管部门以及社会公开的数据通道得以打通，多维度、多种类的海量数据得以被实时、动态地采集，并在系统中汇总和融合。在这一过程中，系统又能通过数据对比、计算产生新一轮的高阶数据。

3.3.2 数据治理是数据标准化、资产化的过程

数据治理是数据标准化、资产化的过程。数据价值的体现，一定是建立在整条数据链路的效率和质量基础上的，没有有效的数据治理工作，就无法打造数据创造价值的基础和系统能力。在数据应用层发展到一定阶段时，必然会遇到制约和瓶颈，数据的维护成本急速上升，数据应用层每前进一步都会越来越难。

利用数据治理，首先可以实现数据标准化，通过对数据的标准化定义，明确数据的责任主体，为数据安全、数据质量提供保障；其次，可以解决数据不一致、不完整、不准确问题，消除可能存在的对数据意义的理解偏差，减少各部门、各系统的沟通成本，提升企业业务处理的效率；最后，标准的数据及数据结构能为新建系统提供支撑，提升应用系统的开发实施效率。

同时，数据治理也是实现数据资产化的过程。数据资产是指由个人或企业拥有或者控制的，能够为企业带来未来经济利益的，以物理或电子的方式记录的数据资源。根据国际数据管理协会（DAMA）给出的定义，数据治理是对数据资产管理行使权力和控制的活动集合。通过数据治理，可以完成对数据的集中清洗和标签定义，形成企业的主权数据，这些数据可以作为企业的战略资产，企业将进一步拥有和强化数据资源的存量、价值，以及对其分析、挖掘的能力，最终极大提升企业的核心竞争力。

3.3.3 数据建模将数据转化为结构化知识

建模环节是通过数据建模，将数据转化为结构化的知识的过程。通过建模环节，系统可以从海量非结构化数据中抽取结构化知识，并利用图分析进行关联关系挖掘，可以洞察"肉眼"无法发现的关系和逻辑，通过提取节点及关系信息，节点相互连接，形成知识网络结构，并逐渐积累为企业的结构化知识库。结构化知识库将双向作用于人和数字系统，通过提炼出简洁清晰可复用的知识模型，可以协助人实现快速回顾知识，节省下认知资源用于更高层次的思考，并形成小颗粒度的知识模块，便于系统自动进行知识重组和知识创新，为自动化、智能化的数据洞察打下基础。

3.3.4　智能决策是系统开展自动化数据洞察的过程

智能决策是系统自动化、智能化地开展数据洞察，推动业务和管理决策的过程。在应用初期，系统依靠 AI 技术进行数据洞察，帮助人们判断哪些是可以委派给计算机的决策任务，哪些是短期内仍需要依靠人来决策的管理问题。对于可委派的决策，通过计算机程序自动分析、自动执行；对于尚需要人做出的决策，将管理层的决策行为作为知识不断输入系统，利用机器学习等方式促进系统形成智能算法，通过知识发现系统，产生新的规则、算法或模型。

随着智能机器人和数字孪生技术的不断发展，人机共生程度日益提高，数据驱动下的企业信息系统也在对历史、现实案例进行数字化，在此基础上，通过机器学习进行样本归纳、类比推理分析，实现知识挖掘、计算和持续迭代更新，从而渐渐向高阶智能决策发展。智能决策体现适应性、动态性和演化性的智能体理性决策特征。智能系统能融合人的思维规律引导使用者解决问题，围绕作为决策客体的决策对象本身具有的动态变化特性，实现对决策问题的时空多维度解析；能够更加客观地审视问题全貌，自动给出方案并持续优化方案生成。

3.3.5　指挥执行是用决策结果驱动行为的过程

指挥执行是用决策的结果直接驱动行为的过程，通过监控执行过程、分析执行结果、评价执行效果，做出改进等一系列活动，确保数据驱动价值的实现。在系统完成自动化、智能化业务和管理决策后，这些决策将通过系统指令的方式实时指导企业各类业务经营环节的最佳行动。这种由数据直接驱动的行为是整体性的，能够将企业复杂的战略决策落实到多环节、跨职能的业务场景上。同时，系统将监测整个决策执行过程，以便在用户交互和运营业务期间进行执行结果的动态分析和实时建议最佳操作。在此基础上，实现对不断变化的执行情况和用户动态的快速响应。

此外，随着人机共生程度不断提高，在数据驱动下，虚拟与现实进一步融合。可以预见，在诸如元宇宙等环境下人和系统在行动上的同步趋势，即共同对决策的执行做出实时调整和完善，并将不断从对行为数据的分析和评价中吸取知识，使从决策、执行到改进整个过程的时间间隔大幅缩短，实现效率最大化。

3.3.6　反馈改进是系统自动修正和完善的过程

反馈改进是系统结合决策反馈、行动反馈的情况，通过深度学习算法去自动修正和完善的过程，通过反馈使数据驱动最终形成一个动态的、自主发展的闭环。在数据驱动下，系统是可以实现自我学习和完善的，但是这个过程需要反馈数据的不断输入，需要模型根据比对决策结果、执行结果的现实数据把偏差信息反馈给机器学习，形成正向和负向的数据反馈，才能在其后不断的机器学习迭代过程中自我完善。因此，数据驱动闭环要求要有流式的数据不断地注入，要有以机器学习为基础的决策模型，要有能依赖模型输出结果可以推动的业务系统，还要有可以反馈预测偏差的反馈机制。

以个性化推荐为例，通过采集许多用户行为数据，在这个基础上训练用户兴趣模型，然后给用户推荐信息，再将用户的使用数据反馈到模型中。基于行为数据构建深度学习召回算法策略，采用排序模型训练数据，使系统自主调整相应的兴趣模型，实现在特定的场景针对特定用户的个性化推荐。

数据驱动通过自动化手段实时采集、分析相关信息，形成智能模型，基于人机协同的工作方式主动赋能科学决策、开展相关行动并形成数据反馈。在数字化、智能化时代，构建数据价值体系，打造数据驱动型企业成为决定企业生存和发展的关键问题。

04

数字化转型的方法论和行动指南

数字化转型涉及企业从战略到执行，从管理到业务，从组织到绩效，从需求到销售，从人力到财务，从流程到数据，从系统到平台，从集团到一线，从内部到外部的方方面面，是一个极度复杂的系统工程。面对如此复杂的局面，企业面临两大问题：从哪里推进？怎样推进？

4.1 数字化转型的"五要素"推进法

企业数字化转型的过程就是技术创新与管理创新协调互动，生产力变革与生产关系变革相辅相成，实现螺旋式上升、可持续迭代优化的体系性创新和全面变革过程。从数字化转型工作推进角度，我们提出数字化转型的行动方法论，总结为"五要素"推进法，即从需求出发，以场景切入，用数据支撑，乘技术迭代，呈螺旋前进，如图 4-1 所示。

图 4-1　数字化转型的"五要素"推进法

4.1.1　从需求出发

数字化转型的本质是业务转型，数字技术的作用正从技术支撑走向企业生产经营全流程。这就急需企业内部达成转型共识并调整领导与战略。企业数字化转型的首要工作是在正式启动转型之前要明确需求，通过全面扫描自身情况，梳理企业对数字化转型的需求。需求的收集范围要覆盖企业的研发、测试、生产、营销、销售、人事、办公、采购、客服、运维等全流程与全部门，经整合分析后进行分类聚焦，明确企业的核心需求，以核心需求为引擎进行数字化转型，避免盲目转型。

通过明确管理需求，企业可以根据自己的实际情况和阶段性目标，先从某一环节入手，渐进式地进行数字化转型。从企业的本质来看，核心追求的目标包括"开源、节流、提效"三部分。不同企业在面对这三者时的选择不同，也常常意味着各自转型过程中的切入点大相径庭。例如，很多 B2C 类企业往往以"开源"为核心需求，这类企业往往选择营销与用户增长环节为数字化切入点，比如链家网推出的链家在线、贝壳找房等。而很多 B2B 类企业往往以"提效"为核心诉求，于是以管理或财务环节为数字化切入点，例如美的集团公司在转型初期基于"一个美的、一个体系、一个标准"的战略，重构流程和系统，统一数据标准。

从需求出发，还有一层含义是要关注到各层级管理人员的需求。对于转型，不同层级的管理者有不同的需求，高层决策者可能更关注数字化给企业生存和利润增长带来的影响，以及对自身决策的支持；中层管理者可能更关注业务过程的影响；执行层可能希望基于数字化有更高效的协同力。

4.1.2　以场景切入

在数字化转型视角下，企业经营可分解为业务场景的叠加。立足场景、问题导向是数字化建设速赢见效的重要手段。数字化转型的本质是技术驱动的业务变革和价值链创新。数字化对准的是业务，重点在于企业在具体的业务场景中如何借助技术更精准、更有效地服务用户，更全面、更直接地提升产品的用户体验和质量，更系统地获得有竞争力的成本优势和服务优势。

目前，5G、大数据、人工智能、区块链等技术创新应用步伐不断加快，但最大的挑战是应用场景。为此，企业应强化场景化创新，一方面是基于需求打造或创建场景，借助技术快速建设模型工具、灵活响应业务需求，并根据场景变化不断迭代应对，助力企业高效运营，快速推进数字化转型；另一方面是将基于场景的数字化工具直接下沉至作业流程中具体的操作环节，消除跨流程或流程中跨角色、跨环节的衔接障碍，针对组织特点、业务特点，以问题为导向展开场景模拟和场景建模，持续迭代升级，引领、创造和满足市场需求，提升自身竞争力，实现数字化转型。

综上，从场景切入开展数字化转型，企业采取的有效策略是：从价值需求出发，通过场景建模、解耦、复用、协同开发、数据打通等，由单个场景的转型切入，寻求局部最优解决方案，逐个突破业务重要节点，打通企业价值链，推动企业的数字化转型。行业不同，切入的场景不同。例如，零售企业一般选择从营销端或渠道端的场景切入，制造业可选择从供应链场景切入，包括采购、制造、仓储物流等场景。

4.1.3　用数据支撑

在数字化时代，数据就是生产力。实现数字化转型应以数据为必要且关键的支撑。用数据支撑数字化转型有两层含义。

- 第一层含义是用数据支撑数字化转型的过程和动作。数据是数字化转型的基本要素，也是继土地、劳动力、资本、技术之后的第五大生产要素，就如空气一般，是数字化转型每一次呼吸。每一个动作中的必需品。2020 年 4 月《中共中央　国务院关于构建更加完善的要素市场化配置体制机制的意见》中，首次将数据作为新型生产要素，与土地、资本、劳动力、技术等传统要素一起，纳入到市场化配置的生产要素之中。

数字化转型会打破企业原有的组织边界和信息边界，需要基于大量打通的数据资产开展场景化的计算、建模、应用。同时，将数据应用于具体场景的过程中，又会产生和沉淀大量新的数据，成为企业新的数据资产，继续支撑数字化体系。

- 第二层含义是用数据支撑数字化转型中的业务运营和管理决策。数字化转型的本质就是挖掘和释放数据的价值，数据在企业中主要应用于两大领域。一方面是基于大数据＋算法的技术手段，面向业务运营提供数据支持，包括：将数据应用于对消费者数据的洞察中，改变销售和交易模式，提高获得客户和成交效率；通过数据模型为供应链管理提供支撑，提高生产经营过程的效率如排产和计划优化、物流的优化。另一方面是面向管理决策分析提供数据支持，包括：将数据应用于在战略指引下对财务结果进行持续的规划和分析；将数据应用于预算管理、成本盈利分析、管理报告等管理会计工具和场景中；将数据应用于对企业全方位的数据加工、分析中，发现问题，制定战略和相关决策，并对结果进行预测和监控。

在数字化时代，每个企业都要成为数据公司，用算法来构建模型，并搭建数字化平台。这就要用到技术。

4.1.4　乘技术迭代

数字化转型的开展，得益于技术的不断进步，而技术是业务提升的巨大推动力。企业应该在新技术的探索上进行适度的超前投入，通过持续的探索和学习，将技术的威力变为实际的业务价值，推动业务持续转变和数字化转型不断前进。

技术的发展永不止步。当前，以云计算、大数据、物联网、人工智能、5G 为代表的新一代信息技术，在不断的融合、叠加、迭代中，为数字化转型提供了高经济性、高可用性、高可靠性的技术底座。同时，量子计算、脑机接口等技术突破传统信息技术领域范畴，为数字化转型向高级阶段发展注入动力。除上述通用的技术之外，还有制造业的工业机器人技术、房地产经纪行业的 VR 技术、零售行业的数据采集技术、物流行业的射频识别（REID）技术等，这些技术在行业的应用场景中广泛应用，高效响应不同行业企业数字化转型中的个性化需求。

技术迭代对数字化转型带来方方面面的影响。从物理层面上看，企业的运营过程将借助技术呈现出物理世界和数字世界两个"平行世界"，员工由人变成了"人＋机器"，生产资料变成"用品＋数据"，劳动资料变成"传统设备＋算力驱动的数字设备"。从数据层面讲，随着技术的迭代发展，企业将更多地通过数据处理、仿真建模、机器学习等技术改变从数据到信息再到知识的整个流程，用数据建构与物理世界形成映射关系的数字世界，并借助算力和算法来生产有用的信息和知识，企业将进入知识自动化阶段，数据将进入到价值创造的体系中。这种力量决定了技术迭代将会经由助力企业数字化转型的不断前行，最终助力企业重塑竞争力。

尽管技术是驱动数字化转型的重要力量，但是，在数字化转型进程中，关于业务场景、业务模式、业务创新以及业务与技术关系的内容远远大于技术本身。企业需要基于技术面向物理世界和数字世界进行互动融合，一方面需要面向用户需求、解决实际应用，开展全新市场的场景式研发与创新，对技术迭代形成逆向牵引；另一方面，技术与业务融合迭代驱动企业进入到网络式生态化协同创新模式，创新节奏加快、周期缩短，快速迭代、持续改进、及时反馈以及敏捷管理的创新，引领数字技术迭代，并不断驱动其他长周期的创新领域。

4.1.5 呈螺旋前进

如果要用一个图来表示数字化转型的前进路径，那么，它一定不是直线，而是近似于螺旋的曲线，呈现企业从起点出发，经过不断试错和发展，仿佛又回到起点，但获得极大丰富和提高的数字化转型的曲折过程。

数字化转型需要企业在不断试错中前进。这要求企业在转型之前就建立这一认知并指导数字化进程，接受过程中的停滞甚至是倒退，笃定并坚持数字化总进程和总趋势是不变的。

同时，数字化转型的螺旋式前进还意味着数字化转型是一条只有起点没有终点的征途。数字化转型是伴随着数字技术的不断发展，不断利用技术重新定义产业的发展模式和企业的业务战略模式的一个持续的过程。因为技术的发展没有终点，注定了数字化转型只有起点没有终点。

4.2 数字化转型的六大主战场

从整体来看，企业应着眼于整个价值链，而不是某一个环节开展数字化转型，尤其要规划建设研发、生产、供应链、营销、财务和整体经营管理六大关键领域的数字化体系，并将它们全线打通，形成紧密连接、互为促进、共生共赢的关系，共同创造企业价值链新生态。

4.2.1 以研发数字化为引擎重新定义产品

"人们可以订购任何颜色的汽车，只要它是黑色的。"汽车大王亨利·福特一百多年前说出这句自相矛盾的话时底气十足。因为想要拥有一辆汽车，你别无选择。这就是大批量生产时代的真实写照。

如今，时代的发展把厂商和消费者之间的位置颠倒过来。消费者对产品和服务的要求越来越高，产品、服务更新换代的周期越来越短，复杂程度也随之增高。于是，企业在研发环节的投入越来越大，研发数字化也日益成为打造产品竞争力的必备武功。

研发数字化，具体来说包含两个部分，一是研发管理数字化，二是研发产品数字化。随着用户的变化、技术的发展，企业要求研发端有更高的效率和效益；同时，用户对产品和服务的需求在不断迭代变化，推动企业开发出更丰富的数字化产品和服务。

本节以汽车行业企业为例，诠释研发数字化的价值和实现。

1. 研发数字化的典型实践：比亚迪 VS 特斯拉

对传统汽车厂商而言，大规模地设计和制造汽车以降低成本，保持销售汽车的竞争力，是它们最擅长的事。然而，在未来汽车产品已经从单纯的物理车辆发展到物理车辆和电子产品的结合，在软件定义汽车、云管端、用户驱动产品已成为新趋势后，汽车这一传统制造行业的企业，或主动或被动，已走在了研发颠覆性变革的前排（见图4-2）。

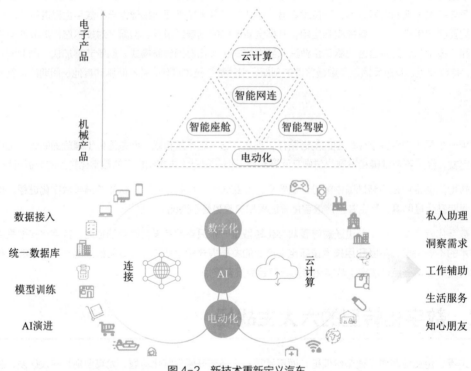

图 4-2　新技术重新定义汽车

从"基因"来说，汽车行业有泾渭分明的两大阵营：传统汽车厂商，以比亚迪为代表，研发数字化对它们而言是在描述传统企业拥抱数字技术并改变自己的过程；造车新势力，以特斯拉为代表，研发已从数字化走向了智能化，是互联网人士用数字技术去理解和提升一个行业。两类车企尽管在研发数字化上起点不同，节奏有快有慢，但无悬念地都将指向共同的目标：基于新技术研发创造出有情感、有温度的汽车智能体，并反哺研发。

1）比亚迪拥抱研发数字化

在比亚迪全球设计中心，已建立起全新的数字化设计流程，实现创意数字化、模型数字化、验证数字化，引入虚拟现实评审系统，让美学判断更精确；新的油泥切削设备可以实现白天设计师调整模型，晚上加工经过优化的数据，让设计推敲、品质验证都非常高效；还有虚拟样车评审、硬膜仿真样车评审，通过全数字化的流程，让感性的设计与理性的品质高效结合，用技术驱动设计。

同时，比亚迪开发了 DiLink 智能网联系统，并携手产业链合作伙伴在电动车智能网联系统、供应链信息化、智能制造、大数据分析等多方面开展交流合作。

比亚迪的 DiLink 智能网联系统将手机生态完美移植到汽车上，为用户带来丰富的智能座舱体验。系统不仅开放了车载信息系统，还开放了车辆的数据能力，包括341个车辆传感器和66项控制权。汽车不再是信息的孤岛，而是随时随地互联的海洋；汽车不再是冷冰冰的机器，而是会听、会说、会看、高情商、高智商的小伙伴。

同时，DiLink 智能网联系统还是一个开放包容的生态系统，能够连接全球亿万开发者、驾驶者和乘坐者，整合汽车行业上下游生态（销售、金融、出行等），聚合优秀开发者，集各方智力于一身，最终为车辆的智能化创新服务，最大程度地推动比亚迪的智能出行生态扩张。

2）特斯拉拥抱产品智能化

用数字化描述特斯拉其实并不准确，特斯拉研发的汽车产品已经走向了全面智能化。

特斯拉把每辆车、每一个传感器、每一个"事件"（即与方向盘、刹车踏板等进行的人机交互）都看作一个数据点。每个新事件、驱动程序和机器之间的每个新交互都会被记录并上传到数据库。这些数据被用来创建 3D 模型，特斯拉的软件工程师可以通过研究来改进和完善算法，并将对整个系统的更新、改变或修改在线传输给特斯拉汽车，实现汽车的空中升级迭代。

这使得特斯拉具备和其他汽车根本的不同：特斯拉的数据是从真实世界的英里数中收集的；特斯拉车主不只是开车去上班或办事，他们同时也训练特斯拉 AI/ML 的引擎，这肯定是当今最有效的产品研发众包众创方案，我们所期待的汽车自动驾驶也是在这一模式下才更有可能加速实现。

举个例子，特斯拉可基于百万辆在路上行驶的车辆数据预测车辆前的行人或骑车人可能会做什么，从而对车辆的自动紧急制动系统进行改进。具体来说，特斯拉汽车不仅能因为提前"看到"出现在路上的行人而停下，而且将能够因为预测到即将出现在道路上的行人而停止。

从上述案例中可以看到：在现阶段，比亚迪的研发更多的是基于研发协同带来的研发效率和效益的提升以及基于产品联网服务带来的产品价值的提升；而特斯拉作为传统汽车产业的颠覆者，已走到了研发的更高阶段，它的每一辆车不仅是自动化生产线上的终端产品，也是驱动特斯拉持续性研发的新引擎，这无疑也是比亚迪等其他厂商正在追赶的方向。

2. 研发数字化带来四大提升

传统观点认为，通过研发过程、研发知识、研发工具等数字化，实现企业内外部的协同研发，提升汽车研发效率，降低造车成本，提升汽车质量是车企研发数字化的核心价值。然而，我们认为：在用户需求快速变化和柔性制造的大背景下，降本增效仅是研发数字化的表层价值，其深层价值是通过融合软件、硬件开发，推动研发转型，获得平台的复用能力，实现产品全生命周期的协同管理，实现"软件定义汽车"，推动商业模式创新（参考特斯拉商业模式创新，见图 4-3）。

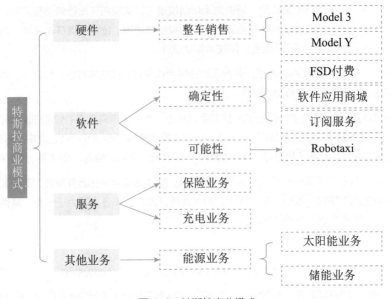

图 4-3　特斯拉商业模式

（1）适应变化的研发转型需求。电动化、网联化、智能化已成为汽车产业的发展潮流和趋势。与传统的汽车相比，电动车、智能车在相同的车内空间增加了传感器、电子、配电系统等多种配件，需要千兆级别的数据量传输，新的电子电气架构有超过 1 亿行的软件代码以及更高的电力需求。所有这些都要求企业从系统层面统筹规划，实现多领域跨学科集成和数据的统一管理及传输，利用雷达和摄像技术实现主动安全，通过数字化虚拟验证、电子电气架构数字化模型、虚拟化仿真验证，实现基于需求、功能、逻辑以及物理的研发全过程数字孪生。

（2）实现敏捷研发。研发数字化要求企业广泛应用数字孪生、数字化仿真技术，这些技术在不断演进的过程中，表现出跨产品生命周期、从静态到动态、人工智能驱动、算力需求暴增等特征。开辟车企数字化研发新业态，可利用数据和模型缩短决策链，大幅缩短产品研发周期和产品后期设计修改周期，优化研发流程，围绕用户不断变化的需求迅速进行研发的支持和响应，加快产品研发速度和质量。

（3）实现产品全生命周期管理。研发数字化不是孤立系统，将与企业其他价值链环节，如生产、供应链、营销、服务等数字化系统进行连接。基于 PLM 平台和以 ERP 为核心的产供销服资源管理平台，企业可打通全价值链业财数据，连接上下游伙伴、用户和资源，实现研发、生产、销售、服务一体化应用。

（4）重新定义产品和服务，推动商业模式创新。相比传统汽车，未来汽车在研发中关注的焦点更多集中在软件方面，比如手机 App、自动驾驶、数字化座舱、车联网等。车企获得竞争力的核心不再只是"造好车"，而是"用好车"；产品研发不再只是研发汽车整车本身，还包括数字化产品和服务的创新，形成更丰富的车内数字化产品和车辆应用服务，拓宽企业盈利空间，形成人、车、生活连为一体的全新且丰富的生态圈产品和服务，实现商业模式创新。

3. 研发数字化的场景和实现

汽车厂商基于协同研发平台、虚拟现实、数字孪生和云上数据流，以满足协同设计要求的仿真软件为基础，以虚拟现实为展现形式，以数据为流动资产，形成多技术融合的数字化生态，打通物理世界和虚拟世界的壁垒，构建全生命周期数字孪生，实现"需求定义 – 功能设计 – 逻辑设计 – 系统仿真 – 物理设计 – 设计仿真 – 实物试验"全过程闭环管理，实现基于"软件定义汽车"的数字化产品和智能服务。

研发数字化有五大关键场景：数字化企划场景、数字化协同场景、数字化设计场景、数字化验证场景、数字化决策场景。

（1）数字化企划场景，如盘活用户资产。企业围绕用户市场动态的全流程，盘活用户资产，通过沉淀用户的数据，帮助研发人员开展用户分析，赋能产品研发。长安汽车通过构建智能车联网，将经销商、4S 店、用户等多方数据连接在一起，通过实时数据采集、数据治理、数据加工处理、数据分析，了解用户购买行为和使用体验、识别用户喜好、动态挖掘用户需求，发现用户潜在需求，助力车型改进、新车研发和产品服务创新，不断满足、引领、创造用户需求。

（2）数字化协同场景，如协同研发平台。基于协同研发平台可实现异地异构协同，实现分布式环境中研发成员各项活动的调度、监控和工作协同。在研发众创包的趋势下，协同研发平台能够让用户和设计师、供应商在共享的协同研发平台上互动协作，确保研发内部与外部的协同，是敏捷开发机制的共建。上汽大通基于混合云架构搭建协同研发平台，包括 C2B 协同设计模式、C2B 社会化协同设计社区以及新体验研发在线平台。其功能为：一是根据用户需求定制产品，为用户赋能；二是将供应商纳入开发体；三是吸纳更多社会上的设计资源，以众创、众包、众筹、众测等方式，最大程度地提高新车研发效率；实现汽车全价值链数字化在线直联。

（3）数字化设计场景，如 CAE 仿真智能化开发。东风汽车应用径向基函数神经网络近似模型和多目标遗传算法对某型车防护组件进行优化设计，以同样的边界条件对优化设计出的防护组件进行实爆实验，发现优化后的防护组件可以在 6kg 当量的 TNT 爆炸冲击下保持完整而不破裂。

（4）数字化验证场景，如工艺验证。在正式启用生产线之前，蔚来汽车的工程师通过先进的数字化仿真软件，将生产制造的各个环节进行模拟，大到车身、底盘的装配顺序，小到每个螺丝钉的拧紧时长，经过大量的仿真分析和优化计算，最大程度地提高设备利用率，缩短生产节拍，从而减少后期调试的时间。同时，借助虚拟仿真技术，操作人员的培训工作也可以提前展开。

（5）数字化决策场景，如云上数据反哺。用户使用车辆的数据及整车数据可上传至云平台，为提升研发水平提供重要参考。例如特斯拉汽车云端迭代升级就是云上数据反哺的典型应用。

4. 研发数字化的三大关键

研发数字化的实现有三大关键：一是做好需求管理，识别有价值的需求；二是建立并不断迭代优化产品研发体系；三是建立高效的协同研发环境。

研发是为了给用户提供更好的服务和体验。因此，研发首先要以用户为中心，基于平台与用户产生交互，获得用户需求、体验等相关数据，对需求进行分类、筛选、挖掘和管理，根据多数用户的需求和优先级进行统筹规划，确定每一次产品迭代升级的需求，准确定义产品。

在数字化、智能化大潮下，软件不只定义汽车，可以说软件定义一切。数字化产品、智能服务已波及各行各业，这就要求企业在研发时必须考虑如何把经典的传统需求和新时代下的数字化需求整合在一起。因此，研发模式由于用户需求的不断转变也发生了巨大变化。过去，一般产品进入研发阶段后，需求会保持相对稳定。但当今时代，用户的需求，特别是在数字化方面的需求，会不断发生变化。这就要求企业不断迭代研发体系，优化组织和流程，实行动态敏捷的产品研发管理，基于快速的研发支撑产品的快速迭代，满足甚至创造和引领不断变化的用户需求。

协同研发已成为企业研发的常态。基于与用户的直接连接，协同的对象已经从内部延展到外部。这尤其需要企业建立数字化协同研发体系，建立产品开发过程协同管理机制，以实现分布式环境中开发人员项目协同、全生命周期产品开发协同和产品开发过程信息的协同，从而实现精准高效的研发协同。

4.2.2　以生产数字化为核心推动智能制造

"我不要卖你给我的东西，你们觉得好卖，但我这里根本卖不动。有没有纯色系的产品？"

"有，在工厂，但需要 1 个月或更久才能交货。"

"等到那时纯色系都过气了。能不能我订什么，你们很快就给我什么，而不是把你们认为好的卖给我。"

这是 2015 年前后，经销商与美的之间的一场尴尬的对话。对此，美的 CEO 方洪波反复强调说："在移动互联网时代，家电产业里那些传统的经验、方式和方法都已失效。"[①]

智能制造是无可争议的方向，生产端的数字化转型成为制造企业必须迈过去的坎。

生产数字化不仅是对生产业务的科学决策、智能设计、合理排产，而且是实现工厂内部的数字化装配、加工、维护、绩效管理、质量管理和可持续发展，打通端到端的价值链（主要集中在供应网络、产品开发、规划、交付以及用户的连接性），实现快速响应用户需求的全流程价值链的变革，实现从规模化生产向个性化生产的转型。

本节我们以典型的制造行业——家电行业企业为例，诠释生产数字化的价值及实现。

1. 海尔的互联工厂创新

2022 年 3 月，海尔郑州热水器互联工厂凭借先进工业 4.0 技术在产业链全流程的广泛应用成功入选，成为全球第一家热水器行业端到端"灯塔工厂"[②]，这也是海尔集团落地应用的第四个"灯塔工厂"。世界经济论坛（World Economic Forum，WEF）对此评价称，"面对蓬勃发展的热水器市场，日益增长的高端产品和服务需求，海尔郑州热水器互联工厂作为一家新建工厂，利用大数据、5G 边缘计算和超宽带解决方案，与供应商、工厂和用户建立密切联系，订单响应速度加快 25%，自 2020 至 2021 年初，提高生产效率 31%，提高产品质量 26%"[③]。

2008 年，海尔针对整个企业的产品设计和制造体系进行模块化改造，经历了从模块化到自动化再到黑灯工厂的过程，2018 年建成首个海尔中央空调互联工厂，并逐步构建起了以用户体验为中心的互联工厂创新体系。互联工厂是一个贯穿企业全流程的生态系统，它构建了一个用户交互的网络空间，通过工厂的"人机料法环（人员、机器、原料、方法、环境）"全要素、全流程、全产品与用户零距离互联，满足用户最佳体验，最终实现产消合一[④]，为我国企业探索智能制造新模式提供了有益的参照。

海尔的互联工厂有三大特征。

---

① 摘自杨国安著《数智革新　中国企业的转型升级》一书，中信出版集团出版。

② "灯塔工厂"项目由世界经济论坛与全球管理咨询公司麦肯锡在 2018 年联合发起，旨在遴选出在第四次工业革命尖端技术应用整合工作方面的领先企业。

③ 摘自新华网的《最强生产力｜推动制造业数字化转型，海尔做对了什么？》一文，http://www.xinhuanet.com/techpro/2022 0525/859fad69114e42f7bf203187732095861C.html。

④ 产消合一指用户既是生产者，又是消费者。

定制：众创定制整合用户碎片化需求，由为库存生产转向为用户创造，用户全流程参与产品的设计制造，由"消费者"变成"创造者"。

互联：体现的是网络化、内外互联、信息互联、虚实互联，如与用户实时互联，从研发到制造全流程实时互联，与供应商、物流商实时互联，实现全流程全供应链的整合。

可视：全流程体验可视化，用户实时体验产品创造过程。

海尔基于五大技术体系来构建互联工厂，分别是精益标准化体系、模块化体系、柔性化体系、数字化体系和智能化体系。

- **精益标准化体系：**是由机床、热处理设备、机器人、测量测试设备等组成的自动化设备与相关设施，实现生产过程的精确化、标准化执行。

- **模块化体系：**实现从零件变成模块，从模块到通用再到模块的迭代，通过模块化的自由配置组合，满足用户多样化的需求，最终实现产品的平台化。

- **柔性化体系：**与用户的定制相结合，利用自动化设备直接连接用户，将响应速度达到百万分之一秒。

- **数字化体系：**智能装备互联互通、应用系统无缝集成、数据可视和分析的三位一体的数字化互联互通体系。

- **智能化体系：**一个"双胞胎"系统，通过一个虚拟的设计、虚拟的装配，将用户需求转化为产品方案，同时在生产过程中应用新一代信息技术，实现智慧家庭和互联工厂的有机融合，完成用户全生命周期的最佳体验。

2. 生产数字化提升三大能力

基于海尔的实践，我们可以看到，生产数字化能够为家电企业带来三大能力的提升。

- 第一是大规模定制能力：大规模定制被认为是 21 世纪的生产模式，基于生产数字化，企业能够快速响应用户需求，同时兼顾大规模生产效益的运作战略。将顾客个性化定制生产的柔性与大规模生产的低成本、高效率相结合，寻求两者的高效平衡点。

- 第二是供应链的韧性：营销手段的花样翻新、及时快捷的物流供应链都基于产品生产环节的快速响应和稳定供应。所有变化都会归结到更高效的机器，更快速的物料流动，依赖一个串联始终、不断变速的供应链系统。生产数字化打通了端到端价值链，将生产端和供应端连接在一起，生产端和供应端的信息能实现双向实时交流，从而使企业从营销到供应，从产品到生产的所有环节都处于高效运营的协同状态，极大提升供应链的反应能力，亦即韧性。

- 第三是智能化生产的能力：生产数字化转型的过程一般伴随大量数控设备和工业机器人的应用。数控设备使企业能够利用 RFID 自动实时追踪整个领料、生产、入库流程，及时更新产品信息，从而使生产过程变得可追踪，可控制。工业机器人能够在共享工作空间中与人类进行安全物理交互的人机协作、人工智能、机器学习的趋势更加明显，工业机器人与企业整体数字化转型的结合更加紧密，是生产数字化的重要表现。

3. 生产数字化的场景和实现

数字化时代，随着市场由"以企业为中心"转变为"以用户为中心"，技术的应用范围向生产核心环节不断拓展，实现生产数字化，推动智能制造。生产数字化的应用场景十分丰富，典型场景从数据移动在线化、产销协同、柔性制造、数字孪生、数字化工艺仿真和智能质检到数字化仓库作业、预测性维护。

数据移动在线化。数据在线是实现生产数字化的前提和必要条件。通过现场终端一体机和物联网技术（RFID、条码等）的识别反馈，企业可实现生产端数据的实时采集。在海尔，通过互联网、物联网、务联网三网互联和大数据分析等，工厂可基于不同的订单类型和数量组织生产，自动优化调整生产方式。例如，海尔胶州空调互联工厂初步布置了 12000 多个传感器，每天产生的制造大数据超过了 4000 万条。

产销协同。美的通过推动"T+3"模式变革，将备货式生产改为用户订单式生产，实现按需生产，以销定产，零售商要什么、要多少，小天鹅（美的旗下品牌之一）就生产什么、生产多少。"T+3"模式共分为四个步骤：①搜集用户订单，交付工厂（T）；②工厂采购原料（T+1）；③生产（T+2）；④发货上门（T+3）。T+3 模式下的价值链由接收用户订单、原料备货、工厂生产、发货销售依次递进。通过在终端所呈现出来的用户需求信息来指引上端供应商、工厂的生产、流通和资源分配，减少货物流转等中间环节，实现产销协同。

柔性制造。互联自动化驱动海尔柔性制造的实现。互联自动化不是简单的机器取代人，而是攸关方事先并联交互，实现用户驱动下的设备联动、柔性定制体验。一方面，将设备供应商由单线买卖模式变为设备商集成各攸关方资源，提供整体解决方案并提供设备全生命周期服务。另一方面，将设备由孤立自动化、机器换人模式变为用户需求驱动的互联自动化。

用户下单后，订单送达工厂，工厂随即开始定制所需模块，通过模块化的拼装，可以实现用户对不同功能的选择，并且最大限度缩短产品制造所耗时间，在整个制造过程，用户可以通过各种终端设备实时与设备进行直接对话，获取订单进程，了解定制产品在生产线上的进度和位置。整个流程包括需求、交互、设计、预售、制造、配送、服务等，循环迭代升级，实现从线上用户定制方案到线下柔性化生产的全过程定制。

数字孪生。工业数字孪生正成为智能制造的核心环节，也是智能化工厂的核心数字底座。它贯穿了制造企业研发、采购、生产、销售、服务等全业务场景，让决策者能实时监控工厂各环节的运作状况，从而快速决策、指导生产。甚至也可以模拟仿真各种决策的业务结果，实现决策和经营的弹性。

在美的集团公司总部一层的蓝色大屏上，实时显示着最新的生产、设备、品质等数据、工业仿真实现生产制造的产线上实时数字孪生的镜像，可以看到每个订单从接受到物料采购、组织生产、出库、配送的全过程。这些数据同步传送给相关管理人员，让他们无论身处何处，都能全面掌控生产情况并及时对生产中的异常做出处理。

数字化工艺仿真。数字化工艺仿真是智能制造时代企业实现工艺优化的典型应用场景。利用产品的三维数字样机，对产品的装配过程统一建模，能够实现产品从零件、组件装配成产品的整个工艺过程的机器模拟和虚拟仿真；配合参数优化模型，检验不同组参数的合理性及有效性；结合机器学习与员工经验，识别重要参数及参数间的最优关系；回归到仿真模型中进行反复验证，最终得到最优参数；根据推送的推荐参数，自动实现工艺优化。

智能质检。智能质检利用 AI 视觉识别技术来模拟人的视觉功能，从客观图像中提取信息，加以理解并进行处理，最终用于实际检测、测量和控制。美的荆州冰箱工厂依托人工智能的自动化质量管理，实现了品质控制从分析、预警、管控、预测和决策全面智能化，对 199 个质量监控点进行实时质量检测，过程不良率降低 53%。

数字化仓库作业。在仓库作业中，最难的点在于拣货和复核。拣货的技术有按纸质拣货单拣货 (Pick by paper)、用无线射频枪拣货 (Pick by RF)、电子标签拣货 (Pick to light)、声音拣货 (Pick to voice)。海尔应用 AR 技术使目光拣货（Pick by vision）成为了可能。工作人员戴上智能眼镜后，AR 技术通过箭头导航到拣选货位，然后准确显示需要拣选的数量。在完成拣选后，工作人员只需要将手在空中一挥，即可确认完成拣货。

预测性维护。预测性维护是工业企业设备管理维护的最高阶段。企业基于对所有设备进行统一的数据采集和存储，能够支持工程师对所有设备进行实时可视化透明监控，查看设备的实时数据和历史数据曲线，系统能根据预置的各种规则，发现潜在的故障风险，并在故障发生之前，自动发送预警通知，触发维修作业。

4. 实现生产数字化的四大关键

互联工厂是海尔生产数字化转型的方向。不同企业开展生产数字化转型的方向或许各不相同，但必然都要指向实现整个生产环节的自动化、数字化、智能化，形成全价值链端到端互联互通的能力和生态体系。在这个过程中，我们梳理出四大关键点：以用户为中心开展个性化生产、以传感器为纽带实现生产全链路实时在线连接、以数字孪生为基础开展智能化生产控制、以系统融合为支撑建设智能化工厂。

- 以用户为中心开展个性化生产：传统制造业的模式是链状模式，出发点以生产企业为中心，从研发、计划、生产、交付，到最终把产品送达用户，效率主要体现在大规模、标准化流水线的生产或者是自动化的实现。但是它产生的问题往往是产销难以协同、供应链不协同、库存积压、产能过剩等。现在，制造业的发展已经呈现出多品种、小批量、个性化定制生产的趋势，所以需要将传统的链状模式重塑成C2M制造平台模式，将各职能的数据打通、相连，形成一个网络平台，通过数据的共享实现跨职能的无缝连接，以快速推动、响应需求的波动。这种模式以用户为产品设计和生产的核心，甚至让用户主动参与到产品设计过程中，通过数据的收集、积累、透明、打通、利用，打造极致的用户体验。这才是生产的出发点。

- 以传感器为纽带实现生产全链路在线连接：传统工厂的设备之间、车间之间、工厂之间、产线之间都是孤立运作的，生产过程无法做到可视、可控，无法及时发现问题和进行改进。以传感器为核心的设备物联网，联通起企业信息系统与机床等物理空间的自动化设备，构建车间级的CPS系统，实现人机互联、机物互联、机机互联、人人互联，将生产全过程从线下发展到线上，实现计划调度、生产物流、工艺执行、过程质量、设备管理等生产全过程的自动化、透明化、可视化。

- 以数字孪生为基础开展智能化生产控制：生产全链路的在线连接意味着企业在线上构建了一个与线下工厂一样的数字孪生工厂，数据能够在线上实现自动实时采集和管理，不同车间、不同工厂之间实现数据共享、准时配送、协同作业。基于数据模型对物理世界的建模，企业能够开展数据挖掘、数据分析和智能推理预测等，对生产全过程进行实时监测、动态预警，实现对工厂的精细化、智能化管控，并将其贯穿到企业运营管理的全生命周期，提升企业建设和运营管理效率。

- 以系统融合为支撑建设智能化工厂：通过将智能制造系统、制造执行（Manufacturing Execution System，MES）系统与企业资源规划 (Enterprise Resource Planning，ERP) 系统、产品生命周期管理 (Product Lifecycle Management，PLM) 系统、工业控制系统、物流管理系统进行融合，将制造、管理、研发、物流等环节紧密地互联互通，整个工厂可以变成一个类似人脑一样的智能系统，实现高品质、高效率、高柔性的订单响应、定制生产、快速交付，打通生产、供应链、销售、物流、财务等价值链全过程，推动工厂的数字化、智能化、可视化、定制化等先进模式的落地（见图4-4）。

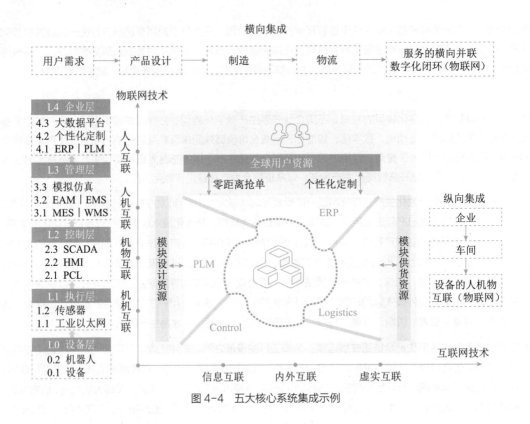

图 4-4　五大核心系统集成示例

4.2.3　以供应链数字化为桥梁实现业务强耦合

用户个性化需求正迫使全球工业直面新的转型。从全球制造业发展趋势来看，挑战和机遇并存：用户需求被充分释放，用户个性化、多样化的需求，向企业供应链的柔性、灵活性、可靠性提出了挑战。物联网、人工智能、大数据等新兴技术为企业构建柔性、灵活、可靠的供应链提供了支撑。

数字化供应链的本质是"基础供应链管理"+"数字化"，基础供应链管理的内容主要包括战略规划、寻源采购、生产制造、物流交付及售后支持；而数字化则是指应用 ICT、IoT、大数据、云计算和 AI 等先进技术，对供应链管理中产生的数据进行即时收集、分析、反馈、预测与协同。以市场终端需求为生产驱动力，大大提升了企业对需求变动的响应速度及柔性，同时也有效降低了库存成本。供应链数字化使得信息不再以线性方式传播，而是形成矩阵结构的信息网络，由此提升全链条的信息共享程度和协同能力。

1. 便利蜂的智慧供应链

2020 年 2 月 18 日起，新型连锁便利店"便利蜂"（以下简称便利蜂）连续 10 天从上海陆运 2200 份盒饭驰援武汉援鄂医疗队。基于货车上安装的蓝牙温度计和 GPS 定位设备，货车冷柜的温度每隔五分钟左右被传送到后台，形成温控曲线；车辆同时装配测振仪，以避免暴力装卸。所有这些确保了盒饭到达白衣天使手中时仍保持新鲜、完整。

作为数字化的原住民，便利蜂智慧决策及数据驱动的运营模式是与生俱来的。除了投资多家鲜食加工厂和建造多个鲜食基地，便利蜂构建了基于人工智能的仓管平台，具有自动排班、销量预测、活动预测、自动订货、库存管理、店铺财务管理等多项功能。另外，基于统一大数据平台，公司还研发了财务系统、物流管理系统、单车管理系统等覆盖全流程的信息化系统。在便利蜂的模型中，系统的中央大脑驱动了连接起来的一切。只需要改变算法，供应链、店铺就会随着数学模型指示的变化展开（见图4-5）。

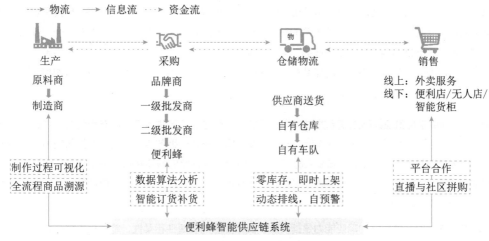

图 4-5　便利蜂智能供应链系统

如何建立最优化的业务强耦合场景是很多企业在供应链环节面对的最大挑战。便利蜂每个门店有 2500 多种商品，其中日配品超过 300 种。根据时间、地域、气候等因素的不同，每天都要调整商品的订货策略。为了给消费者提供个性化的商品和服务，即千店千面，不光是门店运营中各环节之间的耦合要精准和快速，对物流、工厂也同样要求。

精准、快速体现在便利蜂供应链的方方面面。

- **生产：** 基于物联网技术，便利蜂对鲜食生产进行全过程的记录、监控，对食材的长度、硬度、烹制时间进行严格控制，例如烹制时间精确控制到秒，使制作过程成为一系列可视化的数据。同时，便利蜂建立了严格的商品溯源体系，鲜食一经制作完成，相关信息就会录入到计算机系统，系统自动计算保质期，在保质期内的不同时间段内自动调价，实现前后端的信息交互。

- **采购：** 便利蜂所有的订货指令都由系统根据数据算法分析后发出，完美解决了滞销商品浪费的问题。基于店内商品销售的实时数据和库存、各大电商平台的消费数据、天气预报、热点事件、当地消费特色以及每周约 2 万份的线上调研数据，便利蜂系统自动计算出可能影响消费者消费行为的数据，智能化地做出订货和补货决策并监控执行。同时，便利蜂制定了严格的供应商准入体系和自动化食品安全防护体系，一旦发现食品安全问题或者隐患，可直接取消供应商资格，以此强化对供应链的风险管理。

- **仓储物流：** 便利蜂的门店没有储物室，所有架上商品即是店内全部可供出售的商品。系统会提前测量、采集好所有货架层板的高度、货架的位置和每一件商品的长宽高，并在订货时直接将其匹配到货架的具体位置。换品会动态引发陈列的重新计算。系统会自动计算员工所调整陈列的最优路径以及工时成本，并据此做出是否换品的决策。便利蜂的物流都是动态排线的。系统要确保在订单确定并完成的那一瞬间，车才会重新排线，以实现效率最佳化。同时，便利蜂构建了 TMS 运输监控系统，后台可实时监控物流车内的温度，发现异常自动报警并做出处理。

在今天的便利蜂，任何一个时间点的任何一家门店，4 周不动销的商品只占门店的 1%。系统不仅能精确地预测商品的售罄时间，还能自动识别动销不力的商品，以提醒门店及时执行下架及换品动作，确保门店内每一种商品都是被消费者接受的。

- **销售：** 除了实体门店，便利蜂还开发了移动端 App，并积极拓展分销渠道，通过与多个电商平台及社交平台达成直播与社区拼购的合作，开拓更多的触达区域，实现更广泛的顾客覆盖率。此外，便利蜂结合热点与用户画像，不断推出用户更偏爱的产品，逐渐成为网红生产机，充分发挥作为食品饮料品牌重要推广渠道的优势，以发送消费券、降价促销等措施，不断提高食品饮料销量，助力食品饮料供应商协同发展。

2. 采购和供应链数字化带来的三大能力提升

在传统供应链向数字化供应链网络变革的过程中，围绕着核心企业会产生若干一级节点企业，在数字化平台及数字技术的加持下，各节点企业信息连结、协同作业；同时一个一级节点企业又会作为新的中心，向外延伸出若干二级节点企业，最终形成一张庞大的数字化供应网。在网状的数字化供应链中，每个部门跟客户之间都能直接联系。客户的需求变化可以通过网状直接回到各个部门、各个企业，响应速度快，自动化程度非常高，供应链风险也被降低。

- **供应链的响应能力：** 供应链的响应能力是指供应链具备高度的敏捷性和柔性，能够直接将计划生产与响应顾客需求紧密衔接。在企业的整个价值链体系中，供应链处于后端生产和前台销售之间，天然就需要与生产端和销售端的业务流程进行耦合。在数字化时代，客户需求的快速变化与不确定性，供应链地理半径的不断扩张和供应链结构的日趋复杂多变，对供应链与业务之间的耦合性提出了更高的要求。通过打造数字化供应链体系，可以实现企业供应链与业务深度耦合，为企业提供寻源代采、仓储运营、增值加工、多场景运输配送等多维的供应链全链路服务，打通产品源头、企业、终端消费者的直接联系，快速响应客户需求。

- **流程自动化能力：** 外部环境越是变化、无常、复杂、模糊，越需要依靠数字化系统中的自动化来应对复杂系统的不确定性。借助新技术、新工具重构与优化供应链结构，可以低成本地实现计划、采购、生产、运输和物流等流程标准化，快速连接下游客户需求和上游供应资源，实现信息流和物流、资源流的协同，促使供应链全流程以自动化方式完成。同时，数字化供应链将为企业智能推荐最优供应商和签约价格，对应的供应商可实时掌握订单、发运、收款状态，并进行自动结算对账，与企业形成高效在线协同。

- **供应链抗风险能力：** 随着供应链变得更加复杂和相互依赖，企业对供应链的风险管理必须变得更加全面——远远超出任何一家企业所能控制的范围。通过将寻源项目、供应合同签署、采购订单等关键节点与在线的供应链风险大数据来源进行关联，可以实时抓取供应商是否面临法律诉讼、社会与环境问题、道德风险、信用风险、经营问题，供应所在地是否存在天灾人祸等影响供应的不利因素等，从而帮助企业做出更智慧的决策来规避风险、选择更合适的供应商，保障供应链的正常履约和交付。

3. 采购和供应链数字化的场景和实现

为什么一些企业在采购和供应链数字化上投入巨大，却没有取得应有的成果？不同行业、不同品类的特点决定了数字化解决方案的多样性，没有依据企业具体的业务场景来设计对应的解决方案是出现上述问题的主要原因之一。下面将讨论典型的采购和供应链数字化场景。

- **大数据感知需求：** 在传统供应链模式下，采购与供应链运行的数据分布在各个信息化系统中，企业无法全面有效地根据消费者行为制定和执行需求计划。大数据与认知运算等数字技术能帮助企业对消费者的未来需求提供精准、深入的理解和感知，实现从"描述需求"到"预测需求"的转型。例如，服装商 ZARA

通过大数据分析团队，收集和过滤各门店实时的销售信息，对客户的消费趋势进行感知，从而对短期的生产、库存和配送计划进行即时调整。

- **智能报价与寻源：** 为使供应链战略与快速变化的商业战略保持一致，需要通过人工智能等数字技术使供应链更灵活和更具响应性。利用 AI 算法进行智能识别，可以根据多维度算法和规则对自动的商品品牌、商品名称、参数规则进行智能匹配，并自动执行报价和寻源工作。例如，工业超市震坤行专门推出了线上智能寻报价功能，可以实现 AI 算法商品识别和商品库自动匹配；根据询价策略结合商家的主数据标签，比如品牌资质、供应品类等信息进行询报价需求的自动分配和向商家发送邮件，制定自动化竞价优胜规则，由商家在线协同报价，不同类目和品牌的报价判断最终根据智能定价系统规则进行处理。

- **物流全链自动化可视化作业：** 物流行业发展至今，已进入到智慧物流时代，通过软硬一体化的信息技术，优秀的企业或能够实现自身物流全场景智能化，与此同时，提炼并开放自身运营能力。具体而言，在软件层可以通过人工智能、云计算、数字孪生等技术为基础构建而成的数字世界，实现对物理世界的同步映射，同时，形成智能决策返回至物理世界干预、指导其运行。较之传统物流管理仅注重物流执行阶段，智慧物流规划层与计划层的产品服务，能够帮助企业梳理真实物流运作能力，将物流与企业产、销、库存完全对应、连接起来。

- **供应商数字化生态：** 供应链的数字化无法局限于企业自身，只有通过赋能供应链的相关方才能真正发挥作用。围绕数字化对接，可以建设以重点供应商为中心的生态圈，并以资金流作为构建供应商数字化生态的切入点。例如，针对供应链交易主体众多，存在多个交易环节导致整个交易周期长、资金回笼慢等情况，电商平台阿里巴巴通过提供定制化的付款机制设计、支付流程设计等数字解决方案，有效缩短供应链中间交易流转环节、提高交易效率、降低资金安全风险；再通过链上贸易背景相互校验，达成链上数据真实、透明、可追溯和及时传递，进而推动长链条、生态化的供应商数字化协同。

- **供应链风险管理：** 在传统供应链中，对所有供应商的风险分类和评估，需要基于大量尽职调查下的外部数据对企业供应商库进行细分管理，不仅需要耗费大量的时间和人力，还可能因所搜集数据的分散而无法对整个供应链的风险进行有效评估。在供应链数字化背景下，通过建立供应商主数据，有效连接多个风险种类的数据来源，比如政府数据库、新闻网站等，不仅实现对单一供应商风险的全面覆盖，还可以通过建立供应链整体风险评估模型，有效判断供应链整体运行情况和风险隐患环节，从而实现对供应链局部风险和整体风险的自动预警和高效应对。

4. 采购与供应链数字化的三大关键

采购与供应链数字化的三大关键，一是把握终端需求驱动的供应链数字化趋势；二是基于数据分析和决策提升供应链的敏捷性和柔性；三是重塑供应商协同关系。

（1）把握终端需求驱动的供应链数字化趋势：传统供应链多为"推动式"供应链模式，即：信息按照固有链条进行线性传播，企业决策者基于市场预测进行生产，维持高供给量和高库存应对市场需求。供应链数字化使得信息不再以线性方式传播，而是形成矩阵结构的信息网络，以市场终端需求为生产驱动力，由此提升全链条的信息共享程度和协同能力，使"拉动式"供应链成为可能，为企业的商业模式带来根本性变革。与此相适应，企业需要通过数字化技术实时了解跟踪消费者的购买行为和使用行为，从而获得感知用户的能力，并以终端用户的需求为起点，进行战略、生产、供货等后续一系列经营活动。同时，依托信息互联互通，形成网络式传播，提升各环节沟通效率，消除"牛鞭效应"，确保需求的有效传导。

（2）基于数据分析和决策提升供应链的敏捷性和柔性：过去交货是送出去就行，送得越早越好，而现在我们希望 Just in time，也就是希望做到精准。这就是在考验供应链的反应能力和柔性。在未来的供应链组织中，通过使用更多机器学习、预测模型、区块链等技术，以前分散的数据源有望无缝集成，以提供准确的、实时的数据分析和决策。例如，利用区块链技术在供应链可追溯性或质量相关事件的可追溯性领域的应用，可以改善风险管理；借助虚拟采购助理，使供应商和应付账款团队之间的沟通实现自动化，直接跟踪其发票的状态，而无须联系买方。

（3）重塑供应商协同关系：数字化供应链不仅要对供应商的合同服务水平协议（SLA）进行过程管理，而且还要确保企业最好的供应商有能力为终端客户带来创新，从而建立更好、更有成效的关系。依托数字化技术，通过系统平台、数据联通，可以实现供应商的深度连接，从面向库存的采购转到面向订单的采购，在协同整合的基础上，再提高供应商的创新能力。同时，依靠人工智能等技术可以实现主动预测、合约履约过程的自动化管理和持续监控，通过建立虚拟商城、上架虚拟货物等方式，加强供应商和客户之间的联系，实现真正的双赢。

4.2.4　以营销数字化为抓手读懂用户、持续成交

冰淇淋、茶饮连锁店蜜雪冰城一首广告曲被无数消费者自发进行二次创作和传播，火遍全网，在这个过程中消费者从旁观者变成参与者、传播者，实现了从全民大火到全民带货；咖啡连锁店星巴克联合电商平台阿里巴巴通过数字技术推出"啡快"服务，连接在途消费者，打造"在线点、到店取"的体验场景，将消费者的体验从到店延伸到路途和线上；雅诗兰黛集团旗下化妆品牌 MAC 针对年轻用户特点打造了一个品牌私域的互动社区，让消费者互相分享、展示和发现，将品牌营销转化成用户人群的生活方式……

零售行业经过多年的演进，形成了非常全面的营销通路，普遍具有强营销、重运营的特征。随着云计算、大数据、人工智能等新一代技术应用的普及，零售企业在积极建立与消费者数字化连接的基础上，越来越注重消费者的体验。可以说，数字化营销已成为零售企业的基本功，未来企业营销的竞争将是消费者数字体验的竞争。

本节将以零售行业为例，具体阐述营销数字化的价值和实现。

1. 盒马鲜生：以"人"为核心的新零售样板

伴随数字经济的发展，传统零售不断向新零售演进升级。在新零售时代用户为王，"人"的数据化价值将反哺生产、渠道、销售、运营全场景。消费者逆向牵引营销变革，围绕品牌、渠道、场景和技术的创新模式，层出不穷。随着传统零售和电子商务发展瓶颈的不断显现，以及新兴消费群体的崛起，价值链逐渐由实体形态，演变为综合信息、虚拟形态。

盒马鲜生是阿里巴巴集团探索新零售商业模式的"先锋兵"，围绕个性消费塑造了一系列场景，以高频刚需的生鲜商品作为切入口，将互联网和线下模式相结合，满足不同场景下的用户需求，以门店为中心，以3千米为半径构建最快 30 分钟送达的冷链热链配送体系的"电商＋线下超市、餐饮"新零售模式。

盒马鲜生线下门店区别于传统超市门店，已不单单是购物中心，更是体验中心，既为线上带来流量，同时也增加了消费黏性；线上业务端口为盒马 App，依托盒马 App 建立起完善的用户体系，沉淀了大量用户信息，基于大数据分析顾客消费习惯和偏好，从而提升选址、选品以及精准营销能力（见图 4-6）。

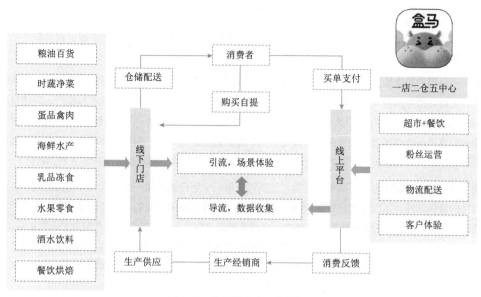

图 4-6　盒马鲜生商业营销模式

盒马鲜生以"人"为核心，实现了"人、货、场"的无缝衔接（见图 4-7）。人与人：通过盒马 F5 社群实施粉丝营销，突出及时性、互利性，把有价值的东西传递给用户，促使用户与人交流，形成关系链，进而形成关系网。人与货：货本身就是一种需求，但逐渐呈现多元化趋势，盒马鲜生通过大数据与消费者画像快速地实现了人与货的匹配。人与场：不同的场景有不同的消费需求与消费习惯，盒马鲜生用 O2O 作为连接器实现了人与场的无缝连接，有效提升了用户的体验度。

图 4-7　盒马鲜生以"人"为核心的场景变革

2. 营销数字化带来的三大能力提升

从上文案例可以看出，从企业角度来说，消费者流量运营将是营销管理的核心内容。通过营销数字化，可以提升企业精准营销、用户转化和社交互动三大能力。

- **"人"——用户转化能力：** 如何将各渠道消费者流量转化为用户是零售快消行业必须考虑的核心问题。换言之，企业必须将从各个平台获取的公域流量转化为私域流量，如果不能转化就不是资产，只能是数据垃圾。通过营销数字化转型，可以大幅提升用户转化能力。利用大数据技术，可以对各个渠道的数据进行匹配，根据相似度进行自动或者手动合并，进而使得用户信息更全面和完整，识别潜在用户；再通过将潜在用户与会员信息进行合并分析，获得更加全面的画像，进而由相应的渠道推送相应的内容去触达转化。

- **"货"——精准营销能力：** 所谓精准营销，是指对于每一个用户或者每一类有着共同特性的用户，产生有针对性的营销动作，从而让用户生命周期价值最大化。在零售快消行业的传统渠道体系中，品牌商缺少与零售终端的直接连接，无法直接发力于终端，经营效果完全取决于中间商的市场业务能力，营销成本很高。即便企业有自己的业务团队，传统手段也不能准确地实现对零售终端的精准营销。利用数字化技术和能力来驱动渠道模式创新和渠道生态系统重构，实现自动化创意和内容生产匹配，将有效提高企业的精准营销能力。

- **"场"——社交互动能力：** 数字化营销是更重视消费者互动和消费者自发性的一种营销理念。虚拟现实、增强现实、游戏、展览、影音表演结合智能终端的应用，实现了真实世界信息与虚拟世界信息的"无缝"集成，实现虚实共融，为用户开启了别开生面的沉浸式情绪体验。同时，令企业能够实时跟踪用户行为，抓取和分析用户数据以实现商机投入，并做到业务体验的可视可评可管。通过建立社区，匹配相应的推荐算法，不断制造与用户的"相遇""种草"，直至"收割"并进入下一轮循环，可以在社交互动中充分挖掘用户需求，再通过"消费者体验"设计消费者体验旅程，完成对流量的有效分配。

3. 营销数字化的场景和实现

营销数字化的应用涵盖了营销全过程，从消费者流量视角出发，从公域流量池形成，到公域流量向私域流量转化，到通过服务体验促进私域营销复购，再形成生态流量运营体系，最后反馈到定制生产。其间主要涉及数据洞察、内容创意、媒介渠道、服务体验等营销环节。营销数字化的典型应用场景包括：

提高用户价值，如数据洞察。利用数字化技术，可以构建企业级的消费者数据平台（Customer Data Platform，CDP）系统，通过数据接入、数据治理、数据分析和数据应用实现策略输出。

（1）数据接入，一般包括一方数据（自有商城、CRM系统、门店、扫码等数据）、二方数据（电商平台的店铺订单、百度等媒体平台上的用户点击等数据）、三方数据（从其他第三方获取的数据）。主要是消费者数据、订单数据、行为数据等。

（2）数据治理，主要是做数据清洗，保证数据来源可溯、转化可查，同时保证数据的质量和安全。

（3）数据分析，进行人群分析、媒介分析、内容分析和营销分析，形成统一的分析平台。

（4）根据数据分析平台，通过配置化模型的方式输出人群策略、媒体策略、内容策略等各类策略应用，并与对应的媒介（如DSP、媒体直投平台）进行对接，实现个性化推荐。

管理内容创意，如知识互动。用户运营是要"以用户为中心"促进用户"增（长）留（存）活（跃）转（化）"；针对用户筹划营销活动及推送营销内容。用户运营的最终目的是长期维护用户，不断提高用户的参与度和忠诚度，从而使用户主动购买、重复购买企业或品牌的产品与服务。数字时代的用户对企业的关注不只停留在产品的信息传递以及商业信息触达受众层面,对企业所拥有的对用户有价值的知识互动要求更高,这就要求企业与用户(潜在用户)建立有效的知识传播方法与途径,把"内容信息获取"转化为"知识信息受益",形成知识云、解决方案云、用户体验云等,进而实现知识共享、案例分享、最佳实践、解决方案推荐、同类推荐、内容推荐、智能协作等功能,快速帮助营销人员增强能力,融合人的能力和技术的能力。

智能选择渠道,如潜在客户自动触达。数字化的渠道是"以人为主"的分销模式,人对人分销,不局限于某个渠道。这背后需要很好的渠道利益设计和模式重构。通过大数据技术,可以对各个渠道的数据进行匹配,根据手机号、设备 ID、收货地址等不同权重的综合相似度进行合并,进行潜在用户识别,再通过把潜在用户与会员、会员与会员的信息进行规整合并,识别出同一个消费者,并且统一权益和等级等信息,最后根据更加完整的信息去分析潜在客户,获得更加全面的画像,进而通过相应的渠道推送相应的内容(如果包含手机号、微信号则可以通过这些渠道,如果不包含则通过原获取渠道)触达转化。

增强用户体验,如 AR/VR 的数字化应用。当前营销端已经完全进入"用户为王"的阶段,用户的持续全方位最佳体验成为企业最关注的核心因素。围绕这个目标,很多企业通过联手"懂行"的科技型公司,借助 AR/VR、区块链等新一代数字技术的深入应用,打造多种多样的数字时代超级用户体验。包括从潜在用户开始的所有环节泳道图设计,到保持用户持续的忠诚度、用户对供应链的感知等,都在不断迭代新技术应用以提升用户极致体验。相比传统营销,数字集成技术的应用可以为营销业务带来更加精准的用户洞察与触达能力,通过大数据分析提前预测需求并积极响应,帮助企业打破传统物理空间的限制,尽可能实现人、场、货的边界融合与可视化,为企业发展与用户体验带来无限可能。

形成生态运营,如基于全链路运营的"一店一策"。通过构建一体化数字营销中心,对全渠道消费者进行全链路运营,完成从公域到私域,再从私域扩大到公域的循环,业务上形成数据洞察、匹配内容和渠道、增强体验、反馈生产的闭环,总体实现企业扩充私域流量、提升复购率进而形成规模化增长。具体而言,可以基于业务中台建设订单处理系统和云端仓库系统,通过订单处理系统可以将商场、门店、货架、电商等渠道的交易打通,代理商与经销商、代理商与用户的交易订单和订单政策都将由该系统统一处理,形成"一店一策";企业不仅能够掌握代理商的营销数据,还能掌握终端的销售数据,通过全链路数字化帮助企业实现更灵活、更精准的定制生产。

4. 营销数字化的三大关键

围绕消费者流量运营进行营销数字化转型有三大关键:一是实现用户数据化,链接全场景;二是读懂用户,满足、引领、创造用户需求;三是以平台为支撑,搭建营销数字化生态矩阵。

(1)实现用户数据化,链接全场景。在零售行业用户为王的时代,零售企业从新品的设计、渠道终端的选择、销售策略的制定再到已有用户的运营,都会以用户为中心展开,从用户需求出发链接到各场景,因此首先需要做好用户数据化。基于实时在线的连接,系统能够跟踪记录用户的访问痕迹和交易过程,获得大量用户行为数据,并记录用户的留存率、转化率等;基于这些数据进行处理和洞察,企业能够掌握用户的习惯、偏好和感受,据此开展产品设计、渠道选择、销售策略、用户价值运营等一系列决策,实现精准获得客户及开展高效用户运营。

(2)读懂用户,满足、引领、创造用户需求。在日益激烈的消费市场竞争中,只有真正了解消费者心理、满足消费者需求的企业才能生存。因此,营销的起源必须从客户出发。数字化时代,客户的需求往往呈现即时的、突发的、不确定性的特点,如何挖掘、创造、引领客户的需求并对其进行迭代满足成为营销数字化的一大关键问题。正如阿里巴巴 CEO 张勇所说:"通过对消费者的了解,对消费者的洞察,对消费者行为数据的分析,看到消费者潜在的需求。然后,通过我们产品的创造,通过我们的营销、销售,通过我们的服务,以各种方式去满足消费者的需求，同时创造更多消费者新的需求。"企业可以依循"洞察－定位－引导"的方法论去引领和创造客户需求，为产品和服务升级提出创造性的解决办法，为客户搭建合理的消费场景，引导客户形成使用习惯。深入挖掘消费者的潜在性意图，并提出创造性的解决方案是数字化时代成功营销的基本前提。企业不能只做需求的搬运工，更要做"看不见的需求"的创造者。

（3）以平台为支撑，搭建营销数字化生态矩阵（见图 4-8）。营销数字化升级首先需要形成足够的用户数据资产沉淀，进而对用户数据进行分析与处理，并将其应用在各个具象的营销场景中，实现更加优质的营销效果。无论是对用户需求满足、引领和创造还是对数据的整理、处理和洞察，都需要在技术和平台的支撑下才能实现。数字化营销中台、客户数据平台（CDP）、数据管理平台（DMP）在营销数据生态中扮演着底层基础设施的作用，所有的营销应用场景都需要基于这三大平台来实现和落地。客户数据平台基于对访客行迹，包括用户的点击、阅读、停留等行为的全程跟踪、详细记录，自动分析用户喜好，为用户生命历程分析提供有效的数据支撑。数字化营销中台能够打通线上线下营销渠道，建立企业与用户的全场景触点，实现实时监测营销数据，全程记录用户行为轨迹，"去中间化"营销过程，借助大数据让一切营销效果可量化，并通过数字化手段打通广告创意（引流）－答疑引导（互动）－用户成交（转化）－再次成交（复购）的路径。数据管理平台记录了全渠道、全平台的用户信息和行为数据，并且能够整合形成清晰精准的用户画像，根据历史记录，追踪不同渠道用户的行为特征，进行分层和标签化管理，洞察用户的潜在需求和价值。

图 4-8　营销数字化生态矩阵

4.2.5　以财务数字化为牵引推动业务财务双向赋能

无论是研发、生产数字化，还是供应链、营销数字化，都属于业务数字化的一部分，目标都指向创造更高的经营价值，而企业的经营价值最终都要通过财务系统输出结果，因此，财务数字化亦不可或缺。

在数字化各板块中，只有财务数字化转型的目标与企业最高层的目标高度一致，都是为了实现价值创造和财富增长。财务系统能够打通业务和财务、决策者和执行者、内部和外部、现在和未来，对企业的业务、组织、产品进行串联。同时，财务系统是企业的数据输出中心，掌握着企业从业务经营到管理决策的大量核心数据，在推动企业数字化转型过程中具有得天独厚的优势。从企业过往的信息化、数字化历史进程来看，从会计电算化到 ERP 推广普及，财务在企业转型过程中都扮演着引领推动的重要角色。以财务数字化为突破口，逐步延伸到生产数字化、营销数字化等业务数字化的各个环节，由此开展企业整体的数字化转型，这是企业数字化转型的重要路径之一。

在数字化的大背景下，财务要走出企业内的会计循环，走向衔接产业链上下游的业务循环和更浩瀚的社会数据循环，连接和打通企业内部的财务体系、业务体系和企业外部的产业体系，以"数据驱动"作为主线，构建"价值创造型"财务体系，使财务真正成为战略和业务的合作伙伴，推动乃至引领企业的价值创造，支持业务发展。

1. 西北油田基于数据中台的财务数字化转型

2019 年，数字化转型方兴未艾。一些财务体系较领先的中央管理企业（简称央企）的 CFO 开始思考和探索让财务体系在数字化方向上更进一步，时任中国石油化工股份有限公司西北油田分公司（下文简称西北油田）总会计师的贺小滔[①] 就是其中之一。"西北油田的管理会计工具建设日趋成熟，已经成为财务嵌入业务、业财融合双向沟通的桥梁，但在数字化转型方面还需要做更多的准备工作。"他希望通过数字化转型，推动财务人员转变成各级决策者的"导航仪"，逐步从稳健型的"数据提供者"向敏捷型的"形势变化预报者"和"知识资本运营者"转型，推动经营决策从经验驱动向数字驱动转变。

在贺小滔的理念中，财务管理的价值就在于深化业财融合，财务工作必须主动转变，深入参与到业务活动中，发挥价值引领作用，在支持业务发展的同时成就财务价值。

同时，在具体实践中，他也深切感受到，各个专业化的信息系统在企业整体经营决策中的作用和价值还没有完全发挥出来。"从单个系统看，每一套系统都解决了某个专业领域的问题，但企业经营是一个整体，管理层需要看到相关变化对企业经营的具体影响，并以此为基础做出判断和决策。对数据收集、汇总和分析的速度、颗粒度等各方面都有很高的要求。"

数据问题是他考虑的焦点。数字化转型的关键是数据，这里面有三大问题：如何打通和获得更多的数据？怎样开展数据治理？数据如何实现在业务场景中的应用？"我们的数据都是有内涵、有灵魂的，每一个数据背后代表的是一个业务状态、一个业务场景，是我们业财融合的结果。数据治理必须有专业深度，必须有行业内涵，必须结合企业的业务管理具体要求。"多番研究之后，贺小滔将目光逐渐锁定在彼时已经炙手可热的数据中台概念上。他想，或许这就是开启西北油田财务数字化之门的钥匙。

新型冠状病毒感染的严峻形势没有阻断西北油田转型的步伐。从 2020 年 3 月到 6 月，西北油田紧扣"经营财务"职能定位，初步打造完成"业财融合，数据赋能"的数据中台，打破过去烟囱式管理的数据孤岛与 IT 架构，实现财财、业财数据的大贯通，全面提升财务的信息化运行能力、数据资产化能力、数据挖掘能力、敏捷应用能力、价值引领能力，推动财务管理从信息化向数字化转型迈进，最终实现财务数字化转型总体目标（见图 4-9）。

---

① 贺小滔现任中国石油化工集团资本运营与金融事业部副主任。

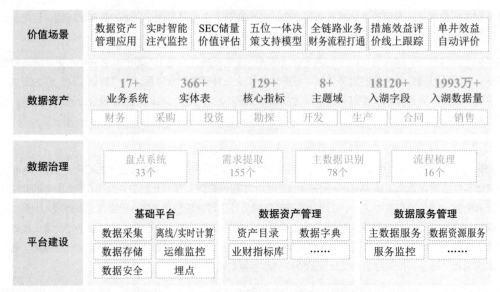

| 价值场景 | 数据资产管理应用 | 实时智能注汽监控 | SEC储量价值评估 | 五位一体决策支持模型 | 全链路业务财务流程打通 | 措施效益评价线上跟踪 | 单井效益自动评价 |

数据资产

| 17+ 业务系统 | 366+ 实体表 | 129+ 核心指标 | 8+ 主题域 | 18120+ 入湖字段 | 1993万+ 入湖数据量 |

| 财务 | 采购 | 投资 | 勘探 | 开发 | 生产 | 合同 | 销售 |

数据治理

| 盘点系统 33个 | 需求提取 155个 | 主数据识别 78个 | 流程梳理 16个 |

平台建设

基础平台		数据资产管理		数据服务管理	
数据采集	离线/实时计算	资产目录	数据字典	主数据服务	数据资源服务
数据存储	运维监控	业财指标库	……	服务监控	……
数据安全	埋点				

图4-9 西北油田财务数字化转型的阶段性成果

财务与业务融合。基于信息技术的融合应用，西北油田不仅实现了财务与业务的融合与连接，优化了核心业务流程，打通实现了全流程自动化流转；而且优化了业务端到结算端全价值链流程，即打通部门连接点，查找资源漏失点，集合价值链各项资源和生产要素，实施统一配置。

深入业务场景。基于业财融合全方位高质量的数据基础，西北油田以价值管理为纽带，围绕勘探、开发、生产、集输、销售的业务主线，分别在投资项目效益管理方面、产量优化方面、资产挖潜方面、油气销售环节等方面开展数据的价值挖掘，实现敏捷化、自动化、实时化、场景化的数据应用，解决业务问题，引领业务发展。

数据丰富化、价值化。西北油田以数据资源变资产为目标，以业财数据中台为核心，运用信息技术采集财务、生产、运营等源头端各项数据资源，打通业务、财务数据，进行数据存储、整合与处理，搭建以数字化应用为目标的业财数据资源池，实现财财数据、业财数据、财经数据融会贯通。基于数据资源池的财务、生产、经营数据，全面掌握油田公司业务动态包括基本信息、实时状态和潜在风险。

2. 财务数字化为企业带来四大提升

财务数字化为企业带来四大能力提升（见图4-10）。

● **一是记录价值，展现全景化记录能力：**财务数字化转型塑造业务过程全景化记录的能力。传统财务核算仅能事后真实记录结果信息，财务数字化转型推动业财一体化，实现"事前、事中、事后"流程全景化数据记录，业财多视角、全过程价值信息留存。

● **二是反映价值，展现实时化洞察能力：**财务数字化转型助力实现价值风险实时化洞察。系统可以对业务动态过程进行实时捕获，通过数字化控制中心实时规则校验并反馈到财务端，通过数字化策略中心洞察经营风险并反馈到决策端，实现由"人找数"到"数找人"的转变；利用AI技术主动推送分析报告、充分预警风险及异常信息，逐步提升财务管理中及时、准确、高质量的监督与分析决策能力。

● **三是守护价值，展现主动性防御能力：**财务数字化转型提升财务守护价值的能力。传统财务守护价值的职能体现在"事后、人工、被动"的风险防控过程，难以应对复杂多变的市场环境。财务数字化转型通过风险要素识别、风险预警预判、风控模型分析、风控策略推荐，构建"事前、事中，智能，主动"的风险防御机制，全方位守护企业价值。

- **四是创造价值，展现前瞻性规划、模型化决策、全过程管控能力：**财务数字化转型促使财务职能重心向价值创造转移。财务人员将更多精力投入企业的价值链与业务循环拓展高附加值工作，利用数字化工具前瞻性规划、模型化决策、全过程管控（如市场机遇洞察、资源配置建议、策略营销支持、税务筹划、精益成本等），构建"价值创造型"财务。

图4-10　财务数字化带来四大能力提升

3. 实现财务数字化的三大关键

财务数字化要求企业开展数字化下的专业创新。数据既是财务系统的生产资料，又是财务系统的产品。财务数字化转型大大推动了西北油田的业财融合进程，并且为其带来了多维度、丰富的数据资产，这些数据资产能够基于不同的需求，应用到油田的业务场景中，赋能业务发展，实现价值创造。这一过程不仅折射了西北油田财务体系的价值创造过程，也同样反映了所有企业财务体系价值创造的过程。由此出发，我们能够总结出实现财务数字化的三大关键：一是强化价值导向，打破专业壁垒和业务壁垒，构建价值创造型财务体系；二是强化问题导向，让财务系统深入业务场景，解决业务问题；三是强化数据应用，让数据更丰富，让数据更有价值。

（1）构建价值创造型财务体系。价值创造型财务体系是以价值管理为核心，发挥财务体系对企业战略推进和业务发展的决策支持与服务功能，使财务成为业务发展和价值创造的重要驱动力。与传统财务相比，价值创造型财务体系有3个鲜明的特点：

一是绩效考核由追求利润转向追求价值。传统财务体系通常以净利润、净资产收益率等作为企业绩效的核心考核指标，但在价值创造型财务体系下，企业要综合考虑绩效的效率性、长期性和全面性。

二是财务角色由"被动服务"转向"主动创造价值"。传统财务部门通常定位为被动的服务部门，但在价值创造型财务体系下，财务部门作为企业数据、指标算法和效益验证的管理者，从后台走向前台，不仅是业务的合作伙伴，更是企业战略决策的指南针、价值管理的架构师。

三是工作重心由"核算过去"转向"管理未来"。

（2）让财务系统深入业务场景，解决业务问题。在数字化时代，财务业务一体化成为必然，财务应由后端会计核算、财务预算、管理会计、税金管理等向前端业务经营延伸，实现业财深度融合：一是财务运营需融合企业价值链，充分考虑业务数字化对财务提出的诉求；二是财务流程融合进企业的业务循环，财务的管理理念才能渗透到业务管理过程，财务的管理要求才能更好地贯彻落实；三是财务作业融合进一线业务经营，才能获取精细化过程数据，辅助归因分析、支持战略决策，实现企业价值最大化。基于业财融合，财务体系应以问题为导向，以对象数字化、规则数字化为基础，以单个用户、单项业务为中心构建数据模型，设计数字化展示工具、数字化连接触点等前端应用，从而解决业务场景中的痛点、难点，实现管理的场景动态化、信息实时化，确保企业反应敏捷、运转高效（见图4-11）。

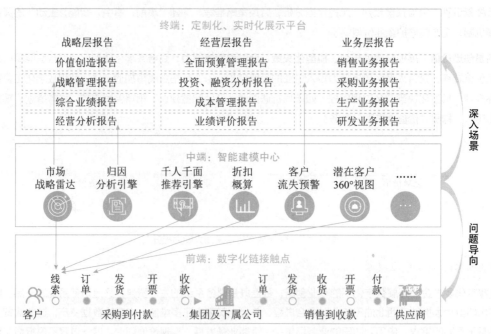

图 4-11　让财务深入场景，解决问题

（3）让数据更丰富，让数据更有价值。首先，企业应基于日趋丰富的数据触点，实现从结果性数据向过程性数据扩展的内部数据积累，由被动人工搜索向主动大数据采集转变的外部数据沉淀，以及由结构化数据向非结构化数据解码、存储和利用的数据类型拓展，以获得规模更大、质量更高的内外部数据。其次，通过构建数据中台，实现对各类数据的融合打通，利用传感器和云计算实现数据实时采集和计算，利用 AI 算法和规则引擎构建可视化的分析模型，快速发现内部流程中的低效、问题环节并预警提示，同时结合内外部数据对具体场景下的业务经营情况进行前瞻性的预测分析等，提升数据价值。最后，借助技术工具和数据中台，实现数据采集、处理、建模、分析、展现、预警预判的自动化。例如，利用 IoT 工具及 ETL 工具实现物理世界和信息世界的数据采集自动化；通过数据中台加工清洗、主题化分类沉淀，实现数据预处理自动化；利用算法和规则引擎进行数字化工具模型搭建、可视化展示，实现建模分析自动化；构建数字管理驾驶舱，敏捷响应内外部风险及市场机遇，实现预警预判的自动化。

4. 财务数字化的典型场景

财务系统是企业天然的数据中心，在财务领域已积累了众多数字化的成熟应用场景。2022 年，国务院国有资产监督管理委员会发布《关于中央企业加快建设世界一流财务管理体系的指导意见》（下简称"意见"），在其中提出了建设世界一流财务管理体系的五大体系（全面预算、合规风控、财务数智、财务管理能力评价、财务人才队伍建设）和 5 项职能（核算报告、资金管理、成本管控、税务管理、资本运作）。我们认为：构建世界一流财务体系的核心就是实现财务数字化。因此，我们基于"意见"对财务数字化的场景进行梳理，提炼出财务数字化的七大典型应用场景。

（1）全面预算管理：预算的数字化管理是提升企业整体数字化转型的重要起点和突破口。预算数字化体系有如下特点：预算定位从管控型向赋能型发展，从静态目标管理向动态运营指导转变；从预算内容来讲，年度预算模型和滚动预算模型向轻量化转变，从追求预算体系的整体化到追求经营预算的精细化，预算控制从"零散型"向"集约型"转变；数据、场景、智能成为预算的主旋律，数据驱动成为预算的新主线；场景化预算赋能业务发展，智能预测使预算更有力量；预算技术体系从产品化到平台化，数据中台成为重塑预算的核心，AI 技术成为预算进阶的标配。

（2）成本管理：对于企业的成本管理而言，伴随着数字技术而来的最根本的改变就是实现了"现实中的万物"和"虚拟的互联网"的整合，从而实现人与物之间的信息高效、智能地沟通，并使精益化成本管理被企业更深入地应用提供了可能。具体来说：首先，物联网能够为成本管理提供及时、完整、可靠的数据基础；其次，物联网使得生产成本的计算线上留痕并且可追溯，也使得生产成本的计算结果更科学、更合理，并且能够确保财务人员准确掌握生产线上各作业环节的资源消耗，实现对生产成本的动态核算和实时管理；最后，物联网实现了成本管理工作的自动化。从物联网获得的数据可以与 RPA 技术相结合，进一步延展以实现自动化流程，实现数据赋能业务以及降本增效。

（3）管理报告与经营分析：管理会计报告的本质是对数据分析应用的结果进行展示。智能技术的应用可以使系统具备智能化、敏捷化的快速建模能力，支持基于智能数据研发开展在线数据建模、基于智能算法进行统一画像和构建公共数据模型。在此基础上管理会计报告和数据分析应用将逐步实现智能化、业务化和场景化。

数字化时代的管理会计报告系统在数据展示方面具备多维度、可视化、定制化的鲜明特点。借助后台的多维数据模型，系统可以为数据分析人员提供更灵活的自助数据分析功能。分析人员既可以通过拖拉拽或者点击等方式快速操作，在数据模型中对数据进行快速的多维度分析并输出分析报告；也可以利用语音或者文字交互，采用类搜索引擎的方式向系统提问，系统接收问题并进行整句改写和语义识别后在后台数据库中执行数据检索，并以适当的方式把结果向提问人员进行呈现。

（4）合并报表：合并报表作为向使用者提供集团财务状况经营成果的重要参考依据，不但承载着公司的核心数据，也是财务管理对外输出的窗口，还是对内管理的重要工具。创建世界一流的财务管理体系必然首先从关注合并报表开始，而在财务的数字化转型过程中，合并报表往往就成了首先需要取得突破的重要一环。

财务数字化转型对合并报表出具的准确与合规性、自动化水平与时效性、清晰透明与可追溯提出了更高的要求。在数字化转型的背景下，未来的数据需要被更加充分地挖掘和利用，场景将进一步拓宽，从主要满足对外披露要求到更需要满足内部管理要求。

（5）财务共享中心：作为财务数字化转型的突破口，财务共享中心在世界一流财务管理体系中的地位无可替代。一方面，它能够助力企业打通并整合业务和财务的流程及数据，实现交易透明化、流程自动化和数据真实化；另一方面，它能够支撑管理实现赋能决策，使企业能够从交易源头实时获取业财数据并开展数据分析，实现业务风险管控和业务发展支撑。随着新技术在财务领域的深入应用，企业的财务处理和管理流程逐步实现智能化、自动化。自动化使大量人员获得解放，可以从"事务性"工作转向"管理型"工作；智能化则为财务共享中心开展数据分析和数据应用赋能。财务共享中心逐渐从服务于企业内部基于财务制度、财务准则的流程，扩展到服务于更多的业务伙伴，创造业务价值。在数字化时代，财务共享中心基于对管理会计思想的导入、业务与财务的深度融合以及智能技术的深入应用，能够实现职能的大跃迁，不仅具备自动化核算能力，推动"会计无人工厂"从想象变为现实，还能开展高价值的财务分析、经营决策、预算管理、风险管控等服务。

（6）司库管理：作为资金管理的升级，司库管理正在由企业后台支撑部门负责资金价值保护的角色，逐步升级为企业集团内或者金融机构内负责资金价值创造的角色。现代企业司库管理的重心和主要任务已经转变为以价值创造为目标的资金高效运营和金融资源统筹，追求专业化和价值最大化，为支撑公司业务战略和财务目标提供必要的资金和信息支持，并能够从财务和运营中识别风险，以更加全局乃至全球的视野管理企业和监控企业现金流。在数字化驱动下，新一代信息技术不断成熟，在司库管理领域的应用场景逐渐拓展，借助

OCR、RPA、NLP 等替代人工的技术来提升资金高效高质量运营，运用互联网＋、云技术、大数据、AI 等智能技术，实现前瞻性预测分析及监控预警等需求，帮助企业打造集高效运营服务、智能化风控、全品种投融资管理、多维立体可视的司库管理体系，为企业创造价值。

（7）税务管理：与其他场景主要基于企业自身需要转型不同，税务管理的数字化转型不仅来自企业内部的效率和效益需求，更来自企业外部的监管压力。随着金税四期工程的开启，企业税务管理的重心由"以票算税"转变为"以数算税"，以自动化、共享化、智能化为特征的"智慧税务数字化管理"成为财务数字化体系的标配，是财务全面数字化转型的必然结果。

● **自动化：** 立足于企业内部的税务管理信息系统，实现全部涉税业务的线上化和自动化处理，降低涉税风险，提高整体税务筹划能力，为企业创造价值。

● **共享化：** 通过整合企业内外部的资源，实现内通外联；通过网络化的平台，实现税务管理从分散到集约的转变，从而达到税务资源配置的帕累托最优。

● **智能化：** 语音识别、OCR、语义识别、知识图谱等人工智能技术和云计算、大数据等技术相结合将推动税务管理模式的创新，大幅度提升企业的税务管理效率，提高企业的税务风险管控能力。

4.2.6　以经营管理数字化为载体，用数据治理企业

数字化转型重在技术，根在业务，但可能毁于管理。在数字化转型的大背景下，企业如何有效地利用好数据资产进行实时的决策和预测，是在不确定性的市场环境下取得成功的重要保障。

1. 通威股份的数智运营中心

2018 年，当通威股份有限公司（以下简称通威）开始踏上以"支撑战略转型、引领业务变革、推动管理创新"为目标的企业数字化转型历程时，"用数据驱动运营"就被列为转型之役的攻坚重点之一。

效率太慢了！比如反映当月业务经营情况的管理报告，就算 IT 人员、财务人员连续加班，报告送到管理层手上时也至少是下月中旬之后，决策落地则往往还需要再加上最少半个月。过期的决策有什么用？过期的执行有什么用？这些问题一度困扰了通威管理层很长时间。

困惑不止于此。面对信息化后产生的成堆数据，通威管理者还发出了诸如此类灵魂拷问："开发了 220 多张图表，为什么仍无法满足我们对数据的需求？""决策难度太大了，我们以为用户都是数据分析师！"一句话，要让数据驱动决策，决策难度必须降维。

通威将新一代信息技术应用于企业决策、经营管理、业务运营等各个层面，通过构建以"一平台四中心"数智运营中心为核心的数智运营体系，打造"通威数字化经营大脑"（见图 4-12），与 RPA、智能制造等系统实现智能融合，深度挖掘数据价值，创造业务新亮点。在发展过程中迭代发展"智能企业大脑"的各项能力，用数字化、智能化重塑业财管理应用场景，以"数据＋模型＋算法"的方式实现数字化、智能化的闭环管理，实现全业务、全链条的"数据驱动、智能运营"，支撑通威敏捷决策、精准执行的经营管理创新，引领业务创新发展，打造数字化新通威。

图 4-12　通威"数字化经营大脑"架构图

2. 经营管理数字化为企业提升四大能力

通威的困惑其实同样困扰着很多企业。在传统的企业经营管理模式下，企业常受限于"管理半径"与企业业务复杂度及规模之间的矛盾，加之大部分企业的内部数据质量不高及透明度低，从而使得高层很难向下进行管理穿透，只能依赖人工主动发现问题并基于烦琐的流程层层汇报以处置各类事件。然而面对日益多元化、复杂化的形势，传统人海战术式的治理模式已存在瓶颈，治理成本高、效率低等问题对企业竞争力造成了致命的影响。

"让听得见炮声的人来做决策"是华为技术有限公司老板任正非基于对美国特种部队的作战研究总结而来，与传统的企业经营管理模式形成了鲜明对比。然而，这种模式在传统的"能人"决策机制下难以实现，需要建立一个即时感知、科学决策、主动赋能、高效运行、智能监管的企业新型治理形态（见图 4-13），以实现"用数据治理企业"。以通威的实践为例，这一新型治理形态应能为企业带来四大能力的提升：

（1）全面感知的能力：系统能够实时捕获业务过程中的数据，可视化立体展现数据分析结果，并对经营中的问题和风险进行主动预警，提升经营活动的敏捷性和可控性。

（2）前瞻洞察的能力：系统能够开展数据穿透，进行分析洞察，开展前瞻预测。

（3）科学决策的能力：基于模型测算和数据、规则，开展自动化、智能化决策。在人机协同的工作模式下，"让听得见炮火的人"做决策。

（4）自动执行的能力：将决策实时转化为行动，基于系统平台的流程协同能力，快速形成指令驱动和控制业务，能够开展在线协同指挥作战、高频检视追踪执行结果。

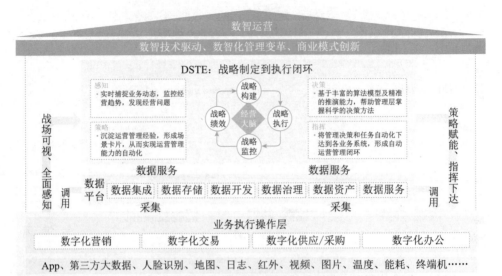

图 4-13　经营管理数字化体系架构图

3. 实现经营管理数字化的五大步骤

为构建新型企业治理体系，企业应打造智慧运营系统作为经营管理数字化的重要载体，建立数智化经营管理闭环，使企业成为可感知、会思考、能一体化协同执行的智能体，用数据驱动和赋能企业发展。

智慧运营体系本质上是数智化的经营管理能力和企业全域业务之间的一个闭环体系。管理向业务持续提供"组织赋能"，业务向管理持续提供"业务感知"，循环往复，以达到数智技术驱动、数智化驱动管理和商业模式创新的目的。参考通威数智运营中心的构建路径，我们提出企业智慧运营体系的构建步骤如下（见图 4-14）。

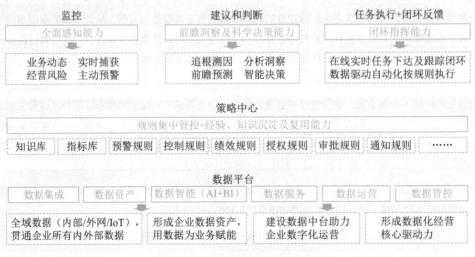

图 4-14　五大步骤的逻辑架构

（1）搭建作为技术和数据底座的数据平台：数据平台提供数据从采集、治理、加工、资产、服务等全过程的平台能力，是企业实现数智运营管理模式的技术和数据基础。企业通过构建数据平台打通数据壁垒，汇聚多源数据，实现全方位、全过程、全领域的数据实时流动与共享；构建数据治理体系，实现数据标准化和数据资产化；基于数据平台提供的 AI 能力，包括 RPA 引擎、AI 分析引擎、可视化引擎、知识图谱、算法管理引擎等子系统，企业能够开展数据建模、数据加工、智能分析、数据挖掘和数据模拟预测等，形成有价值的数据资产和服务化的数据应用。

财务数字化平台作为通威数智运营中心的核心平台系统，提供数字化转型的基础支撑能力，在财务数字化平台之上构建"财务业务能力中心""财务数据能力中心"和"AI 能力中心"等能力中心，为通威数智化运营提供可灵活组合的基础能力支撑。

财务业务能力中心以中台思想构建基础能力单元，为前端业务提供预算预测、财务核算、管理核算、财务共享、成本核算等各类财务基础处理能力支撑。通过能力单元的灵活组合，可以快速构建出符合创新业务要求的各类应用系统。

财务数据能力中心以数据中台系统为基础，为财务提供完整、全面的数据支撑能力，实现业财数据的统一管理，为各业务单元提供数据支撑，包括数据集成、数据分层存储、数据资产管理、数据离线/在线计算引擎、数据治理、数据服务等系统。

AI 能力中心提供人工智能支撑能力，各 AI 子系统为前端业务提供智能分析、数据挖掘、数据模拟预测等功能，实现各业务的自动化和智能化。AI 能力中心包括 RPA 引擎、AI 分析引擎、AI/ML 模型管理、可视化引擎、知识图谱、算法管理引擎等子系统；财务数字化平台还提供低代码开发、流程引擎、表单引擎、权限引擎、微服务管理等基础技术组件，以支撑通威创新业务场景的支持能力。

（2）确定智慧运营相关规则：建立规则体系，对与业务管理紧密相关的政策、规定、策略等进行数字化转化，形成数字化管理的基础规则库，以及基于知识图谱的知识库和指标库。定规则过程体现了经营规则集中管控的能力，将企业经营过程中积累的经营问题、策略方案、管理方法等知识进行数字化沉淀，是企业经营管理逐步走向数智化不可或缺的经验库。

规则中心是数智运营中心的管理中枢。数字化管理规则是实现业务自动化、规则化、智能化的驱动基础。规则中心提供各类的业务处理策略、业务数据监控规则、业务触发的控制规则、绩效管理规则、业务权限控制规则、审批流程规则、消息通知触发规则等内容的统一管理。

（3）开展业务全程实时监控：以规则体系中的各项规则为比对标准，基于分析模型和分析工具自动化实时开展业务过程中的数据监控和探索，全面描绘企业运行状态，发现经营异常、业务问题和运营风险，可以做到对业务动态的实时可视化捕获和对经营风险的主动预警，让经营管理层看清业务全过程。监控过程中系统执行指标、展现、预警等主要功能，体现了全面感知的能力。

监控中心为业务管理者和决策者提供各类分析模型和数据分析工具，在业务发生的过程中实时进行数据监控和探索，与规则中心的监控规则、预警规则、财务指标库等规则进行比对，发现经营异常、业务问题和运营风险，实现对异常业务的预警预测，在发现经营问题后，决策中心通过分析模型和数据分析结果，通过规则中心匹配财税知识库中的解决方案，运用数据模拟、决策沙盘等方式找到多种可选的解决方案及策略，为企业管理者提供定量化的决策方案。

管理者通过指挥中心，将最终选择的方案及策略通过平台将业务指令直接下达到各业务系统，触发相关业务流程，实现决策到执行的自动化、信息传递的零失真，保证决策与执行完全一致。

（4）实施自动化建议和判断：对于在经营过程中预警的经营风险，通过数据和算法匹配知识库中的解决方案，开展模拟测算，形成多种可选择的方案或策略，赋能经营管理决策，让整个经营过程更平稳地运行。建议和判断过程体系包括模型、计算、方案等主要功能，它们体现了前瞻洞察及科学决策能力。

企业基于自然语言、机器学习及知识图谱等智能技术的嵌入应用，向用户展示可视化数据分析视图，系统与用户进行自然语言问答交互，并能够为用户推荐基于数据模拟、决策沙盘等找到的定量化决策方案，让数据分析更加日常化，决策效率和质量更高。

（5）指挥任务执行形成反馈闭环：企业经由系统自动化建议和判断形成的最终方案策略基于任务执行过程自动下达到各业务系统，触发相关业务流程，实现信息传递的零失真、决策到执行的自动化，形成自动运营的业务闭环，保证决策与执行完全一致。任务执行过程包括协同、行动、指挥等主要功能，体现了闭环指挥的能力。

基于人机协同的工作模式，决策一经做出即可实时转化为行动，基于系统平台的任务自动下发能力和流程协同能力，快速形成指令驱动和控制业务，并实时监控执行过程。

4. 智慧运营的典型场景

经营管理数字化在各行各业都有丰富的应用场景。在具体的业务经营过程中，企业基于数据发现问题，提出预警并直接驱动采取相应的行动。下面是智慧运营体系在三个行业的典型业务场景中的具体应用。

1）场景一：零售企业的用户流失管理

用户流失是企业经营活动中经常会面临的一个典型场景。特别是对零售行业而言，如何建立起与用户之间的心智链接，形成稳定的用户关系，是当前市场环境下零售企业需要具备的核心竞争力。智能运营中心聚焦企业服务的关键业务对象，基于数据平台建立用户与相关对象的数字孪生，通俗来讲，就是利用标签细分用户、产品、业务员、门店、市场等，从属性、行为、偏好等维度对标签进行刻画，在数字世界中建立形象化、人格化的用户画像，从而更好地洞察用户行为特征，寻找与用户沟通的高价值触点和模式。

在定规则过程，基于数据综合考虑每个用户的具体情况，基于用户自身的购物周期、行为偏好以及产品特性等设定偏移量。例如，用户在自身购物周期内没来消费。当系统识别到某一用户已触发"在自身购物周期内没来消费"这一情况时，会将其标记为流失用户或沉睡用户（即将流失的用户）；同时，系统将提供一系列场景分析策略，用于定位具体的流失原因，如通过多变量分析发现流失原因为用户搬家后选择就近购买，通过关联分析发现产品定价高出用户购买预期，通过满意度分析发现产品或服务问题等。

在监控过程，系统开展自动化实时监测并输出可视化的报告，发现问题时将第一时间触达运营人员。例如，对未来1个月用户流失率或将达到10%这一情况进行预警，并预测用户流失原因及不同原因造成的流失比例。

在建议和判断过程，运营人员结合推荐处置方案，针对预警的用户流失问题开展情景模拟测算。利用因子分析等方法评估出高价值待挽回用户及相应的挽回策略，确保不会出现发起高额成本活动却只挽回个别低价值用户等情况，达到与用户的双向沟通和反馈，提高用户挽回率。

在任务执行和闭环反馈过程，系统将决策指令自动化下发至相关业务人员展开营销行动，并建立跟踪任务。例如，系统可跟踪用户进入营销网站或小程序领取活动优惠，浏览、下单、付款、核销优惠券的全过程，实时可视化呈现策略执行效果以及用户反馈情况，基于人机协同的工作方式，对决策有效性进行科学评估。在整个过程中，所有信息都被记录下来并数据化，机器不断训练迭代改进，对流失问题对应决策的推荐权重进行调整，对用户情况进行多维度的更新，最终完成用户流失场景的智能管理闭环。

2）场景二：供应链金融中的财务风险监控

实现供应链金融是很多企业开展的一项扩大销量的创新业务，为用户提供金融信贷支持，实现与用户互惠互利。在供应链金融业务中，风险控制是重中之重。数智运营中心通过风险自动识别、策略模拟及智能化推荐、决策自动化下达、持续跟踪风险策略，能够有效解决风险难发现、风险管控措施难决策、执行过程难跟踪、风险改善难量化等问题。下面以某开展供应链金融的企业为例具体介绍。

- **数据平台：** 在数据基础平台中整合用户交易、企业经营、市场动态等数据，与企业合作的银行、担保公司、大数据公司等外部数据一起进行风险监控，并建立了大量业务风险 AI 模型。

- **定规则：** 开展 AI 模型检测、判断数据风险指标，及时发现业务过程中的风险指标。

- **监控：** 实时、动态地反馈风险信息，将风险信息以信息卡片的形式推送给相关财务人员，实现以最短时间、最高效率、最低成本为财务人员预警风险用户和风险业务。

- **建议和判断：** 针对系统推送过来的相关风险信息，根据风险类型、风险等级、风险属性等信息，在系统中提取相关管理规则，开展多场景风险推演及模拟，基于管理规则进行定量评估计算，获得定量化、图形化的多版本决策建议清单，支持管理者在多种决策方案间进行实时推演、过程对比和综合分析，实现决策简单化、定量化、自动化。

- **任务执行与闭环反馈：** 在决策下达过程中，系统向各业务系统发送动作信息，如通知金融机构实时调整用户授信额度、向 ERP 下达业务交易冻结指令、向 CRM 系统下达业务员工作指令等。同时，系统持续跟踪风险事件的发展过程，对执行过程进行持续监督和评估，判断执行过程是否存在偏差，以及提供实时的信息反馈。

在风险事件完结后，数智运营中心沉淀了大量的管理规则，形成该公司面向未来的决策知识库，进一步提升了公司管理决策的智能化、自动化能力。

3）场景三：房地产企业库存去化管理

对于房地产企业而言，库存去化关系到企业资金周转以及业务活动中投资、土储、供货、销售、存货、回款等各个环节的正常运作，对企业而言至关重要。依托数智运营中心的平台能力，房地产企业可以实现从发现去化问题，开展归因洞察，自动生成业务策略，再到策略下达和任务跟踪的完整的闭环经营管理机制，用数据驱动库存去化问题的解决。以某房地产企业的首开去化过低问题为例，数智运营中心的运作可以分为五个阶段：

- **第一个阶段：** 监控模块主动预警某楼盘首开去化远低于预期目标 60%，并通知运营中心和对应的区域负责人。

- **第二个阶段：** 系统通过归因分析和关联分析，洞察去化降低的原因，包括竞品降价、用户的定位不准确、广告的宣传不到位、营销人员不足等原因。基于具体原因有针对性地推荐可选经营策略，如直接降价、调整广告投放的渠道、扩大目标用户群等。对每一种策略，系统提供沙盘推演结果。例如，采用直接降价策略，在降价 3% 时，将使去化率增加 6%；在降价 5% 时，将使去化率增加 8%；在降价 8% 时，将使去化率达到 10%。

- **第三个阶段：** 各区域营销负责人在系统中对不同决策方案做出选择，并进行任务下达，例如选择幅度为 3% 的降价策略和"社区 + 高速广告投放"的广告投放渠道策略。被选定的策略将在系统自动生成工作任务并由目标系统进行发布。

- **第四个阶段：** 任务下达后，系统持续对已下达任务的执行过程进行实时监控。例如，在该企业楼盘二次开盘时，系统显示楼盘去化率达到 80%，超出预期目标，刚需用户达到 5000 人，渠道用户增加 100%。

- **第五个阶段：** 当楼盘去化率达到了系统设置的目标值 83% 时，系统判定其为有效策略，并将该策略纳入系统，作为后续运营管理的备选方案。

05

用新一代技术架构
支撑数字化转型

5.1 新一代企业数字化架构

5.1.1 从真实世界到数字孪生世界

在数字化转型的浪潮推动下，企业信息化架构正在进行互联网化的转型升级。由于传统单体系统的信息化架构无法满足数字化转型的需要，企业需要构建以数据驱动为核心，可广泛连接和打通、可灵活组装、可快速搭建快速迭代的新一代数字化架构，以适应未来真实世界和数字孪生世界的运行、交互与融合，以处理数据的方式创新性地满足企业不同场景下业务、管理、生态建设等全面需求。

这个架构对企业而言必然无法一蹴而就，而将以渐进式的方式逐步实现。我们认为，它在未来将以如图 5-1 所示的形态存在。

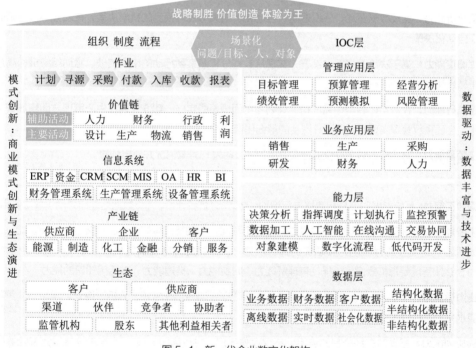

图 5-1　新一代企业数字化架构

在新一代企业数字化架构下，企业在真实世界中的一切，从企业外部的生态、产业链到企业内部的价值链、组织、制度、流程都基于信息系统和网络在线连接起来，在虚拟世界中形成镜像；真实世界与虚拟世界打通，实现无缝交互，并产生大量数据。利用云端的算法和算力，一方面推动真实物理世界中的效率提升、商业模式创新与生态演进，另一方面推动虚拟数据世界中的数据应用，实现数据驱动。

5.1.2 数据层：万物皆数

近 10 年来，整个社会对数据的依赖越来越大。万物皆数日益成为现实，真实世界中的一切，包括用户、产品、交易、运营等无论是文字、数字、图像还是视频，都可以用数据来描述。过去，库房中如果有一个箱子，里面存放了我们需要的原材料，我们通常只会关心箱子里所装的原材料的状态和数量，而不会去关心箱子的形状、所处的位置以及它的移动轨迹。但数字化时代，我们从仅关注部分物品的状态、数量发展到关注所有相关物品的地理空间、形状、状态。简单来说，就是从简单的对事物状态和数量的观察发展到对事物整体时空信息和动态线索的全程记录。所有的文字、视频、声音、地图都是信息，最终都会转变为由比特流组成的数据化表示。

从数据形式来讲，与企业发展有关的数据既有结构化数据，也有非结构化数据，还有半结构化数据；从数据来源看，有业务数据、财务数据，还有客户数据、社会化数据；从数据时效性来看，有离线数据和实时数据。

万物皆数据是实现数字孪生和元宇宙的前提。只有现实世界中的万物都可以基于数字化的手段在虚拟世界中完成映射，数字孪生和元宇宙才可能实现。

5.1.3 能力层：数字化必备的三层能力

1. 顶层技术能力

- **决策分析能力：** 实现数据驱动、假设透明、自动化、结果可视可预测的科学决策，在部分明确清晰的场景实现自动化决策。

- **指挥调度能力：** 基于决策开展行动部署，实现从数据分析洞察到行动的串联突破，驱动组织机构高效完成决策循环和数据驱动的管理闭环。

- **计划执行能力：** 在数字化转型中完成精准计划与全面预算的实施。精准计划在生产管理方面精准管控生产过程，全面预算管理实现对公司预算资金的精细化管理。

- **监控预警能力：** 对业务经营全过程进行实时监控，及时发现异常情况并提出预警。

2. 中间层技术能力

- **数据加工能力：** 系统能够对信息和数据进行识别、收集、分析和评价，并将数据处理结果用于解决实际问题。

- **人工智能能力：** 人工智能的核心能力可以分为三个层面，分别是计算智能、感知智能、认知智能。计算智能即机器具备超强的存储能力和超快的计算能力；感知智能是指使机器具备视觉、听觉、触觉等感知能力；认知智能是指机器像人一样，有理解能力、归纳能力、推理能力，有运用知识的能力。

- **在线沟通能力：** 人与人、人与机器基于系统能够实现在线沟通，在感知、分析、推理、学习、决策等多个智能水平上互相协同合作。

- **交易协同能力：** 基于对在线交易的连接，不仅仅是客户、供应商和一般 IT 系统的连接，还包括零件、产品和其他用于监控供应链的智能对象的连接，实现在线协作，对交易过程进行有效协同，更好地服务于用户。

3. 底层技术能力

- **对象建模能力：** 对象建模能力可通过元数据管理来实现。元数据为最底层的原子数据对象，支持对元数据的基础管理能力，同时元数据本身又是建立数据实体的基础数据依赖，可通过关联多个元数据来构建多层数据实体。

- **数字化流程能力：** 流程数字化集中在端到端价值链下的流程梳理和构建，而以数字化 PaaS 平台为核心建立"端到端"的数据流链路是建设端到端流程的核心要素。数字化 PaaS 平台提供了低代码建模能力、业务流程建模能力、审批流能力，IPaaS 集成平台能力；业务数据从客户需求端到客户价值端的全流程，都可以在这套能力体系上进行流转与追溯。

- **低代码开发能力：** 低代码开发能力的实现依赖对象建模和数字化流程能力。在数字化体系中，用低代码平台开发创新型应用对 ERP 进行扩展，形成一个高内聚、低耦合的体系，为传统 ERP 与新技术体系的融合迁移提供了强大的技术入口。

5.1.4　应用层：数据应用的两大方向

在新一代企业数字化架构下，各种系统产生的数据类型和数据量激增，如何利用数据进行科学有效的决策，如何充分发挥数据的价值，成为众多企业的重要诉求。企业的数据应用主要有两个大的方向：在业务应用层是面向业务运营的数据支撑；在管理应用层是面向战略规划和执行的管理决策分析。

业务应用层的数据应用如通过对消费者数据的洞察来改变销售和交易模式，提高获得客户和成交效率。目前大多数企业的数据应用聚焦在改变市场销售模式方面；或是通过数据模型为供应链管理提供支持，提高生产经营过程的效率，如排产和计划优化，物流的优化。大数据 + 算法是业务运营的数据赋能的主要技术手段。

面向战略规划和执行的管理决策应用主要包括管理会计领域的几个核心内容：战略规划和测算、全面预算管理、成本管理、管理分析报告体系，这些决策类应用的主要目标是要帮助管理者应对众多的不确定性，这就需要管理会计体系具备敏捷响应前端业务变化的能力，能够实时获取第一手的业务端信息并及时捕捉到变化中的管理需求，建立业务模型来对变化进行预测、管理和分析。

不同的应用场景对数据技术的需求不同，面向运营支撑的数据应用主要依赖大数据 + 算法，面向战略规划和执行的决策场景主要依赖的是利用多维数据技术建立复杂业务财务模型的能力，以及对模型中的数据进行快速、灵活分析的能力。虽然算法在战略决策方面也有重要价值，但是管理决策体系的数据模型中更多的是显式、复杂的计算规则。

5.2　驱动企业数字化的核心技术

5.2.1　打造新一代技术平台，支撑数字化转型

传统信息化架构是以 ERP 套装软件为核心的烟囱模式，存在流程断点和数据孤岛，无法适应数字化时代业务敏捷性、弹性及动态组合能力的要求；也无法适应云计算趋势下的服务化和组件化的技术趋势。企业数字化建设需要新一代的基础技术能力支撑，才能符合云原生架构，打破系统模块烟囱模式的边界，有效实现能力复用，数据和流程的拉通。

1. 混合云支撑未来企业架构

云计算是数字化时代重要的基础设施。云计算承载了全新的 SaaS 应用和在线化服务，使企业可以持续有效地利用 SaaS 供应商的能力保障运营效果。混合云方案由于能够综合平衡公有云的便捷与私有云的安全这两方面诉求，整合不同云厂商的优势，正越来越成为企业云应用的主流方式，也成为企业数字化基础设施的主要形态。

混合云是支撑企业数字化的重要底层架构模式，它兼顾了敏捷、成本与安全。混合云的普及会为数字化业务应用和数据处理技术带来更多全新的技术升级和服务模式的变化，最终极大降低企业数字化转型的成本，提升转型速度。

2. 数字化 PaaS 平台为数字化奠定技术基础

未来 IT 架构一定是由多个来源的专业服务共同协作构成的，一部分由外部接入，另一部分则是在企业数字化 PaaS 平台上自建而成。如何利用已经运行多年的 ERP 系统、多个系统之间的数据打通与集成都是企业数字化转型中非常现实的问题。

以云原生、微服务理念为基础，元数据驱动、业务对象建模为核心的低代码开发数字化 PaaS 平台内置了企业数据化转型的所有技术能力，并兼顾交付效率、用户体验、生态扩展与数据集成，是企业数字化转型的技术基础。

5.2.2 建立在线连接协同是数字化前提

数字化的核心特征是业务的在线化。企业内外部组织、人、设备的在线化是数字化转型的基础，数字化建设往往是从市场、销售、渠道、采购、供应链、产品设计、制造流程的全面线上化开始的，凡是能促进组织、人、设备的在线互联的新技术都会被企业迅速采用。

1. 物联网

物联网是在互联网的基础上延伸和扩展的网络，是将各种设备的接口和传感器与网络结合起来而形成的一个巨大网络，实现在任何时间、任何地点的设备的互联互通。现在的物联网技术可以支持多设备、多协议、多网络的快速数据采集、存储和应用，支持各种异构生产设备实时接入，千万级生产设备数据高效并发处理，能够保证设备数据的实时在线连接。

2. 端到端流程建模引擎

端到端流程是一组有组织的相关活动，共同创造客户价值，如图 5-2 所示。端到端流程的重点不是单个工作单元（这些工作单元本身无法为客户完成任何事情），而是关注整个活动组。当这些活动有效地组合在一起时，就会创造出客户重视的结果。端到端流程的管理理念是随着数字化的发展而发展的，是国内大型企业以及较早从事互联网、通信相关行业的企业较早引入的。端到端流程横向打通客户需求与客户价值，是全局最优的解决方案。

图 5-2　端到端流程

3. 会计引擎

业财融合是企业数字化的核心场景，而业务数据向财务数据的高效、自动化、无差错的连接和转换是业财融合的基础。业务数据转换到财务数据是一个独立的服务，需要一个独立的组件来提供，集团级的统一的会计引擎可以提供统一的业务数据到财务数据的转换服务。业务系统专注于完成业务任务,财务系统专注于完成财务核算与管理会计工作。高度可定义、可配置的会计引擎可以把业财数据转换的规则显性化(见图5-3),系统管理员可以直接通过配置更改来适应业务变化的需求,是企业数字化转型的核心组件,解耦业务和财务逻辑,连接业务财务数据,推进企业系统更敏捷、更智能。

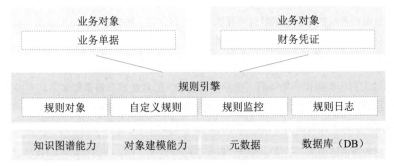

图5-3 会计引擎

4. 在线协同工具

在线协同工具包括即时通信、会议协同、文档协同、对象协同、共享协同、企业内外协同等。协同工具的核心价值是实现在线、互动和协同三位一体,把数据、流程、任务、事件等结构化信息文字,与图片、语音、会议等非结构化信息相互融合,让人与人之间的协同更高效。通过协同工具的辅助,不仅可以把工作结果沉淀下来,以便于未来的持续沟通和跟进,也保障了每次协同的高效产出。

5.2.3 数据治理水平和智能决策能力是评价数字化水平的核心标准

企业数字化建设的核心工作是持续提升数据治理水平,充分发掘数据价值,进而提升运营效率,促进商业模式转型升级。数据治理水平反映了企业数据采集、加工处理的能力;数据智能的应用则反映了数字化建设的水平,数据智能帮助企业更实时、更智能地探查出海量数据中隐藏的问题、归因分析,匹配相应的运营策略和规则,实现运营决策的自动化、智能化。

1. 数据中台

企业在构建信息系统的过程中一般会经历两个阶段:第一个阶段是将公司的管理制度化,将制度流程化,流程系统化;第二个阶段是将系统数据化,数据资产化,资产服务化。在第一个阶段,企业通常建设了多样性的系统,产生了多源异构数据,导致数据孤岛、数据烟囱,底层数据无法产生连接;缺乏标准的数据资产体系,数据价值得不到释放。在这样的背景下,数据中台应运而生。基于数据中台,通过业务过程对数据的不断滋养,形成一套高效可靠的数据资产化体系和数据服务能力体系,进而促进企业敏捷式创新。

数据中台为企业提供完整的数据处理能力和数据治理能力,实现企业全域数据的统一管理,将企业的基础数据、各系统业务数据、运营数据、用户行为数据以及外部的互联网数据,通过数据集成、数据清洗、数据挖掘、数据服务等过程形成数据资产。同时通过主数据管理、数据质量管理、数据安全管理、数据标准管理、元数据管理等为企业提供高质量的数据。

2. 数据治理

数据治理从早期的元数据、数据标准、数据质量已逐渐发展为一个包含数据模型、数据服务、数据应用、数据生命周期的完整体系。数据治理涉及的技术包括元数据、数据标准、数据质量、数据集成、主数据、数据资产、数据交换、数据生命周期、数据安全等。

- **元数据：** 采集汇总企业系统数据属性的信息，帮助各行各业用户获得更好的数据洞察力，通过元数据之间的关系和影响挖掘隐藏在资源中的价值。

- **数据标准：** 对分散在各系统中的数据提供一套统一的数据命名、数据定义、数据类型、赋值规则等的定义基准，并通过标准评估确保数据在复杂数据环境中维持企业数据模型的一致性、规范性，从源头确保数据的正确性及质量，并可以提升开发和数据管理的一贯性和效率性。

- **数据质量：** 有效识别各类数据质量问题，建立数据监管，形成数据质量管理体系，监控并揭示数据质量问题，提供问题明细查询和质量改进建议，全面提升数据的完整性、准确性、及时性、一致性以及合法性，降低数据管理成本，减少因数据不可靠导致的决策偏差和损失。

- **数据集成：** 可对数据进行清洗、转换、整合、模型管理等处理工作。既可以用于问题数据的修正，也可以用于为数据应用提供可靠的数据模型。

- **主数据：** 帮助企业创建并维护内部共享数据的单一视图，从而提高数据质量，统一商业实体定义，简化改进商业流程并提高业务的响应速度。

- **数据资产：** 汇集企业所有能够产生价值的数据资源，为用户提供资产视图，快速了解企业资产，发现不良资产，为管理员提供决策依据，提升数据资产的价值。

- **数据交换：** 用于实现不同机构不同系统之间进行数据或者文件的传输和共享，提高信息资源的利用率，保证了分布在异构系统之间的信息的互联互通，完成数据的收集、集中、处理、分发、加载、传输，构造统一的数据及文件的传输交换。

- **数据生命周期：** 管理数据生老病死，建立数据自动归档和销毁，全面监控展现数据的生命过程。

- **数据安全：** 提供数据加密、脱敏、模糊化处理、账号监控等各种数据安全策略，确保数据在使用过程中有恰当的认证、授权、访问和审计等措施。

3. 内存多维计算引擎

内存多维计算是为了满足用户从多角度多层次进行数据查询和分析的需要而建立起来的基于事实和多维的数据库模型，实现联机分析处理（Online Analytical Processing，OLAP）。典型的内存多维计算库产品架构如图 5-4 所示。多维数据模型围绕中心主题组织，主题用事实表示，事实以数值度量，以数据立方体展现，更方便对多维数据进行理解。数据展示、查询和获取是多维数据模型的直接应用，各类数据模型结合数据仓库组成数据集市开放给不同的用户群体使用，恰如按需定制的各类数据商品摆放在集市中供不同的消费者进行采购，开发自由度和需求匹配度大大提升。数据模型凝聚财务管理理念及经营决策诉求，是数据价值挖掘的核心手段。

在数字化进程中，企业通过将内存多维计算引擎融入数据中台架构，借助互联网、云原生的大数据底座跟多维内存计算引擎的整合，既能发挥大数据平台对海量数据的处理能力，又能延续优秀 OLAP 产品面向业务分析人员自助维护数据模型的能力。同时利用数据中台的数据驱动业务的思想，让各类管理工具能更好地将企业管理决策和运营支持进行融合。

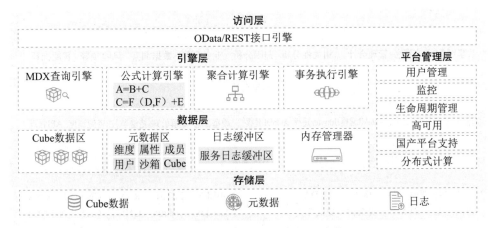

图 5-4　典型的内存多维计算库产品架构

4. 数据智能

数据智能是利用信息技术与人工智能技术，对海量数据进行挖掘、分析、处理，从中提取有价值的信息和知识，通过工程化的方式建立数据驱动决策模型，解决实际问题的能力。

企业尽管所处行业不同、业务各异，但应用数据的行为具有一致性，都是"获取数据，进行分析，进行决策"，本质是"人、数据、决策"三者的关系。管理者与员工可以更便捷地访问数据，实时掌握数据异动风险，并通过增强型数据分析辅助商业决策的过程。

企业未来数据分析场景，需要用到自然语言查询、自然语言生成、数据动因解释、数据智能洞察、智能数据可视化、数据智能助手等核心技术能力。

5.2.4　AI 点亮数字化未来

在企业数字化转型的进程中，AI 的应用是其中不可或缺的点睛之笔。改变企业数字化体系的 AI 技术主要有三类：自然语言识别、知识图谱和机器学习。

应用自然语音识别技术，系统具备了感知并认知自然语言的能力。用户可以随时随地、实时高效地与数据进行"无门槛"交互；应用知识图谱和智能推理技术，系统可以自动检索阅读，并与用户进行智能问答；可以分析、记录、归纳用户的阅读数据和分析问题的习惯，实现数据信息的自动推送，实现从"人找数"到"数找人"的转变；可以开展归因分析，帮助决策者找到真正的问题驱动因素；应用机器学习，系统可以基于对业务知识的理解，科学预测、合理控制、智能分析。例如，系统可以开展自动化的智能洞察；可以模拟人的学习、推理过程，实现举一反三，触类旁通；通过构建在商业分析领域的通用知识框架，并使用迁移学习、预学习、多任务学习，可以实现不同场景、不同数据对象、不同分析任务的复用。

在很多行业已经取得初步成功试点应用的基础上，AI 应用将呈现中台化的特征。在数据中台和业务应用之间提供无代码、低代码等快速构建、训练、上线 AI 模型的能力，形成对数据分析、决策人员的有效支撑（见图 5-5）。

图 5-5　典型的 AI 中台架构图

06

数字化配套机制的
"五力模型"

基于实践经验，我们总结了包含领导力、规划力、组织力、执行力和文化力在内的数字化配套机制的"五力模型"，如图 6-1 所示。

图 6-1　数字化配套机制的"五力模型"

6.1　领导力：长期主义与脚踏实地

数字化转型不是企业内部的修修补补，而是在商业浪潮中重新定位并参与竞争，需要最高领导者来规划航线、定位目标、组织全员的工作方式。只有最高领导者，才能既看见远处的目标，又能把控着航行的方向。因此，数字化转型的首要前提，必须是企业的最高领导者已经具备了数字领导力，不仅具备长期的战略洞察力，同时具备转型的勇气决心和愿意为转型投入充沛的资源。

（1）企业最高领导者领衔数字化组织变革。在数字化转型中，企业要重新设计用户价值，要改变业务流程，就一定会涉及组织架构的配套调整，而每一家企业的组织架构都不一样，当前组织架构的特点、形成背景、演化过程也完全不同。如果不能充分理解组织架构的基因，就很难对症下药，做出合理的调整方案并落地。这一点上，依靠内部任何部门或外部任何专业机构都很困难。同时，数字化转型也不是一劳永逸的。企业每天都要面对市场上的巨大变化和不确定性，既要能迅速做出反应和变化，又要保持相对的稳定性和持久性。这就要求企业的组织架构既要有韧性，又要足够灵活；既要满足当下需要，又能给未来的发展留出空间。在数字化转型中出现因组织架构调整、变动带来的阵痛，也必须只有最高领导者下决定，能承担责任。

（2）企业的最高领导者领衔业务流程变革。任何一个企业，只要到达了一定的规模之后，不同业务部门之间就会出现利益冲突。在数字化转型这台大手术中，利益冲突尤为激烈。每个部门都有自己的小算盘，也都会变成"近视眼"，只看眼前利益。这个时候，只有一把手能跳出业务决策，从更高的视角进行通盘考虑，对业务流程的重构做出决策。

（3）企业的最高领导者才能传递用户价值。数字化转型首先就是要对用户负责，通过数字世界来交付用户价值，创造更好的用户体验。企业为用户创造什么价值？为哪些用户创造价值？怎样为用户创造价值？这些问题只有最高领导者最清楚，也必须由最高领导者把用户价值向下传递清楚，与 IT 能力相连接，系统性地设计各模块之间的关系和路径，最终实现用户价值的创造与交付。

数字化转型是一场不可逆的征程，任何摇摆不定或是盲目冒进都可能给企业带来巨大的负面影响。领导力是贯穿数字化转型全局的。

6.2　规划力：战略引领与持续迭代

数字化转型牵扯甚广，既无法一蹴而就，也很难顺风顺水。因此，整体规划、分步实施、有序推进、随时纠偏就变得尤其重要。为此，企业应在开展数字化转型之前制定数字化规划，明确数字化转型的路径，确定数字化转型的目标，对数字化转型进行跨领域的引领和协调推动，推动业务和技术的融合，以确保转型服务与企业战略目标的实现。

数字化规划具有综合性、系统性，它是企业数字化转型的整体行动方案，既是企业数字化建设征程中迈出的第一步，也应该贯穿于企业数字化建设始终。一个完整的数字化转型规划应涵盖五个步骤：

（1）清晰地了解自身数字化建设的整体现状。

（2）通过企业战略解码，明确数字化转型目标，识别数字化转型机会，明确数字化建设的重点与切入点。

（3）以支撑场景化落地为原则，编制数字化转型的思路和整体规划，并制定持续演进的策略。

（4）持续开展系统实施，推动数字化转型的快速迭代和持续落地。

（5）关注跟踪转型过程，分析转型中出现的问题，在需要时及时调整规划，确保数字化转型顺利实现。

6.3　组织力：变多层级为扁平式组织结构

现代企业为适应竞争与不断变化的环境，需要创建并不断优化与创新扁平化的敏捷组织模式。过去组织的目标制定、传达与执行，直至考核都要按传统的多层级组织架构来运作，但是随着环境多变性的深度影响，需要企业建立更加敏捷的组织，以更有效地推动业务运营的持续健康发展，实现"人－货－场"的真正穿透。在移动互联等数字技术的支持下，去中心化、扁平化成为企业组织变革的方向，通过构建一个网格化组织，提升企业的整体运营效率。人与人的协同被赋予新的形式和价值。

在数字化时代的扁平化组织下，企业建立真正面向外部及内部的协同模式，任何对等权力的个体可以获取、影响与报告相应经营中的信息数据，以更快速地有效参与、影响运营，实现数据驱动业务运营的目标。这种打破原有 ERP 模块思维的做法，可以增强组织的反应、变化与进化能力。

敏捷组织需具备如下特点：

（1）组织结构扁平化。

（2）是学习型组织，具备较强的学习与快速调整能力。

（3）以任务为中心，可实现快速搭建项目团队高效完成产品或服务需求。

（4）以数据来驱动，以软件来判断，高效实时地推动组织决策与其他业务活动。

（5）打通企业外部用户、供应商、合作伙伴等，同时联通企业内部管理者与员工，实现沟通无屏障，摆脱传统的协同壁垒，实现高效协作。

6.4　执行力：打造数字化复合型人才梯队

很多企业在数字化转型时出现"不会转"的主要问题，原因在于数字化人才匮乏。因此，要顺利实现数字化转型，一大关键就是要构建数字化新型人才梯队。

首先，企业要确定数字化领导者。数字化领导者作为整个数字化人才团队的领导者，需要具备较强的数字化商业与经营思维，并且对企业进行数字化转型以及数字化发展有着非常坚定的信念，同时对数字化业务系统有所掌握，能够准确找到企业的业务发展与数字化转型的切入点，并且加强企业内部与外部渠道、用户之间的关系互动与数据互动，将企业的组织、经营模式以及数字化技术进行融合，从而实现企业的数字化转型。

企业还需要引入和培养数字化专业人才。这些人才是企业实现数字化转型的根本，企业需要通过这些人才来构建自身的数字化平台，支撑企业的数字化转型有效进行。这些人才不仅包括软硬件工程师，还包括大数据专家、用户运营人员等。

最后，企业还需要引进或培养各业务环节中的数字化应用人才，这类人才既懂业务又懂技术，同时也是企业能否成功进行数字化转型的关键所在。数字化应用人才基于业务的实际运作需求，提出数字化相关需求，并且有效应用数字化技术，将数字化与企业的业务发展需要进行融合，最终让企业的数字化转型为企业真正创造价值。

6.5　文化力：落地面向数字战略的企业文化

在 VUCA（易变性、不确定性、复杂性和模糊性）时代，企业数字化转型也在不断创新变化，要保障企业战略的有效实施，就需要企业拥有面向数字战略的企业文化。

（1）打造企业数字化"硬文化"，包括公司形象、VI 体系、产品造型外观等。

（2）打造数字化转型制度文化，包括领导体制、各项规章制度等。

（3）打造企业数字化核心"软文化"，包括员工行为规范、价值观念、数字化群体意识、员工数字化素质能力等。

在数字化转型的当下，企业需要基于数字化转型战略对企业文化进行重新梳理与打造，形成新的、组织认同的"使命、愿景、价值观"。例如，2019 年阿里巴巴发布的"新六脉神剑"企业文化，形成了阿里巴巴在数字时代的信念与原动力。企业需要加强数字化转型理念文化的构建与宣传，在企业内部形成良好的文化环境，打造用数据来驱动业务与决策的企业氛围。

编 委 会

主 任：盛桢智

主 编：雷万云　韩向东

编 委：（以本书内容编排为序）

　　　　雷万云　韩向东　李　彤　贾小强　郑燕惠

　　　　余红燕　季献忠　张亚东　严建成　郑永明

　　　　鲁　湘　李　凯　许　彬　王　静　路　艳

前　言

纵观人类社会发展的历史，无一不是科技发展推动的结果。技术改变社会，推动产业变革与历史进步。基础科学的进步，是解决社会发展共性问题的钥匙，是推动人类文明进步的动力。当今世界正迎来新一轮的科技革命和产业变革，科学应该再次成为人们真正的信仰。

数字经济是继农业经济、工业经济之后的一种新的经济发展形态。一般意义上讲，数字经济是指以数据资源为关键要素，以现代信息网络为主要载体，以信息通信技术融合应用、全要素数字化转型为重要推动力，促进公平与效率更加统一的新经济形态。

近年来，5iABCD（5G、物联网、人工智能、区块链、云计算、大数据）等新技术以 Cloud 2.0 为代表的融合新技术加速创新，是信息与通信技术（ICT）范式的转变，在 Cloud 2.0 数字平台上产生"核聚变"，从而驱动产业变革与企业数字化转型。新技术赋能千行百业，与企业业务、社会产业融通形成的"核裂变"推动着万物互联迈向万物智能的数字新时代，进而释放出数字经济爆发式增长的新动能。Cloud 2.0 融合新技术日益融入经济社会各领域发展的全过程，数字经济发展速度之快、辐射范围之广、影响程度之深前所未有，其正在成为重组全球要素资源，重塑全球经济结构，改变全球竞争格局的关键力量，世界经济的数字化转型已是大势所趋。

风劲帆满图新志，砥砺奋进正当时。习近平总书记深刻指出："发展数字经济意义重大，是把握新一轮科技革命和产业变革新机遇的战略选择。""我们一定要抓住先机、抢占未来发展制高点。"促进数字经济和实体经济深度融合，要加快推进数字产业化和产业数字化，赋能传统产业转型升级。

如何认识和把握当今世界科技发展新趋势、新特点？如何牢牢抓住和把握新科技革命的历史机遇？我国企业又该如何适应数字新时代的发展？如何实现我国传统企业的数字化转型和跨越发展，并科学、系统地向数字新时代迈进？对这些问题的讨论正是本书的主旨。本书将系统地阐述 5iABCD 等新科技革命推进产业变革和企业数字化转型的实践之道。

路非自行不知远，事非亲历不知难。为了抓住机遇，找准数字化转型的策略、方法及实现路径，社会各界必须正确理解数字化转型的概念内涵和基本框架，从而避免因为滥用而成为空洞的口号和浮躁的炒作，空洞的口号会阻碍而不是协助人们达到数字化转型的既定目标。科技引领产业变革，错过了数字化转型的时机，错过的可能就是一个数字新时代。本书作为一本全面、系统、普及化论述数字化转型概念、技术和架构、策略方法以及应用案例的数字化转型体系的专著，力求为所有对数字技术和数字化转型感兴趣的读者理清思路、提高数字化素养。

本书主要内容由数字化转型的概念与框架体系，数字化转型的技术体系，数字化转型的策略、案例及发展趋势 3 篇组成。第 1 篇包括第 1 章科技范式的转变驱动产业变革，第 2 章数字新时代已经开启，第 3 章数字化转型的概念、内涵及框架体系；第 2 篇包括第 4 章云计算技术及其发展，第 5 章大数据和 AI，第 6 章 5G 和物联网，第 7 章区块链，第 8 章信息安全技术及其发展；第 3 篇包括第 9 章数字化转型的策略、方法及实现路径，第 10 章数字平台场景应用案例，第 11 章数字化转型的发展趋势，第 12 章元宇宙的概念及其发展趋势。

本书是笔者基于对云计算等新一代 ICT 技术十多年来的研究和企业数字化转型实践的经验，以及元年科技的云计算、大数据、AI 及数字化转型、财务领域的专家们对新 ICT 技术和企业数字化的跟踪研究的基础上所编写的一本关于数字化转型的专著。第 1 篇首先论述了由科技革命引发产业变革，进而引发数字新时代的社会变革的历史脉络；其次以数字化维度研读国家"十四五"规划、党的二十大精神，系统地阐述了数字经济框架体系、数字化创新发展场景及其价值意义。在此基础上，深入浅出地论述了数字化转型的概念内涵和框架体系，帮助读者进一步掌握数字经济及数字化转型的基本概念和系统知识。第 2 篇对数字化转型的关键技术 5iABCD 进行了概念性和体系性的描述，帮助读者掌握数字化转型的基础技术，提升读者对数字化转型基本原理的认知，从而得到一个新的认知飞跃。第 3 篇对数字化转型的策略、方法及实现路径，云化的数字平台应用场景、案例以及数字化转型的发展趋势，包括元宇宙的概念及发展趋势进行了论述，并进一步表明数字化转型演进的最高境界是一切皆可云、一切皆服务的数字化服务的发展新趋势。这样使读者更进一步建立数字化转型的系统思维，体验更多的案例实践，从而在认知方面产生质的飞跃，这将对数字化转型从业者和读者的职业生涯大有裨益。

本书的编写很大程度上兼顾了普及性和专业性，力求将理论、技术与实践相结合，尽可能照顾不同层次读者的需求。

　　本书各章节都经过精心的设计和安排，具有较强的逻辑性和实践性，并力求做到全面性、系统性和普及性。如果您是企业管理人员，可以通过阅读第 1 篇和第 3 篇来思考企业数字化转型战略和管理策略，把握如何成功地实现企业数字化转型、商业模式和服务模式创新，提升企业数字化竞争力，以适应数字新时代的发展趋势。如果您是企业的 CIO 或 IT 服务人员，可以系统获取数字化技术知识和解决方案，以科学的策略和方法帮助企业数字化转型向云演进，同时将更深刻地体会如何基于 Cloud 2.0 技术融合的数字平台来开展企业数字化建设，并及早规划自己的职业生涯。如果您是数字化价值链上的一家解决方案公司或者是从事数字化技术开发、服务的 IT 人员，通过对本书的学习，您可以更好地定位自己在产业链中的角色，了解数字化发展态势、商业模式和技术架构，从而进一步定位自己公司的产品、技术或服务。如果您是政府部门的领导或工作人员，可以通过对本书关键章节的学习来为规划数字政府、智慧城市、区域或行业发展、标准制定和政府监管提供帮助。如果您是大专院校的学生，可以从书中获取现有课本中无法获取的知识，培育系统思维能力，完善自己的知识结构并及早做好职业规划，为走向社会提供良好的帮助。总之，本书是为所有迈入数字新时代的过程中需要工作、学习及生活的不愿意落伍的人们提供帮助的、值得阅读的参考书。

　　本书著者为雷万云博士和北京元年科技股份有限公司（以下简称元年科技）总裁、元年研究院院长韩向东。雷万云博士和元年科技韩向东编写了本书大纲和各章节的主要内容要点，雷万云博士对全书各章节内容进行了优化和统稿，并撰写了前言和致谢。元年科技总裁韩向东，元年科技副总裁、元年研究院学术委员会委员李彤博士，元年科技副总裁、元年研究院学术委员会委员贾小强对元年科技的技术和解决方案及元年方舟数字平台应用场景案例等章节进行了优化和统稿。本书第 1 篇由雷万云、元年科技韩向东、中国海外产业发展协会福建分会秘书长郑燕惠编写；第 2 篇由雷万云编写；第 3 篇的第 9 章由元年科技的韩向东、余红燕、季献忠、张亚东、贾小强、严建成编写，第 10 章由元年科技的李彤、季献忠、郑永明、鲁湘、李凯、许彬编写，第 11 章由雷万云、中国民航信息网络股份有限公司首席客户代表王静、元年科技季献忠编写，第 12 章由雷万云和元年科技的季献忠、路艳编写。

　　数字化转型是一个跨学科的复杂系统，并且由于时间仓促，编写者众多，书中难免有疏漏和不当之处，敬请读者批评指正。

雷万云 博士

2023 年 5 月于北京

致　谢

本书是笔者多年对企业数字化转型研究与实践经验的总结，也是元年科技的专家团队长期对数字化技术研究成果的呈现，更是集体智慧的结晶和团队合作的成果。因此，我们要感谢的专家、朋友实在是太多了，这里谨向在本书写作过程中参与编写的作者、为笔者提供行业和企业调研帮助的各界领导、技术交流的专家和朋友们表示衷心的感谢！

感谢华为技术有限公司（以下简称华为）高级副总裁张顺茂先生多年来对笔者在华为云工作的指导和帮助；感谢华为云战略与产业发展部总裁黄瑾对笔者在华为云工作的支持和帮助；感谢华为云战略发展部部长王丰、华为云产业发展部部长王伟及华为云产业发展总监翟传璞对笔者在华为云工作的支持和帮助。本书在诸多方面分享了华为自身数字化转型的经验和华为云数字化转型的价值主张。

感谢中国疫苗行业协会会长、原国药集团副总经理封多佳，中国疫苗行业协会秘书长刘大为支持笔者在疫苗及生物制品行业数字化转型的工作；感谢中国医药商业协会会长石晟怡、秘书长吴云支持笔者在医药流通领域的数字化转型工作；感谢中国医药设备工程协会常务会长顾维军、秘书长徐述湘支持笔者在医药智能制造方面的数字化转型工作；感谢中国医药企业管理协会常务副会长王学恭支持笔者在医药行业的数字化转型工作。

感谢国药集团常务副总经理胡建伟、国药集团总会计师杨珊华等领导，以及国药集团信息部主任李懿凌等同事们多年来对笔者在数字化研究工作中的支持和帮助。

感谢企业网总裁、中国企业数字化联盟秘书长范脡，贵州省 CIO 协会秘书长曹建菊，广东省 CIO 联盟秘书长袁宏伟，上海 ITShare 总经理李尚松等多年来对笔者在数字化转型的学术研讨、经验交流、社会活动方面的支持和帮助。

感谢厦门市原常委、秘书长徐模，福建省工商联原一级巡视员陈建强，福建省海峡经济交流中心理事长章敏，中国海外产业发展协会福建分会秘书长郑燕惠，福建省数字技术企业商会会长林述清等为笔者对福建产业、企业的数字化转型调研和交流提供大力支持和帮助。

最后，谨向帮助、支持和鼓励我和我的团队完成本书编写工作的家人和所有亲朋好友表示诚挚的感谢！由于你们的大力支持和亲切鼓励，才使得我们能够顺利完成本书的编写工作。

雷万云 博士

2023 年 5 月于北京

目　　录

**第 2 篇
数字化转型
的技术体系**

第 1 篇

数字化转型的概念与框架体系

第1章
科技范式的转变驱动产业变革

纵观人类社会历史的发展，无一不是科技发展推动的结果。技术改变社会，推动产业变革与历史进步。基础科学的进步，是解决社会发展共性问题的钥匙，是推动人类文明进步的动力。当今世界正迎来新一轮的科技革命和产业变革，科学应该再次成为人们真正的信仰。

当前，以云计算、大数据、人工智能和5G为代表的新一代信息与通信技术（Information and Communications Technology，ICT）的发展，加快催生了新一轮科技革命和产业变革，推动企业数字化转型，人们正在感受数字新时代的脚步。那么，如何认识和把握当今世界科技发展的新趋势、新特点？如何牢牢抓住和把握新科技革命的历史机遇？我国政府、企业及个人又如何适应数字新时代的发展、构建新发展格局、实现中国式的现代化？我国传统企业如何实现数字化转型和跨越发展，并科学、系统地向数字新时代迈进？对这些问题的讨论正是本书的旨意，也是本篇的主题。本章首先系统地阐述新科技革命与推进产业变革的关系。

1.1 新科技革命正在引发产业革命

人们把科学革命与技术革命总称为科技革命。科学革命主要指科学理论、方法、思维方式等发生了巨大的突破性进展，即科学的理论范式发生了根本性变革。技术革命主要指技术体系原理的根本性变革。

科学革命、技术革命和产业革命之间有一定的基本关系。一般来讲，科学革命是技术革命的基础与理论前提，科学革命一般不会直接引发产业变革。技术革命则能够直接对生产力与生产方式产生影响，成为推动产业革命爆发的直接驱动力。

所谓21世纪的新科技革命，是当今科技前沿领域以生命科技为基础，同时以融合信息科技为代表的最有可能取得突破性进展的新科技成就。它本质上是20世纪后半叶科技革命的延续与拓展，与科学革命相关且重点聚焦于技术革命，同时影响到新的产业变革。我们中国人大都在学习马克思理论，马克思认为，产业革命就是指生产力的革命。最初的产业革命实际上是指发生于18—19世纪的英、美、日等发达国家，并引发世界范围内的机器大工业生产替代手工工业生产的革命性变革。所谓产业变革一般指社会物质生产部门结构的革命或变革，是技术革命的成果在生产中的广泛应用，当社会经济运行模式和生产方式发生变革时，才意味着产业变革的发生。但从目前来看，更多的人将产业革命等同于工业革命。

新一代信息技术正在驱动着工业革命和企业数字化转型，推动数字经济蓬勃发展。信息技术创新的热点前沿领域包括区块链、大数据、人工智能、云计算、5G、工业互联网和物联网等。这些技术的基础性、引领性和创新性特征明显，对于激发、赋能和提速数字经济发展至关重要，其意义已经远远超出技术和工具层面，形成了全方位的、战略性的影响，如图 1-1 所示。这一系列新一代信息技术我们可以概括地称之为"5iABCD"。

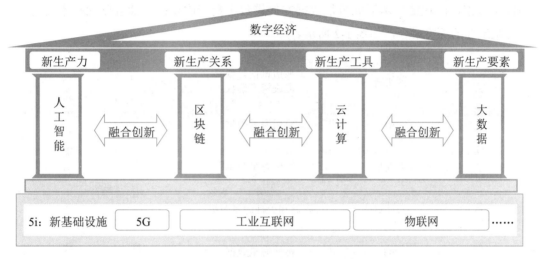

图 1-1　数字经济关键创新技术示意图

- "5i"，代表 5G、工业互联网（Industrial Internet）和物联网（Internet of things）。

当然，5i 在这里不仅仅代表着 5G、工业互联网和物联网，也包括业已成熟和普及的互联网。5i 技术主要解决连接的问题，推动人类社会进入万物泛在智能互联的新阶段，为经济社会全面数字化转型奠定了坚实基础，在发展数字经济中发挥新型基础设施的作用。

- "A"，代表人工智能（Artificial Intelligence，AI）。

人工智能不断突破人类体力、脑力的极限，承担大量高危险、高负荷、高精度、高算力的劳动，完成许多"不可能完成的任务"。展望未来，人工智能将无所不在，并在众多领域代替人力劳动，形成超人类生产力，在产业变革、数字经济中发挥着新生产力的作用。

- "B"，代表区块链（Block Chain）。

区块链是可直接改变人类社会合作模式、组织结构、运转机制的颠覆性技术，为解决陌生人信任问题、数字资产确权问题、对等公平合作问题提供了有力的创新手段，在发展数字经济中发挥着重构数字经济新型生产关系的作用。

- "C"，代表云计算（Cloud Computing）。

云计算是主流的计算和存储方式，是处理业务、汇聚数据、分析数据最主要的平台工具，也是支撑大数据、人工智能等技术发展的重要支撑平台，逐渐成为支撑数字产业化、产业数字化的通用工具。用云量成为度量数字经济活跃程度的重要指标。

- "D"，代表大数据（Big Data）。

大数据技术使人们采集汇聚数据、分析利用数据的能力得到了空前提升，促进了数据资源日益成为同土地、资本一样重要的新型生产要素。它是未来的新型"石油"，将成为发展数字经济的关键生产要素。

5iABCD 技术之间是彼此关联的，并不断呈现出集成、融合与创新的趋势，技术之间的界限也在被不断突破。从处理数据的角度看，物联网技术收集海量数据，5G 技术低时延传输海量数据，云计算技术存储和处理海量数据，大数据技术组织海量数据，AI 技术智能化应用海量数据，区块链技术形成可信数据并促进数字资产确权；工业互联网技术促进了新技术与制造业的深度融合，如图 1-2 所示。

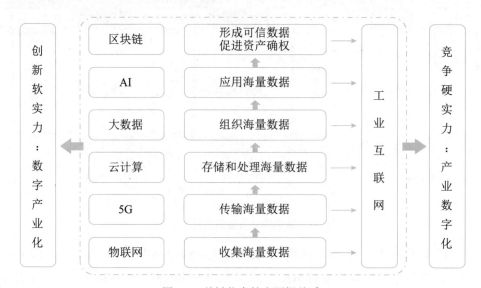

图 1-2　关键信息技术逻辑关系

新一代信息技术的发展引发技术范式的转变，成为驱动产业变革、企业数字化转型和发展数字经济的原动力。国家正在抓住这一机遇，通过新基建和《中华人民共和国国民经济和社会发展第十四个五年规划和 2035 年远景目标纲要》（以下简称"十四五"规划）推进新一代信息技术的发展，推进数字产业化、产业数字化。我们正在步入数字新时代，迎接美好新未来。

1.2　新时期科技革命的主要特点

首先，基础科学与新兴高技术领域出现跨界融合与交叉分化的发展态势，这是由于新兴学科以及前沿技术领域的不断出现与创新引起的。新的科技发展模式正在形成，实现从基础科学到应用技术产业领域发展的新境界。例如，新一轮信息技术与脑科学、数学等学科领域的交叉融合将会极大地推动人工智能、机器人技术产业的发展，同时对人类在新时期揭示大脑的秘密也具有重要的促进作用。其次，科技革命的发展更加注重绿色服务化与生态文明化。正所谓"绿水青山就是金山银山"，工业化的进程虽然带来了生产力的巨大变革，但其负面影响特别是对环境与资源方面的影响日益明显，人类在 21 世纪面临的发展问题更为严峻和迫切，这就要求科技要向绿色化、智能化、生态化的方向发展。未来的科技革命将注重生态环境的修复保护与自然资源的合理利用，致力于开发新能源等绿色技术产品。

第四次工业革命具有一些明显的特征。首先是生产方式将发生根本性变革，数字智能化将成为主流的模式。21世纪信息技术革命仍具有主导性地位，其本质就是包括信息化、数字化、智能化的一场技术革命，这些信息化技术与生产管理方式的深度融合形成协同创新，它不仅会引发传统产业的转型升级，推动新兴产业的发展，更重要的是会引发生产方式、生产组织模式，甚至人类思维模式的全方位变革。其次，能源结构将以可再生能源的互联网配置为主。新时期能源技术革命的关键就是要使可再生能源成为能源结构的主体，同时新能源技术本身也是众多技术的融合点。新一轮产业变革的能源是以诸如风能、太阳能、潮汐、地热等可再生能源为主体，同时以"可再生能源-新型互联网通信技术"为核心模式，并且产生新的能源储备技术，实现资源的合理利用与经济社会的持续发展。

1.2.1　新科技革命与产业变革的关系

首先，科技革命与产业变革有直接的因果联系，但科技革命只有在合理的社会体制和经济条件下才能引发产业变革，这从第一、二次工业革命中均可以明显体现出来。第一次工业革命是以力学为理论基础，蒸汽机的发明则是理论的实际应用，由此引发机器大工业生产等变革，而力学理论早在17世纪的科学革命中已经奠定。第二次工业革命，科技与产业的关联效应更加明显，热力学、电磁理论等直接推动了内燃机及电动机等产业革命。产业变革的直接动力来自科技革命，但并非任何科技革命都一定会引发产业变革。例如，哥白尼的天文学革命并未引发产业变革；古希腊的希罗发明了一种类似于蒸汽机的动力机器，完全可算是一场技术革命，但未能引起产业变革，这也是出于一定的社会经济原因。21世纪，随着国际科技合作交流的日益深化，经济全球化进一步加深，各主要发达国家对新一轮科技革命的到来都高度重视，这就为即将到来的产业变革奠定了良好的经济制度、社会制度和环境条件的基础。欧洲、美洲、亚洲等具有良好社会制度及科技发展土壤的国家，将会成为新一轮产业变革的重点爆发区域。

其次，新一轮产业变革的重要推动力不仅仅来自前沿技术的突破，更多的是来自人类日益增长的精神文明需求与开拓高级绿色工业文明的需要。诸如新能源、信息技术、生命科学等前沿科技领域正处于大规模爆发前的酝酿期，必然引发相关领域的产业变革。同时，21世纪科技发展迅猛，随着人类物质生活的极大丰富，精神文明需求愈发成为引领产业变革的重要动力。产业变革更多地表现为人类深入认识自然环境、适应自然以永续发展的迫切需要。与历次工业革命不同的是，新一轮产业变革更加注重绿色生态的发展方向，改变了以往单纯追求经济发展的生产方式，向着人与自然生态系统和谐的可持续发展的绿色工业转变。新一轮产业变革能够解决以往产业变革所不能解决的问题，如环境恶化、资源枯竭、人口增长等现实问题。新一轮产业变革的动力从某种程度上正是应人们迫切改变这一现状的需要而产生的，产业变革的直接动力表现得更加迫切与明显，这种需求与动力甚至引领相关技术领域发生变革。例如，21世纪发展潜力巨大的生命科学将是解决生态系统恶化、开拓绿色产业文明的直接手段，基于目前迫切的现实需求，生物工程技术会重点在农业、医药卫生等领域展开推进，引发技术变革。因此，21世纪新科技革命与产业变革表现为更加复杂的互动关系，而不仅仅是直接的线性推进关系。在此情形下，应注重战略性新兴产业的发展，并加强科技政策与产业政策的协调互动，共同推动国家的科技进步。

1.2.2　充分认识科技革命带来产业变革发展的新机遇

在新一轮科技革命背景下，科技政策与产业政策应相互协调共同支持国家的发展战略，以此来抓住机遇，实现综合国力的提升。对当今国家科技实力的提升与社会经济的增长来说，科技政策与产业政策有着不可或缺的重要作用。科技政策要以产业发展为基础，以企业创新为主体，以市场需求为导向，努力突破能提升经济发展的关键技术；产业政策要积极引导、协调科技政策的实施，在新一轮科技革命与产业变革中抓住机遇，实现综合国力的提升。

第一次工业革命诞生于英国，英国因此获得"日不落"帝国的称号；第二次和第三次工业革命都诞生于美国，美国由此走上了百年巅峰之路。2013年，德国率先向世界推出"工业4.0国家战略"，与美国争夺全球新工业革命的主导权，由此可以看出，这是一场未来之战。

时代浪潮汹涌澎湃，企业脚步一日千里。如今的制造不再是简单的流水线生产和机械式复制，工业4.0的到来，更加凸显了科技的力量。无论是美国的工业互联网、德国的工业4.0还是中国制造2025，其核心都是智能制造。智能制造是无比复杂的巨系统，是互联网和物联网对工业的颠覆和再造。推进智能制造，是全球工业发展的必由之路，也是中国制造转型升级的主攻方向；打造智能工厂，是加速传统制造迈向智能制造的现实需要，也是中国制造由大变强的蜕变之旅。

1.3　历次工业革命的演进

我们正站在技术革命的风口，新技术革命将从根本上改变人们的工作和生活方式。从规模、范围和复杂性上讲，新技术革命带来的转变将不同于人类以前所经历的任何时期。我们还不知道它将如何展开，但有一点是清楚的：它的反应必将是综合的和全面的，涉及全球政治经济体系内的所有利益相关者，将覆盖从国家发展、社会与科技进步、经济发展到大众生活的方方面面。

为了进一步让读者有一个系统认知，下面简要回顾一下历次工业革命的演进过程。图1-3展示了历次工业革命的演进。

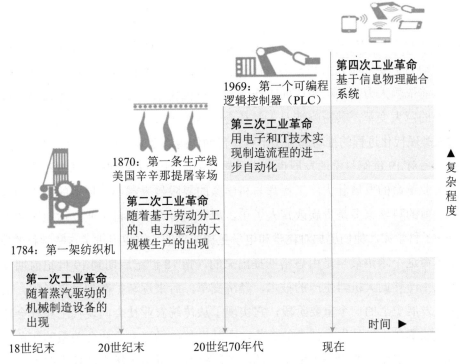

图 1-3　历次工业革命的演进

工业革命有时又称产业革命。工业革命开始于 18 世纪 60 年代，当时在英国的进展已经很显著了。通常认为它发源于英格兰中部地区，是指资本主义工业化的早期历程，即资本主义生产完成了从工场手工业向机器大工业过渡的阶段。工业革命是以机器取代人力，以大规模工厂化生产取代个体工场手工生产的一场生产与科技革命。由于机器的发明及运用成为这个时代的标志，因此历史学家称这个时代为"机器时代"（the Age of Machines）。18 世纪中叶，英国人瓦特改良蒸汽机之后，由一系列技术革命引起了从手工劳动向动力机器生产转变的重大飞跃，随后向英国乃至整个欧洲大陆传播，19 世纪传至北美。一般认为，蒸汽机、煤、铁和钢是促成工业革命技术加速发展的四项主要因素。英国是最早开始工业革命也是最早结束工业革命的国家。

工业革命是由资本主义经济发展的客观要求所决定的。

（1）资产阶级革命废除了封建制度，消除了不利于资本主义发展的种种束缚，为工业革命创造了重要的政治前提。

（2）消除农业中的封建制度和小农经济，为资本主义大工业的发展提供了充分的劳动力和国内市场（以英国的圈地运动为代表）。

（3）资本主义的原始积累过程，提供了资本主义大工业所必需的大批自由劳动力和巨额的货币资本（殖民）。

（4）资本主义工场手工业的长期发展，为大机器生产的出现准备了技术条件。

1.3.1　第一次工业革命

18 世纪 60 年代—19 世纪中期，人类开始进入蒸汽机时代。在瓦特改进蒸汽机之前，生产所需的动力主要依靠人力和畜力。伴随蒸汽机的发明和改进，工厂不再依河或溪流而建，很多以前依赖人力与手工完成的工作逐渐被机械化生产取代。工业革命是一般政治革命不可比拟的巨大变革，其影响涉及人类社会生活的方方面面，使人类社会发生了巨大的变革，对人类现代化进程的推动起到了不可替代的作用，把人类推向了崭新的蒸汽机时代。

工业革命对 19 世纪科学的发展也产生了重要的影响。以前的科学研究很少用于工业生产，随着工业革命的发展壮大，工程师与科学家的界限越来越小，更多的工程师埋头做科学研究。以前的科学家多是贵族或富人子弟，现在则有许多来自工业发达地区和工人阶级的子弟成为了科学家。他们更加对化学和电学更加感兴趣，这也促进了这些学科的发展。

工业革命这个术语最早是由恩格斯提出来的，指 18 世纪后期到 19 世纪前期发生在英国的从手工生产转向大机器生产的技术、经济变革，后来逐渐扩散到世界各国。工业革命是资本主义发展史上的一个重要阶段，它实现了从传统农业社会向现代工业社会转变的重要变革。工业革命不仅是生产技术的变革，同时也是一场深刻的社会关系的变革。从生产技术方面来说，它使机器代替了手工劳动，工厂代替了手工工场；从社会关系来说，它使社会明显地分裂为两大对立的阶级——工业资产阶级和工业无产阶级。17、18 世纪，英、法等国资产阶级革命的胜利，为生产力的发展扫清了道路；资本主义工场手工业的发展和科学技术的发明，为向机器大工业过渡准备了条件。随着市场的扩大，以手工技术为基础的作坊不能满足市场的需要，资产阶级为了追求利润，广泛采用了新技术。工业革命开始于 18 世纪 60 年代的英国，首先从棉纺织业开始，18 世纪 80 年代因蒸汽机的发明和使用得到了进一步发展。继英国之后，法国、美国等国也在 19 世纪中期完成了工业革命。它极大地促进了社会生产力的发展，巩固了新兴的资本主义制度，引起了社会结构和东西方关系的变化，对世界历史进程产生了重大影响。

1.3.2　第二次工业革命

1870 年以后，科学技术的发展突飞猛进，各种新技术、新发明层出不穷，并被迅速应用于工业生产，大大促进了经济的发展，这就是第二次工业革命。当时，科学技术的突出发展主要表现在三个方面，即电力的广泛应用、内燃机和新交通工具的创制、新通信手段的发明。

第二次工业革命以电力的广泛应用为显著特点。从 19 世纪 60—70 年代开始，出现了一系列电气发明。德国人西门子制成了发电机，比利时人格拉姆发明了电动机，电力开始用于驱动机器，成为补充和取代蒸汽动力的新能源。电力工业和电气制造业迅速发展起来，人类跨入了电气时代。

第二次工业革命的又一重大成就是内燃机的创制和使用。19 世纪 70—80 年代，以煤气和汽油为燃料的内燃机相继诞生，90 年代柴油机创制成功。内燃机的发明解决了交通工具的发动机问题。1885 年，德国人卡尔·本茨成功地制造了第一辆由内燃机驱动的汽车。内燃机车、远洋轮船、飞机等也得到了迅速发展。内燃机的发明，还推动了石油开采业的发展和石油化工业的产生。

工业革命的第二阶段以促进大量生产为目的的科学技术的发展为特点。美国在这一方面领先，就像德国在科学领域中领先一样。美国拥有的某些明显的有利条件可说明它在大量生产方面居首位的原因：巨大的原料宝库；土著和欧洲人充分的资本供应；廉价移民劳动力的不断流入；规模巨大的国内市场、迅速增长的人口以及不断提高的生活标准。

大量生产的两种主要方法都是在美国发展起来的。第一种方法是制造标准的、可互换的零件，然后以最少量的手工劳动把这些零件装配成完整的单位。美国发明家伊莱·惠特尼就是在 19 世纪开始时用这种方法为政府大量制造了滑膛枪。他的工厂因建立在这一新原理的基础上，引起了广泛关注，受到了许多旅行者的访问。其中有位访问者对惠特尼的这种革命性技术的基本特点作了恰当的描述："他为滑膛枪的每个零件都制作了一个模子；据说，这些模子被加工得非常精确，以致每一把滑膛枪的任何零件都可用于其他滑膛枪。"在惠特尼之后的数十年间，机器被制造得愈来愈精确，因此，有可能生产出几乎完全一样的零件。第二种方法出现于 20 世纪初，是设计出"流水线"。亨利·福特因为发明了能将汽车零件运送到装配工人所需地点的环形传送带，获得了名声和财富。

1.3.3　第三次工业革命

第三次工业革命始于第二次世界大战后初期，20 世纪 50 年代中期—70 年代初期达到高潮。

70 年代以后进入了一个新阶段。

从 20 世纪 40—50 年代以来，原子能、电子计算机、微电子技术、航天技术、分子生物学和遗传工程等领域取得的重大突破，标志着新的科学技术革命的到来。这次科技革命被称为第三次工业革命，它产生了一大批新型工业，第三产业得到了迅速发展。其中最具划时代意义的是电子计算机的迅速发展和广泛应用，从此开启了信息时代。它也带来了一种新型经济——知识经济。知识经济发达程度的高低已成为各国综合国力竞争成败的关键所在。

第三次工业革命是人类文明史上继蒸汽技术革命和电力技术革命之后，在科技领域里的又一次重大飞跃。它以原子能、电子计算机、空间技术和生物工程的发明和应用为主要标志，涉及信息技术、新能源技术、新材料技术、生物技术、空间技术和海洋技术等诸多领域。这次工业革命不仅极大地推动了人类社会经济、政治、文化领域的变革，而且也影响了人类生活方式和思维方式，使人类社会生活向更高境界发展。20 世纪 80 年代以来，国内史学工作者对第三次工业革命史的研究日益深入，相关研究成果不断问世。

有发展就会有变革，经过科技的长足发展，以原子能、电子计算机、空间技术和生物工程的发明和应用为主要标志的第三次工业革命再次开启了一个新的领域，带来了涉及信息技术、新能源技术、新材料技术、生物技术、空间技术和海洋技术等诸多领域的一次变革。

在此次工业革命中，不仅制造业发生了重大改变，产生了一大批新型工业，第三产业也借此迅速发展，而电子计算机的迅速普及更是开辟了一个全新的信息时代，经济也开始走入了知识经济的时代，人类在衣、食、住、行、用等日常生活的各个方面也发生了重大的改变。

1.3.4　三次工业革命对社会的冲击

三次工业革命的比较：

- 第一次工业革命始于 18 世纪 60 年代，蒸汽机得到广泛应用。
- 第二次工业革命始于 19 世纪 70 年代，电力得到广泛应用。
- 第三次工业革命始于 20 世纪 40—50 年代，在原子能、电子计算机、微电子技术、航天技术、分子生物学和遗传工程等领域取得了重大突破。

每一次技术进步都会引发技术之外的社会变迁。至少在短时期内，谁是获利者？谁是失利者？这是一个值得深思的问题。历史是面镜子。

第一次工业革命（蒸汽机时代）在 18 世纪英国西北部的纺织领域发生。18 世纪 60 年代，詹姆斯·哈格里夫斯发明多轴纺纱机，从原来家庭式作坊只能装一个纱锭纺纱，变成在保持同样质量的情况下，可以装 8 个纱锭、16 个纱锭甚至 100 多个纱锭同时纺纱，使效率大大提高，成本大幅下降，这导致了家庭作坊在竞争中纷纷倒闭。后来又将蒸汽机用于生产，以机械力替代人力，再强壮的工人也无法与机器相比了。工业革命推动了经济的高速发展。1760 年英国全年生产了 1300 吨棉布，到一百年后的 1860 年，英国全年生产了 19 万吨棉布——产量提高了近 150 倍。可见，工业革命不仅是人类历史上空前的技术革新，也使世界经济和人类财富进入了爆发期。

工业革命给社会带来了什么？工业革命是对整个生产方式和社会结构的重组。原生态的小作坊纷纷消失，使居于富裕阶层的作坊主不得不委身到工厂打工。新技术动摇了他们的生活基础，降低了他们的社会地位。失意者不是仇恨大工厂主，而是仇恨机器。1811—1812 年英国诺丁汉发生了反工业化的卢德运动，愤怒的工人们砸毁了纺织机。此运动很快蔓延到全英国，英国政府不得不派遣士兵前往镇压，而且通过立法规定破坏纺织机的人将被判处重刑。

第一次工业化浪潮中，农村人口向城市迁移，城市中形成了没有生活根基的无产阶级，马克思沿用拉丁文 Proletarius 一词称呼他们，该词原意是指普罗大众，无产者。工业城市中出现了工伤、失业、老年、女工、童工等一系列问题，这就是改变欧洲政治生态的"十九世纪社会问题"，社会主义思潮及工人运动应运而生。

第二次工业革命（电气时代），电动机替代了蒸汽机，电力应用到工业生产的各个领域；又将生产线根据生产时间、投入能量来进一步优化（细化、模块化与标准化），以便大规模生产，这就是所谓的流水线作业。第一次大规模启用流水线的是美国的亨利·福特，第一辆完整通过流水线生产的汽车型号是 Ford T。福特公司的汽车产量倍增，成本大降。这一模式推广到欧美各国后，德国大众汽车成为了其中的佼佼者，甲壳虫汽车荣登世界汽车销售量榜首。流水线成为工业生产的主流，也促使电力、钢铁、铁路、化工、汽车等重工业兴起。

从技术与社会角度来看，因为提高了生产效率，一方面使得企业主的盈利大幅提高，财富增长的速度也大大超越以前的小作坊和传统工厂；另一方面，工人的工作时间和工作强度也大幅降低。19 世纪美国工人每天工作 12 小时，而到了 1914 年福特首次实现了由英国社会主义者欧文于 1830 年前后提出的"八小时工作制"设想。福特通过对生产线的"科学优化"使得组装一辆车子从原来的 12.5 小时降低到 1.5 小时，从而找到了劳资双方共赢的一种方法。因为工人工资提高，且产品成本降低，从而导致价格降低，因此普通工人也能买得起汽车。这就是 20 世纪欧美重要的特征："美国式的生活之路"。

所谓流水线，就是把人也变成机器，变成机器的一个零件，变成资本运作中的一项生产成本。人们在流水线的一个特定位置工作，每天做只有一个动作的重复劳动，而且也不知道该工作在整个生产流程中处于什么环节，所生产的这个零件用在哪里。这种生产方式迥异于传统的农耕生产和作坊生产，长此以往，会导致人的心理异化。卓别林的电影《摩登时代》、蒙克等表现主义绘画以艺术手法再现了这种异化现象。直到第二次世界大战后，生产的人性化才引起社会重视，成为企业文化的一个重要部分。

第三次工业革命（信息时代）将电子技术、数字技术应用到生产中，出现了数控机床、机器人等。日本丰田公司通过改进生产管理，使汽车的生产效率和质量大幅提高，被誉为福特之后的第二次汽车业革命，它是根据学者对系统的优化设计，来改变人的举止、人与人之间的关系，以提高生产效率。

由于生产成本和运输成本的大幅降低，信息交流的普及，更多国家卷入这样的经济圈，20 世纪 80 年代开始了第二次经济全球化浪潮，形成了新的经济分工，大批劳动密集型企业的生产线转入发展中国家。在工业发达国家，企业和白领阶层获得更多利益，蓝领阶层则受到失业的威胁；在发展中国家，得益于工业发达国家的投资，总体经济发展迅速，企业与工人几乎获得双赢，但发展中国家为经济发展付出了巨大的环境代价。而且，由于生产与消费的扩张，造成了巨大的能源和资源消耗，引发了全球能源危机、资源危机和气候变化等问题。

由此可见，技术发展一方面促进了经济发展，另一方面衍生了许多社会问题。如今人类社会进入第四次工业革命，将互联网技术应用到生产过程中，应当能进一步促进生产和经济发展。但以往三次工业革命所产生的社会问题，马克思对第一次和第二次工业革命所作的思考，又会被再度提出。

第一次工业革命用蒸汽机替代了人力，第二次工业革命通过流水线优化了人力生产，第三次工业革命通过自动化替代了人工，第四次工业革命通过网络和智能机器人替代人——每一次工业革命的结果都是减少人工劳动。美国学者布朗（Brown）和利弗（Leaver）提出未来工厂将走向"无人工厂"。人们是应该高兴还是恐惧？工厂无人，人怎么办？人们都离开工厂而流浪街头？技术进步的孪生现象就是失业？前三次工业革命发生时人们最担心的就是这些问题。好在除了第一次工业革命外，另两次都没有导致非常严重的失业，甚至最终还给社会增加了就业。那么第四次工业革命会发生什么？对于这个问题，将在 1.4 节中来给予回答。

从第一次工业革命至今，科学技术转化为直接生产力的进程在不断加快，从照相机的发明到大规模应用用了 122 年的时间，而从电视机的发明到应用只用了 5 年的时间，技术更为复杂的原子能，从发现到应用到第一座核电站上也仅仅用了 15 年的时间。

不难看出，随着科学和技术的不断结合，科研探索的领域也正在不断扩大，而且在技术革新之后也可以更快地投入到应用中，科学与技术相互渗透，科学、技术、生产形成了统一的革命过程。

1.4 第四次工业革命已经到来

所谓工业 4.0（Industry 4.0），是基于工业发展的不同阶段所做的划分。按照目前的共识，工业 1.0 是蒸汽机时代，工业 2.0 是电气化时代，工业 3.0 是信息化时代，工业 4.0 则是利用信息物理系统（Cyber-Physical System，CPS）促进产业变革的时代，也就是所谓的智能化时代。

工业 4.0 这个概念最早出现在德国，于 2013 年 4 月的汉诺威工业博览会上正式提出，其核心目的是提高德国工业竞争力，在新一轮工业革命中占领先机。

工业 4.0 是德国政府在《德国 2020 高技术战略》中提出的十大未来项目之一。该项目由德国联邦教育局及研究部和联邦经济技术部联合资助，旨在提升制造业的智能化水平，建立具有适应性、资源效率及基因工程学的智能工厂，在商业流程及价值流程中整合客户及商业伙伴，其技术基础是 CPS 及物联网。

德国的工业 4.0 是指利用 CPS 将生产中的供应、制造、销售信息数据化和智能化，最后达到快速、有效、个性化的产品供应。

众所周知，德国的制造业是世界上最具竞争力的产业部门之一，这归功于德国制造业能够管理复杂的工业生产过程，不同任务由位于不同地点的合作伙伴完成。近二三十年来，德国制造业已成功地利用信息通信技术（ICT）实现对工业生产过程的管理。如今，大约 90% 的工业生产过程已应用信息通话技术。在过去三十年甚至更早以前，信息技术（IT）革命使人们生活和工作的世界发生了巨变，其影响力可媲美成就前两次工业革命的机械和电力。

随着个人电脑向智能设备的演变，一种新的趋势开始显现，越来越多的 IT 基础设施和服务通过智能网络（云计算）来提供。伴随着新一代信息技术的飞速发展，这一趋势宣告了人们期盼的普适计算已成为现实。

通过无线网络越来越多的、功能强大的、自主的微型电脑（嵌入式系统）实现了与其他微型电脑和互联网的互联。这意味着物理世界和虚拟世界（网络空间）以信息物理系统的形式实现了融合。

新的互联网协议 IPv6 于 2012 年推出后，目前已经有足够多的 IP 地址可供智能设备通过互联网实现直接联网。于是，网络资源、信息、物体和人之间能实现物联网及服务互联网。

德国充分利用其世界领先的制造设备供应商及在嵌入式系统领域的传统优势，通过利用物联网及服务互联网向智能制造领域扩展这一趋势，在向第四阶段工业化迈进的过程中先发制人。

正在展开的这次技术革命的规模极大、范围极广，将引发经济、社会和文化等诸多领域的变革，其影响将非常深远，使得人们几乎无法预判。尽管如此，我们还是要描述、分析和预测第四次工业革命对经济、社会、企业、政府、国家及个人的潜在影响。

在所有这些领域，最重大的影响之一可能来源于赋权，即政府如何与公民互动，企业如何与雇员、股东和客户互动，超级大国如何与小国互动。

1.4.1　经济爆发式增长和就业困境

第四次工业革命将对全球经济产生深远的影响，由于其影响的范围非常广泛且涉及众多领域，所以我们很难对某个影响进行孤立的分析。事实上，人们能想到的所有宏观变量，包括 GDP、投资、消费、就业、贸易、通货膨胀等都会受到影响。在此，笔者想重点阐述两个最关键的方面：增长和就业。

1. 经济增长还是衰退

关于第四次工业革命对经济增长的影响，经济学家们也莫衷一是。技术悲观主义者认为，数字革命的关键性贡献已经完成，它对生产效率的影响已经到了强弩之末；而反方阵营的技术乐观主义者则认为，技术和创新正处于拐点，将很快推动生产效率的大幅上升，加速经济增长。

虽然两方观点都有道理，但人们仍然要保持务实的乐观主义态度。人们清楚技术对通货紧缩的潜在影响（即便被定义为"良性通缩"），及其分配效应是如何轻视劳动力而偏向资本以及挤压工资（由此挤压消费）的。人们也看到，第四次工业革命有助于很多人以更低价格享受更多服务，并在一定程度上使消费行为更具可持续性。

2. 被改写的劳动力市场

尽管技术可能对经济增长产生积极影响，但是人们也必须应对其可能产生的消极影响，至少在近期要缓解技术对就业市场产生的负面影响。

为了理解这个问题，人们必须明白技术对就业产生的两个相互对立的影响：一方面，技术对就业是有破坏效应的，因为技术带来的颠覆以及自动化会使资本倾向于取代人工，从而导致工人失业，或者把他们的技能用到其他地方；另一方面，这样的破坏效应也伴随着资本化效应——对新商品和新服务需求的增加，会催生全新的职业和业务，甚至是全新的行业。

关于新兴技术对就业市场的影响，人们的观点基本上可以分为两派：一派是乐观观点，他们认为工人被技术取代后就会找到新的工作，而且技术也会激发新一轮的繁荣；另一派则认为技术会导致大范围的失业，从而导致社会和政治冲突加剧。历史告诉人们，最终的结果会介于两者之间。问题是，人们应该采取何种措施让结果朝着更积极的方向发展，同时帮助那些处于转型期的人？

3. 新型弹性工作革命

2002 年，丹尼尔·平克（Daniel H.Pink）在《自由工作者的国度》（Free Agent Nation）一书中描述了未来的工作更像是员工和公司之间的一系列交易，而不是一种持久的关系。

今天，共享经济从根本上改变了人与工作的关系，也改变了这种经济模式下的社会结构。越来越多的雇主利用"人力云"（Human Cloud）来完成工作：他们把专业工作细分为多个精确的任务和彼此独立的项目，然后上传到由来自世界各地的工作者组成的虚拟云上。这是新型共享经济，在这种经济模式下，提供劳务的人不再是传统意义上的员工，而是从事特定工作的独立个人。纽约大学斯特恩商学院的阿伦·桑德拉拉詹（Arun Sundararajan）教授说："未来可能会有一部分人通过做各种各样的事情来获取收入——你既可以是优步司机，又可以是 Instacart 的采购员，Airbnb 的房东，也可以在 Taskrabbit 上做临时工。"

对于在人力云平台工作的人而言，他们最大的优势在于自由（是否工作的自由），同时因为他们属于全球虚拟网络的一部分，所以也具有无与伦比的机动性。有些个体工作者认为这样的工作模式压力小、自由度大、工作满意度高，是一种理想的工作状态。

1.4.2　企业不改变就灭亡

增长模式、就业市场和未来工作的变化会对所有组织产生影响。除此之外，有证据表明，那些推动第四次工业革命的技术正在对企业的领导、组织和资源配备方式产生重大影响，这集中体现为标准普尔 500 指数覆盖企业的平均寿命越来越短——从 60 年下降到 18 年。另外一个变化是新企业获得市场支配地位、收入达到较高水平所需的时间越来越短。Facebook 花了 6 年时间使其年营业收入达到 10 亿美元，而 Google 只花了 5 年就达到了这个目标。新兴技术几乎都是由数字技术催生和驱动的，在它们的影响下，企业变革的速度在加快，范围也在拓展。

笔者在参加一些国际国内的展览和 IT 管理峰会就上述现象与一些政府官员、企业高管交流时，进一步验证了笔者的基本观点——当今时代信息的泛滥，以及颠覆和创新速度的加快都是很难理解或预料的，它们不断地让人们感到惊讶。在这种环境下，企业领袖能否持续不断地学习、调整并质疑自己对于成功的认知和运营模式，将决定他们能否在下一代企业领袖中脱颖而出。

因此，面对第四次工业革命的冲击，企业必须进行数字化转型。企业领袖的当务之急便是审视自身和自己的组织：组织和领导层是否具有学习和变革的能力？企业开发原型产品和做投资决策的速度是否一直够快？企业文化是否包容创新和失败？我们所看到的一切均表明，变革速度只会加快，程度只会更深。所以，领袖们必须诚实且严格地审视自己的组织，分析它是否具有快速灵活的运营能力。

颠覆的来源不同，对企业的影响也不同。在供给侧，许多行业都在引入新技术，以此采用全新方式来满足现有需求，极大地颠覆了传统的价值链，这样的例子不胜枚举。在能源行业，新型存储和电网技术将加快行业的去中心化；3D 打印技术的普及也会让分布式制造和零部件保养变得更加便捷和便宜；实时信息将针对客户和资产绩效提供独特见解，从而进一步强化其他技术趋势。

那些灵活的创新型竞争对手也为颠覆提供了原动力，常言道："敌人使你成功"，就是这个道理。竞争对手利用研发、推广、销售和分销领域的全球性数字平台，以更好的质量、更快的速度和更低的价格为客户提供价值，从而超越因循守旧的企业；而这类因循守旧的企业还沉浸在传统优势之中，为其过去的成就而沾沾自喜。

需求侧的变化也在颠覆着企业：由于透明度的增加，消费者参与以及新型消费行为模式的出现（这一切取决于对移动网络和数据的应用），企业被迫改变其设计、推广和交付现有的以及新产品和服务的方式。

1.4.3　放眼国家和全球

第四次工业革命引发的颠覆性变革正使公共机构和组织重新调整运行方式，特别是迫使区域、国家和地方政府部门进行自我调整，找到与公众及私营部门合作的新方式。这也影响着国家之间的关系。

1. 政府生存之道：积极拥抱变革

在评估第四次工业革命对政府的影响方面，更好地利用数字技术，对提高治理水平至关重要。更加深入与创新地应用互联网技术能够改善公共管理结构，提高现代化水平，提升整体效果。加强电子政务的推广与应用，可以提高政府的透明度和责任制度，以及政府和公民的互动程度。同时，政府必须进行自我调整以适应这样的现实，即权力正从国家向非国家行为体转移，从现有的体制向松散的网络社区转移；新技术以及在新技术推动下产生的社会分组和互动允许任何人发挥过去无法想象的影响力。

摩伊希斯·奈姆（Moisés Naím）说："在 21 世纪，权力更容易获得，却更难行使，也更容易失去。"除了少数几个例外，政策制定者越来越难以对变革施加影响。这是因为他们受到来自国际、省际、当地甚至个人等其他权力中心的牵制。这种"微观权力"足以对政府的"宏观权力"形成制约。

平行的架构使公众传播理念、招募追随者以及协调行动来对抗政府成为可能。当前，伴随着新技术带来的竞争加剧、权力下放和再分配，政府现有的形态将不得不发生改变，其以执行政策为核心的职能将逐步弱化。政府将被看作公共服务中心，其能否以最有效、最个性化的方式提供更广泛服务的能力要接受公众的评估。

第四次工业革命所引发的变革极为迅猛，这让监管者面临前所未有的挑战。当今，各类突发事件让政治、立法和监管机构应接不暇，使他们既难以应对飞速发展的技术变革，也不能参透随之而来的影响及含义。在当今世界，核心公共职能、社会交流和个人信息都汇集在数字化网络平台上。政府需要通过与商界和社会大众开展合作，共同制定规则，不断检验修订，平衡各方利益。这样才能维护正义，保证竞争和公平，保护知识产权、保障安全和可靠性。

2. 空前的国际安全问题

当今世界的极大危险是由于世界的高度互联产生的不平等的不断加剧，可能导致日益严重的社会分化、种族隔离和社会动荡，从而滋生极端暴力行为。第四次工业革命将改变安全威胁的特征，同时也影响着权力的交替。权力不仅在地域之间出现变更，也在从国家主体向非国家主体转移。在地缘政治日益复杂的地区，面对具有武装力量的非国家主体的崛起，为应对重大的国际安全挑战而建立共同的合作平台是一个极其关键又严峻的挑战。

1.4.4 前所未有的社会变革

人们在各种不同背景下相互交流思想、价值观、兴趣和社会准则，才实现了诸如科学进步、商业发展和创新普及等社会进步。因此，很难全面地理解新技术体系对社会的影响，因为社会的构成元素彼此交织，而它们又共同催生了很多创新。

1. 不平等问题

当前，世界确实存在严重的不平等现象。大部分国家的不平等状况还在加剧，即便是那些所有收入群体都实现了快速增长，且贫困人口大幅减少的国家也不例外。

不断加剧的不平等不仅是令人担忧的经济问题，还是一个严峻的社会挑战。有数据证明，不平等的社会中暴力现象更多，在押犯人更多，精神疾病患者和肥胖人口也更多，人的寿命更短，信任程度更低。

在高度互联的世界中，人们有更高的期望值，但如果人们感到取得成功或实现人生意义希望渺茫的话，重大的社会风险便会随之而来。

2. 社群影响

新型数字媒体是第四次工业革命的核心组成部分，对个人和集体构建社会及社群产生越来越大的推动力。数字媒体以全新的方式将人们以"一对一"和"一对多"的形式联系起来，让用户得以超越时间和空间维系友谊、创建兴趣小组，让志同道合的人们突破社会和现实障碍建立联系。数字媒体的实用性、低成本和地理中立的特点也推动了社会、经济、文化、政治、宗教和意识领域之间更密切的互动。

但不幸的是，第四次工业革命在向公民赋权的同时，也在损害公民的利益。世界经济论坛《2016 年全球风险报告》阐述了"公民被赋权和剥夺权利"现象，即随着政府、企业和利益群体采用新兴技术，公民和社群被赋权的同时也在被剥夺权利。

1.4.5　无孔不入的技术

第四次工业革命不仅正在改变我们的行为，也在改变我们自身。它对每个个体都产生了多方面的影响，包括我们的身份认同及其相关方面，如隐私保护意识、所有权观念、消费方式、工作与休闲时间的分配以及如何拓展职业生涯和学习技能。

1. 身份认同、道德与伦理问题

从生物技术到人工智能，第四次工业革命引发的爆炸式创新重新定义了人类的意义所在。新技术革命以曾经只在科幻小说中存在的方式不断扩展人类寿命、健康、认知和能力的界限。随着在这些领域中不断获得的新知识和新发现，人们所关注并致力于持续进行的有关伦理道德问题的讨论变得至关重要。作为人类，作为一种社会性动物，人们需要从个体与集体的不同角度来思考应该怎样应对寿命延长、定制婴儿、记忆提取等诸多问题。

某些特定种类的技术，如互联网和智能手机对人类的影响是很容易了解的，且已被专家和学者们广泛讨论过，但要了解它们在其他方面造成的影响则要难得多。人工智能与合成生物学就面临着这样的问题。在过去几年中，人们已经在网上看到了所谓的编辑、定制婴儿的报道，以后还将发生对人类进行的其他全面改良的技术，如消灭遗传病和增强人类认知能力。而这些技术都将使人类面临前所未有的重大伦理与道德问题。

2. 信息世界正在侵蚀我们的大脑

世界越朝着数字化及高科技方向发展，人类就越需要由亲密关系及社交联系所维系的人与人之间的接触。

随着第四次工业革命不断加深个人及群体与科技的联系，它对人们的社交技能及同理心可能产生的消极影响也越发受到关注。这种影响已经出现。密歇根大学的一个科研小组在 2010 年进行的研究发现，当今大学生的同理心与二三十年前的大学生相比下降了 40%，其中主要的变化发生在 2000 年之后。

人们与自己的移动设备的关系就是一个典型例子。人们总是与之形影不离，而这有可能让人们丧失最宝贵的财富之一：腾出时间进行静心反思，并开展一次无须技术支持，也不用社交网络作为媒介的真实对话。这并不意味着人们要放弃使用手机，而应当将手机用于更好的用途。

技术与文化领域作家尼古拉斯·卡尔认为，人们在电子世界中沉浸得越久，认知能力就越弱，因为人们已经无法控制注意力了。"互联网本身是一个干扰系统，一个分散注意力的机器。持续的干扰能分散人们的思维，减弱人们的记忆力，让人们变得紧张和焦虑。人们所陷入的思绪越复杂，干扰所造成的伤害就越大。"

1978 年获得诺贝尔经济学奖的赫伯特·西蒙早在 1971 年就警告说："丰富的信息将导致注意力的缺乏。"如今的情况更加糟糕，对于决策者而言尤其如此。他们被过多的信息所困扰，无法招架持续不断的压力，导致过度劳累。人们常常听到有些领导者的抱怨，他们再也没有时间静心反思，更不必说一口气读完一篇短文这样的"奢华享受"了。世界各地的决策者们仿佛都处于越来越疲惫的状态当中。

1.4.6　权衡公共信息与个人信息

互联网使得人们赖以生存的星球成为一个地球村，拉近了人与人之间的距离，但对个人隐私也带来了极大的挑战。这一问题日益凸显，哈佛大学政治哲学家迈克尔·桑德尔说："人们越来越倾向在日常使用的设备上牺牲隐私以换取便利"。人们都能看出互联网是一种前所未有的民主化和自由化的工具，但同时也是大规模、广范围、无差别、高强度监视的帮凶。

隐私为何如此重要？每个人都本能地明白隐私对于我们自身是非常重要的。即便是那些号称"并不特别看重隐私，也没什么秘密需要隐藏"的人，也总有各种各样的言行举止不想被他人所知。大量研究表明，当人们察觉到受监视时，他们的行为会变得更加墨守成规。

我们完全相信，在未来的岁月里，人们对数据管理的失控定会导致就许多重大问题的讨论越发激烈，诸如隐私问题对我们身心健康的影响这类问题。这些问题极其复杂，人们只不过刚开始感受到其在心理、道德和社会层面的影响。从个人角度来看，我们预测下面这个关乎隐私的问题将会出现：当个人生活完全透明化，且无论小过还是大错都能被他人所知时，谁还能勇于承担领导责任呢？

无论是技术还是它所带来的破坏都是一种外力，人类无法控制。每个人在作为公民、消费者和投资者所做出的每个决定中都有责任引导它的进化。因此，我们必须把握第四次工业革命的机遇和力量，把它引导到一个反映人类共同目标和价值观的未来。然而，要做到这一点，人们必须制定一个全面的且全球共同认可的观点，即科技如何影响人们的生活，重塑人们的经济、社会、文化和人类环境。

第四次工业革命使科技在人们的生活中无孔不入且占据了支配地位，然而人们才刚开始意识到科技的突变会如何影响内在自我。最终，确保科技服务于人类，而不是奴役我们，是每个人义不容辞的责任。

第 2 章
数字新时代已经开启

数字经济是继农业经济、工业经济之后的一种新的经济发展形态。人们对数字经济的认识是一个不断深化的过程。一般意义上讲，数字经济是指以使用数字化的知识和信息作为关键生产要素，以现代信息网络作为重要载体，以 ICT 的有效使用作为效率提升和经济结构优化的重要推动力的一系列经济活动。

近年来，5iABCD（5G、物联网、人工智能、区块链、云计算、大数据）等新技术以 Cloud 2.0 为代表的融合新技术加速创新，是 ICT 技术范式的转变，在 Cloud 2.0 数字平台上产生"核聚变"，从而驱动产业变革与企业数字化转型。新技术赋能千行百业，与企业业务、社会产业融通形成的"核裂变"推动着万物互联迈向万物智能的数字新时代，进而释放出数字经济爆发式增长的新动能。Cloud 2.0 融合新技术日益融入经济社会各领域发展的全过程，数字经济发展速度之快、辐射范围之广、影响程度之深前所未有，其正在成为重组全球要素资源，重塑全球经济结构，改变全球竞争格局的关键力量。本章系统阐述数字经济的框架体系，发展的新特点、新趋势，并对中国共产党第二十次全国代表大会（以下简称党的二十大）精神进行数字化、数字经济维度的解读。

2.1 数字经济的框架体系

国家正式发布了《中华人民共和国国民经济和社会发展第十四个五年规划和 2035 年远景目标纲要》全文。我们发现，关于数字化建设任务，相比以往的 5 年规划，其战略位置和建设内容都有了前所未有的提高。在对国家"十四五"规划中数字化相关的任务进行梳理后，我们发现，国家将数字化作为推动经济社会发展重要的战略手段，第一次将数字化作为专篇进行重点部署，第一次明确数字经济体系内容，第一次将场景作为发展数字经济的重要抓手，第一次明确强调数据要素的重要作用……数字化将是"十四五"时期国家和地方实现创新驱动发展的重要工作抓手。

2.1.1 "加快数字化发展 建设数字中国"是国家的重要战略举措

数字化第一次在国家"十四五"规划中作为专篇论述，"加快数字化发展 建设数字中国"位列规划第五篇，前四篇分别是总体思路、创新驱动、现代化产业体系和国内大市场，这足以说明数字化在"十四五"国家发展战略中的重要地位；其次，数字经济比重被列为"十四五"时期经济社会发展的主要指标，"十四五"规划提出数字经济核心产业增加值占 GDP 的比重要从 2020 年的 7.5%，提升到 5 年之后的 10%。

围绕如何加快数字化的发展。"十四五"规划认为，关键在于激活数据要素的潜能，同时要从三个方面加快数字化的发展，分别是：数字经济建设、社会建设和数字政府。国家希望通过数字化的转型，抓住数字时代的新机遇，整体驱动生产、生活和治理方式的转变。

2.1.2　数字经济体系

"十四五"规划围绕数字化发展提出4项主要任务（3+1），分别是：打造数字经济新优势、加快数字社会建设步伐、提高数字政府建设水平、营造良好数字生态。从整个篇章的架构布局上来看，规划首次明确了数字经济体系的内容，即三大数字经济领域（技术、数字产业、产业数字化），三大数字社会领域（公共服务、智慧城市和数字乡村、数字生活），三大数字政府领域（数据开放共享、政务信息化、数字化政务服务），以及四大数字生态（数据要素市场、数字治理政策、网络安全、网络空间命运共同体）。

其中，"打造数字经济新优势"部署了3项任务，分别是数字技术创新、数字产业化，以及产业数字化转型。在数字技术创新中，量子计算、量子通信、神经芯片、DNA存储等前沿技术被列为关键的数字技术予以加强；在数字产业化任务中，人工智能、区块链、网络安全、5G等新兴业态作为发展数字产业化的重点；在产业数字化转型任务中，要建设若干高水平的工业互联网平台和数字化转型促进中心，重点聚焦在数据与行业跨界融合的新业态培育上。

"加快数字社会建设步伐"列出了3项任务。第1项任务是要建设智慧便捷的公共服务，提出要实现教育、医疗、养老等公共服务领域的数字化普惠服务，同时重点提出了鼓励社会力量参与"互联网＋公共服务"，创新提供服务模式和产品；第2项任务是要建设智慧城市和数字乡村，其中重点提出，要构建城市的数据资源体系、推进城市数据大脑的建设，并且要探索数字孪生城市，城市数据大脑、数字孪生等新兴概念第一次出现在五年规划中；第3项任务是构筑美好数字生活新图景，提出要围绕居民的购物、居家、生活等各类场景，实现数字化，同时以智慧社区为核心，提供一系列的数字化便民服务和公共服务。

"提高数字政府建设水平"提出了3项任务。第1项任务是要加强公共数据开放共享，提出了要健全国家公共数据资源体系，是对"十三五"提出的"政府数据开放共享"的深化与延续，其中，比较创新的举措是提出"开展政府的数据授权运营试点，鼓励第三方深化对公共数据的挖掘和利用"，这标志着政府对政务数据的治理将从数据汇聚与内部共享迈向价值深度挖掘新阶段；第2项任务是推动政务信息化共建共用，主要的工作思路是继续加强信息化建设的统筹力度，推动系统继续上云；第3项任务是提高数字化政务服务效能，其中最重要的工作是深化"互联网＋政务服务"，提升全流程一体化在线服务平台功能。

最后一章是"营造良好数字生态"。单列此章说明，要实现数字经济、数字社会和数字政府的发展目标，不仅要建设数字化应用，更要强化数字治理，营造一个良好的发展生态。围绕如何建设数字生态，规划提了4个方面的任务：第1项任务是要健全数字要素市场的规则，其中最重要的规则是，要实现数据资源产权、交易流通、跨境传输和安全保护等基础制度和标准规范，同时要建立数据的分类分级保护制度，以此促进数据的安全流动和可交易；第 2 项任务是要营造规范有序的政策环境，要清理不适应数字经济的规章制度，明确平台企业的定位和监管规则，同时要建立无人驾驶、在线医疗、金融科技等新业态的监管框架，以及建立数字经济的统计监测体系；第 3 项任务是加强网络安全的保护，其中的亮点是，提出要加快应用人工智能安全技术，提升网络安全产业的综合竞争力；第 4 项任务是推动网络空间命运共同体的建设，要建立国际网络空间规则，重点提出要积极参与数据安全、数字货币、数字税等国际规则和数字技术标准的制定。

2.1.3　数字化服务应用场景作为发展数字经济的重要手段

场景成为企业实现爆发式成长、区域开展新经济招商培育的重要路径，"十四五"规划中也将"场景"的理念和方式纳入国家战略进行部署。除第九章"发展壮大战略性新兴产业"中打造未来技术应用场景、第二十八章"完善城镇化布局"中提出营造消费场景、第五十一章"构建基层社会治理新格局"中推动便民服务场景有机集成之外，关于场景的部署主要集中在第五篇"加快数字化发展　建设数字中国"的各章中。

（1）在"打造数字经济新优势"中提出，要充分发挥海量数据和丰富应用场景的优势，促进数字技术与实体经济的深度融合。这指出了数字经济发展的两个关键点：一是数据，二是场景。而这两点都是中国的优势和行业发展最关注的要点。

（2）在"加快数字社会建设步伐"中提出，要推动购物消费、居家生活、旅游休闲、交通服务等各类场景的数字化，以此来建设新型的数字生活。这是关于如何提供数字化服务的新思路，围绕场景提供数字化服务可以有效解决多年以来信息化建设市民体验感差的难题。

（3）规划中特别提出了数字化应用场景建设的专栏（即专栏 9），其中提出了要重点建设的 10 类数字化应用场景，包括：智能交通、智慧能源、智能制造、智慧农业及水利、智慧教育、智慧医疗、智慧文旅、智慧社区、智慧家居和智慧政务。"十四五"国家重点数字化应用场景的部署紧密围绕城市、产业、政务和公共服务等数据资源丰富且能发挥重要价值的领域。

（4）将数据要素作为推动数字化发展的关键手段。

首先，在"加快数字化发展　建设数字中国"的开篇中，提出要激活数据要素的潜能，明确数据要素的基础性位置。

其次，在"建设智慧城市和数字乡村"部分提出，要构建城市的数据资源体系，推进城市数据大脑建设。特别强调了要建设城市的"数据大脑"，而不是目前各城市普遍建设的"城市大脑"。

第三，围绕如何提高数字政府的建设水平，首要的任务是，加强公共数据的开放共享，要建设国家公共数据资源体系，同时要扩大基础公共信息数据安全有序地开放，并且首次提出将公共数据服务纳入公共服务体系；同时开展数据授权运营的试点，将政府的数据运营和市场化开发利用结合起来。

第四，关于营造良好数字生态，"十四五"规划特别提出，要建立健全数据要素的市场规则，通过建立数据产权、交易流通、跨境传输等基础制度和标准规范，为整个数据的流通奠定基础的制度体系；同时加快数据安全、个人信息保护等基础领域的立法，探索新的数据交易模式和平台机制，通过一系列的基础性安排，为数据要素流通保驾护航。

从"十四五"规划部署来看，"十四五"时期数据要素价值挖掘，特别是政务数据、城市数据的价值挖掘与运营将成为各地推进数字化发展的重要任务；通过政企合作开展数据的市场化运营有了明确的政策依据；围绕数据资产化，困扰智慧城市数据运营多年的数据立法、数据产权、数据交易流通等问题有望在"十四五"期间取得重大突破。

2.1.4 数字技术赋能千行百业

除了专篇部署之外，数字化也在现代产业体系、构建新发展格局、提升政府治理能力等篇章中有相关任务体现，对数字基础设施、新业态培育、数字治理等方面进行部署。

在"建设现代化基础设施体系"一章中，单列一节关于"加快建设新型基础设施"的任务。任务延续了发改委的关于新型基础设施的分类，分别是信息基础设施、融合基础设施和创新基础设施。任务中重点提到了建设5G网络、高速光纤网络，超前部署6G网络，加快构建全国一体化的大数据中心体系，建设全球覆盖遥感空间基础设施，以及交通、能源、市政等传统基础设施的数字化改造等。

围绕"全面促进消费"任务，"十四五"规划提出了发展信息消费、数字消费、绿色消费，鼓励定制、体验、智能、时尚消费等新模式新业态；要在农村地区扩大电子商务进农村覆盖面。同时，积极实施文化产业数字化战略，壮大数字创意、网络视听、数字出版、数字娱乐、线上演播等产业，推进沉浸式视频、云转播等应用。

围绕跨境贸易，提出要深化国际贸易"单一窗口"建设；加快发展跨境电商、市场采购贸易等新模式，提升贸易数字化水平；积极发展对外文化贸易，鼓励优秀传统文化产品和影视剧、游戏等数字文化产品"走出去"。

围绕市场监管，健全以"双随机、一公开"监管和"互联网＋监管"为基本手段、以重点监管为补充、以信用监管为基础的新型监管机制，推进线上线下一体化监管；同时强化监管科技运用和金融创新风险评估，探索建立创新产品纠偏和暂停机制。

2.2 数字经济发展的新特点、新趋势

工信部所提出的发展数字经济的大略主要有：一是夯实发展基础，培育数字化转型能力，引导企业深化对数字化转型的认识，树立全员数字化转型理念；二是聚焦关键环节，加速企业数字化变革，发展数字化管理、平台化设计、智能化制造、网络化协同、个性化定制、服务化延伸等新模式新业态；三是面向重点领域，全面梳理典型应用场景，以全场

景的数字化加快行业的转型发展;四是构建数字化转型生态,完善两化融合标准体系,制
定和推广两化融合度等关键指标和标准,打造多层次工业互联网平台体系;五是强化部际
协同和部省合作,统筹推进两化深度融合、制造业数字化转型、智能制造、工业大数据发
展等重点工程和行动,完善协同推进工作机制。

2.2.1　平台化、共享化引领经济发展新特征、新趋势

基于云计算的新一代 ICT 技术已经成为人类经济的平台和基础设施,极大地突破了物
理约束、空间约束和时间约束,平台经济、共享经济等新的经济模式正快速发展。

企业之间的竞争重心正从技术竞争、产品竞争、供应链竞争逐步演进为平台化的生态
体系竞争,一批用户基数庞大、技术积累丰富、资金实力雄厚的行业领军企业已率先启动,
通过提供开源系统、营造开放环境、促进跨界融合、变革组织架构、重塑商业模式、孵化
创新团队等多种方式,持续构建与完善资源集聚、合作共赢的生态格局。

2.2.2　新技术与产业融合催生新业态

未来,以新 ICT 技术为代表的数字技术将不断实现突破性创新,而且如同前三次工业
革命的蒸汽机、电力、计算机和互联网一样,将对整个社会快速渗透。同时,数字技术的
创新会从过去的单点突破阶段进入多种技术协同推进、群体性演变的爆发期,从而大幅提
升技术创新的速度。数字技术不但内部的交叉发展和集成创新有所加强,而且与医药材料、
能源、生物等技术的跨界交叉和创新不断融合,如人工智能和基因技术、制药技术的融合,
将更好地发挥精准医疗的作用,明确变异与疾病的关系,加速基因组学研究和药物开发。

新的业态把各个原有的行业业态以数字化为主线进行深度协作融合,完成自身的变革,
同时也不断催生新的业态。传统一点的业态在这个时代会走向消亡,更多的业态可能会需
要拥抱新技术完成一次凤凰涅槃。

运用互联网、大数据、人工智能等新一代信息技术赋能先进制造业,积极推进从生产
要素到创新体系、从业态结构到组织形态、从发展理念到商业模式的全方位变革突破,持
续催生个性化定制、智能化生产、网络化协同、服务型制造等新模式、新业态,推动形成
数字与实体深度交融、物质与信息耦合驱动的新型发展模式。

2.2.3　新技术与产业融合释放数字经济增长新动能

ICT 技术体系正在完成一次蜕变式的、升华式的重构,释放出远超当前技术的能力,从
而使蕴含在大数据中的价值得以充分释放,带来未来数字经济进一步的爆发式增长。

研究成果显示,人、机、物正在逐步交互融合,与经济增长和社会发展相关的各项活
动已全面启动数字化进程,呈现出从被动到主动、从碎片到连续、从单一分离到综合协同
的三大转变。数据已成为与资本和土地并列的关键生产要素,随着它被不断地分析、挖掘、
加工和运用,价值持续得到提升、叠加和倍增,有效地促进全要素生产率的优化与提升。

数字经济将成为经济发展的核心引擎。2019 年，全球 22% 的 GDP 与数字经济紧密相关，而根据权威研究机构预测，到 2021 年，中国数字经济的比重将达 55%。其中数字化融合经济将占据主要份额。传统产业数字化、网络化、智能化转型的成果显著，智能制造将在各行业和各领域盛行，大数据、云计算、物联网等新的配套技术和生产方式得到大规模应用。数字经济加速向传统产业渗透，新产品、新零售、新金融、分享经济、数字创意、医疗健康、在线文娱等新模式新业态持续涌现。

2.2.4　全球创新体系以开放协同为导向加快重塑

创新仍是推动经济数字化发展的原动力，但创新主体、机制、流程和模式却发生了重大变革，不再受到既定的组织边界束缚。

资源运作方式和成果转化方式更多地依托互联网展开，跨地域、多元化、高效率的众筹、众包、众创、众智平台不断涌现，凸显全球开放、高度协同的创新特质，支撑构造以数据增值为核心竞争力的数字经济生态系统。

2.2.5　基础设施加速实现数字化、网络化、智能化升级

万物互联和人、机、物共融将会成为网络架构的基本形态，各国信息基础设施的规划与部署都面临着扩域增量、共享协作、智能升级的迫切需求。

同时，电网、水利、公路、铁路、港口等传统基础设施也正在逐步开展与互联网、大数据、人工智能等新一代信息技术的深度融合，向着智能电网、智能水务、智能交通、智能港口转型升级。

2.2.6　国家和地区的核心竞争力延伸至信息空间

国家和地区之间竞争和博弈的重心，逐步从土地、人力、机器的数量、质量转移至数字化的发展水平，从物理空间延展到信息空间，并将很快呈现出以信息空间的竞争和博弈为主导与引领的格局。

掌握信息空间核心竞争优势的国家和地区，将在新一轮国际分工中抢先占据价值链制高点。

2.2.7　数字技能和素养推动消费者能力升级

消费者所拥有的对数字化资源的获取、理解、处理和利用能力，将成为影响数字消费增长率和水平的重要因素，直接关系数字经济的整体发展质量与效益。

全球各主要发达国家将会越来越重视对公民数字素养的挖潜和培养，并上升到构建国家新兴战略竞争力的高度，作为推动数字消费、扩大内需市场、强化内生动能的重要举措。

2.2.8　数字经济发展红利走向"普惠化"

数字经济的红利将分布式增长。推动教育、医疗、慈善等公共事业的便捷化、普惠化、均等化，是数字经济在创新变革生产方式、促进实体经济提质增效之外的关键着力点和突破口。

未来，多种类型、多个领域的网络化与智能化的教育资源公共服务平台将被搭建；互联网远程诊疗将成为高频次、低门槛、易得可选的常规医疗方式，并引入人工智能助手提升诊疗精准度；区块链技术将在慈善资金募集和捐赠过程中得到大规模应用。

随着宽带互联网、移动互联网等数字基础设施的不断普及，数字鸿沟不断缩小，淘宝村等农村电商服务站的建设加快，电子商务、数字农业、非现金支付、数字化理财、数字小额信贷等在内的数字经济产业在农村和偏远地区兴起，帮助贫困人口就业创业、提升能力、增加收入，数字脱贫致富路加快打通，区域之间、城乡之间的社会经济发展差距将加快缩小。

数字技术和社会民生领域的融合发展加快，电子政务、在线教育、互联网医疗等数字化、智能化社会服务普及，打破时空桎梏，不同年龄、不同性别、不同区域的人都可以更公平地获得更多的发展机会，持续形成更具包容性的数字普惠。

2.2.9　智慧城市有实质性发展

随着信息基础设施的规模扩张、功能升级和网络构建，全球范围内一批创新能力较为突出、具备主动"比特化"条件的现代化城市，将率先加快智慧城市的发展步伐。

为匹配真正海量数据的采取、传输、存储和计算，专门用于智慧城市运行管理决策的系统级平台将得到持续的开发与完善，并逐渐形成可推广复制的标准体系。

2.2.10　社会治理体系的数字化程度持续提升

在数字化理念和大数据的支撑下，政府综合服务的便利性将会提升，公众将积极地参与社会治理。网络化的架构和理念已在政府事务领域得到深度融合应用，未来将在进一步优化事务流程的同时，重点提升政务服务的便捷性和政府的综合服务能力。

构建统一、共享的开放数据平台已成为全球趋势，未来将实现跨层级、跨区域、跨行业的协同管理和服务，为精准化、高效化的社会治理提供决策支持，逐步形成共策、共商、共治的良好生态。

2.3　党的二十大报告中的数字经济思想学习体会

党的二十大报告振奋人心，催人奋进，回应时代命题，传递了新发展理念的重大信号。本节是在学习党的二十大报告的基础上思考数字化如何推进中国式现代化建设的体会，概括为一个中心任务，八大场景的数字化重要支撑。

一个中心任务：以中国式现代化全面推进中华民族伟大复兴。八大场景的数字化重要支撑：①加快构建新发展格局，着力推动高质量发展；②构建高水平社会主义市场经济体制；③实施科教兴国战略，强化现代化建设人才支撑；④坚持全面依法治国，推进法治中国建设；⑤推进健康中国建设；⑥推动绿色发展，促进人与自然和谐共生；⑦推进国家安全体系和能力现代化；⑧以智慧党建深入推进新时代党的建设新的伟大工程。

2.3.1 以数字化发展推进中国式现代化

党的二十大报告中指出，"中国共产党的中心任务就是团结带领全国各族人民全面建成社会主义现代化强国、实现第二个百年奋斗目标，以中国式现代化全面推进中华民族伟大复兴。"

中国式现代化是人口规模巨大的现代化，是全体人民共同富裕的现代化，是物质文明和精神文明相协调的现代化，是人与自然和谐共生的现代化，是走和平发展道路的现代化。

党的二十大报告中首次对"中国式现代化"的重要特征、本质要求、战略安排、重大原则等理论和实践问题作出全面系统的阐释。我们认为，数字科技和数字化是实现中国式现代化的"关键密码"。

习近平总书记曾强调："没有信息化就没有现代化。""过不了互联网这一关，就过不了长期执政这一关。"信息化是现代化的战略引擎，继党的十九大提出网络强国与数字中国战略之后，党的二十大再次明确，要加快建设网络强国、数字中国。通过学习领会习近平总书记关于建设网络强国的重要论述，全面落实"十四五"规划关于"加快数字化发展 建设数字中国"的战略部署，在迈向中国式现代化道路的新征程上，把握数字化、网络化、智能化方向，将实施数字化转型战略与中国式现代化的核心内容有机融合，协同推进数字经济、数字政府、数字法治、数字文化、数字社会、数字乡村发展，实现对经济、政治、文化、社会和生态文明多领域、全方位赋能。

1. 过去十年我国数字经济所取得的成就回顾

习近平总书记在党的二十大报告中总结新时代十年伟大变革时指出，我国经济实力实现历史性跃升。党的十八大以来，习近平总书记站在统筹中华民族伟大复兴战略全局和世界百年未有之大变局的高度，统筹国内国际两个大局、发展安全两件大事，深刻把握新一轮科技革命和产业变革发展趋势和规律，就发展数字经济做出一系列重要论述、重大部署，指引我国数字经济发展取得显著成就。过去十年，我国深入实施数字经济发展战略，取得了举世瞩目的伟大成就。

（1）数字基础设施建设走在全球前列。我国已建成全球规模最大的光纤和移动宽带网络，千兆光网和 5G 商用网络规模全球第一，千兆宽带用户超过 7000 万户，5G 基站总量占全球 60% 以上，算力总体规模位居全球第二。建制村全面实现"村村通宽带"。十年来，我国网络速率增长 7 倍、网民规模超过 10 亿人。高速泛在、天地一体、云网融合、智能敏捷、绿色低碳、安全可控的信息基础设施为社会经济的变革发展提供了强大支撑。

（2）数字技术产业体系不断完善。十年来，我国数字技术产业化进程加速，数字产业规模增长近两倍，总量位居全球前两位；通信网络技术实现全球领先，人工智能、云计算、大数据、区块链等新兴技术水平跻身全球第一梯队；集成电路、基础软件、工业软件等短板领域不断取得突破。

（3）数字技术全面融入实体经济。5G 商用三年来，已在制造、交通、能源、医疗、教育等领域实现融合应用，港口、煤炭等部分领域已进入规模化推广阶段。工业互联网广泛应用于 45 个国民经济大类，"5G+ 工业互联网"建设项目超过 3100 个，平台化设计、网络化协同、个性化定制、服务化延伸等新模式新业态大范围推广。智能制造"点—线—面"大规模推广，1700 多座世界级的智能工厂和数字化车间相继落成，一、二、三产业融合创新，大中小企业融通发展成为中国式现代化的重要体现。

可以说，过去十年是我国数字经济飞速发展的十年，也是实体经济拥抱数字技术实现变革跃升的十年。目前，数字经济正在祖国大地展现出巨大的发展潜力和无穷的创新活力，为中国式现代化发展提供了强大动力。

2. 数字经济发展在中国式现代化中的作用体现

（1）数字经济是构建现代化经济体系的重要引擎。数据作为新型生产要素，将进一步推动产业发展模式向创新驱动转变。数字经济具有高创新性、强渗透性、广覆盖性，不仅是新的经济增长点，还是改造提升传统产业的支点。当前，制造业、农业、能源等各传统领域正在积极探索数字化转型、智能化升级。以制造业数字化为例，智能制造试点企业生产效率平均提升了 37.6%，运营成本平均降低了 21.2%。

（2）数字经济是构建双循环发展新格局的有力支撑。构建新发展格局的重要任务是增强经济发展动能，数字技术可以推动各类资源要素快捷流动、各类市场主体加速融合，帮助市场主体重构组织模式，实现跨界发展，打破时空限制，延伸产业链条，畅通国内外经济循环。例如，在支持中小企业发展方面，某纺织行业平台打通了成衣企业和中小纺织企业，使中小企业从线上即可获得更多代工需求，订单量提升 56%，利润水平也提升接近 50%。

（3）数字经济是实现绿色发展的有效途径。在能源领域，数字技术的融合应用将有效促进可再生能源的开发利用，提高能源资源利用效率，据估算将为全社会带来 15%～40% 的碳排放减少，助力我国实现碳达峰碳中和目标。在环境污染防治、生态系统优化等方面，数字技术的实时监测与智能决策作用，将有力带动相关领域绿色、低碳、循环发展。

党的二十大作出新的重大战略部署，强调坚持把发展经济的着力点放在实体经济上，推进新型工业化，也提出来要加快发展数字经济，促进数字经济和实体经济深度融合。这就是新时代的新使命。

2.3.2 数字化加快构建新发展格局，着力推动高质量发展

党的二十大报告强调，"必须完整、准确、全面贯彻新发展理念，坚持社会主义市场经济改革方向，坚持高水平对外开放，加快构建以国内大循环为主体、国内国际双循环相互促进的新发展格局"。高质量发展包含了新的要求："把实施扩大内需战略同深化供给侧结构性改革有机结合起来""着力提高全要素生产率，着力提升产业链供应链韧性和安全水平，着力推进城乡融合和区域协调发展""推动经济实现质的有效提升和量的合理增长"。

高质量发展包含五方面内涵：一是构建高水平社会主义市场经济体制；二是建设现代化产业体系；三是全面推进乡村振兴；四是促进区域协调发展；五是推进高水平对外开放。其中，建设现代化产业体系指出"坚持把发展经济的着力点放在实体经济上，推进新型工业化，加快建设制造强国、质量强国、航天强国、交通强国、网络强国、数字中国"。要通过数字化转型释放实体经济的活力，为实体经济营造发展土壤；通过千行百业数字化转型，智能化升级，在现代化的数字平台上优化和稳定产业链供应链，方能统筹新兴产业布局，推进高质量发展，实现"中国制造"到"中国智造"的升级。

习近平总书记深刻指出："数字经济事关国家发展大局。""发展数字经济意义重大，是把握新一轮科技革命和产业变革新机遇的战略选择。"党的二十大报告提出加快建设数字中国，对加快发展数字经济作出战略部署，充分体现了党中央对中国经济发展阶段性特征的准确把握和对数字经济发展规律的深刻洞察。

1. 推进数字经济高质量发展，实现全体人民共同富裕

数字经济是继农业经济、工业经济之后的一种新的经济形态。2021年我国数字经济规模达到45.5万亿元，占GDP比重39.8%。作为国民经济重要驱动力，数字经济在推动构建现代化经济体系，赋能经济社会高质量发展中的作用更加凸显。与此同时，数字经济对于促进共同富裕的意义重大，数字技术与实体经济深度融合，带来新产业、新业态和新模式，持续创造大量新的社会财富，重构经济发展模式、治理方式，引领社会主义市场经济制度创新。通过数字政府建设与"互联网＋政务服务"创新，推进"一网通办""跨省通办"改革，让数据多跑路、群众少跑腿，不断提升政务服务标准化、规范化、便利化水平，有效服务人口流动、生产要素自由流动和全国统一大市场建设，为打破部门与地区壁垒，推动治理现代化、创造高品质生活提供有力支撑。在打赢脱贫攻坚战、全面推进乡村振兴的进程中，农村电商的大发展助力贫困户"摘帽"，数字乡村示范试点建设带动了农业生产力和农村经济的发展。

数字经济凭借"数据"这一关键生产要素的作用，同其他要素一起融入经济价值创造过程，实现社会生产的数字化转型，赋能不同要素组合，提升全要素生产率，缩小资源分配差距，优化收入分配结构，带来普惠性红利，助力实现全体人民共同富裕。

2. 数字经济健康发展有利于推动构建新发展格局

数字技术、数字经济可以推动各类资源要素快捷流动、各类市场主体加速融合，帮助

市场主体重构组织模式，实现跨界发展，打破时空限制，延伸产业链条，畅通国内外经济循环。

当前，数字技术正在加速深度融入经济社会发展的各领域全过程，成为重组全球要素资源、重塑全球经济结构、改变全球竞争格局的关键力量。我们要坚持以推动高质量发展为主题，以实体经济为着力点，加快5G、工业互联网、智能制造等方面的创新，推动工业化与信息化在更广范围、更深程度、更高水平上实现融合发展，着力提升产业链供应链的韧性和安全水平，不断增强我国数字经济竞争力和影响力。用数字化打造产业链供应链韧性。数字化可以帮助供应链变得更强壮。例如，2021年因为各种因素，国外运输受阻。有一家中国企业利用它的数字化供应链技术，在数万条备选的渠道和数百万种货运的组合方案中，可以非常精准、快速地筛选或定位最佳的选择方案。当时大部分货物延误周期都超过一个月，这家企业通过这样的技术方案把自己80%的订单延误时间缩短了一半。这也说明数字技术实际上可以帮助企业提高抵抗风险的能力，维护产业链韧性。

3. 数字经济健康发展有利于推动建设现代化经济体系

数字经济具有高创新性、强渗透性、广覆盖性，不仅是新的经济增长点，而且是改造、提升传统产业的支点，可以成为构建现代化经济体系的重要引擎。深入推进实体经济数字化转型，不断拓宽数字化应用的深度与广度，加快以数字化带动中小企业创新发展，积极探索基于数字化的新模式新业态。

用数字化重构产业。它不是创造新的产业，而是改善、提升原有的传统的产业，让它变好、变得更好，表现在效率更高、质量更好，比如绿色环保。举一个例子，一家传统的钢铁企业改建成了智慧钢厂，集中管控了上百道生产工序，连接了数千台设备，这种连接使它可以对设备的运行参数进行智能优化，实现高效生产，替代了过去靠人工经验进行判断。这种改造使这个企业的整个生产效率提升了30%，颗粒物排放下降了25%，也使这家企业所在城市的PM2.5值下降了15，既发展了生产，又保卫了蓝天。这个例子说明数字化变革确实可以帮助传统产业推进质量变革、效率变革和动力变革，实现高质量发展。

现在，我国几乎所有的产业都在进行数字化变革。这些年来国家在大力发展数字新基建、数字产业，这些夯实了整个数字化变革的"底座"。本书作为数字化转型的普及读本，整理研究、探讨中国自己的转型架构、策略及技术路线，希望企业能少走一点弯路；企业也在大胆地探索跟进，因为企业会结合自己的痛点提出实验各种新的技术方案。这是各方共同努力才汇聚成今天我国数字化转型发展的蓬勃态势，这也让我们有底气和发达国家一起站在新一轮产业变革的起跑线上。

4. 数字经济健康发展有利于推动构筑国家竞争新优势

当今时代，数字技术、数字经济是世界科技革命和产业变革的先机，是新一轮国际竞争的重点领域，我们要抓住先机、抢占未来发展制高点。加强核心技术攻关，发挥新型举国体制优势，带动人工智能、先进计算、数字孪生等前沿技术攻关，布局数字化与行业融合创新技术，实现高水平科技自立自强。加大数字产业培育力度，聚焦数字技术和融合技术领域，加快产业化培育，孵化一批产品和解决方案，培育一批领军企业。

迈上新征程，我们要深入学习贯彻党的二十大精神，遵循习近平总书记的重要指示精神，协同各方力量继续做好信息化与工业化深度融合这篇大文章，为数字经济与实体经济融合发展作出新的更大的贡献。

2.3.3　数字化构建高水平社会主义市场经济体制

党的二十大报告明确提出，"构建高水平社会主义市场经济体制。坚持和完善社会主义基本经济制度，毫不动摇巩固和发展公有制经济，毫不动摇鼓励、支持、引导非公有制经济发展，充分发挥市场在资源配置中的决定性作用，更好发挥政府作用。"报告极大地提振了各类市场主体的信心，中国是市场化、全球化的受益者，也是推动者和建设者，未来将沿着市场化、全球化的方向不断前进，从一个胜利走向另一个胜利。中国开放的大门只会越开越大。

在世界百年未有之大变局中构建高水平社会主义市场经济体制。世界面临百年未有之大变局，我国发展仍处于并将长期处于重要的战略机遇期。就经济领域而言，一方面，新一轮全球科技革命和产业革命正在深入推进，大数据、人工智能、区块链等一大批新技术不断涌现，高精尖技术飞跃发展，全要素生产率提升速度不断加快，并且推动产业组织形式发生颠覆性转变，全球产业链、价值链和供应链面临新一轮重组，导致我国经济发展面临的不确定性加大。必须抢抓新一轮产业和科技革命带来的机遇，用数字化推动市场经济体制改革，基于云化的数字平台建立起对各种风险和挑战抵御能力更强、更高水平的社会主义市场经济体制、体系。另一方面，全球化治理结构正在加速调整。随着经济全球化的深入，全球商品和服务贸易繁荣发展，投资便利化程度不断提高，人才、技术等生产要素流动日益频繁，经济资源通过世界大市场在全球范围内配置。同时，近年来贸易保护主义抬头、逆全球化趋势加剧、新型冠状病毒感染等问题也为全球经济发展带来诸多不确定性。中国作为负责任的发展中大国，力求实现以高水平开放促进深层次市场经济体制改革，积极参与全球经济治理体系变革，更好地发挥我国在全球经济治理中的作用。

2.3.4　数字化实施科教兴国战略

党的二十大报告强调，要"加快建设教育强国、科技强国、人才强国""发展素质教育，促进教育公平""完善科技创新体系。坚持创新在我国现代化建设全局中的核心地位。完善党中央对科技工作统一领导的体制，健全新型举国体制"。创新是我国实现高质量发展、创造经济新增长点的重要抓手。创新活动前期投入巨大，因此离不开政策的鼎力支持。从认知与获取层面、研发层面和落地层面共同推进，三位一体实现科教兴国。国家近年来推进数字新基建。数字新基建是支撑未来中国经济社会繁荣发展的重大新型基础设施，其关键是以新一代信息技术、人工智能、大数据、新能源汽车等为代表的科技领域新基建。

党的二十大报告将"实施科教兴国战略，强化现代化建设人才支撑"列为专章进行整体论述、作出整体部署，并首次提出教育、科技、人才是全面建设社会主义现代化国家的基础性、战略性支撑的重要论述；首次将"推进教育数字化"写进中国共产党全国代表大会报告，强调建设全民终身学习的学习型社会、学习型大国。这为进一步做好新时代高校科技创新和教育数字化工作指明了前进方向、提供了根本遵循。

国家把科技和教育摆在经济社会发展的重要位置，不仅统一了依靠发展科技和教育振兴中华的认识，还凝聚了科技、教育、产业和社会各界的合力，促进了产学研用合作进程，影响极其深远。科技企业是科技和教育紧密结合的重要力量，已经成为技术创新决策、研发投入、科研组织、成果转化的主体，释放了极大的科技生产力。

科教兴国正当时。百年大计，教育为本。在"数字中国"的布局和推进之下，"教育新基建"为高质量教育支撑体系构筑了"数字底座"，更为教育创新变革和高质量发展提供了强大的物质技术基础和应用环境。在"十四五"的开局之年，教育改革发展迈出了新步伐，教育现代化与社会现代化同频共振，为我国社会经济的高质量发展注入了新动能。

推进教育数字化，建设全民终身学习的学习型社会。党的二十大报告提出，推进教育数字化，建设全民终身学习的学习型社会、学习型大国。学习型社会是以学习者为中心，打造智慧学习环境，最终提升人才培养的规格和质量。然而，建设学习型社会是一项复杂而艰巨的系统工程，涉及智慧学习环境、新型教学模式和现代教育体系等层面，需要以教育信息化推动教育高质量发展，以数字化为杠杆推动变革，为学习型社会建设提供坚实保障。

面向未来的教育，需要师生形成善用数字技术的学习共同体，也需要教师成为社会学习的示范者、文化传播的表率，引导全社会形成良好的终身学习风尚。在构建学习型社会的过程中，教师应是学习的引领者，并不断更新知识储备，提升数字素养，引导学生成为终身学习者。

2.3.5　数字化推进法治中国建设

党的二十大报告指出"全面依法治国是国家治理的一场深刻革命，关系党执政兴国，关系人民幸福安康，关系党和国家长治久安。必须更好发挥法治固根本、稳预期、利长远的保障作用，在法治轨道上全面建设社会主义现代化国家。"

全面依法治国实质上要落实到建设数字法治政府的层面上，就是坚持运用互联网、大数据、人工智能等技术手段促进依法行政，着力实现政府治理数字化与法治化深度融合，目标是全面建设职能科学、权责法定、执法严明、公开公正、智能高效、廉洁诚信、人民满意的法治政府。立足世界百年未有之大变局与中华民族伟大复兴战略全局，在全球政府再造浪潮中亟须推进中国政府治道变革，亟须加强党的统一领导、加强我国各级政府治道变革。

2021 年中共中央、国务院印发了《法治政府建设实施纲要（2021—2025 年）》，确立了今后五年法治政府建设的总体目标。纲要明确提出了"全面建设数字法治政府"的基本路径和目标要求。2022年4月19日召开的中央全面深化改革委员会第二十五次会议，审议通过了《关于加强数字政府建设的指导意见》，强调加强数字政府建设。

中国数字法治政府建设规划与重大决策就是给中国政府瘦身，就是减少行政审批，着力构建服务型政府、责任政府、清廉政府、有限政府和透明政府，借助法治和科技的双重机制和力量规划政府治理变革的路线图和改革路径。建设数字法治政府是政府运用互联网、大数据、人工智能等信息技术解决公共问题、提供公共服务、实施公共治理的过程和活动。就其本质而言，数字法治政府就是政府的数字化、智慧化、法治化。因此，数字法治政府建设是当前推动政府治理体系和治理能力现代化的着力点和突破口，是推进"放管服"改革的重要抓手，是促进政府职能转变的重要动能。加强数字法治政府建设是对我国政府机关治理工作的一项巨大变革，亟须全面贯彻依法治国方略和网络强国强省强市强县战略，把数字技术广泛应用于各级政府管理服务活动之中去，推动各级政府数字化、智能化、法治化运行，为推进国家治理体系和治理能力现代化提供坚强有力的科技支撑和法治保障。

把数字技术广泛应用于政府管理服务，推动政府治理数字化、智能化、法治化运行，为推进国家治理体系和治理能力现代化提供有力支撑。加快建设全国政务一体化平台，积极推进基本公共服务均等化，统筹好高质量发展和高水平安全。要贯彻法治保障、科技领航、服务人民、便捷高效、终身追责等原则，着力构建科学、规范、合理的绩效评价指标体系，不断改善政府治理工作，通过善政带动社会善治，实现政府和民众协同治理、共建共治共享的良好局面。以数字法治政府建设引领未来发展，提高人民群众满意度，全面建设职能科学、权责法定、执法严明、公开公正、智能高效、廉洁诚信、人民满意的法治政府，大力提升法治政府建设数字化水平，更好地把握数字化时代为政府治理带来的新机遇，努力建设人民满意的服务型政府。大力推行"互联网＋政务服务"建设，上海市"一网通办"、浙江省"最多跑一次"、江苏省"不见面审批"和安徽省"皖事通办"等，为地方数字法治政府建设做出有益探索。伴随长三角一体化加速融合，居民可享受的"同城服务"越来越多。加强国家"互联网＋监管"系统建设，年底前实现各方面监管平台数据的联通汇聚。积极推进智慧执法，加强信息化技术、装备的使用。应用大数据赋能智慧监管、精准监管，浙江建成了全国首个省级风险预警处置中心，完成了省药品安全风险监测防控、金融风险"天罗地网"监测防控等20多个重点行业风险监测预警系统的集成对接，形成了风险情况自动监测、预警信息自动推送、核查任务自动生成、任务指令自动下达、核查结果自动反馈的闭环管理机制。

要以系统思维推动社会法治建设，以政府数字化转型为支撑，社会数字化能力提升为基础，构建多元参与的精准施策社会治理新模式，形成一个完整的数字生态系统，推进国家治理现代化。

2.3.6　数字化推进健康中国建设

党的二十大报告强调要推进健康中国建设，"把保障人民健康放在优先发展的战略位置""建立生育支持政策体系""实施积极应对人口老龄化国家战略""促进中医药传承创新发展""健全公共卫生体系""加强重大疫情防控救治体系和应急能力建设，有效遏制重大传染性疾病传播"。

医疗健康作为关系国计民生的重要产业，数字科技将为这个行业带来颠覆式的创新，新的医疗服务模式、商业模式、健康管理模式以及行业监管等要素以及手段将会随着数据作为关键要素资源、数字科技作为驱动力来创新医疗健康服务。

1. 数字赋能智慧健康新生态已成共识

自中国推行"健康中国 2030"规划战略以来，中国国民的健康意识不断攀升，对医疗健康的需求与日俱增，可以预见的是，一个充满想象力的智慧医疗时代正在加速到来。

健康产业是健康中国最重要的组成部分，人们对公共卫生、生命安全、健康管理有了更进一步的认识，数字技术赋能健康产业已经成为全球健康领域的重要趋势，也由此催生了很多数字医疗产品，提升了防疫和医疗的效率，为健康行业数字化变革按下了"快进键"。医疗体系的数字化管理将极大地提升效率，个人健康管理未来也将更精准和普惠。

我们要思考数字技术如何赋能健康产业，让整个健康产业链更安全、更精准、更有效地整合行业大数据，这是需要深耕的问题，希望未来能够通过新兴技术来解决产业真正的痛点。目前健康产业的数字化进程正在不断加快，催生了很多数字医疗产品需求和应用场景，在这过程中还存在一些需要继续思考的问题：数字诊疗的基础设施要如何建设，传统医疗模式下的各项制度怎样去匹配？数字化之下的诊疗方式对于新的数字技术的千千万万服务对象而言，技术的安全性、有效性、可及性等问题都值得不断观察、研究、推进和解决。

2. 疫情释放数字医疗新机遇

本次疫情期间，数字技术在医疗领域的作用更为明显。疫情加速了新型数字技术应用的落地，推动了卫生健康行业的数字化进程，增强了患者就医的可及性与获得感。

在公共卫生防疫以及临床科研等过程中，可计算数据是构建有效 AI 模型与知识图谱的基础。当我们根据授权将大量医疗知识进行标准化与结构化、实现更好的数据质量控制时，医疗 AI 可应用的场景，对临床与公共卫生领域、新药研发、健康保险、健康管理等更广泛的医疗健康场景，都会更有帮助。

数字化技术的助力是中国疫情防控的亮点之一。要实现以数字技术赋能健康中国，数字基础设施、人才培养、科技研发及产业融合应用等方面未来仍需要加大投入力度。

值得注意的是，早在 2019 年，世界卫生组织就发布了《数字健康全球战略（2020—2024）》，该战略有四个战略目标：一是促进全球合作并促进数字健康知识的转移；二是推进国家数字卫生战略的实施；三是在全球和国家层面加强数字医疗治理；四是倡导以数字医疗为基础的以人为本的医疗系统。

3. 医疗大健康行业数字化转型新趋势

数字健康的基本内涵是，以继承、转型、融合、创新为特点的发展新阶段；以数据作为关键要素资源；以感知、连接、计算为一体的数字化基础建设。以智能化、万物互联进行动态协同与监管的业务形态。数字医疗有如下三方面的发展趋势：

（1）以患者为中心的个性化服务。围绕预防、诊断、治疗、康复等生命周期全过程为患者提供个性化的服务。

（2）医生和患者之间实现多渠道互动。需要探索更多数字化的医生教育和患者教育方式，并为医患之间的交流互动搭建平台，一方面满足医生建立医患信任关系、树立个人品牌等需求，另一方面满足患者的寻医问药需求。

（3）全流程数据采集驱动业务洞察。企业内部沉淀了大量的数据，但通常存放于各个系统之间，未实现数据价值挖掘。通过搭建数据平台，实现企业数字化资产沉淀并进行数据挖掘，可以赋能行业的各个环节，如研发、生产、营销、服务等环节，助力企业降本增效。

4. 建设智慧医院，不断增强人民群众获得感

科技改变生活，信息技术的发展日新月异，对卫生健康领域产生了重大的影响。建设智慧医院，就是打开四堵墙，整体医疗行业形成一种智慧化的能力应用，把医院的资源跟行业的资源整合到一起来为患者服务的过程。

其主要有以下几方面的工作内容：

一是以电子病历为核心推动医疗机构信息化建设。全面评估医疗机构电子病历系统应用水平，指导医疗机构科学、合理、有序地发展电子病历系统。统一病案首页的书写规范、疾病分类编码、手术操作编码、医学名词术语。

二是落实《国务院办公厅关于促进"互联网＋医疗健康"发展的意见》，实施进一步改善医疗服务行动计划，运用信息化手段解决人民群众看病就医过程当中的"难点""堵点"问题。推动互联网诊疗服务、互联网医院、远程医疗服务、互联网＋药学服务、互联网＋护理服务健康快速高质量发展。

三是加强智慧医院建设，建设医院智慧服务分级评估标准体系，推动医院运用智能化、信息化手段，提高医疗质量和效率，提升精细化、信息化管理水平。

四是应用信息化手段加强医疗管理。国家卫健委建设了全国医疗机构、医师、护士电子注册系统，医院质量监测系统（HQMS），血液管理信息系统，医疗技术临床应用管理平台等。利用这系统加强事中事后监管，提高了医疗管理的信息化程度。

智慧医院建设的价值意义：

一是流程更便捷。医疗机构特别是三级医院利用信息化手段，为患者提供预约诊疗、候诊提醒、院内导航、检查检验结果查询、划价缴费、健康教育等服务，努力做到了"四

个减少"：患者往返医院次数减少，在医院内的重复排队减少，门诊全程候诊时间减少，平均住院日减少。

二是服务更高效。医疗机构通过应用移动医疗 App，让"指尖上的医疗服务"变成现实。医务人员使用移动查房、移动医嘱、移动护理设备和智能化、动态无线监控设备，减少了医疗服务的空间限制。在诊疗过程中使用语音输入病历、综合预警提醒、智能化诊疗决策支持，极大提升了服务效率。

三是管理更精细。目前，很多医院通过建立综合运营管理系统、医疗废弃物管理系统、智能被服管理系统、智能设备监控系统、智能能源管控系统等，实现了工作流程的闭环管理，相当于配备"智慧管家"，提高了医院管理的科学水平。

总而言之，我国医疗服务发展正处在从"信息化"向"智慧化"过渡的关键阶段，为提升医疗质量和效率，优化区域间医疗资源配置，改善人民群众看病就医感受等方面具有积极意义。

5. 数字医疗新时代五大特征

在数字医疗新时代，医疗是一种社会基本产品，它有五大特征。

（1）让偏远的地方可以有公共的医疗，在公共的平台上得到教育和诊疗。这也是 IT 服务厂商和医疗行业的共同愿望，打开医院的四堵墙，形成无边界的平台，为患者、健康人员提供服务。

（2）由于数字医疗的快速发展，传统医疗最赚钱的时代已经结束，再也不会回来了。今后的医疗，要靠基于数字平台发展起来的数字医疗服务，即精准、精益的服务，靠数字平台所打造出的数字化能力以及孕育出来的新的商业模式和服务模式。

（3）数字医疗是数据驱动的连接生态的医疗，今天的医疗最大的挑战是没有连接性。连接力、算力、AI 等几个重要的数字化因素是新医疗发展的基础和动力。

（4）数字医疗是数字科技所支撑的医疗，通过数字平台实现服务质量、医疗成本、康复等各个方面的变革发展，通过数字平台让工程化、人工智能、医学方法、连接和医疗的大数据构筑未来的行业生态。

（5）数字医疗是一种数字科技，通过数字化手段能够有效提升医疗公平感，改善医疗生态。

新技术正在推动医疗大健康行业进入一个新时代，绘制数字医疗新时代蓝图需要一定的时间，需要通过数字科技和组织行业的变革共同完成。

2.3.7　推动数字化与绿色发展融合，促进人与自然和谐共生

党的二十大报告强调加快发展方式绿色转型，"实施全面节约战略"，"发展绿色低碳产业"，"倡导绿色消费，推动形成绿色低碳的生产方式和生活方式"；积极稳妥推进碳达峰碳中和，"立足我国能源资源禀赋，坚持先立后破，有计划分步骤实施碳达峰行动"，"深入推

进能源革命，加强煤炭清洁高效利用"，"加快规划建设新型能源体系"，"积极参与应对气候变化全球治理"。发展绿色经济是人类应对气候变化、建设环境友好型社会、构建人类命运共同体的重要举措。党的二十大报告强调实施全面节约战略，发展绿色低碳产业，但也强调要积极稳妥推进碳达峰碳中和，要立足我国能源资源禀赋，有计划分步骤实施碳达峰行动，相信未来这一行动会助力中国式现代化，推动高质量发展。

"生态文明＋信息文明"是新时代人类文明的发展方向，是实现人与自然和谐共生的必然要求。我国进入新发展阶段，必须切实贯彻创新、协调、绿色、开放、共享的新发展理念，将技术创新与绿色发展深度融合，以新一代信息通信技术的创新和应用为基础，推动传统产业数字化、绿色化升级改造，赋能生态环保产业数字化发展，引领生态治理智能化变革和经济社会发展全面绿色转型，构建数字化、智能化与生态化相融合的新发展格局。

自然资源是有限的生存资源和生产资料，人类活动如非法侵占、过度开采、污染等以及自然灾害都会对自然资源造成不可逆转的伤害。科技化、数字化、智能化的管理方式，能够将被动抢救自然资源转为主动预防、改善、保护的态势，深入贯彻国家"保护生态环境就是保护生产力，改善生态环境就是发展生产力"的倡导。

随着智能化、自动化技术在生态环境监测领域广泛应用和数字新时代的到来，以追求检测精密性与准确度为主的传统监测技术和样式已经越来越难适应管理的需求，必须对现有监测业务体系进行改革和创新。我国自然资源管理模式已从传统的人力调查统计模式快速发展为数字化管理模式，海量基础数据与调查统计数据的积累，也将为即将到来的全面数字化、智慧化自然资源管理打下基础。在数据获取方面，要引入态势感知理念，强化新型感知技术应用和多技术手段组合运用，不断拓展数据获取的种类、范围，提升丰富性和层次性。同时，引导监测系统将业务重心逐渐转移到对数据的深度挖掘上，使监测信息流与生态环境审批、监管、执法等业务流贯通融合。因为随着自动监测技术快速发展，特别是遥感技术、无人机无人船等监测平台和各类载荷组合应用，全自动智能实验室技术的日渐成熟，手工监测在现代监测业务体系中所占比重将越来越小；而且监测数据获取过程中，可依托的社会化服务将越来越多。可以预见，智慧监测相对于传统监测而言，将是一次系统、全面、深刻的变革。

例如，黄河流域生态保护和高质量发展国家战略实施过程中，建设"智慧黄河"工程，夯实黄河流域治理的 5G 网络、应用平台、信息系统等数字基础设施，在水量调度、水资源保护、水土保持、防汛减灾等领域实现全周期、跨流域智慧治理。又如，为加强生态环境保护与治理，提升大气污染防治监测和预报预警能力，一些城市建设生态监管与数据管理平台推动生态环境监测向"空天地"一体化、数字化、智能化方向发展，利用数据挖掘技术对监测数据进行智能分析、预警和告警，为执法监督以及领导决策提供辅助支撑，助力打赢蓝天保卫战，切实增强人民群众蓝天获得感。

"十四五"期间我国智慧环保行业迎来发展新机遇。在互联网技术快速发展下，运用大数据、云计算和物联网等手段智能化治理污染与保护环境，成为环保行业未来发展的新方向。2020 年中国智慧环保行业市场规模超过 650 亿元。对比整个万亿级的环保市场而言，智慧环保市场规模较小，未来市场增长空间巨大。据中研网预测，2022 年我国智慧环保市场规模将达 772 亿元。智慧环保作为环保技术转型升级的必然产物，对环境保护具有重要意义。2016 年我国智慧环保相关企业注册量不足 1000 家，2020 年中国智慧环保行业相关企业注册量 3192 家，同比增长 12.0%。2021 年上半年智慧环保相关企业注册量超过 1500 家。

"智慧环保"是"数字环保"概念的延伸和拓展，它是借助物联网技术，把感应器和装备嵌入到各种环境监控对象（物体）中，通过超级计算机和云计算将环保领域物联网整合起来，可以实现人类社会与环境业务系统的整合，以更加精细和动态的方式实现环境管理和决策的智慧。"十四五"时期，国家鼓励发展环保产业，加快发展方式绿色转型，智慧环保产业迎来发展新机遇。

2.3.8　数字化推进国家安全体系和能力现代化

党的二十大报告强调，"坚持以人民安全为宗旨、以政治安全为根本、以经济安全为基础、以军事科技文化社会安全为保障、以促进国际安全为依托，统筹外部安全和内部安全、国土安全和国民安全、传统安全和非传统安全、自身安全和共同安全""增强维护国家安全能力。坚定维护国家政权安全、制度安全、意识形态安全，加强重点领域安全能力建设，确保粮食、能源资源、重要产业链供应链安全"。当前外部环境发生重大而深远的变化，贸易保护主义、俄乌冲突、欧洲能源危机等问题使全球经济面临重重挑战，维护和塑造国家安全、社会稳定的重要性日益凸显。

"推进国家安全体系和能力现代化，坚决维护国家安全和社会稳定"是新时代新征程中国共产党的重要使命任务之一。数字化驱动应急管理能力跃迁的过程，即云计算、大数据、5G、人工智能、区块链等先进信息技术与应急管理过程的深度融合，强调信息技术对突发公共事件的事前监测与预警、事中响应与处置、事后恢复与评估等全周期、全过程、全场景的深入应用，从而使应急管理过程由人力密集型向人机交互型转变、经验判断型向数据分析型转变、被动处置型向主动发现型转变，进一步推进国家安全体系和能力现代化。数字化驱动应急管理能力跃迁的核心目的是将"两个至上""两个根本"作为应急管理数字化工作的出发点和落脚点，以数字化推进国家安全体系和能力现代化，为更好实现"中国式现代化"保驾护航。

1. 数字化驱动应急管理能力跃升的重要意义

数字化驱动应急管理能力跃升的重要意义有以下两点：

（1）有利于提高防范、化解重大突发公共风险的能力。党的二十大报告指出"全面建设社会主义现代化国家，是一项伟大而艰巨的事业"，为此，"必须增强忧患意识，坚持底线思维，做到居安思危、未雨绸缪"。通过数字化驱动应急管理能力跃升，一是提升社会面临突发公共事件的"韧性能力"，确保经济社会平稳运行和健康发展；二是增强政府应对突发公共事件的"研判能力",使政府的决策更加科学、精准、及时、有效;三是提升个体规避突发公共事件的"免疫能力",增强个体的风险感知意识和能力。

（2）有利于推进国家安全体系和能力现代化。党的十八大以来,以习近平同志为核心的党中央强调要发挥新型举国体制优势,加强科技创新和技术攻关,推动国家安全体系和能力现代化。党的二十大报告强调"完善科技创新体系。坚持创新在我国现代化建设全局中的核心地位",反映到应急管理领域,就是要增强现代科技的支撑保障能力,提高应急管理的科学化、专业化、精细化、智能化水平。

2. 从应急治理到应急"智理"的历史跨越

一方面,2020 年爆发的新型冠状病毒感染是新中国成立以来在我国发生的传播速度最快、防控难度最大的一次重大突发公共卫生事件,此次事件与新时代新一轮科技革命交织,对我国应急管理能力再次提出严峻挑战。从中央到地方加快利用云计算、大数据、5G、人工智能、区块链等先进信息技术,开发并推出远程医疗、医学影像 AI、智能调度等应用,同时综合利用"健康码"、通信大数据行程卡等服务,为疫情防控提供实时、准确、全面的技术支撑。另一方面,应急管理部在此期间先后制定印发《应急管理信息化发展战略规划框架（2018—2022 年）》《应急管理部关于推进应急管理信息化建设的意见》等政策文件,均对"十四五"期间"智慧应急"建设提出明确思路和指导,进一步强化顶层设计,必将有力促进国家安全体系和能力现代化,为推进"中国式现代化"提供坚实安全保障。

习近平总书记强调,没有信息化就没有现代化。以信息化推动国家安全体系和能力现代化,为未来智慧应急发展指明了方向。"十四五"期间,应急管理将进入智慧、精准、超前预防新阶段,未来智慧应急是进一步完善新时代国家安全体系和能力的迫切需要。

3. 新时代智慧应急的"可持续发展"发展路径

突发公共事件具有突发性、复杂性与扩散性等特性,传统的应急管理滞后于新时代中国的现实发展要求,智慧应急建设明显滞后于现实需求。在城市化、数字化、智慧化的社会背景下,为了适应社会形势的发展要求,亟需将智慧化手段的优势与应急管理的现实需求相匹配,通过智慧化的方式来实现传统应急管理的相关工作。

（1）优化公安、公卫、工信"三公（工）"协同联动机制。在公安、公卫、工信"三公（工）"协同联动指挥下,充分运用大数据资源和专业优势,全时、全量、全程汇聚信息,对重大突发公共卫生事件下的智慧应急进行分析与优化,建立智慧应急基本架构,进而构建起强大的公共卫生应急管理体系,健全预警响应机制,全面提升防控和救治能力,织密防护网、筑牢筑实隔离墙,切实为维护人民健康提供有力保障。

（2）提出数智赋能与多维情景一体化数据关联分析方法。在信息技术发展的大背景下,着力借助大数据、人工智能、云计算等数字技术,提高应对重大突发公共事件的应急管理能力和水平是必然趋势。以处置应对突发公共卫生事件为例,可以在基于大数据的智能预测中,通过机器学习和深度学习等方法进行融合建模,利用相关的特征集合,多源异构数据进行综合处理，构建出重大公共卫生事件中疾病传播过程关键性参数的预测模型。

（3）以智慧化方式破除主体之间的信息孤岛与信息壁垒。应急管理面临数据孤岛、共享阻滞、供应链不畅、多头响应等问题，而应急管理涉及众多的政府部门，部门之间的信息壁垒不利于应急管理中的防控统筹与成效实现。因此，在数智时代的背景下，通过对"数智赋能+"的智慧应急管理模式及路径的探索，破除政府部门之间、多元主体之间的信息孤岛与信息壁垒，有效实现应急管理的联防联控机制，实现从"数据模式"到"数智模式"的跃升。

（4）构建融合智慧化的应急管理保障体系。基于应急管理理论的演进和相关概念的界定，明确保障体系的内在要素构成，探寻各要素在实践过程中形成的问题，在"智慧"的维度上力求解决当前存在的现实问题，弱化实践部门对于体制机制改革、体系优化等方面存在的惰性，以保障体系为主要视角，结合智慧、信息技术等在应急管理保障体系中的应用，构建国家智慧应急管理保障体系。

2.3.9　以智慧党建深入推进新时代党的建设新的伟大工程

党的二十大报告提出"深入推进新时代党的建设新的伟大工程"，用数字化维度看其实质就是推进"智慧党建"。为贯彻党的二十大精神，新时代的中国共产党人需要抓住信息革命的历史性机遇，加快新的智慧党建伟大工程。

1. 在网络数字空间中建设党建生态

根据马克思主义的经济基础决定上层建筑的基本规律，在电子商务和数字经济基础充分发展，过去 10 年互联网＋政府服务和数字政府建设取得显著成绩之后，中国共产党需要顺势推进智慧党建，深入推进新时代党的建设的新的伟大工程。党的十九大以来，从中央部委到地方党委，从国企到民企，更多的党组织立足实际，积极创新智慧党建模式。有些省和自治区在地市试点基础上进行了整体推进，有些大型国企在试点基础上也进行了整体推进，取得了明显成效。全国智慧党建多处开花结果，生态体系蓬勃发展。

智慧党建是以中国共产党章程、制度及管理办法为遵循，结合党组织实际情况，以云平台为基础，通过互联网、移动互联网和物联网把党员干部和各种智能机器联系起来，构建全面感知、精确研判、全网协同、全面评价、持续进化的生命共同体。智慧党建云平台包括党建资讯平台、学习交流平台、党务工作平台、党群服务平台等共性设计，也包括积分榜、本地党建云图等展示个性化设计平台。智慧党建以赋能党委、党支部和党员为主要目的，以党务管理规范化、党支部建设标准化和党员管理量化为目标，加强政治建设、思想建设、组织建设、作风建设和纪律建设，推动制度创新，推动反腐倡廉工作创新。一般来说，党委管理包括党建驾驶舱、中心组学习、民主生活会、双重组织生活、党建联系点等模块。党总支和党支部管理包括三会一课、主题党日、民主评议、发展党员、组织关系转接、党员量化考核、创先争优等模块。各个单位根据工作需要，也可以设计交流论坛、在线投票、在线调研、反复投诉、公益活动等特色应用模块。

智慧党建共同体是由"党建驾驶舱""党建大脑""党建智能体"组成的有生命的复杂适应性系统，"能感知""会思考""可执行""能进化"，为组织工作增加了"数治"新动能。党建驾驶舱是指大屏端指挥调度舱，用于智慧决策、执行以及评估。党建大脑以数据中台建设为基础，打通党建与业务的数据壁垒，建立党员数据库、干部数据库、人才数据库以及其他专业数据库，不断优化党建算法，以党委、党支部和党员积分管理为主，建构多维聚合的党建生态指数，为党建驾驶舱提供决策咨询服务。党建智能体包括分布在不同地方的 PC 端、App 端以及各种智能终端，进行实时监测、全面感知、上传数据，执行党建大脑发布的指令。

通过党建驾驶舱、党建大脑和党建智能体，党建工作者可以进行实时感知、风险预警和形势研判，进行智慧决策、执行和反馈，从而建立发现问题、预警研判、责任到人、督促整改的复杂适应性系统。智慧党建的目的是要建设更好的党员、干部和人才之家，让党员干部在持之以恒的学习和实践中，不断提升党性修养和业务能力，不断提升工作状态和生产效率，更好更快地创造党建价值。

总的来看，通过智慧党建平台和共产党党员网、学习强国平台、共产党手机报、远程教育等信息化平台连接，实现信息共享和协同应用，我国正在加速建设以党建云平台＋互联网＋移动互联网＋智能终端设备为主的不断迭代更新的智慧党建生态体系。

2. 在更高数字维度上解决党建难题

智慧党建是人工智能时代的新的伟大工程。加强智慧党建，增加数字维度，从三维空间上升到更高维度的数字空间，"促进网络连接和数据流动"，从而赋予"条块分割的科层制"以整体性的生命活力。在全国性智慧党建生态建成之后，可以更加有效破解传统党建难题，从而加速推动高质量党建。

第一，积极解决党建工作全覆盖的难题，提高党建工作的管理水平。在全球化时代，党员流动越来越多，越来越快，党建工作的最基本问题就是党员分布范围广，难以有效全覆盖，难以有效实施管理。有些大型企业集团党员分布在国内外不同地区，管理层级多，难以从总体上推动党建工作。有些省市地域广大，民族众多，党建工作十分复杂。因此，整体推进智慧党建，以网络化、数字化、智能化推动党建工作标准化、实时化、共享化，实现党建工作"横向到边，纵向到底"全覆盖，建立线上线下相结合的工作格局，不仅可以为党务工作者"赋能减负"，而且可以提升党建工作精细化管理水平。

第二，积极解决党建工作考核难的问题，提高党建工作的激励力度。把党建 5+2 建设要求细化为更多可以计量的先锋指数体系，形成党建责任制信息化考核标准。通过对党委、党支部和党员工作的数据化、标准化、透明化，做到用数据说话，用数据进行精准考核。依托智慧党建 App，每个党员都会拥有"数字身份证"，自动记录组织生活、岗位争先、奉献服务等方面的积分。虽然各个党组织积分考核的规则不同，但是积分规则一般是经过党员商讨而确定的，积分计算是经过党员认可的。按照同样道理，对党委和党支部也可以进行先锋指数积分考核。建立以先锋指数为核心的公开透明的量化积分、动态排名、评星晋级、争先创优，有效地促进了党的管理的民主化、科学化和公平化，可以有效激励党员干部之间比学赶超、争先作为，激发党员干部的积极性与创造力。

第三，积极解决党建和业务两张皮的难题，推动高质量发展。党员积分管理将中心工作和业务工作纳入评价标准中，促进党建工作与中心工作深度融合。党建积分不仅包括党性修养积分，要求党员按时参加"三会一课"，完成规定的政治任务，而且要完成党组织交办的各种专业任务，发挥专业特长，在工作岗位上做出更大贡献。尤为重要的是，推进基层党组织战斗堡垒作用项目化，加强共产党员责任区与示范岗建设，激励党员干部担当作为，在科技攻关、双创服务、舆情引导、社会治理、乡村振兴等各个领域发挥红色引擎作用。

第四，积极解决反腐倡廉的难题，一体推进"三不"机制建设。对党员干部进行全生命周期管理，引导党员干部珍惜政治生命，加强党性修养，引发不想腐的自觉。以权责清单和流程管理为基础，汇集组织部门、政府部门和互联网上的数据，进行大数据挖掘，把握腐败发生发展规律，建立信息预警机制，实现"人在干、云在算、天在看"，采取重点干预措施，及时制止腐败行为，控制腐败分子，实现不能腐的约束。通过领导信箱和网上投诉等措施，依据大数据分析，对腐败分子进行"降维打击"，加大不敢腐的震慑。

3. 在更强赋能基础上创造党建价值

"数据如水，善治之而利天下；数据胜水，共享之而利无穷"。坚持党的全面领导，坚持和创新网络群众路线，把党员干部和人民群众的集体智慧聚集起来，把人类智慧与机器智能聚集起来，赋能党组织、党支部和党员群众，更好地发挥党的领导优势和组织优势，创造党建红利。

第一，加强智慧决策，推动敏捷创新。通过党建驾驶舱呈现地理时空大数据，把党员和党组织的分布与网格化管理结合起来，建立党建责任区，消除党建盲区；根据周计划、月度计划以及年度计划，对各项工作进行实时监控、统计与考核，根据预警分析及时研判，提出对策，解决问题。通过党建驾驶舱的大数据分析，抓住主要矛盾，更加科学地统筹推进书记项目、重大工程、创新项目以及服务群众等重点工作，更好更快地创造党建价值。尤为重要的是，不断优化党建大脑的软件和指数体系，实现敏捷开发，快速迭代，让党建大脑越来越智慧。

第二，创新智慧党务，推动精益管理。通过软件设计，实现组织管理、会议管理、组织关系转接、党员发展、党费管理等模块的标准化、自动化和智慧化，尽可能降低党务工作者的重复性事务性劳动。通过智能统计报表技术实现自动化统计分析，自定义报表生成和导出，满足不同单位、不同维度的统计要求。在"三会一课"中，通过智能语音助手，将会议发言转录为文字保存在会议系统中，通过提取高频词和关键词，把握会议精神和重点，更好地撰写会议报告。在摆脱重复性劳动之后，党务工作者可以更好地分析党建大数据，把网上工作和网下工作结合起来，发现党建工作中的重点和难点问题，例如人才选拔和干部心理调适问题，协同智慧党建平台上的开发者，采用和创造更多更新的软件和算法，提升党务工作的精益管理水平。

第三，加强智慧学习，建立学习型组织。构建党建知识库，利用知识图谱技术将党建数据、信息、知识以及链接关系聚集起来，通过智能搜索、智能问答、个性化推荐，为党员干部提供个性化服务。对每位党员干部进行学习主动性和能力指数、工作状态和奖惩指数、廉政风险指数、发展潜力指数、心理健康指数、公益服务指数等的综合分析，形成个人画像，定期提供党性修养报告，有针对性地提出学习和改进建议。对党支部进行政治建设指数、组织建设指数、思想建设指数、纪律建设指数、作风建设指数分析，并分析领导和组织能力指数、党员干部素质提升指数和满意度指数，形成综合性党支部先锋指数，形成组织画像，定期提供支部建设报告，并提出针对性建设性意见，以增强党支部的战斗力。

第四，加强智慧治理，建立智慧党建共同体。面向基层党员群众，建立党群活动中心，建立党建微脑和党建驾驶舱，形成虚拟与现实相结合的智慧空间，从而形成党员群众学习、生活和创意的文化艺术殿堂。把双报到机制、志愿服务组织和积分商城整合起来，通过党建 App 建立群众需求信息发布机制，精准推送给有服务能力的党员干部，及时为群众办实事，让志愿服务者有荣誉、有积分、有收获。在党群活动中心以及云平台上，支持党员群众建立社团，引导党员群众通过兴趣爱好密切联系起来，支持发布个性化、接地气、有温度的短视频作品，展示风采，移风易俗。建立基层社区接诉即办机制，实现受理问题—分流交办—联动处置—反馈评价的闭环管理，让服务群众"最后一公里"变成"零距离"，在网上网下建立党建智慧共同体。

放眼全球，中国是世界上最有活力的经济体。经过四十多年的改革开放，中国经济社会发展创造了举世瞩目的伟大奇迹，为每个人提供了实现梦想的广阔舞台。在高质量发展指引下，伴随着第四次工业革命的脚步，中国新一轮改革开放、数字化转型正史诗般展开，中国式现代化正破浪远航。

2.4　落实党的二十大精神、推进数字经济发展的重要举措

围绕着党的二十大所提出的推进中国式现代化、加快构建新发展格局，着力推动高质量发展战略，从数字化、数字经济维度讲，就是要加快新型基础设施建设，加强战略布局，加快建设高速泛在、天地一体、云网融合、智能敏捷、绿色低碳、安全可控的智能化综合性数字信息基础设施，打通经济社会发展的信息"大动脉"。要全面推进产业化、规模化应用，重点突破关键软件，推动软件产业做大做强，提升关键软件技术创新和供给能力。要推动数字经济和实体经济融合发展，把握数字化、网络化、智能化方向，推动制造业、服务业、农业等产业数字化，利用互联网新技术对传统产业进行全方位、全链条的改造，提

高全要素生产率，发挥数字技术对经济发展的放大、叠加、倍增作用。

数字经济事关国家发展大局，要做好我国数字经济发展顶层设计和体制机制建设，加强形势研判，抓住机遇，赢得主动。各级领导干部要提高数字经济思维能力和专业素质，增强发展数字经济本领，强化安全意识，推动数字经济更好地服务和融入新发展格局。要提高全民全社会数字素养和技能，夯实我国数字经济发展的社会基础。

2.4.1　加强关键核心技术攻关，构建安全可控的信息技术体系

当今时代，信息技术是全球研发投入最集中、创新最活跃、应用最广泛、辐射带动作用最大的领域，以 5G、集成电路、大数据、云计算、区块链、人工智能等为代表的新一代信息技术快速演进、群体突破、交叉融合，技术—产业交互迭代效应持续增强，正在深刻改变全球技术产业体系、世界经济发展方式和国际产业分工格局。

"十三五"以来，我国信息技术创新能力大幅提升，5G 移动通信技术、设备及应用创新全球领先，智能手机等进入世界先进行列，集成电路、软件等领域取得系列标志性成果。但我们也要清醒地看到，我国信息技术创新能力依然不强，关键核心技术受制于人的局面尚未根本改变，在外部环境冲击下面临的风险隐患增多。

习近平总书记指出，互联网核心技术是我们最大的"命门"，核心技术受制于人是我们最大的隐患，强调要紧紧牵住核心技术自主创新这个"牛鼻子"，抓紧突破网络发展的前沿技术和具有国际竞争力的关键核心技术，构建安全可控的信息技术体系。

坚持高水平科技自立自强，深入实施创新驱动发展战略，充分发挥我国超大规模市场优势和新型举国体制优势，体系化提升信息技术自主创新能力。大力加强关键核心技术攻关，加快高端芯片、传感器、通用处理器、关键基础软件等领域研发突破和迭代应用，提升区块链、物联网、工业互联网、人工智能等创新能力，加强量子信息、先进计算、未来网络等前沿技术布局，着力打造自主可控、安全可控的产业链、供应链。

加快建立以企业为主体、市场为导向、产学研用深度融合的产业技术创新体系，支持引导创新要素向企业集聚；加强产业共性技术平台建设，把构建核心信息技术和产品生态体系摆在突出位置，推动行业企业、平台企业和技术服务企业跨界创新，支持数字技术开源社区等创新联合体发展，强化产业链上中下游、大中小企业融通创新。

2.4.2　加快新型数字基础设施建设，夯实数字经济发展根基

当前，信息基础设施正向高速泛在、天地一体、云网融合、智能敏捷、绿色低碳、安全可控的智能化综合基础设施发展，对经济社会转型发展的驱动作用进一步增强。习近平总书记强调，要加快 5G 网络、数据中心等新型基础设施建设，强化信息资源深度整合，打通经济社会发展的信息"大动脉"。

"十四五"规划纲要提出，加快建设新型基础设施。近年来，我国信息基础设施持续优化，供给能力显著增强，已建成全球规模最大的光纤和移动宽带网络，光纤化改造全面完

成，4G 网络覆盖城乡，5G 网络加快发展，2022 年 5G 基站 231.2 万个，5G 用户达 5.61 亿户。我们要乘势而上、加强谋划、系统布局，着力构建以通信网络为基础、以数据和计算设施为核心、以融合基础设施为突破的新型数字基础设施体系。加快信息基础设施升级。

实施"双千兆"网络协同发展行动计划，推广升级千兆光纤网络，建设品质优良、集约高效、安全可靠的精品 5G 网络。实施 5G 应用创新行动计划，培育 5G 产业生态，系统拓展应用领域。深入推进网络提速提质。提升 IPv6 端到端贯通能力，推进移动物联网全面发展，完善电信普遍服务补偿机制，优化国际通信出入口局布局。统筹布局绿色智能的数据与计算设施。

推进全国一体化大数据中心体系建设，打造若干国家枢纽节点和区域大数据中心集群，推进国家工业互联网大数据中心建设，引导数据中心向高技术、高效能、低排放的"两高一低"方向发展。构建多层次的计算基础设施体系，推动建设公共数据共享交换平台、大数据交易中心等设施，提升人工智能基础设施服务能力。同时，积极发展高效协同的融合基础设施，加快车联网基础设施建设和改造，利用 5G、大数据、人工智能等技术对传统基础设施进行智能化改造。

2.4.3　推进制造业数字化转型，促进产业结构优化升级

随着新一代信息技术加快普及应用，数据已成为驱动经济社会发展的关键生产要素，正推动着实体经济发展模式、生产方式深刻变革。世界经济数字化转型已是大势所趋。对制造业发展而言，数字化转型已不是"选择题"，而是关乎生存和长远发展的"必修课"。

习近平总书记强调，要推动产业数字化，利用互联网新技术新应用对传统产业进行全方位、全角度、全链条的改造，提高全要素生产率，释放数字经济对经济发展的放大、叠加、倍增作用。发展制造业既要着力做大增量，更要注重优化存量，抓住具有较好成长性的产业和产业集群，通过新技术新应用延长、拓宽、挖深产业链，把既有优势培育成"参天大树"。

我们要认真贯彻"十四五"规划纲要关于"推进产业数字化转型"的部署，把握数字化、网络化、智能化方向，推动互联网、大数据、人工智能与制造业深度融合，不断增强产业链供应链的韧性和弹性，加快产业结构优化升级。深入实施工业互联网创新发展工程，打造自主可控的标识解析体系、标准体系、安全管理体系，在重点领域和区域建设若干国际水准的工业互联网平台，实施"5G+工业互联网"工程，推动工业企业和工业设备上云上平台。深入实施智能制造工程，突破智能制造装备关键短板，完善标准和服务体系，建设一批智能制造协同平台，培育一批智能制造系统解决方案供应商，开发和推广一批融合新兴技术的成熟解决方案。

开展制造业数字化转型行动和中小企业数字赋能行动，提升研发设计、生产制造、企业运维等产业链各环节数字化水平，开展制造业与互联网融合试点示范，加快国家新型工业化产业示范基地和重点产业园区数字化改造，抓好两化融合标准体系建设完善与宣传推广。

推进制造业与现代服务业融合发展，深化业务关联、链条延伸、技术渗透，推动两业相融相长、耦合共生，开展服务型制造示范，完善制造业细分领域服务型制造评价体系，实施制造业设计能力提升专项行动，加快服务型制造以及工业设计等生产性服务业发展。

2.4.4 推进数字产业化，增强经济发展新动能

近年来，5G、人工智能等新技术、新业态、新平台蓬勃兴起，网上购物、在线教育、远程医疗等"非接触经济"全面提速，为经济发展注入了强劲动力。5G、集成电路、大数据、云计算、人工智能等数字技术创新活跃、渗透广泛、辐射和带动性强，已发展成为国民经济战略性、基础性、先导性产业，是引领新一轮科技革命和产业变革的关键力量。

习近平总书记强调，加快推动数字产业化，依靠信息技术创新驱动，不断催生新产业新业态新模式，用新动能推动新发展。我们要认真贯彻"十四五"规划纲要关于"加快推动数字产业化"的部署，聚焦战略前沿和制高点领域，立足重大技术突破和重大发展需求，增强产业链关键环节竞争力，完善核心产业供应链体系，创新应用场景，加速产品和服务迭代，加快数字技术产业发展步伐。超前布局前沿新兴数字产业，实施促进新一代人工智能产业发展三年行动计划，发展超高清视频产业，提升大数据、云计算、区块链产业竞争力，促进虚拟现实技术和产品应用普及。

同时，继续推动电子信息制造业、软件服务业、信息通信业高质量发展。聚焦集成电路、新型显示、通信设备、智能硬件等重点领域，加快锻造长板、补齐短板，提升产业创新能力，培育一批具有国际竞争力的大企业和具有产业链控制力的生态主导型企业，带动更多专精特新"小巨人"企业发展，构建自主可控产业生态，有效增强产业链供应链稳定性和竞争力。

提升关键软件供给能力，加快繁荣开源生态，全面推进产业化规模化应用，推动软件产业做大做强。着力加强规划指导和政策引导，优化产业布局，促进集群化发展，高质量建设中国软件名城、中国软件名园，打造世界级电子信息产业集群。

2.4.5 加强数字经济治理，营造良好发展生态

数字经济蓬勃发展，为政府治理带来了诸多挑战，平台垄断、数据跨境流动、个人信息保护、数据资产权属等问题凸显，全球数字经济治理面临挑战。习近平总书记强调，加快构建关键信息基础设施安全保障体系，要切实保障国家数据安全。"十四五"规划纲要提出，要"营造良好数字生态"。

我们要贯彻总体国家安全观，建制度、强监管、保安全，不断提升数字经济治理能力。完善数据资源管理。建立多级联动的国家工业基础大数据库和原材料、装备、消费品、电子信息等行业数据库，打造分类科学、分级准确、管理有序的数据治理体系，探索建立数据资源产权、交易流通、跨境传输、安全保护等制度和机制。强化数据资源全生命周期安全保护，推进数据安全、个人信息保护等领域立法。

营造良好市场环境和政策环境。推动建立健全协同监管机制，构建适应数字经济发展特征和规律的政策体系、监管规则，依法依规加强包容审慎监管。促进平台经济健康有序发展。加大对电信网络诈骗打击力度，切实维护人民群众财产安全和合法权益。强化网络安全保障。加强关键信息通信基础设施安全保障能力建设，构建安全风险管理框架和效果评估体系，提升网络安全应急处置能力。推动网络安全产业创新发展，构建先进完备的网络安全产品体系，深入开展网络安全技术应用试点示范。

深化数字经济领域国际合作。以"一带一路"建设为契机，加强同沿线国家在网络基础设施建设、数字经济、网络安全等方面的合作，推动建设 21 世纪数字丝绸之路。积极参与全球数字经济治理规则制定，携手打造开放、公平、公正、非歧视的数字经济发展环境，推动构建网络空间命运共同体。

第 3 章
数字化转型的概念、内涵及框架体系

数字化转型，就是在数字驱动的底层逻辑之上，利用数据这一新的生产要素，重构我们新型的生产力与生产关系，重塑我们的上层建筑，建立适配的组织架构、决策体系、企业文化，商业模式。

前 2 章，我们分别从科技革命驱动产业变革、国家新基建、"十四五"规划以及党的二十大报告精神这几个维度对数字化发展进行了论述，给读者建立了一个整体、系统的数字化转型认知。本章我们围绕数字化转型这一主题较深入地、系统性地进行讨论，其中包括：数字化转型的概念内涵、数字转型的实质奥义、转型的难点和痛点；随后对于 5iABCD 新技术及融合技术数字平台的基本概念、如何赋能企业数字转型进行论述；最后一节提出数字化转型的行动指南。通过第一篇的学习，读者可以对数字科技的 5iABCD 技术概念、数字化转型概念、数字产业化及产业数字化等有一个完整的、系统的认知和掌握。

3.1 新型冠状病毒感染加速数字化转型

在新型冠状病毒感染的严峻形势下，传统企业艰难求存，数字化热潮迅速崛起，远程医疗、智能护理、送药机器人等不断出现，数字经济逐步闯入人们生活的方方面面。

这次新型冠状病毒感染发生以来，以大数据、人工智能、云计算、移动互联网为代表的数字科技在疫情防控中发挥了重要作用，越来越多的企业开始"云办公""线上经营""智能化制造""无接触生产"，互联网、数字经济的新模式新业态快速发展。这既是疫情倒逼加快数字化转型的结果，也代表了未来新的生产力和新的发展方向正在成为我国深化供给侧结构性改革，以创新推进经济高质量发展的重要引擎，成为国家治理体系和治理能力现代化的重要途径。

但是，在经受住考验的同时，我们更应清醒地看到，新型冠状病毒感染这场全方位的大考也反映出我们在数字化转型层面的三大瓶颈。

3.1.1 本次新型冠状病毒感染反映出国家需要通过数字新基建夯实基础

基础设施建设是国家建设的地基，而新基建则是数字中国建设的地基。在新型冠状病毒感染形势严峻之际，国家提出加强新基建。新基建是指以新发展理念为引领，以技术创新为驱动，以数据为核心，以信息网络为基础，面向高质量发展需要，提供数字转型、智能升级、融合创新等服务的基础设施体系，主要包括信息基础设施、融合基础设施及创新基础设施。其中，信息基础设施包括 5G、物联网、工业互联网、卫星互联网等通信网络，人工智能、云计算、区块链等新技术，数据中心、智能计算中心等算力。

这些既是基础设施，又是新兴产业，一头连着巨大投资与需求，一头牵着不断升级的强大消费市场，是中国经济增长新引擎。综合来看，5G、云和AI成为新型基础设施建设三要素。5G是网络化之基，云是数字化之基，AI是智能化之基。云、AI和5G融合，能使传统基础设施和千行百业数字化转型、智能化升级为融合基础设施。

建设好数字中国，就要提高数字治理能力，打造数字政府和智慧城市及智慧企业。建设数字政府的优先目标是"一网通办"，其关键是数据共享。目前看来，"一网通办"尚未形成闭环，而同样以数据驱动作为根基的"多网"——5G、物联网、工业互联网等信息基础设施仍处于融合进行时状态，尚未形成"一网通办、多网融合、网网通办、一网统办"的合力。

3.1.2 本次新型冠状病毒感染反映出产业链和供应链的安全问题

尽管中国是目前全球唯一拥有联合国产业分类中所列全部工业门类的国家，40多年的改革开放、30年的全球化将中国变成了世界工厂，但是此次新型冠状病毒感染对"环环相扣"的产业链、供应链造成的影响之大、范围之广超出了大部分企业的预期和经验。一旦在全球范围内有任何一个环节发生中断，就会造成整个上下游企业的巨大损失。产业链、供应链作为经济的生命线，其重要性前所未有。"保产业链供应链稳定"已上升为国家战略问题，不仅是应对风险挑战的关键之举，更是着眼长远，赢得发展主动权的重要手段。向高质量迈进的中国制造，需要以数字化培育发展新动能，加大对产业链供应链的整合，将在很大程度上推动实现信息、技术、产能等精准配置与高效对接，从而加强产业链、供应链的协同。未来，产业链、供应链将不再是上下游环节的单一或者单向衔接，而是向着更加多元复杂的生态系统转变。国企作为中国经济改革的龙头，需要在其中发挥开路先锋、引领示范、突破攻坚的作用，在全链条上促进产业集群生态系统的建立。

3.1.3 本次新型冠状病毒感染反映出我国政企的数字化转型任重道远

作为国民经济中的"排头兵"，国企在此次新型冠状病毒感染中做出了积极和巨大的贡献，但同时也发现了很多问题。从顶层设计、架构建设、技术集成到运营维护，数据整合、分享、提炼、再利用、安全、管控等各种困难接踵而来。近期的市场调查反映出，有三分之二的受访高管认为难以在整个企业范围内将数字技术转化为大规模的创新；而另一项研究则表明，有91%的受访中国企业数字化转型成效不足。

如果说新型冠状病毒感染是对数字化能力的一次检验，那么新型冠状病毒感染过后，人们思考更多的是如何找到正确的角度和切入点进入数字新时代。我们相信，经过这次危机，政府、企业已经形成共识，那就是实现企业数字化已成为当务之急。这已经不是可有可无的选项，而是必不可少的要素。企业要想在新型冠状病毒感染过后变得更加强大，就必须实现数字化。

3.2　企业数字化转型的概念和内涵

Cloud 2.0 数字平台融合技术是企业数字化转型的承载平台，这是要破解产业之困，即单点突破的能力有限：5G 解决的是后移动互联网时代的连接问题，云计算解决的是大规模计算问题，人工智能则是充满想象力的未来，有价值倍增效应。在数字新时代，数字化转型已经是企业的必修课，但是数字化转型的深刻内涵、本质是什么？本节予以讨论、阐述。

3.2.1　企业数字化转型的概念

"数字化"是指将人们所生活的真实世界和虚拟的数字表达链接起来，从而寻求全新的商业模式和服务模式。数字化转型基于数字化技术的发展，它对传统企业提出了将原有业务与数字化技术融合，进行创新，实现企业业绩增长与持续发展的变革要求。

数字化转型是企业战略层面的概念，它并不是追求眼前效益的机动战术。其本质，是通过数字技术和数学算法显性切入企业业务流，形成智能化闭环，使得企业的生产经营全过程可度量、可追溯、可预测、可传承，从而重构了质量、效率、成本的核心竞争力。

企业数字化分为内部运营管理数字化、外部商业模式数字化和生态数字化三大部分。对应到技术层面，就是要实现系统的内部垂直集成、外部横向集成，以及生态的端到端集成。

平台经济和平台模式是数字化转型和落地的主要实现方式。对于行业龙头的大企业而言，需要转型成为行业性和社会化平台，最终形成生态链，从而保持行业领袖地位。对于行业内的中小企业来说，则要成为行业平台上的专业化合作伙伴，让自身的价值链在平台上占据重要一环，保持生态合作。

3.2.2　企业数字化转型的内涵

数字化将无处不在的传感器、嵌入式终端系统、智能控制系统、通信设施通过 CPS 形成一个智能网络，使人与人、人与机器、机器与机器以及服务与服务之间能够互联，从而实现横向、纵向和端到端的高度集成。集成是工业 4.0 的关键词，也是长期以来中国推动两化融合的关键词。三大集成是工业 4.0 与工业互联网的基石，也是企业数字化转型的主要任务。

1. 垂直集成

垂直集成不是一个新话题，伴随着信息技术与工业融合发展常讲常新。换句话说，企业信息化在各个部门发展阶段的里程碑，就是企业内部信息流、资金流和物流的集成，是在哪一个层次、哪一个环节、哪一个水平上，是生产环节上的集成（如研发设计内部信息集成），还是跨环节的集成（如研发设计与制造环节的集成），或是产品全生命周期的集成（如产品研发、设计、计划、工艺到生产、服务的全生命周期的信息集成）。企业数字化所要追求的就是在企业内部实现所有环节信息的无缝链接，这是所有智能化的基础。

2. 水平集成

数字化转型是要以客户为中心展开的，为了给客户提供一站式服务，企业在整合内部资源的基础上（垂直集成），应该以客户为中心进行水平集成。在市场竞争牵引和信息技术创新驱动下，每一个企业都是在追求生产过中的信息流、资金流、物流无缝链接与有机协同，在过去这一目标主要集中在企业内部。但现在这已远远不够了，企业要实现新的目标，就要从企业内部的信息集成向产业链信息集成，从企业内部协同研发体系到企业间的研发网络，从企业内部的供应链管理到企业间的协同供应链管理，从企业内部的价值链重构向企业间的价值链重构。水平集成是企业之间通过价值链以及信息网络所实现的一种资源整合，为实现各企业间的无缝合作，提供实时产品与服务，推动企业间的研、产、供销、经营管理与生产控制、业务与财务全流程的无缝衔接和综合集成，实现产品开发、生产制造、经营管理等在不同的企业间的信息共享和业务协同。

3. 端到端集成

从某种意义上来讲，端到端的集成是一个新理念，各界对于端到端集成有不同的理解。所谓端到端就是围绕产品全生命周期的价值链创造，通过对价值链上不同企业资源的整合，实现从产品设计、生产制造、物流配送、使用维护的产品全生命周期的管理和服务，它以产品价值链创造集成供应商（一级、二级、三级）、制造商（研发、设计、加工、配送）、分销商（一级、二级、三级）以及客户信息流、物流和资金流，在为客户提供更有价值的产品和服务的同时，重构产业链各环节的价值体系。

3.2.3 企业数字化转型的实质

企业数字化转型是利用 5iABCD 融合新技术 Cloud 2.0 来优化和配置资源，以客户为中心，以数据为驱动，打破传统的组织边界和行业边界，拓展生态，创建新的商业模式、服务模式，为企业创造新价值的过程。

具体地讲，企业为了不断地在市场竞争中获取优势，通过数字（技术）平台逐步实现三大集成，从中获取如下客户体验和价值。

1. 企业效率提升

企业通过数字平台对企业数据进行垂直集成来整合企业内部资源，进而重构企业的制造、管理，通过优化企业的资源配置，让企业的运营效率、决策准确度大幅度提升，呈现出企业对广泛分布的业务态势感知能力大幅提高，成本大幅降低；通过打通不同层级、不同部门的信息壁垒，降低沟通成本、加快响应速度；通过平台上的规范、规则数字化手段使固化的业务由系统自动处理，就是所谓的运营自动化能力；通过对异常情况的判断与实时预警，让监管更加高效。

上述由数字平台带来的种种变化——不断地对业务流程的优化、重构、打破传统企业的组织壁垒等，让企业内部运作更加高效、扁平化，从而降低了运营成本，提升了运营质量。

2. 客户体验升级

数字化转型帮助企业实现客户的实时、按需、全在线、自助和社交的体验。让客户与企业之间从协同创新到交易执行等所有的合作都像行云流水般的自然、顺畅。这是因为利用数字技术打破边界，重构客户体验，让客户和企业发生的需求、交易、体验全面提升，其实质就是数字平台与客户的水平集成所呈现的客户价值。

3. 企业业务创新

重构企业的产品和服务的创新流程，就是所谓的内部、外部以及端到端的集成能力的呈现，以及构筑产业链端到端竞争优势。因为创新不仅仅发生在企业内部，还可利用平台的资源和生态来开展企业的创新。

企业数字化转型特别是指处于非云原生和非数字原生的企业，也就是所谓的传统企业。数字化转型就是要解决在工业革命时代没有很好解决的效率和成本问题，特别是服务效率和成本的问题。而通过数字化的技术突破边界，可以让制造业同时做到产品质量更好、服务更优、成本更低。

大多数的传统企业都存在封闭的 IT 系统不能满足需要的问题，它们业务流程的设计都是烟囱式的、重载的流程，而且是面向功能给内部人使用的，并不是面向客户的。而另一个问题就是信息孤岛，其数据的准确性、全面性和连通性是没有办法实现的。如果信息孤岛的问题不能解决，数字化转型就无法实现，基于数字平台实现三大集成任务就是为了解决这些数据孤岛问题，真正体现数字化转型的意义。

3.2.4　企业数字化转型的五个转变

从 3.2.1 ～ 3.2.3 小节对数字化转型的概念、内涵及实质的论述中可以发现，数字化转型影响企业的各个层面。从公司最高层到作业人员，从一线人员到平台职能部门，从技能要求到工作习惯，数字化都会带来全面的影响，背后更是运营模式、责任体系、权力体系的重构。因此，根据华为的数字化转型成功经验来看，企业至少需要在意识、组织、文化、方法、模式 5 个方面进行转变，涉及业务与技术双轮驱动、平台和共享以及 IT 运作模式等，如图 3-1 所示。

图 3-1　数字化转型需要实现 5 个转变

1. 转变意识

数字化转型是一把手工程，不仅需要技术的投入，更需要回归业务主导。一把手和各级业务主管从意识上认为数字化是自己的事，是实现业务战略的必由之路，也是数字化转型成功的第一步。

2. 转变组织

在转型过程中，业务部门与 IT 部门应该紧密结合，组建业务与 IT 一体化团队以瞄准业务问题，找准转型的突破口并开展工作，彻底改变"企业 IT 部门跟业务部门两张皮"的情况。

3. 转变文化

数字化转型强调平台和共享，要求每个部门、每个人既能从大平台中获取能力来支撑自己成功，又能反哺回大平台里去支撑他人成功。从利己到利他，这对许多公司的文化是巨大的挑战。同时，数字化转型提倡"用数据说话"，强调企业数据是公司的，明确不同部门的数据在授权下可充分共享，数据成为决策的依据。

4. 转变方法

实现"对象数字化、过程数字化、规则数字化"是数字化转型的关键。过去开发 IT 系统只是为了固化流程、规范业务，因此经常一个流程一个 IT 系统。现在通过把流程中的过程数字化、业务规则数字化、业务对象数字化，不仅能实现从线下到线上的转变，还能快速按需编排，使能业务创新。

5. 转变模式

转变模式主要指 IT 运作模式的转变，如存量 IT 系统和软件包延续瀑布开发模式，而服务化新应用采用 DevOps 敏捷开发模式。

3.3 企业面对数字化转型的难点和痛点

人们常说理想很丰满，但现实很骨感。企业数字化转型，要迈向智能化，其现实和理想之间存在着六大裂谷。一是应用裂谷，传统企业大量 IT 资源跟新技术的集成问题，呈现出很多孤岛。二是数据裂谷，各个部门、企业之间、行业之间、监管之间没有整合、打通数据，无法进行大数据分析。三是能力裂谷，企业的 IT 能力不足，每天忙于救火，焦头烂额，没有建成公共数字能力平台。四是人才裂谷，人才少、门槛高，不会用 5iABCD 等新技术，都是各自去探索，低水平重复着昨天的故事。五是技术裂谷，包括信息安全，尤其是集团各子公司低水平的重复建设。六是生态裂谷，行业之间，企业之间，企业集团的各个企业之间，企业部门之间的协作，以及行业的监管，都没有从数据上打通、从认知上理解，更谈不上共享、协同。这些裂谷要靠数字化转型去逐步去消除。

这 6 大裂谷表现在企业对数字化转型认知上的难点痛点，有如下 5 个方面。

3.3.1　缺乏高层次的数字化战略

如果企业的决策者没有意识到数字化转型的紧迫性和重要性，那么企业数字化就没有成功的可能。数字化时代的竞争要求企业的领导者对数字化技术、新兴商业模式保有高度敏感的洞察力，并能时刻反省或调整公司战略。数字化转型中的领导力和问责制意味着，数字化转型必须由企业的最高层支持和授权。

3.3.2　缺失数字化转型的企业文化

很多企业在推进数字化转型过程中，并没有赋予企业文化新的数字化内涵，或者在各部门人员的认识没有统一的时候，就盲目启动了数字化转型。这样没有充分准备的开始会带来后续一系列强大阻力，进而导致企业数字化转型的失败。

3.3.3　缺乏数字化人才

缺乏数字化人才，尤其是缺乏数字化转型领导者，这是企业在数字化道路上的一个重要障碍。数字化人才应该多数不是来自技术部门，而是来自于客户交互的市场、销售及业务部门。

3.3.4　没有合适的技术平台

在企业数字化转型上，业务需求快速多变、新技术层出不穷，数字化系统需要稳定扩展与平滑演进。封闭的系统或平台会严重阻碍数字化转型。一个笨重、呆板的技术平台，难以敏捷、快速响应数字经济时代的客户需求。在以数字化、网络化、智能化为突出特征的新一轮数字化转型的过程中，只有适合企业的技术平台才能发挥重要作用。

3.3.5　没有系统设计能力

缺少顶层系统设计的数字化转型必然不会成功。认为数字化就是上系统，改善某条业务线，跟着纯硬件供应商或没有行业经验的开发商去进行数字化转型的企业，很容易把数字化转型变成信息化。

3.4　Cloud 2.0 数字平台赋能产业、企业数字化转型

5iABCD 等新技术成为数字化转型核心动能。以云计算、大数据、区块链支撑的信用体系、业务体系、决策体系，以人工智能为支撑的交易体系、风控体系、运营体系，正在成为推动企业高质量发展的新动力、新引擎。多种新兴技术的交叉运用，带来人机交互方式、数字化业务体系的不断革新，形成随时、随地、随心的沉浸式、情境式体验，重构人们的

体验习惯和商业生态。

3.4.1 云计算构建 IT 新架构，打造企业数字化力

云计算是一切新 IT 的基础技术平台。"上云用数赋智"已成为时下企业数字化转型的必修课。大数据、人工智能、工业互联网等技术的发展都离不开云计算技术的支撑，数字经济、数字政府、智慧城市建设离不开云计算平台，云计算已经成为行业、企业数字化转型的现代化架构的数字平台，重构着企业核心竞争力。

1. 云计算的重要价值

云计算的重要价值表现在如下 4 个方面。

（1）云计算的效能价值。云计算最基本的价值是提供了集约、高效、绿色、便捷的计算服务资源。通过虚拟化等技术，云计算提高了计算存储资源的利用率，实现了资源的按需分配，降低了能源消耗；通过对所有的物理设备进行统一的管理，降低了技术管理工作强度，提高了便捷化水平；按需分配的模式也降低了用户的使用成本。

（2）云计算的普惠价值。云计算促进了计算存储资源的普及化。过去，只有少数实力雄厚的企业才能掌握和拥有丰富的计算存储资源。云计算按需分配、随时随地可获取的服务模式大幅降低了中小企业甚至个人使用计算存储资源的成本，打破了大企业对计算存储资源的垄断，使得中小企业、初创公司和个人依托云计算进行业务创新成为可能。

（3）云计算的创新价值。云计算将人类计算存储能力提升到了一个新的高度，是众多新技术创新的基石。云计算更加强大的计算存储能力促进了大数据、人工智能等技术的突破发展，带动了硬件、软件、服务等各细分产业的创新发展。没有云计算的发展，海量的数据将无法存储、无法分析利用，大数据将无从谈起；人工智能也将因为算力和数据的不足而止步不前。

（4）云计算的工具价值。经过十多年的发展，云计算日渐成熟，成为构建未来智能社会的核心基础设施，成为发展数字经济、建设数字政府、智慧城市等各领域数字化转型、智能化升级必不可少的新型、通用生产工具。

2. 分布式计算和虚拟化技术是云计算的重要内容

从技术的角度讲，云计算给出了一种全新的计算资源管理和使用的思路。从用户的角度出发，如果对业务系统中间的技术实现并不关心，又能获得确保系统安全、可靠的应用系统，那么完全可以将 IT 基础设施、开发环境、应用程序放在云端，通过客户端直接获取应用系统。这种模式就是云计算的软件即服务（Software as a Service，SaaS）模式。SaaS 模式直接对用户提供应用界面，IT 基础设施的部署、系统的开发运行都在云端进行，对用户透明。用户避免了 IT 系统建设前期巨额的资本开支，降低了业务风险，可以依据业务需要灵活增加新模块，避免过度投入导致资源浪费。平台即服务（Platform as a Service，PaaS）模式满足了具备一定技术能力的软件开发人员的需求，用户在固定的底层硬件设备和开发

环境中设计软件系统。基础设施即服务（Infrastructure as a Service，IaaS）模式则进一步放权，仅向 IT 管理人员提供基础的计算、存储资源，在此之上的系统、开发环境都由其自主设计。

由此可见，云计算已经成为推动数字化转型和 IT 组合现代化的事实平台。通过从公有云和其他服务租赁软件，企业越来越多地发现业务灵活性或成本节约。根据专业调查公司的调查数据，大多数企业从两家或更多供应商那里采购云计算服务，随着全球公有云支出超过 2000 亿美元，这一趋势得到了越来越多的关注。随着数据分析、机器学习、物联网、消息传递和数据库服务等核心业务应用程序在云端实现现代化，企业上云正在成为企业数字化转型的大趋势。通过大量调研情况显示，云计算成为将颠覆性想法转化为令人惊叹的软件的最佳途径。

3. 企业 PaaS 将是企业数字化能力的集中体现

数字新时代的到来，PaaS 的重要性日益凸显，尤其是在越来越多的企业应用上云之后。但因传统应用架构与云计算的分布式架构不一样，这种异构就导致了传统应用上云的困难，而传统企业业务系统要想真正实现上云，必须进行全面的架构升级。作为云计算模型中能力层，PaaS 可以帮助企业从"基础设施上云"迈向"系统和应用上云"，优化了企业软件开发模式，成为传统企业数字化转型、进行架构升级的必然选择。

PaaS 是云计算壁垒最高的产业链环节，而其壁垒则在于技术和生态。PaaS 一方面是一个开发者平台，对应传统 IT 中的操作系统、数据库、中间件等基础软件，同时也承载了人工智能、大数据、物联网、行业云等功能应用，从技术壁垒上来说相对于 IaaS 和 SaaS 都较高；另一方面，PaaS 平台同时也服务客户和第三方开发者（ISV）等，具备双边的网络效应（而 IaaS 和 SaaS 更多的是单边网络效应）。因此，将企业级人工智能、区块链、大数据、企业即时通信与设计、互联网等最新科技封装成服务，构建 PaaS 和 SaaS 整合的方案，才能够极大降低企业的开发和应用成本。由此可以看出企业级 SaaS 的未来在于 PaaS 能力的打造，因此，可以说是"得 PaaS 者得天下"。

企业基于 PaaS 实现组件服务化。企业在开放化、智能化的发展趋势下重构业务架构，把业务流程"组件化"，形成了可复用的"积木块"；而业务组件标准化 IT 服务，有效支撑了业务敏捷研发，形成灵活组合、快速研发的组件化创新能力，使企业具备更敏捷的市场和客户需求响应能力。关于云计算主题将在第 4 章进行系统地讨论、阐述。

3.4.2　大数据作为云的数据底座，与云融合为一体化的数字平台

大数据又称为巨量数据、海量数据，是指那些在进行分析、运算时所涉及的数据量规模巨大到无法通过人工在合理时间截取、管理、处理并整理成为人类所能解读的信息的数据。

现代社会是一个高度信息化、数字化的社会。随着 5iABCD 等技术的飞速发展，使得

数据分布在各个行业并且贯穿业务始终，数据不再从单一来源产生，数据形式越发多样。这些改变使得数据成为一种新的资源，需要人们对其合理、高效、充分地利用。对企业应用而言，大数据还包括对企业的业务分析与优化，引领企业智慧增长。这就意味着如何在传统商务智能（Business Intelligence，BI）的基础上形成敏捷的 BI，然后再进行互联网数据的关联，通过应用大数据、工业大数据的分析来创造透明度。通过验证试验来了解市场、企业的运作和细分客户，采用灵活的方式形成新的商业模式、产品及服务。

1. 企业大数据的主要来源

企业大数据来源于产品全生命周期的各个环节，包括市场、设计、制造、服务、使用，每个环节都会产生大数据。此外，对于企业的外部，产业链外的"跨界"数据也是企业大数据"不可忽视"的重要来源。

企业大数据的主要来源有三类：

第一类是与生产经营相关的业务数据。它们主要来自传统企业的信息化系统，被收集存储在企业信息系统内部，包括传统工业设计和制造类软件、企业资源计划（ERP）、产品生命周期管理（PLM）、供应链管理（SCM）、客户关系管理（CRM）和环境管理系统（EMS）等。这些企业信息系统已累积了大量的产品研发数据、生产性数据、经营性数据、客户信息数据、物流供应数据及环境数据。这也是我们在 3.2 节所阐述的企业内部数据垂直集成的概念。

第二类是设备物联数据。它们主要指工业生产设备和目标产品在物联网运行模式下，收集的实时产生的涵盖操作和运行情况、工况状态、环境参数等体现设备和产品运行状态的数据。此类数据是工业大数据新的、增长最快的来源。狭义的工业大数据即指该类数据，即工业设备和产品快速产生的并且存在时间序列差异的大量数据。

第三类是外部数据。它们是指来自于企业生产活动和产品相关的企业外部互联网的数据，例如，评价企业环境绩效的环境法规、预测产品市场的宏观社会经济数据等。

工业大数据具有一般大数据的特征（海量、多样性等），在此基础上还具有价值性、实时性、准确性、闭环性四个典型的特征。对工业大数据与互联网大数据处理的最大的区别在于工业大数据有非常强的目的性，而对互联网大数据的处理更多的是一种关联的挖掘，是更加发散的一种分析。

2. 企业大数据的运作过程

企业大数据的运作过程有以下 4 个步骤。

（1）数据搜集。要对来自网络包括物联网和机构信息系统的数据附上时空标签，去伪存真，尽可能地收集异源甚至是异构的数据，还可与历史数据对照，多角度检验数据的全面性和可信性。

（2）数据存储。为达到低成本、低能耗、高可靠性目标，要用到冗余配置、分布式和云计算技术，存储时要对数据进行分类，并加入便于检索的标签。

（3）数据处理。利用上下文关联进行语义分析。现在这种上下文关联也是国际上比较热门的一个领域。图 3-2 所示为基于大数据所形成增值链的分析和优化框架。

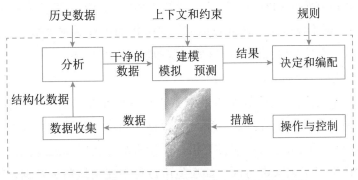

图 3-2　基于大数据所形成增值链的分析和优化框架

（4）可视化呈现。目前人工智能有了很大的进步和发展，通过云平台上部署的 AI 算法可以对不同场景的大数据进行处理，并将其结果可视化呈现。通过平台实现对工业数据的远程监控，可视化的远程运维，更可帮助企业根据以往的数据，通过大数据来分析当前的需求变化和组合形式，为产品优化及预警分析提供数据，并形成统计报表，为企业领导决策提供数据支持。

3. 大数据应用场景简析

由大数据驱动的制造业转型升级，是未来制造业提升生产效率、改进产品质量、节约资源消耗、保障生产安全、优化销售服务的必经之路。通过与工业互联网、人工智能、移动互联网、云计算等技术的协同发展，工业大数据驱动的工业互联网必将深度融入实体经济，成为数字经济时代的新引擎。

1）加速产品创新

客户与企业之间的交互和交易行为将产生大量数据，挖掘和分析这些客户的动态数据，能够帮助客户参与到产品的需求分析和产品设计等创新活动中，为产品创新做出贡献。福特公司是这方面的表率，它将大数据技术应用到了福特福克斯电动车的产品创新和优化中，使得这款车成为一款名副其实的"大数据电动车"。这种以客户为中心的大数据应用场景具有多方面的好处，因为大数据实现了宝贵的新产品创新和协作方式。司机获得有用的最新信息，而位于底特律的工程师通过汇总关于驾驶行为的信息以了解客户，制订产品改进计划，并实施新产品创新。电力公司和其他第三方供应商也可以分析数百万英里的驾驶数据，以决定在何处建立新的充电站，以及如何防止脆弱的电网超负荷运转。

2）产品故障诊断与预测

无所不在的传感器、互联网技术的引入使得产品故障实时诊断变为现实，大数据应用、建模与仿真技术则使得预测动态性成为可能。例如，在对马航 MH370 失联客机的搜寻过程中，波音公司获取的发动机运转数据对于确定飞机的失联路径起到了关键作用。我们再以波音公司的飞机系统为例，看看大数据应用在产品故障诊断中是如何发挥作用的。在波音的飞机上，发动机、燃油系统、液压和电力系统等数以百计的变量组成了在航状态，这些数据不到几微秒就被测量和发送一次。波音737客机发动机在飞行中每30分钟就能产生10TB数据。这些数据不仅是某个时间点能够用来分析的工程遥测数据，还促进了实时自适应控制、燃油使用、零件故障预测，能有效实现故障诊断和预测。

3）工业物联网生产线的大数据应用

在现代化工业制造生产线上通常安装有数以千计的小型传感器，来探测温度、压力、热能、振动和噪声。系统每隔几秒就收集一次数据，利用这些数据可以实现很多形式的分析，包括设备诊断、用电量分析、能耗分析、质量事故分析（如违反生产规定、零部件故障）等。这样，在生产工艺改进方面，如在生产过程中使用这些大数据，就能分析整个生产流程，了解每个环节是如何执行的。一旦有某个流程偏离了标准工艺，就会产生一个报警信号，使管理者能更快速地发现错误或者瓶颈所在，也就能更容易地解决问题。

利用大数据技术，还可以对工业产品的生产过程建立虚拟模型，仿真并优化生产流程，当所有流程和绩效数据都能在系统中重建时，这种透明度将有助于制造商改进其生产流程。再如，在能耗分析方面，在设备生产过程中利用传感器集中监控所有的生产流程，能够发现能耗的异常或峰值情形，由此便可在生产过程中优化能源的消耗。对所有流程进行分析将会使企业大大降低能耗。

4）工业供应链的分析和优化

当前，大数据分析已经是很多电子商务企业提升供应链竞争力的重要手段。例如，电子商务企业京东商城，通过大数据提前分析和预测各地的商品需求量，从而提高配送和仓储的效能，保证了次日货到的客户体验。RFID等产品电子标识技术、物联网技术以及移动互联网技术能帮助工业企业获得完整的产品供应链的大数据，利用这些数据进行分析，将带来仓储、配送、销售效率的大幅提升和成本的大幅下降。

以海尔公司为例，海尔公司供应链体系很完善，它以市场链为纽带，以订单信息流为中心，带动物流和资金流的运动，整合全球供应链资源和全球用户资源。在海尔供应链的各个环节，客户数据、企业内部数据、供应商数据被汇总到供应链体系中，通过供应链上的大数据采集和分析，海尔公司能够持续进行供应链改进和优化，保证了海尔对客户的敏捷响应。

美国较大的OEM供应商超过千家，为制造企业提供超过1万种不同的产品，每家厂商都依靠市场预测和其他不同的变量，如销售、市场信息、展会、新闻、竞争对手的数据，甚至天气预报情况等来销售自己的产品。利用销售数据、产品的传感器数据和出自供应商数据库的数据，工业制造企业便可准确地预测全球不同区域的需求。由于可以跟踪库存和销售价格，可以在价格下跌时买进，所以制造企业便可节约大量的成本。如果再利用产品中传感器所产生的数据，知道产品出了什么故障，哪里需要配件，它们还可以预测何处以及何时需要零件。这将会极大地减少库存，优化供应链。

5）产品销售预测与需求管理

通过大数据来分析当前需求变化和组合形式。对大数据的分析，可以很好地用于产品销售预测与需求管理，通过对历史数据的多维度组合，可以看出区域性需求占比和变化、产品品类的市场受欢迎程度以及最常见的组合形式、消费者的层次等，以此来调整产品策略和铺货策略。例如，在某些分析中我们可以发现，在开学季高校较多的城市对文具的需求会高很多，这样我们可以加大对这些城市经销商的促销，吸引他们在开学季多订货，同时在开学季之前一两个月开始进行产能规划，以满足促销需求。再如，在产品开发方面，通过消费人群的关注点进行产品功能、性能的调整，如几年前大家喜欢用音乐手机，而现在大家更倾向于用手机上网、拍照分享等，手机的拍照功能提升就是一个趋势。总之，通过大数据对一些市场细节的分析，可以找到更多的潜在销售机会。

6）生产计划与排程

制造业面对多品种小批量的生产模式，数据的精细化、自动及时方便的采集方式及数据的多变性都会导致数据量急剧增大，再加上十几年的信息化的历史数据，对于需要快速响应的企业来说，如何从这些数据中挖掘出有用的信息是一个巨大的挑战。大数据分析可以给予我们更详细的信息，发现历史预测与实际的偏差概率，考虑产能约束、人员技能约束、物料可用约束、工装模具约束等，通过智能的优化算法，制订预计划排产，并监控计划与现场实际的偏差，动态地调整计划排产；还可以帮助企业规避对原有客户"画像"的缺陷，直接将大数据分析的群体特征赋能给个体（将工作中心数据直接改为具体某台设备、人员、模具等数据）。通过对数据的关联分析并监控它，企业就能计划未来。虽然，大数据略有瑕疵，但只要得到合理的应用，就会变成企业强大的武器。

7）产品质量管理与分析

传统的制造业正面临着大数据的冲击，在产品研发、工艺设计、质量管理、生产运营等各方面都迫切期待着创新方法的诞生，以便应对工业背景下的大数据挑战。例如在半导体行业，芯片在生产过程中会经历许多次掺杂、增层、光刻和热处理等复杂的工艺制程，每一步都必须达到极其苛刻的物理特性要求，高度自动化的设备在加工产品的同时，也同步生成了庞大的检测结果。这些海量数据究竟是企业的包袱还是企业的"金矿"呢？如果说是后者的话，那么又该如何快速地拨云见日，从"金矿"中准确地发现产品良率波动的关键原因呢？这是一个已经困扰半导体工程师们多年的技术难题。

某半导体科技公司生产的晶圆在经过测试环节后，每天都会产生包含一百多个测试项目、长达几百万行的测试记录的数据集。按照质量管理的基本要求，一个必不可少的工作就是针对这些技术规格要求各异的一百多个测试项目分别进行一次过程能力分析。

如果按照传统的工作模式，我们需要按部就班地分别计算一百多个过程能力指数，对各项质量特性一一考核。这里暂且不论工作量的庞大与烦琐，哪怕有人能够解决计算量的问题，也很难从这一百多个过程能力指数中看出它们之间的关联性，更难对产品的总体质量性有一个全面的认识与总结。然而，如果我们利用大数据质量管理分析平台，除了可以快速地得到一个长长的传统单一指标的过程能力分析报表之外，更重要的是，还可以从同样的大数据集中得到很多崭新的分析结果。

在工业企业中生产线常处于高速运转状态，由工业设备产生、采集和处理的数据量远大于企业中计算机和人工产生的数据，这类数据从数据类型看也多是非结构化数据，生产线的高速运转则对数据的实时性要求也更高。因此，工业大数据应用所面临的问题和挑战并不比互联网行业的大数据应用少，某些情况下甚至更为复杂。所以选择适合企业的大数据采集及应用管理尤为重要。

大数据、AI 和云的高度融合重点体现为工业界的发展趋势。当前无论是公有云还是专有云，云服务提供商都倾向于提供一体化的平台，为用户提供统一的人工智能分析建模、大数据计算以及资源分配与共享管理功能，从而增加便利性，降低使用成本，丰富业务场景。关于大数据技术和系统将在第 5 章进行深入、系统地阐述。

3.4.3　人工智能推动各行业智能化升级

人工智能（Artificial Intelligence，AI）是研究、开发用于模拟、延伸和扩展人的智能的理论、方法、技术及应用系统的一门新的学科。人工智能是计算机科学的一个分支，它企图了解智能的实质，并生产出一种新的能以人类智能相似的方式做出反应的智能机器，该领域的研究包括机器人、语音识别、图像识别、自然语言处理和专家系统等。人工智能从诞生以来，理论和技术日益成熟，应用领域也不断扩大，可以设想，未来人工智能带来的科技产品，将会是人类智慧的"容器"。

人工智能不是人的智能，但能像人那样思考，也可能超过人的智能。

人工智能将推动各行业的智能化升级。人工智能将与各个行业融合，改变各行各业的生产方式，引发新生产力的变革，是真正的生产力的革命，助力人类突破空间、时间、表象的局限，推动各个行业向智能化转型。在业内人士看来，AI 是新一轮产业变革的核心驱动力，将进一步释放历次科技革命和产业变革积蓄的巨大能量，并创造新的强大引擎，重构生产、分配、交换、消费等经济活动各环节，形成从宏观到微观各领域的智能化新需求，催生新技术、新产品、新产业、新业态、新模式。

AI 正在与各行各业快速融合，助力传统行业转型升级、提质增效，在全球范围内引发全新的产业浪潮。据专业机构发布的关于人工智能对全球经济影响的报告显示，到 2030 年，全球 GDP 的 14% 将由 AI 带动。华为 2018 年发布《GIV2025 打开智能世界产业版图》白皮书也指出，基于 ICT 网络，以 AI 为引擎的第四次技术革命正将我们带入一个万物感知、万物互联、万物智能的智能世界。到 2025 年，全球物联数量达 1000 亿，这些联接将存在于公用事业、交通、制造、医疗、农业和金融等各个领域，推动数字化转型。在 5.2 节对 AI 将有系统地阐述。

3.4.4　区块链构建下一代企业社会合作机制和组织形式

这段时间，"区块链"成为舆论热词。习近平总书记在中央政治局第十八次集体学习时强调，"把区块链作为核心技术自主创新的重要突破口""加快推动区块链技术和产业创新发展"。党中央的前瞻判断，让"区块链"走进大众视野，成为社会各界舆论共同关注的焦点。这番来自最高层的定调意味着区块链引导技术变革的地位得到了党中央的认可。

从科技层面来讲，区块链技术是利用块链式数据结构来验证与存储数据、利用分布式节点公式算法来生成和更新数据、利用密码学的方法来保证数据传输和访问的安全、利用由自动化脚本代码组成的智能合约来编程和操作数据的一种全新的分布式基础架构与计算范式。简单来讲，在区块链系统中，每过一段时间，各参与主体产生的交易数据会被打包成一个数据区块，数据区块按照时间顺序依次排列，形成数据区块的链条，各参与主体拥有同样的数据链条，且无法单方面篡改，任何信息的修改只有经过约定比例的主体同意方可进行，并且只能添加新的信息，无法删除或修改旧的信息，从而实现多主体间的信息共享和一致决策，确保各主体身份和主体间交易信息的不可篡改、公开透明。

通俗来讲，区块链可以视作一个账本，每个区块可以视作一页账，将其通过记录时间的先后顺序链接起来就形成了"账本"。因此，区块链是一个分布式的共享账本和数据库，具有去中心化、不可篡改、全程留痕、可以追溯、集体维护、公开透明等特点。这些特点保证了区块链的"诚实"与"透明"，为区块链创造信任奠定基础。而区块链丰富的应用场景，基本上都基于区块链能够解决信息不对称问题，实现多个主体之间的协作信任与一致行动。

1. 区块链的运行机理

区块链类似于一个共享的分散型分类账，有三个值得注意的部分：

（1）分布式系统。分布式对等工程具有由系统成员组成的节点，其中每个部分存储区块链的不可区分的副本，并被允许验证和确认系统的数字交换。

（2）共享记录。系统中的个人将正在进行的计算机交换记录到一个共享的记录中。算法被运行并检查建议的交易，一旦大多数个人批准了交换，就会将其添加到共享记录中。

（3）高级交换。任何可以存储在区块链中的数据或数字资源都可以作为高级交换。每个交易都组织成一个区块，每个区块包含一个加密散列值（散列函数将任意长度的二进制值映射为固定长度的较小的二进制值，这个小的二进制值称为散列值），以直接地、按时间顺序包含交易。

那么区块链如何创造信任与合作机制呢？深入到具体的应用场景，我们就能够看得更加清楚。区块链不可篡改的特点，为经济社会发展中的存证难题提供了解决方案，为实现社会征信提供全新思路；区块链的分布式特点可以打通部门间的数据壁垒，实现信息和数据共享；区块链形成的共识机制能够解决信息不对称问题，真正实现从信息互联网到信任互联网的转变；区块链通过智能合约能够实现多个主体之间的协作信任，从而大大拓展了人类相互合作的范围。总而言之，区块链通过创造信任来创造价值，它能保证所有信息的数字化与实时共享，从而提高协同效率，降低沟通成本，使得离散程度高、管理链条长、涉及环节多的多方主体仍能有效合作。

2. 区块链的主要特征

上述对区块链的描述充满了未来感和技术色彩，但本质上它是一个去中心化的分布式账本。去中心化，也就是说所有的交易都是点到点发生的，无需任何的信用中介或集中式清算机构来确保信息的正确性；分布式账本，意味着当交易发生时，链上的所有参与方都会在自己的账本上收到交易的信息，这些交易记录是完全公开且经过加密、不可篡改的。我们可以把区块链的特征归纳如下。

1）去中心化

去中心化意味着在区块链网络中分布着众多的节点，节点与节点之间可以自由连接进行数据、资产、信息等的交换，而无须通过第三方中心机构。例如目前常规的转账需要通过银行这个中心机构，在区块链网络中，我们将能实现直接点到点的转账。

2）去信任化

区块链使用了密码学中的相关技术来保障区块链上的信息不被篡改，主要用到的是密码学中的散列函数以及非对称加密。也就是说，交易双方不需要等到建立信任之后才开始进行交易，而是通过密码学等技术手段保证可靠性，加速业务的进程。

3）可追溯性

区块链上保存了从第一个区块开始的所有历史数据，链接的形式是后一个区块拥有前一个区块的散列值，区块链上的每一条记录都可通过链式结构追溯本源。

3. 要理性看待区块链

我们要理性地看到区块链疯狂热炒背后也隐藏着风险。某些企业的区块链业务并不成熟，也许只是披上概念的外衣，并没有科学的方法论指导，无实质性落地应用，炒作成分太多。目前区块链技术整体仍处于探索研究和尝试应用阶段。

首先，区块链行业尚未形成统一的标准，标准空白使其无法在全球普及，只能在各国内自成体系。我国工业和信息化部 2016 年发布《中国区块链技术和应用发展白皮书》，对我国区块链标准化明确了路线图，对行业发展具有重要指导意义。其次，区块链虽然并非新生事物，但近年来的火爆却是前所未有的，因此政策监管相对滞后，要达到监管合规性和大型金融机构对区块链的认可和支持，肯定还需要时间逐步完善。最后，区块链技术的特点，如去中心化和完全透明化，不仅打破了过去集权式的束缚，形成新的生产关系和社会习惯，也对传统业务造成巨大冲击，势必会遭遇旧势力的抵制，所以新技术能否通行无阻还存在些许疑问。

区块链技术与加密货币相伴而生，但区块链技术创新不等于炒作虚拟货币，应防止那些利用区块链炒作空气币等的行为。同时还要看到，区块链目前尚处于早期发展阶段，在安全、标准、监管等方面都需要进一步发展、完善。对于利用区块链存储、传播违法违规信息，运用区块链进行非法交易、洗钱等的行为，也应该予以严厉整治。通过包容、审慎的监管，既包容试错又严禁越界，才能更好地推动区块链创新发展。发展区块链大方向没有错，但是要避免一哄而上、重复建设，方能在有序竞争中打开区块链的发展空间。

4. 区块链技术展望

区块链是当今最两极分化的技术，充满着希望和失望，无法满足热炒所带来的高期待，虽然具有颠覆性，但仍然缺乏可大量传播的用例。在反复尝试中，医药数据管理和货币化与区块链技术的可能性逐渐体现出来。中国在区块链领域拥有良好的基础，一些大型互联网公司早已布局，人才储备相对充足，应用场景比较丰富，完全有条件在这个新赛道取得领先地位。国内许多创新型医药公司和国外的医药巨头公司都着手利用区块链技术来实现转型、创新，悄悄地推动着医药生态链的变革发展。

区块链承载着明日的世界，将会颠覆网络世界。这项技术涉及范围之广、来势之迅猛，导致许多关于它的描述沦为抽象的概念解释，而不是讨论它对网络世界中人们的互动方式将会产生的深刻影响。从更大的视野来看，人类能够发展出现代文明，是因为实现了大规模人群之间的有效合作。市场经济中"看不见的手"也是通过市场机制实现了人类社会的分工协作。在此基础上，区块链技术将极大拓展人类协作的广度和深度。也许，区块链不只是下一代互联网技术，更是下一代合作机制和组织形式。

3.4.5　物联网迈向万物互联的世界

物联网（IoT）是指通过各种信息传感设备，实时对任何需要监控、连接、互动的物体或过程，采集其声、光、热、电、力学、化学、生物、位置等各种需要的信息，与互联网结合而形成的一个巨大网络，如图 3-3 所示。物联网的目的是实现物与物、物与人以及所有

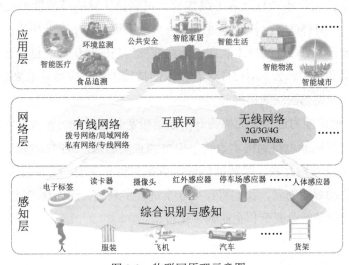

图 3-3　物联网原理示意图

的物品与网络的连接,方便识别、管理和控制。物联网清晰地描述了一种唯一确定的物理对象间的连接,物品能够通过这种连接相互联系,这种交互作用发生在其与机器之间,对象与对象之间。

物联网的提出突破了将物理设备和信息传送分开的传统思维,实现了物与物的交流,体现了大融合理念,具有很大的战略意义。

工业物联网是工业 4.0 的核心基础,通过无处不在的传感器,这些传感器进行互联以后就能产生大量的数据,这些数据返回到数字中枢,进行数据的清洗、整理、挖掘,实现数据再增值。过去的大数据在服务业企业运用比较多,工业企业的很多数据没有被完全挖掘出来,现在一个新的市场正在形成,就是通过工业物联网来形成大量数据,重新产生价值,所以工业 4.0 的第一个基础技术领域是工业物联网。第 6 章将对物联网及其应用有深入、系统地阐述。

3.4.6 5G 发展加速产业变革和企业数字化转型

随着 5G 零等待时间和万物互联的出现,企业迫切需要将自身的客户服务以开放的 API 方式渗透到客户需求服务的场景中,使大量传统的主营业务延伸到新渠道,包括 5G 智能手机、可穿戴设备、物联网设备和虚拟现实。

5G 网络会使万物互联成为可能。5G 作为新一代通信技术,是第五代通信技术的简称,主要有大连接、大带宽、低时延、高速率等特点,将极可能改变我们的生活方式,因此有人提出"4G 改变生活,5G 改变世界"的口号。

5G 与云计算密不可分。产业之困急需破解,但单点突破的能力有限,而 5G 解决了后移动互联网时代的连接问题,云计算解决了大规模计算问题,人工智能则是充满想象力的未来,有价值倍增效应。

5G 没有杀手级应用,只有杀手级体验。在 5G 时代大家都在寻找下一个杀手级应用,但与其寻找杀手级应用,不如打造杀手级体验。仅靠云计算的节流能力已经不足以满足产业互联网需求,云 +AI+5G 等全栈技术带来的融合效果更为传统产业所看重。要达到杀手级体验,尚需要补全云 +AI+5G 的技术版图。数据被视为新的金矿,关键在于如何开采,或者更高效率地开采潜在金矿,云 +AI+5G 融合技术的持续落地,应当是未来企业在 5G 时代创新转型的最优解,一切都围绕数据展开。

在 5G 时代,通信能力进一步大幅提升,通信带宽和延时进一步改进,能源消耗进一步降低,连接大量终端的能力得到根本改善。但更为重要的是,5G 移动通信技术将基于云计算和边缘计算,通过万物互联,把智能感应、数据分析和深度学习的能力整合在一起,全面实现云时代的移动智能物联。我们将在第 6 章进一步系统、深入地论述 5G 的概念、发展态势、应用场景及推动产业变革和企业数字化转型。

3.4.7　Cloud 2.0 数字平台框架

云计算是数据处理的基础与资源整合的平台。我们要实现人工智能就需要有大量的数据运算及处理，包括大数据的处理分析也都离不开云计算。

5G 网络具备高速度、低时延、超大连接三大特征，这些都是物联网的根本。万物互联后才能更好地实现人工智能。5G 加速了万物互联，万物互联会产生大量有价值的数据。数据是人工智能的"粮食"，5G 将计算和存储融合连接，产生大量的 AI 需求，将极大地促进人工智能场景落地。例如，人工智能核心的算法在边缘网络就可以完成，同时基于 5G 低延时的传输速率可以快速地实现交付。

1. 数字新时代呈现全新的运行规律

以数据流动的自动化，来化解复杂系统的不确定性，实现资源优化配置，支撑经济高质量发展的经济新形态。云化的数字平台五层架构如图 3-4 所示。

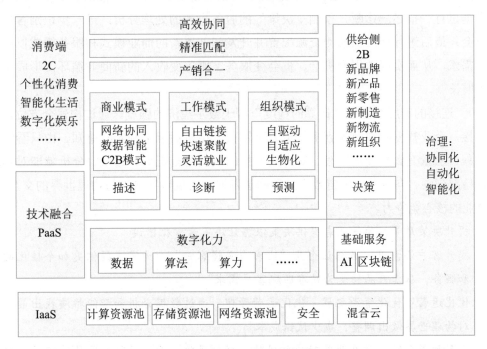

图 3-4　数字平台五层架构

- 底层的技术支撑使用"数据 + 算法 + 算力"的运作范式。
- "描述—诊断—预测—决策"的服务机理。
- 消费端和供给侧高效协同。
- 精准匹配的经济形态。
- "协同化、自动化、智能化"的治理体系。

数据 + 算法 + 算力是 Cloud 2.0 赋能企业科学、高效和精准地进行资源配置的最优范式。企业是经济社会的基本运作单元。数字经济体系内的企业，利用 Cloud 2.0 所形成的技术融合的数字化力"数据＋算法＋算力"，在不确定性的世界中进行决策。企业是一种组织，与市场、政府一样，是一种配置资源效率的组织。企业竞争的本质就是资源配置效率的竞争，就是以数据自动流动来化解复杂系统的不确定性，优化资源的配置效率。企业面临各种各样的挑战：缩短研发周期、提高班组产量、提高机床使用精度、提高设备使用效率等，所有这些问题，都可以归结为如何提高资源配置效率。在实践中，企业力争把正确的数据，以正确的方式，在正确的时间传递给正确的人和机器。从根本上说，"数据＋算法＋算力"提供了一种服务，历经基于云上的 AI 能力"描述—诊断—预测—决策"四个阶段，最终实现优化资源配置的目的。

2. 数据成为生产要素，实现企业智能化升级

在数字时代，数字化逐渐成为一种新的生产方式，它是以数据为处理对象（生产资料）、以数字平台为生产工具、以软件算法为载体、以服务为目的的生产过程。

（1）企业利用数字平台与客户的连接获取数据，如图 3-4 所示；然后基于平台的数字化力对数据进行"描述—诊断—预测—决策"的服务机理的处理分析，进一步识别客户的需求和机会；最后进行相应供给侧资源配置并开发和部署新的商业模式和服务模式以精准匹配客户需求，从而实现数据变机会、机会变服务、服务变收入的新商业循环，形成企业新的收入增长点。

（2）"连接的密度"乘以"计算的精度"等于数字经济的强度。通过构建全方位、全要素的连接，企业数据实现由少到多的全方位覆盖，由事后记录到实时感知、由只看结果到关注过程、从量变到质变的过渡。对广泛连接的数据进行汇聚、建模、分析就能对物理世界进行精准刻画、向企业元宇宙数字世界构建发展，实现数字世界与物理世界的交互融合，提升企业的核心竞争力。

- 提升决策质量：为管理者提供决策依据让决策者少犯错误。
- 提升客户满意度：数据让企业"比客户更懂客户"，为客户提供更加个性化的产品和服务，从卖产品转变为精准匹配客户需求。
- 优化运营：优化资源配置、优化运营管理。通过数据分析和智能推演找出最优解并对物理世界做出调整，减少试错成本。
- 主动防范风险：让企业及时感知风险，预判风险。面对风险时能快速推演，更快地做出正确的响应。

3.4.8 华为的数字化转型框架

为进一步提升读者对数字化转型框架的理解，我们举一个华为的数字化转型框架的例子。华为的数字化转型框架主要是构建"3 个平台能力"，为转型提供支撑。企业如果享有统一的数据底座，以及稳定、高效的数字平台，那么它的数字化转型就会拥有源源不断的数字动能。同时，一套精心设计的变革治理体系将是有序推进数字化转型的重要保障，如图 3-5 所示。

统一的数据底座	云化数字平台	变革治理体系
支撑各业务领域有效开展数字化运营。将企业内外数据汇聚，对数据进行重新组织和联接，打破数据孤岛和数据垄断，重建数据获取方式和秩序。	赋能应用、使能数据、做好连接、保障安全，为业务开展数字化转型提供统一的IT平台和基础设施服务。推拉结合的思路、适度超前的策略，将用户的核心诉求和平台本身的技术能力提升结合起来，构建稳定、高可用、弹性灵活的云化数字平台。	需要重量级的变革管理团队，持续构建数字化领导力，负责批准公司重大变革项目的立项和关闭，批准变革预算，发布治理规则并对跨领域问题进行裁决，指导和批准各领域的数字化转型规划。各业务领域需要主导自身的数字化转型，业务一把手默认是本领域转型的第一责任人。

图 3-5　华为数字化转型框架：3 个能力平台

1. 统一的数据底座

企业现代化数字平台包括需要建设统一的数据底座，支撑各业务领域有效开展数字化运营。通过数据底座将企业内外数据进行汇聚，对数据进行重新组织和联接，并在尊重数据安全与隐私的前提下，打破数据孤岛和数据垄断，重建数据获取方式和秩序。

2. 云化数字平台

Cloud 2.0 数字平台赋能应用、使能数据、做好连接、保障安全，为业务开展数字化转型提供统一的 IT 平台和基础设施服务。在建设过程中，建议采取推拉结合的思路、适度超前的策略，将用户的核心诉求和平台本身的技术能力提升结合起来，构建稳定、高可用、弹性灵活的云化数字平台。

3. 变革治理体系

华为公司在数字化转型过程中逐步建立了一套完整的变革治理体系。数字化转型需要重量级的变革管理团队，持续构建数字化领导力，负责批准公司重大变革项目的立项和关闭，批准变革预算，发布治理规则并对跨领域问题进行裁决，指导和批准各领域的数字化转型规划。同时，在公司统一的牵引和协调下，各业务领域需要主导自身的数字化转型，业务一把手默认是本领域转型的第一责任人。

3.5　企业数字化转型的行动建议

以客户为中心进行数字化转型。技术的力量已超过了我们历史的任何时刻。科技不是目的，而是必然选择。例如，在全球科技巨头中，从电商、云计算、无人机物流、无人超市等，亚马逊每一步都走在前列，这一切，源于亚马逊没有把科技当成目的，而是以客户为中心去做科技。对于在市场浪潮下的企业亦是如此，彻底以客户为中心、加快数字化转型才有出路。

企业如何以客户为中心？要推动客户理念向"全量客户"转型，给客户更好的一致体验。即不仅拓展中高端客户，也挖掘长尾客户；既拓展新的客户，也拓展服务用户。企业产品服务和运营模式的划时代转变，以及开放共享、互利共赢的行业生态体系，最终要达到以客户为中心并提供极致服务体验这一永恒目标。基于以客户为中心，为客户提供一致的服务体验为目标，应该采用以下的举措。

3.5.1 数字化转型要做成"一把手"工程

数字化转型是企业的自我革命，单凭 CIO 等职业经理人的能力是不够的，需要董事会充分授权，将数字化战略或数字化转型作为公司长期愿景、公司核心战略，并授权公司经营高管进行落实。这是数字化转型的重要保障。而要做到这些，需要董事会成员对数字化技术、应用等持有敏锐的商业洞察力和魄力，并能为数字化战略持续地投入人、财、物。

3.5.2 统一思想，形成数字化转型的公司文化

数字化转型需要充足的准备和规划，需要持久的动力。通过培训、宣传来影响各个部门的核心人物对数字化的认识和认同是数字化转型成功的强大动力。数字化转型负责人需积极影响公司各个层面关键人物对数字化的认识，形成数字化转型的企业文化能减少转型过程中部门间的内耗，形成合力，减少阻力。

3.5.3 选好工具，云平台助力数字化转型

在以数字化、网络化、智能化为突出特征的新一轮数字化转型的过程中，云平台发挥着重要作用。传统的企业大部分建立了 ERP、CRM、OA、供应链、财务或者企业的网站、电子商务平台，这些大都由多家不同的系统服务商提供。每个系统都有自己的技术架构，数据库不能互连，跨系统的工作流无法协同。我们需要通过建立一个统一的云架构，以整合技术和业务资源，让技术融合、数据融合、业务融合。

云平台提供必要的 IT 资源，同时也需要数据服务，主要包括一些大数据的分析挖掘算法、文本分析、语音分析、视频分析、个性化推荐；神经网络、各种机器学习的算法等。企业数字化转型需通过一个核心的云平台加上大数据和人工智能的组件来助力。

在数字化的生态里，云是互联网平台聚合生态的基础。云上部署的企业级互联网架构，可以支持数字化生态里多变的业务要求和全域数据的治理使用，实现多边的网络协同。尤其是在包含数字化商业模式重构的场景下，云计算是建设数字化前端生态的前提和必然选择。

3.5.4 以客户体验为入口，以服务客户为核心

数字化转型围绕客户开展。企业应该围绕如何改变消费者生活来构想数字化转型。经营企业需要通过创新的方式，以数字化渠道来吸引客户，提高客户的参与度、满意度、盈

利能力。例如，摩根大通提出的"数字化无处不在"战略，一直将客户作为所做一切事情的中心，为客户提供他们想要的以及他们想要的方式，提供全套的产品和服务，实现灵活的多渠道交付，保证客户数据隐私、交易安全等；同时强调快速交付服务、客户体验、实时服务，并为客户量身定制个性化服务。

总之，我们已生活在数字化时代，数字化转型体现了企业面对外在商业环境巨变时的洞察力和魄力，需要构建新的企业文化来全面推进，需要技术生态来支撑，需要以服务客户为根本。数字化转型涉及每位从业人员，充分认清和理解数字化的战略意义和发展机遇对企业长期可持续发展至关重要。与电子化、信息化不同，数字化不再是以流程改造、业务升级或最佳实践应用为导向，而是一场持久的自我革命。

3.5.5　他山之石，华为数字化转型的行动思考

华为公司在数字化转型行动之初，设计了一套数字化转型成熟度评估方法，通过访谈、填写问卷、线上调查等方式，对公司各业务领域的数字化转型的能力成熟度水平进行整体评估和分析。这样做不仅可以回答企业开展数字化转型"应该准备什么？""准备好了没有？"等问题，还可以识别关键短板，形成有针对性的改进建议，以纳入后续规划工作中。成熟度评估主要包含如图 3-6 所示的四大主题。

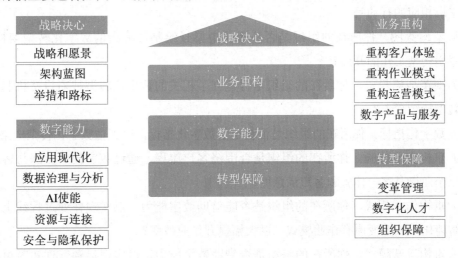

图 3-6　数字化转型成熟度评估

1. 数字化转型行动与评估的四大主题

（1）战略决心。衡量企业开展数字化转型的决心和力度。明确转型需要对准业务战略，通过顶层设计来牵引数字化工作的开展，包括描绘战略和愿景、绘制架构蓝图、确定关键举措和路标，并确保战略预算投入。

（2）业务重构。衡量为了成功实现企业核心业务，业务在数字化转型前后发生的改变，包括重构客户体验、重构作业模式、重构运营模式，以及提供数字产品与服务。

（3）数字能力。衡量企业是否具备技术领导力。明确通过构建统一的数据底座和云化

数字平台来承载数字技术，为转型提供技术驱动力，包括应用现代化、数据治理与分析、AI 使能、资源与连接、安全与隐私保护等。

（4）转型保障。衡量企业在推进数字化转型的过程中，为转型提供的组织、人才等保障是否充分，包括变革管理、数字化人才、组织保障等。

企业在开展数字化转型的前期，可以重点针对成熟度评估模型中的部分问题进行自检，快速了解当前的成熟度水平。待数字化转型进展到一定程度时，再进行完整的评估，持续提升支撑数字化的能力。

2. 数字化转型成熟度评估项目

下列各项用于数字化转型成熟度评估，其中 1～6 项是关于战略决心的，7～10 项是关于业务重构的，11～15 项是关于数字能力的，16～18 项是关于转型保障的。

（1）对准业务战略。你所在的组织开展的数字化转型是否以业务战略为牵引？数字化是否已成为企业战略的关键组成部分？

（2）清晰的愿景。你所在的组织有没有清晰的数字化转型愿景来前瞻性地描绘转型将对业务带来的变化，并在企业内部得到广泛共识？

（3）数字化意识。你所在组织的高层对行业数字化带来的机遇和威胁的理解有多深？他们能采取相应的行动吗？

（4）架构蓝图。你所在的组织是否基于转型愿景绘制了清晰的数字化转型架构蓝图，以有效牵引转型工作的开展？

（5）变革战略投资。你所在的组织是否建立了相关的数字化转型战略投资机制，以对数字化转型持续投入？

（6）数字化指标。你所在的组织是否制定了数字化指标，以评估数字化转型成果？

（7）重构客户体验。你所在的组织是否围绕客户旅程，通过数字技术做深与客户的连接，用以全面提升客户体验和客户满意度？

（8）重构作业模式。你所在的组织是否能借助数字能力，以实现作业过程线上化、自动化、智能化，或改变原有作业模式，以大幅提升作业效率？

（9）重构运营模式。你所在的组织是否借助数字能力，以实现运营管理实时可视、智能分析辅助决策，或打破地域和组织边界，从而改变业务运营管理模式，提升运营指挥效率、决策质量和风险控制能力等？

（10）数字产品与服务。你所在的组织是否通过数字化转型孵化出数字产品与服务，为企业增长带来新动能？

（11）应用现代化。你所在的组织是否能通过服务化、云原生架构、敏捷交付等方式，快速响应业务变化，进一步降低 IT 系统开发成本，并提升资源利用效率？

（12）数据治理与分析。你所在的组织是否能通过数据治理，以及数据感知、汇聚、连接和共享等多种方式，牵引企业将数据转化为信息和知识？

（13）AI 使能。你所在的组织是否可以应用 AI 算法，对准业务场景，解决业务问题，提升企业智能化水平？

（14）资源与连接。你所在的组织是否构建了企业级的云平台及相应的资源管理能力，并制定了清晰的云化迁移策略和计划？

（15）安全与隐私保护。你所在的组织是否引入了网络安全技术，并制定了相关的安全与隐私保护政策？

（16）变革管理。你所在的组织是否在数字化转型过程中应用结构化的变革管理方法，降低阻力，提升变革意愿和变革能力，促进变革成功？

（17）数字化人才。你所在的组织是否在数字化转型过程中开展了数字人才规划、调整了人才结构、对员工进行了数字技能培养，以支撑数字化转型成功？

（18）组织保障。你所在的组织在数字化转型过程中是否建立了合适的 IT 组织和治理体系，包含稳定的业务与 IT 团队支撑数字化转型的实施与开展，以及相应的变革治理体系对变革规划和变革项目进行评审、决策和管理，以保障转型按计划有序进行？

第 2 篇
数字化转型的技术体系

第4章
云计算技术及其发展

    云计算经历了 10 多年快速发展，不仅成为一切新 IT 的基础技术平台，而且也是企业数字化转型的数字平台。"上云用数赋智"已成为当前企业数字化转型的必修课。大数据、人工智能、工业互联网等技术的发展都离不开云计算技术的支撑。本章从云计算的概念、技术发展、PaaS 平台以及混合云等对云计算进行系统论述，以给读者有一个清晰、系统的云计算认知。

4.1　云计算概述

    从技术的角度讲，云计算给出了一种全新的计算资源管理和使用的思路。从用户的角度出发，如果对业务系统中间的技术实现并不关心，又能获得确保系统安全、可靠的应用系统，那么完全可以将 IT 基础设施、开发环境、应用程序放在云端，通过客户端直接获取应用系统。这种方式就是云计算的 SaaS 模式，它直接为用户提供应用界面，IT 基础设施的部署、系统的开发运行都在云端进行，对用户透明。用户避免了 IT 系统建设前期巨额的资本开支，降低了业务风险，可以依据业务需要灵活增加新模块，避免过度投入导致资源浪费。PaaS 模式满足了具备一定技术能力的软件开发人员的需求，用户在固定的底层硬件设备和开发环境中设计软件系统。IaaS 模式则进一步放权，仅向 IT 管理人员提供基础的计算、存储资源，在此之上的系统、开发环境都由用户自主设计。

4.1.1　云计算基本概念

    云计算是一切新 ICT 的基础和持续的热门话题，已成为社会、行业和企业的重要基础设施，更是承载着企业数字化转型的平台。那么到底什么是云计算，政府、企业又如何能够借助云计算来切实解决自身的问题呢？我们有必要系统地对云计算进行介绍，尽量做到概念清晰，使读者融会贯通，并从中找到解决当前政企和业务所面临问题的方案，从而推进企业数字化转型，帮助我们迈向数字新时代。

1. 云计算的定义

    云计算这个词如今已是大红大紫，但现在还没有一个唯一的、权威的定义。其实，对于云计算的定义尽管五花八门，但是我们经过仔细探究后发现，IT 业界认可的，比较中性、全面、系统的定义还是美国国家标准与技术研究院（National Institute of Standards and Technology，NIST）的解释："云计算是一个提供便捷的可通过网络访问的计算资源池的服务模式（计算资源包含存储、网络、服务器、应用和开发等）；这些资源能够快速部署，并只需要很少的管理工作或与服务供应商很少的交互就可实现。"

2. 云计算的五个基本特征

基于上述的云计算定义，我们可以非常自然地得出云计算的 5 个基本特征，即面向服务和自助服务、网络化和任意设备访问、高度可伸缩性和弹性、资源池化和共享、按需使用与付费等。

1）面向服务和自助服务

云计算的到来，标志着过去"面向技术"的时代已经一去不复返了，现在已经进入了"一切皆服务"的时代。云计算的核心特点就是能够把整个 IT 体系架构的所有层次，从最底层的物理及网络资源，到系统和中间件，再到提供业务功能的软件，一直到和企业运行紧密联系的业务流程，都以服务交付的方式来使用，这就是人们通常所说的云服务。从严格意义上讲，云计算是为全球级服务设计的。云计算能容纳大量和可变用户数量的服务需要，这些服务是为了多个消费者和企业同时使用开发的，而不是专门为单个消费者和企业开发的。在全球级的服务环境中，应用可以方便地被几百万人访问，基础设施能够快速地扩张和收缩。数据和信息与应用逻辑分解开来，因为能够被广泛范围的云服务所访问。"提供全球级服务"和"支持多用户租用"两股动力结合在一起，为云计算提供了全新的业务价值，也帮助企业或机构提高了解决问题的能力。

在云计算中，使用者将通过自助服务的方式从云服务提供商那里获得所需的服务，能够通过一个具有丰富内容、管理能力强大的基于网络的管理界面来部署、管理、撤销以及配置计算与存储资源。自助式的获取服务方式使得一切漫长的创建、部署和管理过程都被省略，云服务使用者再也不需要关心和为承担这些繁重的工作而烦恼。所有对硬件、软件、存储和通信设施的管理和维护，以及安全性和高可用性的考虑都将由云服务提供商承担。这不仅能帮助企业更加合理地投资基础设施，也能使企业员工的工作效率得到极大的提高。过去，一个企业自建或者托管一个 IT 环境，从硬件需求、安全与测试、软件与应用配置，直到投入使用通常需要几周甚至几个月的时间。而如今，一个新 IT 环境的建立从服务申请、批准、部署到投入使用仅仅需要十几分钟，这就是自助服务的好处——在短时间内用户就能获得控制并监督这一过程中各方面的能力。

可以说，云计算是实现"一切皆服务"的最佳技术载体，而"一切皆服务"也只是在云计算中才能获得充分的发展。在这样的"一切皆服务"的愿景中，使用者可以根据自己的生活、工作方式，寻求各类个性化的云服务。而企业，包括大型跨国企业，也将逐渐转向动态的、基于云的计算服务，以满足其日益苛刻的计算需求。

2）网络化和任意设备访问

云服务是通过互联网的标识符、格式和协议来交付的。互联网的蓬勃发展及其在全球的普及，使之成为面向大众用户和多家租用的云服务必然选择的交付介质，也使得 Web 2.0

成为云服务的标准界面。世界各地的客户都可以通过互联网使用各种云服务。事实上，也只有通过互联网才能够向全球范围内几百万个用户同时提供各种云服务。

云服务提供商所提供的服务都是通过网络连接发布，并尽可能地采用标准协议。当面向公众提供服务时，这个网络就是互联网，而协议一般都是基于 HTTP 的，如 Web Service。用户通过任何他所喜好的设备，只要该设备支持互联网标准协议，就可以随时随地使用云服务了。

3）高度可伸缩性和弹性

"高度可伸缩性和弹性"是云计算的重要特征之一。经过良好设计的云环境可以提供动态、平缓的负载扩展能力，特别是对于动态扩展内存、大规模存储以及 CPU 资源来说，是非常有价值的。高度可伸缩性是指对群体（大量用户）工作量的适应能力，云计算会经常面对不可预测的用户数，因而需要根据用户数的变化来扩展或收缩基础设施资源的供应。弹性是指对单个用户的需求变化的适应能力，可根据用户的工作负荷变化来扩展或收缩基础设施资源供应。高度可伸缩性和弹性使得云计算有可能指数级地扩展服务和快速、自动地回收资源，以响应变化的业务需求，满足大型企业所需要的云服务和支持用户租用的要求。

伸缩性的概念源于系统体系架构，指系统的性能可随着硬件性能的变化而相应变化。系统的伸缩性有两种：垂直伸缩性（Scale-up）和水平伸缩性（Scale-out）。通常，垂直伸缩性是指系统内部纵向的基础设施资源扩展，水平伸缩性是指系统内部跨多个节点的横向基础设施资源扩展。基础设施伸缩性包括硬件（计算能力、内存容量、存储容量和网络带宽）、软件及操作系统的扩展能力，应用软件的横向负载均衡等能力。对于伸缩性的能力，为了保障不同企业或组织的不同需求，在设计阶段，两种伸缩性指标都需要考虑，从而可以覆盖不同类型的用户需求。

4）资源池化和共享

设计云计算基础设施的最基本理念是大量的计算以及存储资源可以同时为多个用户使用，每个用户在使用服务时无须关心别的用户在做什么以及底层如何部署，因为虚拟化和独立于硬件成为实现这一理念的关键。基础设施资源只有通过虚拟化形成虚拟的"资源池"才能最终实现共享，才能实现资源动态按需供应服务于云。实现资源池有两个前提：首先，它必须有一个超大型的数据中心以建立规模经济，这是为客户提供无限计算资源共享的必要前提；其次，所有资源池中的资源必须能在一个多租户的环境中被实时动态地分配和调整。换言之，所有的资源都以一种共享的形式存在着，这些资源可根据用户的申请或释放由工作负载分配软件、配置与变更软件自动进行管理。

这样的共享资源池概念实际上隐含了云计算的两个重要特性。第一个特性是位置不确定性。由于所有的资源都是在共享池中进行分配和回收，用户将不再知道所申请的资源所处的确切位置。事实上也无须知道，因为，凡是由云运行系统自动从共享资源池中提供的计算资源，都将在满足服务等级协议（SLA）的条件下提供一致的服务。当然，尽管存在这样的"位置不确定性"，但是出于现实的考虑，如法律、业务、合规性等要求的约束，云管理系统仍将允许用户指定所申请资源的某些位置相关属性，如必须位于某个数据中心或某个特定的资源池之内。另一个隐含的特性与前述的"水平伸缩性"密切相关，共享资源供应通过"水平伸缩性"方式实现。

5）按需使用与付费

在云计算中，作为云服务的用户，无论是企业还是个人，通过服务门户都能根据自己的需求随时预定计算资源，从处理器时间、存储容量、网络带宽等硬件类资源，到数据库事务、交易请求等纯软件资源，乃至流程管理等业务类资源，都可以作为服务随时申请使用与取消。世上没有无缘无故的免费服务，因此任何一种服务模式都必须获得它所需的回报，云服务也是如此。云商业模式的最大特点之一就是按需使用和按使用付费。

一个精密的云服务模式必须提供实现的途径和尽快获得回报，这就要求云中的一切服务都必须是可度量的。这里的"可度量"包含两重含义，首先，所有使用的资源必须有明确的计量单位，然后在计量单位明确的基础上才能确定价格并按使用量收费；其次，度量过程必须对用户是透明的，这就要求对服务的使用量，用户可以随时得到与云平台同样的信息，从而实现使用服务的自主性。在服务可度量的基础上，一旦达到或超过这个额度，就可以要求系统自动发送通知，甚至是暂停服务。对于使用云服务开发、支付或交付独立服务的第三方服务提供者，云服务的可度量性更是他们制定本身服务定价策略的前提。

成功的云服务交付模式应该按照用户的资源使用量来精确计费。为实现精确计费，云计算平台提供者一定要设计和确定计费粒度。计费粒度指的是 IT 基础设施中的每个原子级单位可以被独立出来单独计费。在这里，原子级意味着计费模式必须能够统计非常细小的部分，而且某些资源还可以统计到非常短的时间段。通常所见的计费粒度可以从较粗的服务器单位数到精细统计的每小时处理器使用量，以及存储使用容量、带宽使用量及上层的操作系统甚至是应用的使用量等。

3. 云计算的三种服务交付模式

云计算主要是以"一切皆服务"为目标使用。我们之前已经了解了云计算的特点，归根结底对于云计算来说，就是为了向用户提供最佳的服务，因此重中之重是服务。对于任何一位使用者来说，他们只要求服务商能够提供及时周到的服务，而很少去关注服务背后的运作。实际上云计算呈现在使用者面前的只是服务，而后台把各种技术有效地融合起来，实现 1+1>2 的效果，以保证用户使用服务的体验是最佳的。那么云计算到底能够给使用者提供哪些服务呢？云计算的三种服务模式如图 4-1 所示。

图 4-1　云计算的三种服务模式

1）基础设施即服务

基础设施即服务（Infrastructure as a Service，IaaS）是指使用云计算平台把基础架构资源（服务器、存储、网络、系统及标准应用等）作为一项服务提供给个人或企业。使用IaaS的客户租用相应的基础架构资源，而不是购买或在自己的数据中心安装它们。这一服务一般根据使用量付费，它反映了一段时间内资源的使用总量。在IaaS服务中，用户所获得的服务就是计算能力、存储能力、网络通信能力、基础系统及基本应用资源的快速供应能力。在这些租用的基础架构资源上，用户可以部署并运行任意类型的软件——从操作系统到各种各样的应用程序，而无须对底层真正的物理性基础设施做任何管理或操作。

目前结合国内各行业对于云计算的使用情况来看，IaaS是普及最广的一种云计算服务模式，也是目前用户接受度最高的一种云服务模式。

2）平台即服务

平台即服务（Platform as a Service，PaaS）是指将一个完整的计算平台，包括应用设计、应用开发、应用测试和应用托管都作为一种服务提供给用户。在这种模式中，用户不需要购买硬件和软件，就能利用该平台开发、测试和部署所需的应用和服务。PaaS本质上是多用户租用，自然地支持整套Web Service标准，且它通常以动态的规模提供。PaaS典型地满足了用户对规模的要求，同时帮助用户克服了对数据访问和数据安全性的担心。

事实上不仅是用户，即使是云服务提供者，如果需要提供多种不同的云服务，也必须要将基础设施抽象为可编程、易重用的组件模块。在这样的一个云平台上，可以提供诸如关系型、类关系型或非关系型数据库服务，可以提供基于对象的简单存储服务，还可以直接提供软件运行环境和API支持。与IaaS服务不同，PaaS服务不再关注为用户提供同真实数据中心中物理或虚拟环境的模拟实现，而是着重强调给用户提供一个开发和部署的平台。在这个平台上，用户可以使用云平台提供者所支持的开发语言和工具，自行创建自己的应用和服务，这就是PaaS的独特之处。但PaaS也有潜在的问题，如果用户使用了一个云平台提供者提供的专利、语言或工具，他今后就可能被锁定在该提供者的平台上，因为PaaS提供者提供的一些开发工具，设置部件程序库，它们或是专用的或是有专利保护的，将来，如果该平台与其他平台开发的代码不兼容的话，用户便不可能把应用迁移到其他平台上，所以在选择PaaS时一定要慎重考虑。

目前最常被提到的PaaS技术当属容器技术，以Docker为代表的新一代容器将应用软件的代码和它的运行环境打包成容器镜像，为用户在各种不同的环境中开发、测试、部署和运行应用提供了很大的便利，如图4-2所示。容器技术受到广泛关注，以至于现在说到PaaS必提容器、容器云，但事实上广义的PaaS涵盖范围非常广，包括RDS等数据库服务、支持云原生架构的微服务治理平台、持续集成服务、持续部署服务等都属于PaaS的范畴。我们将在4.2节对PaaS进行深入讨论。

图 4-2　一个典型的 PaaS 技术栈构成

目前国内对于 PaaS 平台的建设，还是一些大企业走在前面。基于目前 IT 消费化的趋势，众多大企业为了向大众提供更多基于各种业务系统的个性化服务，纷纷建立针对不同业务模型的 PaaS 平台，并将这些平台开放给对应的开发人员使用，促进业务的增长。

3）软件即服务

软件即服务（Software as a Service，SaaS）是指用户不需要将软件产品安装在自己的服务器上，而是按某种 SLA 要求直接通过网络向软件服务提供商获取自己所需的、带有相应软件功能的服务。很早就有人意识到，企业和个人之所以需要在自己的 IT 环境中部署、运营和维护各种各样的应用软件，其实是需要这些应用软件为他们完成某种特定的服务。既然需求的核心是服务，那么对于应用软件及支持其系统运行的硬件环境投资，就构成了附加的服务成本，而非用户真正需要的价值。于是，将应用软件从其系统支撑环境剥离出来的 SaaS 作为一种独立的 IT 服务模式就正式登场了。SaaS 业务起源于由应用服务提供商（ASP）实行的早期托管运营类型。ASP 业务在 Internet 出现后得到了蓬勃的发展，不少公司开始提供托管企业应用服务，其中电子邮件、供应链管理和客户关系管理的应用托管最为普遍。SaaS 有一系列明显的优点：用户不必再为内部数据中心购买任何硬件或者做任何变更；SaaS 提供商承担所有繁重的操作、维护和支持工作；用户开支低于在内部运行相同软件的支出，并且是按使用计费的。目前，SaaS 有各种典型的应用，如在线邮件服务、网络会议、网络传真、在线杀毒等工具类的服务和在线 CRM、在线 HR、在线进销存、在线项目管理等管理类的服务，为支撑这些软件服务而建立的数据中心恰好能应对这样繁重的工作负载，因而每个用户的使用成本比用户自己购买和安装这些软件低得多。

我们知道世界上没有百分之百的完美，三种云计算服务模式都有各自的适用场景和不适用场景，如图 4-3 所示。例如，IaaS 为用户提供了最底层的服务，由于它处于计算环境的最底层，自然地，它就为用户提供了最大的灵活性和可用性，用户可以在其中构建任何类型的服务。但是，它的不足也在于此，对于大部分用户来说，由于 IaaS 提供的服务过于底层，那么需要用户自己完成的开发和管理工作就大大增加了，这未必是用户所期望的。位于最顶层的 SaaS 也有自己的优势与不足。SaaS 处于整个计算环境的顶层，有时是直接向最终用户交付其所需的软件服务，使用简便。它的不足之处是 SaaS 被设计为完成用户所需的某项单一功能（或功能集合），无法完成用户超出其服务范围的需求，对于用户来说，留给自己定制的空间也就十分有限。但如果在规划设计之初，就能够获得所有的用户需求，就可以针对用户的需求进行特殊的二次开发，满足用户标准之外的功能需求。

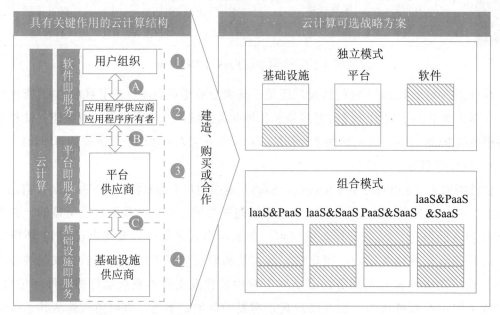

图 4-3　云计算可选的战略方案

使用者使用运行在云基础设施上对应提供商所提供的应用，借助各种终端设备通过 Web 浏览器访问。他们并不管理和控制云的基础设施平台和各种开发语言平台。使用者只是真正地享受云上所提供的即时软件服务，例如使用云提供的电子邮件服务、办公软件服务、CRM 服务等，并不关心这些服务下面到底是采用什么样的基础设施和开发语言，而是关心使用这些服务的时候是否便利，服务的功能是否满足需求，服务的可靠性是不是能保证 7×24 小时的使用等。

目前在国内，与 PaaS 平台仅限于一些大的企业或有特定需求的用户使用的情况不同，SaaS 的需求非常大，涵盖各行各业。例如，政府机关可以将以前的传统 OA 系统及各种电子政务系统放在云计算平台上，或者直接把这些软件以 SaaS 方式提供给使用者，使用者无论是在政府内网还是外网都可以随时随地访问这些服务，大大提升办事效率，提升服务价值。

4. 云计算平台的部署模式

云计算一般有四种部署模式，分别为公有云、私有云、混合云和社区云，如图 4-4 所示。近期随着物联网和工业互联网的快速发展，又出现了一种边缘云。

图 4-4　云计算的部署模式

1) 公有云

公有云的概念很容易理解。顾名思义，它是由独立的云服务提供商在自己的一个或多个数据中心内搭建而成，并对外向所有潜在客户提供服务的云。在云的概念最初提出之时，主要指的就是公有云。

与私有云相比，公有云对外提供的是针对公众的全球级服务，即可被任意的外部用户所使用。这样的服务从设计上须考虑可容纳海量规模可变数量用户（可以是个人用户，也可以是企业用户）同时消费。一个全球级的公共云服务，应可以允许至少几百万人同时访问。这就要求公有云在其底层软件设计上保证可以支持基础设施的快速扩展和收缩，甚至要支持在跨越多个国家的多个数据中心中进行基础设施扩展和收缩。

公有云最早是以互联网服务形式出现的，典型的如 Microsoft Live Mail 服务、亚马逊网上书店、谷歌搜索服务等。当这些互联网服务达到一定的成熟度之后，互联网服务提供商发现，其底层的支撑环境（IT 基础设施）也可以独立出来作为服务提供给用户，在给用户产生价值的同时，也为自己带来额外的利润。

应该说公有云在一定领域内确实取得了相当的成功，尤其是对个人消费者和中小企业来说，公有云的规模经济所带来的低廉价格、按需付费的消费模式、大规模计算资源的即时获取，都对这些客户形成了巨大的吸引力。同时，公有云也为云计算理念的普及和技术的实践做了勇敢的探索，积累了宝贵的经验。

然而，公有云在向大型企业服务市场扩展时，的确遇到了强大的阻力。首先，大型企业对于云环境的可靠性、可用性和安全性等不确定性的关注远远超过了对成本和灵活性的考虑；其次，大型企业面临越来越严格、新的法规遵从挑战，企业的重要数据存储在公有云中，一旦面临法律调查，为满足相关的取证要求，这个过程所需时间则完全不可预期。这样的担心绝非杞人忧天，类似事件在美国已有发生。因此，在缺乏绝对可靠的保障前提下，要说服大型企业将关键的业务系统直接部署到公有云中尚不具可行性；并且，大型企业本身已经具备较大规模的 IT 系统，甚至拥有自己的大规模数据中心且运行正常，所以，尽管公有云在多方面拥有一些优势，大型企业对它的需求也并不如中小企业那么迫切和明显。

2）私有云

当前，尽管以上两种阻力仍阻碍着大型企业立即采用公有云服务，但云计算本身所具有的各种优势，如资源的即时申请即时获取、规模完全动态的 IT 基础设施管理、良好的系统伸缩性和弹性等，还是对这些企业形成了强大的吸引力。在这种情况下，企业私有云的概念开始进入到这些企业的视野，并成为它们使用云服务的一种可行的方式。

私有云或者企业云，是指企业自己使用的云，它所有的服务不是供别人使用，而是给自己内部人员或部门机构使用。这样的云只为专门的某个机构建立，其规模一般比面向公众服务的公有云要小得多。私有云比较适用于拥有众多部门机构的大型企业或政府部门的数据中心整合，私有云将成为它们部署 IT 环境的主流。

除了有规模大小区别之外，私有云和公有云的另一个区别就是经济模型。云服务供应商构建公有云服务环境是通过规模经济的原理来降低成本和实现 ROI（投资回报率）目标的，而企业构建自己使用的私有云环境是需要一次性的前期投资的（数据中心改造或重建），且不说应用改造的费用和所花的时间。这样，私有云的适用对象就限定在对短期 IT 成本不是那么极端敏感，而更加关注长期效益的大型企业中。近年来，随着新一代数据中心的建设与普及，许多大中型企业纷纷使用虚拟化、模块化、自动化、服务管理、节能减排等技术来改造它们的数据中心，已取得了可喜的成绩。现在，随着企业 PaaS 的成熟，这些企业又看到了新的挑战，开始建设企业云的征程。

3）混合云

公有云和私有云是云服务部署的两个极端，要么完全针对内部用户，要么完全针对外部用户。但是在现在的企业生态环境中，企业面对的是内部员工和它的客户，从产业供应链的角度看，它也有上游和下游切不断的种种联系。因此，为企业服务的云生态环境必须包含私有云和公有云两部分，这就是"混合云"。混合云是指供自己和外部客户共同使用的云，它所提供的服务既可以供内部用户使用，也可供外部客户使用。企业会有一部分关键的业务部署在企业的内部私有云中，而需要和上下游关联的业务模块可以采用公有云资源。

混合云模式主要基于两种企业应用场景。一种是企业希望能充分享用公有云的种种好处，愿意将其一部分应用系统与相关的数据尽可能地托管和部署到公有云中。但同时，仍有一部分关键的应用系统或涉及机密的应用系统与数据，出于安全的顾虑，必须要保留在企业内部的 IT 环境或企业私有云当中。这样，使在公有云和企业内部云中部署的两部分应用系统协同工作，共同为企业提供 IT 服务，完成企业的整个业务服务与流程，构成典型的混合云服务模式。部署在公有云中和部署在企业云中的两部分甚至可以同属于一个业务应用系统，只不过根据其所涉及的不同信息安全等级要求而分别部署，高安全需求的保留在企业内部，其他的则转入公有云中。

另一种混合云的应用场景是利用公有云来实现 IT 系统峰值过渡。我们知道，不少行业的业务具有明显的季节性特征。例如交通运输业，在节假日 IT 系统繁忙程度会明显超过平时；又如，一个冰激凌零售商，它的 IT 系统吞吐量在夏天达到冬天的 100 倍也不足为奇。如果这些企业按照传统方式建立自己的 IT 环境，显然，在绝大多数时间内，它们的资源都会白白浪费。对于这样业务具有鲜明时间特征的企业，其 IT 环境可以按如下原则来利用公有云服务：在内部只构建足以满足平均日常业务需求的系统能力，而一旦季节性的系统工作负载峰值到来就利用公有云的资源，通过服务申请快速获取和部署所需的附加资源并立即投入使用，来处理季节性的系统工作负载峰值；在系统工作负载峰值过后重新回归日常水平时，释放公有云中的服务资源，整个应用系统又回到平时的状态。为此，企业只需要付公有云租用期的费用，可大大地节省成本。

4）社区云（行业云）

除了公有云、私有云和混合云这三种部署模式外，还有人提出了社区云（或行业云）的概念。其主要设想是，将若干有共同需求的企业或机构一起，共同打造一个共享的云环境，并在其中建立共享的应用系统，以便相互交换信息和提供共享服务。显然，这样的社区云应该是前三种云服务模式的变种。其应用场景如同一个生活社区的用户，在手机端利用 GPS 定位来实现购物、互换或社团活动等。

5）边缘云

近年来，由于物联网的快速发展和 5G 的发展趋势，边缘计算成为热点。但边缘计算并不能简单理解为在边缘设备上实现某些数据处理能力。由于现实中真正能够满足边缘计算和物联网应用需求的系统往往需要将中心的大数据处理能力和边缘的数据获取与执行能力有机结合起来，构成中心 - 边缘协同架构。因此，底层平台也需要能够支持这种中心 - 边缘协同架构，将云的能力从数据中心延伸到边缘，于是就有了边缘云的部署模式。所谓边缘云，是将云平台的多业务隔离、敏捷（计算）等能力，从数据中心延伸到边缘。目前比较典型的开源方案有 CNCF 社区的 KubeEdge，将容器云的能力从中心扩展到边缘，统一管理海量设备并往边缘分发应用，如图 4-5 所示。

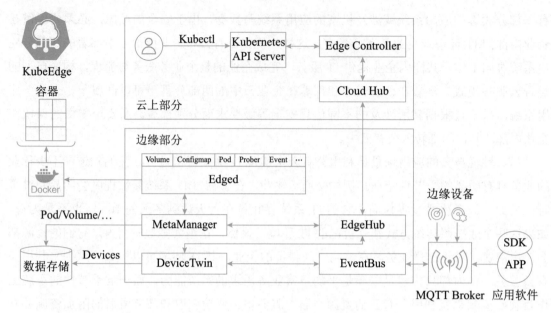

图 4-5　KubeEdge 架构示意图

4.1.2　云计算的关键技术综述

1. 虚拟化技术

虚拟化就是通过软件与硬件解耦,实现资源池化与弹性扩展。主流虚拟化技术有KVM、Xen、VMware、Hyper-V 等。目前 KVM 是最受欢迎的虚拟化技术,AWS、阿里云、华为云、腾讯云现在也都从 Xen 转向了 KVM。

除了软件虚拟化,还有硬件辅助虚拟化(如 Intel-VT-X 和 AMD-V),例如通过引入新的指令和运行模式,来解决软件无法实现完全虚拟化的问题,同时也能进一步提升虚拟化的性能与处理能力。

2. 分布式技术

分布式就是把同一个任务分布到多个网络互连的物理节点上并发执行,最后再汇总结果。分布式系统的扩展性、性能、容量、吞吐量等可以随着节点增加而线性增长,非常适合云计算这种大规模的系统。在云上主要应用的有分布式存储、分布式数据库、分布式缓存、分布式消息队列等。

3. SDN 与 NFV

软件定义网络(Software Defined Network,SDN)的核心是网络的控制面(网络策略)和转发面(数据流向)分离;网络功能虚拟化(Network Functions Virtualization,NFV)是将以往需要专用且昂贵的设备提供的网络功能,比如负载均衡与防火墙,通过软件和普通的 x86 服务器来实现。

云计算的网络功能都关联到私有网络 VPC 上，VPC 是通过网络隧道协议（GRE 和 VXLAN）实现逻辑隔离的虚拟网络。GRE 封装在主机上完成，而 VXLAN 封装在交换机上完成。所以阿里云、腾讯云 VPC 使用 GRE 隧道封装，在 IP 数据包中增加 GRE 报头（里面是 VPCID）来实现多租户或不同虚拟网络之间的隔离。

4. 云原生技术

容器、微服务和 DevOps 号称云原生的三驾马车，是实现 PaaS 平台的重要组件。容器是轻量秒级部署的虚拟化技术，主要理念就是"一次封装，到处运行"。通过 Linux 命名空间、Cgroups 与 rootfs 构建进程隔离环境，将应用软件及其运行所依赖的资源与配置打包封装，提供独立可移植的应用运行环境。Docker 是当前最流行的容器引擎，Kubernetes 负责容器编排与集群管理。微服务架构是对 SOA 的升华，将应用解耦成更加轻量化，独立自治，敏捷开发、部署与治理，可通过 HTTP 方式访问的服务。微服务可以基于虚拟机、容器或 Server less 函数来部署使用。开源的微服务框架主要有 Dubbo、Spring Cloud。新推出的 Service Mesh 通过 Sidecar 智能代理方式让不同应用可以不用修改代码即可接入微服务平台，被称为微服务 2.0。DevOps 用于敏捷开发运维，通过持续集成与持续部署 CICD 等自动化工具与流程，打通应用开发、测试、发布、运维的各个环节，以大幅提升系统效率与可靠性。

5. 云安全技术

云环境由于规模巨大、组件复杂、用户众多，其潜在攻击面较大，发起攻击的成本很低，受攻击后的影响巨大。所以云安全形势非常严峻，涉及主机安全、网络安全、应用安全、业务安全与数据安全等，各厂商在相关领域都有比较成熟的产品和技术。2019 年 12 月生效的《信息安全技术网络安全等级保护基本要求》对云安全提出了全面、详细、体系化的要求和指导，目前已经成为必须满足的合规要求，金融、政府等重要企业单位的 IT 系统都要求达到网络安全等级保护（即"等保"）三级以上。其重点就是一个中心（安全管理中心）与三重防护（计算环境安全、通信网络安全、区域边界安全）。

6. 人工智能与大数据

互联网的未来就是在云端通过人工智能处理大数据，可见大数据和人工智能关系是很密切的。如果将大数据比作原油，人工智能就是高端的开采和炼油技术，两者结合才会发挥巨大的效用。大数据具有 4V 特征：Volume（数据量大）、Value（价值密度低）、Velocity（产生速度快）、Variety（数据类型多）。大数据的收集、传输、存储与处理对系统要求比较高，需要专门的组件支持，如 HBase、HDFS、Spark 等。人工智能有 5 大关键要素：大数据、算法、计算力、边界清晰和应用场景。海量的大数据是根本，然后通过机器学习、智能模拟等算法对数据进行加工处理，需要使用 GPU、TPU、FPGA 提供强大的计算力；主要的限制在于机器只能对边界相对清晰的事务进行学习和判断，同时找到合适的应用场景才能更好地发挥价值，如语音处理、图像识别、智能驾驶等。

7. 云管理平台

云计算是一个非常复杂的系统，对整个云平台进行敏捷高效的管控运维非常重要。云管理通常涉及 4 个层面：一是租户端管理，让用户能有效管理使用基本的云服务；二是运营管理，涉及云服务运营策略，如资源管理、计量计费、消息通知等；三是运维管理，涉及云平台的可用性与可靠性保障，如自动化运维、监控告警、运维排障等；四是多云纳管，当前对于很多企业而言混合云（私有云 + 公有云，或者引入和均衡多个云厂商）是一个趋势，所以需要提供能够统一纳管多种云，以及传统 IT 环境的管理平台。OpenStack 是一个开源的云管理平台，各个云厂商都有自己的管控平台。

4.1.3 深入理解云计算

云计算到底是什么？经过笔者十多年来的研究观察认为，对云计算概念理解可以用"一、二、三、四、五、六"来总结，使读者对云计算从不同维度形成清晰的认识，即：一个服务交付模式、二层架构、三种服务模式、四种部署模式、五个特征及六字实质。

"一"是一种颠覆性的服务交付模式，意味着为客户提供一站式服务。从技术的角度来讲，是将企业所有的服务器、存储等基础设施以及网络资源整合到统一的云平台上。在"云的世界"里，将技术和业务融合封装为服务模式交付给用户使用。企业的运营管理决策分析都将基于云平台展开，人们将会过起一种"云上的日子"。它是一个系统的概念，总体的概念，业务与技术融合的一体化概念，一切皆服务的概念，这一点对云的理解认识很重要。

"二"是指从细分角度来看，可分为云计算和云服务两个层面。企业可以将基础设施包括传统的服务器、操作系统、存储运维等 IT 资源都统一整合、部署在一个云计算平台上，这是一个技术的层面，企业可以不必过多地关注这个平台本身，而只关注其 IT 服务应用。企业和个人可以根据不同的需求部署不同的应用，封装不同的个性化服务，称之为云服务。这是由云技术层面的 IT 服务和一个业务层面的云服务组成，就是所谓的"二"。

"三"是从用户体验的角度来讲，云计算可以分为 3 种服务模式：基础设施即服务、开发平台即服务以及以软件应用即服务。

"四"是指 4 种部署模式，包括公有云、私有云、混合云、社区云。社区云或称为行业云，即以行业为中心，将供应链上的所有产业群围绕云共享服务，展开商业活动。

"五"是指云计算具备 5 个特征，即虚拟化的资源池，基于网络的访问，按需自助式服务，快速、弹性，使用成本可计量。

"六"是指 6 个字"智慧、资源、模式"。这是说作为一个企业如何把企业的管控、运营、业务等资源组件以不同的商业模式封装为服务，在云计算平台上以智慧服务形式呈现，这是云的"一切皆服务"的实质。通过云计算本身的智慧计算，把企业运作的智慧融进来，整合资源，形成不同的商业模式和服务模式。对企业 CIO 来讲，需要以 CIO 的智慧，利用云计算技术和知识，把企业尤其是大集团企业的 IT 基础设施资源进行集中整合，最终搭建为企业云平台，将资源整合以后封装成服务，形成不同的商业模式，服务于客户、员工、合作伙伴。对企业 CEO 来讲，要关注如何把企业的内外资源通过 CEO 与企业的智慧、云计算的智慧整合起来，基于云计算平台封装为不同的服务模式，以不同的商业模式交付给企业和客户、供应商，为他们提供服务。因此，云计算之所以难以理解，就是因为它不仅仅是一个描述计算的技术概念，更是不同的商业模式和服务模式，而对于不同的人、不同的企业、不同的产业，也意味着不同的意义。

4.1.4　云计算发展历程

云计算从 AWS 初创时期到如今发展成巨大的行业和生态，从新鲜词汇变为流行语，它的发展经历了哪些阶段？每个阶段分别创造和发展了什么？未来云计算又将朝着哪些方向继续前行？本小节将通过回顾云计算技术的发展历程，和读者一起回顾和感受云计算技术的发展与变革。

正如第 1 章所述，科技的变革始终在推动着时代巨轮轰鸣向前。云计算已经走过十余年的风雨历程，从 AWS 初创立时的牛刀小试，到如今成长为一个巨大的行业和生态系统，堪称新世纪以来最伟大的技术进步之一。

那么，云计算的诞生及蓬勃发展的原因是什么呢？在笔者看来，主要有三大因素，分别是需求的推动、相关软硬件技术的成熟和商业模式的转变。

（1）需求推动产生了巨大的社会价值。从用户角度出发，云计算的采用使任意组织和个人得以站在巨人的肩膀上开展业务，避免重复建设，极大地提高了软件与服务构建各环节的效率，加速了各类应用的架构和落地，而云端按需启用和随意扩展的资源弹性，也能够为企业节省巨大成本。

（2）新 ICT 软硬件技术的成熟。在技术和工程层面，构建云计算平台的条件开始陆续具备，主要包括超大规模数据中心建设、高速互联网络，以及计算资源虚拟化（Hypervisor）和软件定义网络（SDN）技术的不断发展与成熟，这些基础能力构成了云计算发展的技术前提。

（3）形成了伟大的商业模式。云计算的产品和服务形态非常适合新时代的发展需要，订阅制和计费方式大幅降低了客户的进入门槛，而技术基础设施架构方面的稳定性需要又带来了较高的客户黏性，再加上多租户高密度数据中心所能带来的规模效应，这些因素使得云计算能够成为一门好生意，对应着一种极佳的商业模式。

以上三者缺一不可，共同促成了云计算的兴起与繁荣，也吸引了不计其数的业界精英投入其中，成为云计算取之不竭的原动力。

当然，同任何新生事物一样，云计算行业的发展也并非一帆风顺。从早期被指责为"新瓶装旧酒"的概念炒作，到对云上数据隐私问题的担忧，再到对各类公有云线上偶发事故的讥讽和嘲笑，云计算的成长亦伴随着各种挑战和质疑。其中部分负面反馈实质上还是由于使用不当或偏离最佳实践造成的，也让云计算背负了不少"冤屈"和骂名。所幸瑕不掩瑜，云计算的先进性终究让发展的主旋律盖过了干扰与杂音，配合其本身持续的改进，越来越多地得到客户的认可，市场规模也不断扩大。

1. 初创期（2006—2010 年）

事实上，云计算行业的开端较难精准定义。一般认为，亚马逊云服务（AWS）在 2006 年公开发布 S3 存储服务、SQS 消息队列及 EC2 虚拟机服务，正式宣告了云计算时代的到来。

2008 年，当 AWS 证明了云是可行业务之后，越来越多的行业巨头和玩家注意到这个市场并开始入局：

- 微软公司在 PDC2008 上宣布 Windows Azure 的技术社区预览版，正式开始微软众多技术与服务托管化和线上化的尝试。
- 这个时期也是 PaaS 的初步发展期。2007 年，Salesforce 发布第一个商业 PaaS，即 force.com。2008 年，谷歌公司公布 Paas 平台 GAE（Google App Engine），它采用云计算技术，使用多个服务器和数据中心来虚拟化应用程序。此阶段市场处于教育阶段，更多国际巨头布局 PaaS，但底层 IaaS 开放性和商业化不足，在上层构建的 PaaS 多为面向开发者的技术 PaaS，缺乏直接的商业转换价值，企业用户认可度不高。
- 国内的云计算标杆阿里云也从 2008 年开始筹办和起步。可见，从 2008 年起，云计算的时代大幕逐渐拉开，开始形成一个真正的多元化市场，并随着众多巨头的加入开始良性竞争。

2. 发展期（2011—2015 年）

当行业巨头和云计算玩家们纷纷入场并实施大举投入的战略后，行业进入了精彩的探索时期。这一时期的各朵云在产品技术层面进行了许多有益尝试，虽然免不了在个别方向上走些弯路甚至经受挫折，但总体而言云端服务的能力与质量还是取得了相当大的进步和提升，也为云计算赢得了越来越多的关注和喝彩。

首先，IaaS 的发展继续以虚拟机为核心，得到稳扎稳打的推进和增强。更强更新的 CPU 带来了云上虚拟机计算能力的提升和换代自不用说，早期机型内存相对偏小的问题也随着新机型的推出逐步得到解决，新上云端的 SSD 磁盘更是让机器性能如虎添翼。厂商们不约而同地形成了通用型、计算型、内存型等多个虚拟机系列，通过将不同 CPU 与内存比例搭配的机型摆上货架，给予不同应用程序负载以更多选择。

其次，全球 PaaS 市场百花齐放。早期 CloudBees 发布企业版 Java PaaS，Docker 发布容器虚拟化技术，EMC&Vmware 发布企业版 PaaS，微软 Azure 进入中国，IBM 公布 Bluemix PaaS，Oracle 提供企业云 PaaS 平台，Rocket 发布容器虚拟化技术，谷歌发布容器编排技术。PaaS 逐步成为多家厂商的发展战略。

PaaS 的另一重要分支泛数据库类服务（DBaaS）得到了快速发展。由于数据库服务较为标准化，又是应用程序中不可或缺的重要组成部分，因此很快得到了广泛支持和采用，典型代表有 Amazon RDS、阿里云 RDS、Azure SQL Databases 和 Azure Database for MySQL/PostgreSQL 等。

与自行使用虚拟机搭建相比，云上数据库一键式的创建过程，自带的高可用性和自动备份，可谓省心省力；丰富的性能等级选项更是可根据实际负载选择和调节，实现了成本的最优化控制。

让我们回到宏观视角。在这一百家争鸣的探索时期，可喜的是中国云计算也如火如荼地发展了起来。除了早期入场的阿里云和华为云，腾讯、百度及三大电信运营商等各路巨头也都先后布局试水，并纷纷把"云"的品牌从一度红火的个人网盘服务转向企业级云计算。值得一提的是，这段时期独立云计算企业 UCloud、七牛云、青云等都相继创立，分别以极具特色的产品服务和强大的自主研发能力，为中国云计算发展书写了浓墨重彩的篇章，使得国内云计算市场更加精彩纷呈。

这一时期企业云计算也得到不断演进和发展。笔者从 2008 年开始关注云计算的发展，一直在研究云计算在传统企业信息化、数字化方面建设的策略、方法及实现路径，并在国药集团数据中心的建设、国药赛飞医药供应链云服务平台建设等几个大型项目上都有着成功的实践；并且写了 4 本与云计算相关的书，以总结企业信息化建设需通过信息化的规划、管控、标准以及项目等信息化的四部曲来向云演进，才能打造智慧企业，成为企业云计算研究与实践的先行者。《雷博士企业信息化建设四部曲》（套装共 4 册）包括：《云计算——企业信息化建设策略与实践》《云计算——技术、平台与应用案例》《信息化与信息管理实践之道》《信息安全保卫战》。

3. 成熟期（2016—2019 年）

当整个云计算行业走过蹒跚探索期之后，开创者们积累了越来越多的经验，对市场反馈和客户需求有了更清晰的了解与洞察，对业务模式与商业运营也驾轻就熟起来——云计算行业终于进入成熟和高速发展时期。在这一时期，不论是总体市场规模，还是云计算的产品与服务，都得到了极大的增长和丰富。

首先，IaaS 方面的继续进步体现在服务的特异性和多样性上，不断推出细分领域和特定场景下适用的虚拟机实例，如基于物理隔离的专属实例、可运行 SAP HANA 等大型负载的超高配实例、采用 CPU 积分制的性能突增实例、适用于机器学习与 AI 的 GPU 实例等。此类细分服务在云端出现的背后，是不少厂商针对性地研发和定制了适用于云的专属配套硬件。这些新一代的服务器不是简单的配置升级，而是在设计之初就是为云端负载而生，与云计算产品理念及底层软件技术栈高度融合匹配。

其次，在虚拟机计费规则方面，除了经典的按使用时长计费方式，各厂商也相继推出更为灵活的计费模式，如包年包月、预留实例、竞价实例等，可有效帮助降低使用成本。

这些 IaaS 方面的诸多进展，进一步满足了各场景的细分需求，减少了许多客户的上云阻碍。在存储服务方面，云计算的步伐也在加快，除立足于核心对象存储服务的增强外，开始以一体化方式进攻部分垂直市场，挤占传统厂商的市场空间。最典型的例子莫过于 CDN：阿里云自 2015 年起在 CDN 领域大举扩张，多次主动大幅降价抢占市场，其他云计算厂商也纷纷跟进，这是原本波澜不惊的 CDN 领域的标志性事件。

2016 年以后，PaaS 进入高速发展期，一方面，基于开源 Kubernetes 的容器型 PaaS 技术开始成熟，另一方面，越来越多的企业将 PaaS 作为企业数字化转型的赋能平台。

PaaS 平台的诞生虽然早于容器和虚拟机技术，但多年来一直处于不温不火的状态，现在却因为 Docker 的兴起而再次被关注。新一代 PaaS 平台开始以 Docker 为底层核心，更加接近 PaaS 初期的愿景。

首先，Docker 推动了微服务架构设计理念的落地，把一个原来很庞大、复杂的单体系统拆分为一个个完全独立的小程序，并分布式地部署在一个集群中，以增加系统的稳定性和水平扩展能力。之前缺乏自动化工具和平台的支撑，微服务架构很难落地，长期只在大的互联网公司推行。而 Docker 的出现改变了一切，Kubernetes 则是更上一层楼，使微服务的部署、服务编排效率大大提升。

其次，Docker 大大提升了软件开发和系统运维的效率，促进了 DevOps 体系的成熟与发展。Docker 技术对应用的发布做了标准化的封装，提供了源码编译、镜像打包、自动部署或升级、自动化测试以及运维阶段的监控告警、自动扩容等能力，大大提升了系统运维的可管控性、可度量性、可监控性等重要指标，推进了 DevOps 平台的落地和发展。

2015 年 6 月，Linux 基金会与行业巨头联手建立云原生计算基金会（CNCF）。CNCF 给出了云原生应用的 3 大特征：容器化、DevOps、微服务。云原生架构包含了一系列的技术体系和应用工具，用来帮助企业快速、持续、可靠、规模化地交付业务软件，例如当前最流行的 Kubernetes 和 Mesos 等。云原生正在加速侵入 IT 的各个领域，并且影响和改变着整个生态圈。云原生已是搭建企业 PaaS 平台以及新一代私有云最核心的技术，越来越多的企业正基于云原生架构改造或新建自己新一代的 PaaS 平台。

势头颇佳的 DBaaS 方面的进展，主要体现为从经典关系型数据库拓展到新兴的各类 NoSQL 数据库及大数据领域的云服务。MongoDB、Redis、Kafka、ElasticSearch——这些耳熟能详的开源数据库，我们几乎能在每一个云上找到其对应的托管服务，轻松地一键搭建所需集群。云上数据库的开箱即用是如此的便捷与诱人，不断获得市场，以至引起了开源厂商的不满：2008 年 MongoDB 将开源协议从 AGPL 调整为新推出的 SSPL，是一时关注度颇高的社区新闻，其矛头正是直指开源软件被直接包装为云服务牟利的状况（部分网友戏称此为"插管吸血"）。

在此，我们对各方抱有商业目的的行为不做倾向性评价，但从产品技术层面来讲，实力雄厚的云厂商并不乏应对之道：一是基于开源版本做分叉并开始自行维护和迭代；二是完全自行实现数据库内核和引擎，仅在客户端协议方面与主流数据库进行兼容。

目前，后者这类自研云数据库越来越成为一种新趋势：厂商可以放开手脚，充分利用云的特点进行重新设计，同时又兼容流行协议，这一方式迅速取得了市场和开发者认同，此类数据库的杰出代表是 AWS Aurora 和 Azure CosmosDB。其中，AWS Aurora 完全兼容最流行的 MySQL，同时实现了计算存储的高度分离和近乎无限的扩展，而 Azure CosmosDB 则是一款多模式数据库服务，提供 SQL、MongoDB、Cassandra、Gremlin 等多种开放协议或查询语言的兼容，同时实现了全球分布、按需扩容、一致性保障等特性。

所以，无论是 AWS Aurora 还是 Azure CosmosDB，一经推出都迅速攻城略地，取得了不俗的战果。在国内，以阿里、腾讯为代表的大厂商也同样在自研数据库方面不断加码，陆续推出了阿里云 PolarDB、腾讯云 CynosDB 等重磅服务。

让我们的视角再从技术回到商业。随着云计算行业体量越来越巨大，市场竞争也愈发激烈，价格战屡见不鲜。虽然说云计算有着相当不错的商业模式，但这毕竟是一个重投入长周期的行业，因此陆续有中小玩家力不从心、陷入困境。例如国外的 Rackspace，原本入场颇早也有相当的积累，一度在市场中占先，但当巨头纷纷入场后就显得后劲不足，现已跌出市场占有率前五名。也许当云计算进入巨头角力时代后，中小玩家还是需要着力发展自己的特色，深耕细分市场，或是寻求联姻以共享能力与资源。

客户方面，云计算在这一时期开始明显地从互联网企业向传统行业进行渗透。为了拿下更多传统行业客户，组织架构和流程的匹配也是必做的功课。走在前面的云厂商相应地完善了云上的多账号管理、组织架构映射、资源分组、细粒度权限管控等企业级功能。例如阿里云就在不断地更新升级其企业控制台，帮助用户更好地管理人员、资源、权限及互相之间的关系。

至此，经历了大发展的云计算已然成长为几乎承载一切、包容一切的巨大平台，是一艘提供企业信息化和数字化整体解决方案的航空母舰。云计算无疑已经全面走向成熟，成为参与和推动 IT 业界向前发展的重要力量。

4. 兴盛期（2020 年至今）

时间终于进入 2020 年。基于过去十余年发展的良好态势，我们没有理由不相信云计算将进入繁荣热潮。来自 Gartner（高德纳）公司的分析报告显示，预计 2022 年将超过 2700 亿美元，并将继续保持稳定增速。而国内由于起步相对较晚，市场渗透率还不高，将拥有更高的增速。

云计算正在迈向 Cloud 2.0 时代，其主要表征为行业化、智能化、可信化、集中化、分布化和渠道化。对于大企业来说，行业云是当前需要考虑的重要方案，因为它将改变整个生态圈。

"上云用数赋智"将成为各类企业加快数字化转型、鼓励技术创新和促进业务增长的第一选择，甚至是前提条件。对于企业而言，更多的不是上不上云的问题，而是要考虑上哪家云、怎么上云的问题，是如何迁移重构以适配云端的问题，是如何让云更好地服务于生产的问题。因此，我们对云的未来理应充满信心，同时也抱有更高的期待。接下来，我们不妨结合企业的需求和云厂商的投入方向，大胆预测未来云计算发展的若干趋势。

1）以技术融合的 Cloud 2.0 将成为推动我国数字经济发展的重要引擎

当前，新一代 ICT 正朝着深度融合的方向发展，某项技术的发展普及或可推动另一项技术的突破，而若干项技术的组合还将产生显著的溢出效应。其中，以"云 +AI+5G"的组合所形成的 Cloud 2.0 最具代表性，三者彼此紧密融合，并释放出巨大能量。过去，由于带宽、时延、连接密度和成本的限制，能极大提升计算效率的云计算并未走向千行百业和形成万物互联。但随着 5G 的应用和普及，其具有的高速度、低功耗和低时延等特点将有效破解这一难题，"5G+ 云计算"可使计算资源的普惠性大幅提升。与此同时，被认为具有颠覆性潜能的人工智能技术，其发展和普及亦需要 5G 和云计算搭桥铺路。例如，人工智能算法的升级迭代离不开庞大的数据资源，5G 能更好地完成各行各业、各种场景中数据的上传下达；而人工智能所依赖的计算能力，亦可以通过云计算惠及大众。基于云计算平台使用人工智能应用，能极大地减少企业、单位和个人的使用成本，能为各行各业最大程度应用人工智能技术提供可能。由此可见，云计算与 5G 和 AI 是互相成就、彼此牵引的关系；而从功能上来看，如果将 5G 连接比作无处不在的空气，那么云计算资源就相当于阳光，提供持续赋能，人工智能则如雨露，广泛渗透。

更为重要的是，"云 +AI+5G"的融合发展模式将进一步加强现实世界与数字世界的互动互促，创造"智能制造""智能网联车""智慧城市"等潜力巨大的数字经济产业，成为我国数字经济发展的重要引擎。因此，进一步推动云计算、5G 等信息基础设施建设是我国数字经济迈向新台阶的必由之路。

2）云计算将顺应产业互联网发展，向垂直化、产业化纵深发展

随着通用类架构与功能的不断完善和对行业客户的不断深耕，云计算自然地渗透进入更多垂直领域，提供更贴近行业业务与典型场景的基础能力。

典型的垂直云有视频云、金融云、游戏云、政务云、工业云等。以视频云为例，它是将视频采集、存储、编码转换、推流、视频识别等一系列以视频为中心的技术能力整合为一站式垂直云服务，不仅适用于消费互联网视频类应用的构建，更重要的是配合摄像头硬件和边缘计算节点进军广阔的线下安防监控市场。

再如金融云，可针对金融保险机构特殊的合规和安全需要，提供物理隔离的基础设施，还可提供支付、结算、风控、审计等业务组件。可以预计，随着消费互联网红利耗尽，产业互联网将逐步受到重视并兴起，其规模之大、场景之多，将给予云计算厂商极大的发展空间；而云计算作为赋能业务的技术平台和引擎，也非常适合承载产业互联网的愿景，加快其落地与实现。

3）多云与混合 IT 成为企业数字化转型的必经之路

未来向云转型的企业 IT 必定是多种架构的混合 IT 演进状态。根据市场调查公司数据，在未来几年企业 IT 形态排在第一位的是传统数据中心和任何形式 IT 的混合（简称"混合

IT"），占比 34.3%；排在第二位的是传统数据中心，占比 21.6%；排在第三位的是混合云，占比 19.5%。可见，中国很多企业面临的最大难点还是如何运行好现有的数据中心。

在未来三年，企业 IT 的传统数据中心形态的比率会大幅下降，混合云形态的占比将增加到 33.0%，成为新 IT 架构的重要组成部分。目前，很多现有数据中心的虚拟化成熟度整体滞后，这就限制了工作负载在云和已有数据中心之间的迁移，促成了混合 IT 在中国市场出现。

多云可以为每个企业提供最适合其需求的服务。企业对多云的采用将呈指数增长，而混合云管理平台对实现多云管理至关重要。因为随着企业业务形态的变化，单纯的公有云或私有云已经不能满足现有业务需求，企业需要多个云环境并存来适应新的业务发展现状。另外，还有一部分互联网企业的业务负载动态变化大，不同业务负载需要不同 IT 类型的支持，混合云能有效应对业务高峰时期的动态业务负载需求。最终，混合 IT 会快速向混合云的方向演进。

混合云因为兼具公有云的灵活性与私有云的安全性而日益受到企业用户的欢迎，很多企业把关键业务应用部署在私有云，把企业边缘应用、办公应用等部署在公有云上，从而开辟一条安全可控的向云转型之路。但在实现混合云的过程中，用户既要考虑通过虚拟化消除物理边界，提升资源利用率，实现传统架构的软硬件解耦和已有 IT 资源与云资源的双向迁移。同时，也要考虑充分发挥云计算系统的经济效益，降低用户在 IT 方面的高开支。

因此，越来越多的企业会考虑同时采购多个云厂商的服务并将它们结合起来使用。这将催生多云架构和解决方案的兴起，以帮助企业集中管理、协调多个异构环境，实现跨云容灾和统一监控运维等需要。

除同时使用多个公有云之外，合规和隔离性要求更高时的另一选择是部署私有云基础设施，并与相应的公有云专线连接形成混合云架构。

从目前市场态势看，主要有公有云厂商主导的混合云方案和私有云厂商主导的方案两类。笔者更看好前者的发展，因为公有云厂商方案让混合云的私有部分成为公有云在自有数据中心的自然延伸，提供了与公有云端高度一致的能力和使用体验。

此类服务的代表有华为 HCSStack、微软 Azure Stack 以及阿里云 Apsara Stack，之前只专注公有云的 AWS 终于在 re: Invent 2018 大会上推出了 AWS Outposts，也加入了混合架构的行列。

4）云的生态建设重要性不断凸显，成为影响云间竞争的关键因素

云平台不仅包括传统的 IT 基础设施，也包括各种各样的新型企业应用。随着区块链技术、容器技术的应用，以及企业级 SaaS 个性化定制的普及，云服务也将不断升级，企业需要更加完善的技术、更加贴心的解决方案。这就需要不同的产品和技术提供商以更加宽广的胸怀达成合作，加强云协作，优化云生态，共同帮助用户通过基于多云的生态圈和云管理平台，实现从传统 IT 向云演进，为用户多云、虚拟化环境和物理环境的统一管理、运维、

容灾等提供更多便利，以满足企业的个性化需求。

当某个云发展到了一定规模和阶段后，恐怕不能仅考虑技术和产品，建立和培育具有生命力的繁荣生态和社区同样重要，此为长久发展之道。

因为一朵云即便再大再丰富，也必有覆盖不了的场景和完成不了的事情。这就需要大量的第三方服务提供商，以合作伙伴的身份基于云平台提供各类解决方案。此举既方便了用户，又增加了云的黏性，也可保证应用提供商的市场空间，可谓三方共赢。所以，在当前各大云平台上，我们都能够找到应用市场和合作伙伴计划，这正是厂商们着力建设的第三方解决方案平台。

云生态的另一个重要方面是面向广大开发者、架构师和运维工程师的持续输出、培养和影响。只有赢得广大技术人员的关注和喜爱，才能赢得未来的云计算之仗。所以当前各大厂商都开始空前重视开发者关系，并将其视为核心竞争力。云厂商们不但努力地建设丰富的文档体系并在专业媒体上频繁发声，还会积极举办各类论坛、参与业界开发者会议，并新增如 Developer Advocate 这样的职位，专注于在开发者群体中扩大影响力。

综上所述，"融合、垂直、混合、生态"这四大趋势，将伴随云计算走向繁荣兴旺。

4.2　数字化服务的基础平台 PaaS

过去的十多年，平台战略帮助中国的互联网公司取得了空前的成功，可以预见未来平台模式也将帮助传统行业转型并取得成功。平台战略是否能改变未来中国的云计算市场的格局？PaaS 作为天生的平台，能否从云计算市场的边缘角色成为舞台上引人注目的角色，能否成为蓄势待发的中国云计算市场里的一股推动力？也许不久的将来，人们会看到中国云计算市场 IaaS、PaaS、SaaS 三足鼎立的局面。

4.2.1　深入理解 PaaS

我们可以看到整个云计算市场显著的增长趋势，但单独看 PaaS 它的表现却不尽如人意。尤其在中国市场，早在十多年前，PaaS 因为其扮演着支撑 SaaS 应用开发与运行的基础平台，被称为云计算时代的云操作系统，可见 PaaS 从产生以来一直被寄予厚望，但是在国内始终没有出现令人信服的 PaaS 平台。在全球 PaaS 市场份额中，AWS 的 PaaS 服务约占 25%，但小于其后三家（Salesforce、微软、IBM）的总和，并没有形成"赢家通吃"的市场格局。还有一种令人意外的现象，随着 IaaS 市场的日趋成熟，资本蜂拥而至，使得 SaaS 市场裂变式地进化，PaaS 的边界与 IaaS 和 SaaS 的边界正在变得模糊。传统上计算分层框架，以及 IaaS、PaaS、SaaS 分别包含的内容如图 4-6 所示。

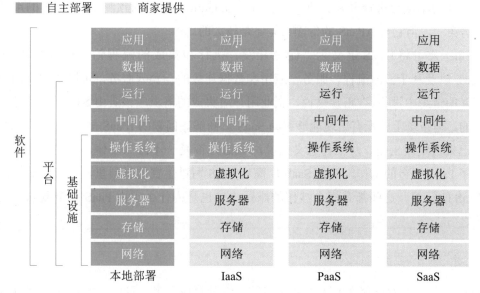

图 4-6　计算分层框架

如今，平台这个概念已经滥用，更有甚者是不分场景的所谓"平台"大行其道，正在误导不明真相的企业走向歧途。PaaS 中文名叫平台即服务，这就出现了很多理解上的分歧，很多人理直气壮地说："我就是平台，我也对外提供服务，我为什么不能叫 PaaS ？" Gartner 公司把 PaaS 分为两类，一类是应用部署和运行平台 APaaS（Application Platform as a Service），另一类是集成平台 IPaaS（Integration Platform as a Service），如图 4-7 所示。人们经常说的 PaaS 平台基本上是指 APaaS，如 Force.com 和 Google App Engine。

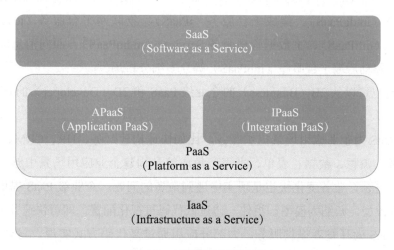

图 4-7　云计算的三层架构

Gartner 公司认为，PaaS 市场中最大的一块蛋糕就是 APaaS，即应用 PaaS。APaaS 是一种可以提供与本地传统软件架构中应用服务器相似功能的服务。IPaas 也是一种云服务，单个或多个公司内的本地和基于云的流程、服务、应用和数据可任意组合，而 IPaaS 能够对这些组合之间的集成流进行开发、执行和管理。在 Gartner 公司的预测中，IPaaS 的市场份额虽然位居第二，但它与 APaaS 的份额相差还是较大的。

Gartner 公司将 IPaaS 定义为"促进开发、执行和集成的流程治理同任何本地（on-premises）以及基于云的流程、服务、应用和数据连接的一套云服务，可以在独立的或者在多个交叉的组织中进行。"正常来说，企业用户对集成的需求应该是由 SaaS 厂商通过 IPaaS 来实现的，但市场上并没有出现能够帮助 SaaS 厂商解决问题的 IPaaS 平台，那么 SaaS 厂商只能自己来做集成工作。从某种意义上说，SaaS 厂商是一不做二不休，它们已经做了或者部分做了 PaaS 平台的工作，部分 SaaS 厂商将 PaaS 写进了宣传材料里，还有的刻意给自己贴上 PaaS 的标签，这些都有概念炒作的嫌疑。这也是为什么国内 PaaS 这个概念如此混乱的原因之一。

4.2.2　PaaS 的细分领域

PaaS 服务与开发过程中的需求密切相关，细分领域众多。目前，PaaS 市场呈现高度碎片化。应用场景不同，PaaS 的设计思想、功能定位也不同。所以，用户要想选对产品，必须先明确 PaaS 的应用场景并了解它的分类。

从部署的角度，PaaS 可细分为数据库服务、应用开发、应用基础架构、中间件服务等，包括 API 管理服务（apiPaaS）、应用开发服务（adPaaS）、业务分析平台服务（baPaaS）、业务流程管理平台服务（bpmPaaS）、业务规则平台服务（brPaaS）、用户整合软件服务（iSaaS）、通信云服务（cPaaS）、云数据库服务（dbPaaS）、数据代理平台服务（dbrPaaS）、事件处理服务（epPaaS）、功能平台服务（fPaaS）、企业横向门户服务（PortalPaaS）、内存数据网格服务（imdgPaaS）、集成平台服务（iPaaS）、物联网平台服务（ioTPaaS）、托管文件传输服务（mftPaaS）、主数据管理服务 Services（mdmPaaS）、面向消息的中间件服务（momPaaS）、移动后端平台服务（mbPaaS）等众多细分市场。

PaaS 平台也可以从 2B（Business）的企业级 PaaS 和 2D（Developer）的开发者 PaaS 两条线来区分。

企业级 PaaS 为企业应用场景提供服务，比如快速构建财务、HR、CRM、SCM 和个性化等企业业务。流程、数据、表单、报表、集成等是构建企业应用场景中频率最高、最头痛的事，需求复杂、业务变化快也是现实中遇到最多的问题。企业级 PaaS 提供企业业务的抽象业务领域模型，归纳为模型、组件，通过低代码可视化配置，即可快速开发企业应用。

开发者 PaaS 为开发者提供服务，大部分应用通过高代码方式实现。与企业级 PaaS 相比，开发者 PaaS 不仅可以开发企业级应用，还可以开发网站、电商、游戏等消费级应用。但是，由于开发者 PaaS 不会提供抽象领域模型，遇到企业级应用中高频出现的场景时，成本、效率和质量就会大打折扣，因为仅仅提升编程和运维效率是解决不了这些问题的。因此企业级的复杂商业场景更适合在一个统一的企业级 PaaS 平台上，构建和运维数十、数百个企业应用。

云计算仍是数字业务创新的战略平台。CIO 面向应用架构和平台基础设施开展决策时，必须了解 PaaS 平台发展的关键趋势，并拥抱 PaaS 平台，以使其业务敏捷性最大化。基于笔者对 PaaS 平台发展趋势的研究：新一代的 PaaS 平台必须基于云原生架构，进一步具备控制 IaaS 等底层技术服务的能力，屏蔽底层技术的复杂性，提供云基础技术服务能力；进一步抽象企业业务模型，提供低代码的高生产力应用开发平台；同时，PaaS 平台会基于越来越成熟的 AI 技术、物联网技术、大数据技术，为平台赋予更多的平台级应用服务能力。

4.2.3　PaaS 是企业数字化能力的承载平台

PaaS 是面向应用的核心平台。从功能定义和核心价值分为三个层次：

（1）自动化获取资源进行部署；

（2）提供标准化的编程框架和服务来帮助应用开发和运行实现自动化；

（3）无须感知底层资源的应用自动化运维（包括配置、升级、伸缩等）。

PaaS 未来的发展趋势如下：

（1）在整个 Paas 生态中，容器和编排占据重要一环，五成企业已在生产环境中使用容器；

（2）在整个容器编排生态中，Kubernates 正逐步统一容器编排和资源管理框架生态；

（3）微服务也是 PaaS 重要组成部分，正在被企业广泛接受，75% 的企业已计划或开始使用微服务，微服务框架与生态呈现多样化。

企业 PaaS 平台是企业数字化转型过程中核心竞争力的集中体现。企业实现三大集成主要是通过企业 PaaS 平台来实现的，所以企业 PaaS 是一个集成平台，相对于过去企业信息化的各种孤岛而言，是一个资源整合平台。企业 PaaS 可以打通企业所有的业务和流程，在此基础上得以汇聚和打通企业所有的数据。

PaaS 能大幅度提升 IT 生产力。在企业 IT 预算相对有限，但企业对 IT 部门的响应速度和数据处理量要求却与日俱增的情形下，PaaS 将很好地帮助企业 IT 部门提升生产力。传统企业业务系统要想真正实现上云，必须进行全面的架构升级。作为云计算模型中的能力层，PaaS 可以帮助企业更好地将业务与 IT 融为一体，完成"业务到 IT"的最后一公里，优化软件开发模式，从而成为传统企业数字化转型、进行架构升级的必然选择。

PaaS 助力企业数字化转型。数字化平台构建的关键是对服务能力的提炼和抽象，即实现不同层级的"解耦"。硬件与应用系统解耦将形成基础架构云（IaaS），业务与支撑软件环境解耦将形成平台软件云（IPaaS），通用业务与定制业务解耦将形成所谓的 APaaS。企业数字化转型是在企业内部构建可复用的能力平台的过程，包括如下两方面的内容。

（1）IPaaS。基础 IT 资源和技术的应用效率的提升，部署 PaaS 平台节省 IT 基础资源，提升 IT 生产力，打造企业内部的"高控制 PaaS"。在相当规模的企业中，可以节省 60% 以上的硬件投资，降低 50% 以上的运维工作量，提升软件开发速度，降低软件开发费用。

（2）APaaS。实现方式包括重新梳理业务、通过微服务架构实现资源复用、通用业务与定制业务解耦构建强大的业务能力，基于现代化架构打造企业高效能云化数字平台。

4.2.4 Docker 等容器技术

传统虚拟机如 VMware、VisualBox 等需要模拟整台计算机（包括硬件），每台虚拟机都需要有自己的操作系统；虚拟机一旦被开启，预分配给它的资源将全部被占用。每台虚拟机包括应用、应用的运行环境以及一个完整的用户操作系统。

而容器技术是和宿主机共享硬件资源及操作系统，可以实现资源的动态分配。容器包含应用和其所有的依赖包，但是与其他容器共享内核。容器在宿主机操作系统中，在用户空间以分离的进程运行。

容器技术是实现操作系统虚拟化的一种途径，可以在资源受到隔离的进程中运行应用程序及其依赖关系。通过使用容器，可以轻松打包应用程序的代码、配置和依赖关系，将其变成容易使用的构建块，从而实现环境一致性、运营效率、开发人员生产力和版本控制等诸多目标。容器有助于保证应用程序快速、可靠、一致地部署，其间不受部署环境的影响。容器还赋予对资源更多的精细化控制能力，让基础设施的使用效率更高。通过图 4-8 可以直观地反映出这两者的区别所在。

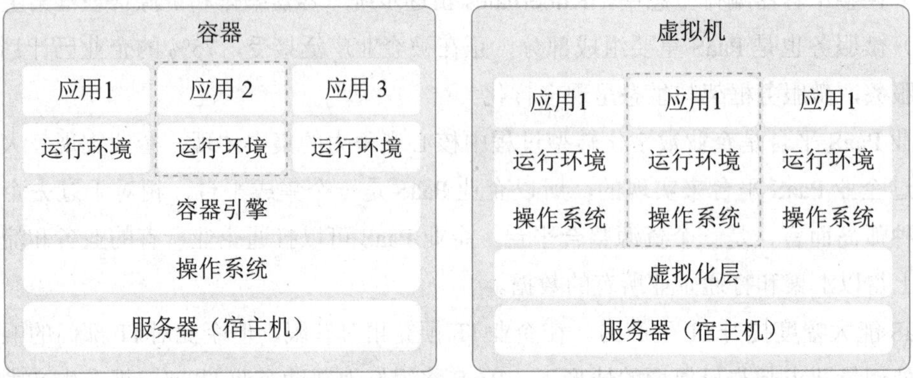

图 4-8　虚拟机和容器在架构上的异同

Docker 属于 Linux 容器的一种封装，提供简单易用的容器使用接口。它是目前主流的 Linux 容器解决方案。

Linux 容器是 Linux 发展出的另一种虚拟化技术。简单来讲，Linux 容器不是模拟一个完整的操作系统，而是对进程进行隔离，相当于是在正常进程的外面套了一个保护层。对于容器里面的进程来说，它接触到的各种资源都是虚拟的，从而实现与底层系统的隔离。

Docker 将应用程序与该程序的依赖环境打包在一个文件中，运行这个文件，就会生成一个虚拟容器。程序在这个虚拟容器里运行，就好像在真实的物理机上运行一样。有了 Docker，就不用担心环境问题。

总体来说，Docker 的接口比较简单，用户可以方便地创建和使用容器，把自己的应用放入容器。容器还可以进行版本管理、复制、分享、修改，就像管理普通的代码一样。

Docker 相比于传统虚拟机具有更多的优势：

- 启动快速 Docker：启动可达秒级别，而虚拟机通常需要几分钟才能完成启动。
- 需要的资源更少：Docker 在操作系统级别进行虚拟化，容器和内核交互，几乎没有性能损耗，性能优于通过 Hypervisor 层与内核层的虚拟化。
- 更轻量：Docker 的架构可以共用一个内核与共享应用程序库，内存开销小。同样的硬件环境，Docker 运行的镜像数远多于虚拟机数量，对系统的利用率非常高。
- 隔离性更弱：与虚拟机相比，Docker 隔离性更弱。Docker 属于进程之间的隔离，虚拟机可实现系统级别隔离。
- 可管理性：随着 Kubernetes 等开源软件构成的容器生态的发展，Docker 的管理工具集日趋完善与成熟。
- 高可用和可恢复性：Docker 对业务的高可用支持是通过快速重新部署实现的。
- 快速创建、删除：虚拟机创建是分钟级别的，Docker 容器的创建是秒级别的。
- Docker 的快速迭代性，使开发、测试、部署都可以节约大量时间。
- 交付、部署：虚拟机可以通过镜像实现环境交付的一致性，但镜像分发无法体系化。
- Docker 在 Dockerfile 中记录了容器构建过程，可在集群中实现快速分发和快速部署。

4.3　混合云——数字化转型的最佳解决方案

市场调研显示，未来中国 90% 以上的企业将依赖于本地 / 专属私有云、多个公有云和遗留的基础架构平台的组合，以满足其基础设施需求。混合云用户对于其部署模式的满意度是最高的，有 36% 的混合云用户给出了 8 ～ 10 分的高满意度评分（满分 10 分，最低分 1 分），而云用户整体对于其部署模式表示出高满意度的用户不到 30%。同时，使用混合云的企业对自身的经营能力普遍更有信心，有 76% 的混合云用户认为其企业能够超额完成当年业绩指标，而类似指标在云用户整体中只有 59%。

混合云融合了公有云和私有云，它将公有云和私有云混合和匹配，获得最佳的效果，这种个性化的解决方案，既省钱又安全，因此混合云是企业上云的最佳选择。

4.3.1　混合云的概念及认知

Gartner 公司认为混合云至少使用了两种不同部署模式（公有云、私有云、社区云）的云部署模式，例如，公有云与私有云的组合、公有云与社区云的组合、私有云与社区云的组合等这些都可以称之为混合云。IDC 认为混合云是一种整合和集成了多种模式云资源的云服务方式，它主要包括公有云和公有云、公有云和私有云、私有云和私有云之间的组合。混合云应该具备可自动化运营和运维、资源和流程统一管理的解决方案，并且可以实现在多云之间按需编排云资源，使数据和应用能够在不同的云平台上进行共享和协同。

4.3.2　混合云的参考架构

混合云的架构维度包括管理混合、应用混合、AI 混合、数据混合和资源混合等，如图 4-9 所示。

图 4-9　混合云的参考架构

4.3.3　混合云的数据架构

随着数字经济发展，数据已和其他要素一起融入经济价值创造过程，对生产力发展有广泛影响，而混合云作为一种新型的 IT 架构，实现了多云协同、云上云下协同，为数据要素的流通提供了最有力的支撑。根据企业的需求，混合云可以支持多种数据应用场景，例如：

- 将私密数据放在本地，非私密数据或公开访问入口放在公有云；
- 从公有云获取数据，使用公有云的计算服务，分析后存放在本地；
- 使用公有云的计算服务（如 AI 分析服务），分析本地的数据；
- 数据访问能力在高峰期能利用公有云的资源进行无限拓展；
- 多数据中心通过公有云实现星状连通从而实现物理分散、逻辑统一的数据互通；
- 多级云互联，上下级云之间可以实现协同计算；
- 本地数据能加密备份在公有云，或者实现跨云的灾备。

由于混合云构建在跨云、跨地域的 IT 基础设施上，其数据架构的主要内容是多云、多地域的数据整合、管理和应用。但是从本质上来讲，混合云的数据架构依然遵循企业架构的设计方法，并没有因为混合云 IT 架构的复杂性而产生本质的变化，只是在数据的分布、计算的方式上产生了更多的新技术和新形态。

从体系架构的视角出发，混合云遵循数据资产化、数据标准化、数据服务化、数据价值化等原则，数据架构由数据目标、数据标准、数据模型、数据分布、数据治理与数据安全等部分组成，如图 4-10 所示。

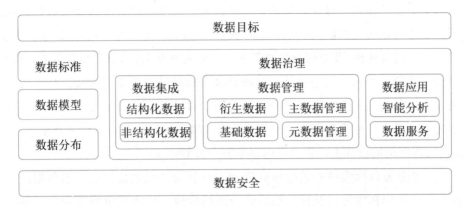

图 4-10　数据架构

- 数据目标：是指建立面向业务的数据思考模型，建立面向未来的数据规划思维，这是打通数据孤岛、实现数据全集成的基础。基于业务目标或者业务假设提前做数据利用的思考和规划，而不是等到业务系统已经构建好了，再去思考数据的事情，那个时候往往数据孤岛已经形成了。而混合云自身的 IT 架构的复杂性，就使得数据目标规划尤为重要，否则导致跨云、跨地域的数据孤岛将是一件更加灾难性的事情。

- 数据标准：是对各项数据的规范化定义与统一解释，对数据间的关系、业务规则及数据质量要求的统一定义。建立数据标准体系，能够实现跨云、跨业务、跨系统的数据统一和全局化管控，包括主数据管理、基础数据管理、数据交换标准管理。

- 数据模型：包括概念模型、逻辑模型和物理模型。数据模型设计要充分考虑性能、可用性和可维护性等，尤其要针对混合云 IT 技术架构考虑相关的非功能性指标。定义良好的数据模型可以反映业务模式的本质，确保数据架构为业务需求提供全面、一致、完整的高质量数据，且为划分应用系统边界，明确数据引用关系，定义应用系统间的集成接口，提供分析依据。

- 数据分布：有数据集中存放和数据分布存放两种模式，这两种数据分布模式各有其优缺点，需要综合考虑自身需求，以及数据关联性、数据类型、数据量、并发数、网络带宽、安全边界等情况，确定具体数据分布策略以及数据访问策略。同时，还需要分析数据的实时处理、批量处理、实时检索、交互查询等应用场景，选择混合云服务中适合的数据服务。

- 数据治理：指的是在数据全生命周期进行管控和治理，简单来说就是通过数据集成、数据管理和数据应用，构建"采集—分析—决策—反馈"的数据价值闭环。完整的数据治理流程还应该包括建立相应的组织和制度，发布数据标准、定义数据质量、监控反馈评价等内容。数据集成主要包括结构化数据和非结构化数据的探查、采集、转换和集成。数据管理主要是对基础数据、基础数据组织融合后产生的衍生数据进行存储和管理，通过元数据管理和主数据管理形成完善、可用的数据视图。数据应用主要包括数据服务以及统计、预警、预测等智能分析。

- 数据安全：是指用于保护数据的流程和技术，阻止无意、有意或恶意的未经授权的对数据进行访问、查看、修改或删除的情况发生。混合云带来的分布式的系统部署、开放式的网络环境、复杂的数据应用和众多的用户访问，给数据安全带来了新的挑战，海量、多源、异构、动态性等大数据特征导致网络边界变得模糊，传统的基于边界的安全保护措施不再适用，多平台的身份认证、授权访问、密钥服务及安全审计要求越来越高，同时系统中存在大量的个人数据，一旦泄露后果十分严重。

在混合云数据架构设计中，重点考虑以下五个方面：

一是以支撑业务目标为核心进行数据规划。不要为了汇聚数据而汇聚数据，一切要以业务为核心进行规划和建设，发挥数据战略资源的价值，用数据流引导业务活动，同时需要综合考量数据安全性、可扩展、可管理和成本效益等因素，规划混合云云上和云下的数据存储与数据流动。业务域决定了数据的分类、语义和分布；业务规则决定了数据的流动方向；业务活动的输入输出决定了数据对象。

二是聚焦数据管理的核心问题。随着数据量的增长、数据来源途径的多元化，企业用户需要考虑如何对混合云中的数据进行统一管理。混合云数据管理的核心问题是数据权责以及数据可用性。在数据权责方面，混合云中云上云下的数据需要有共同的发展目标和方向，进行统一的协调和统一的管理，建立数据资源目录并明确数据管理责任的界定。在数据可用性方面，要解决数据的完整性、一致性、准确性问题，制定数据分级分类、数据标准化等数据管理机制。

三是利用混合云数据服务有效推进数据治理。数据架构的优化和实施就是数据治理的过程，当前混合云提供了适用于多种场景的数据集成、管理、应用的云服务、工具及API，充分利用混合云数据及计算服务，能够加快数据治理的建设实施。

四是以数据为中心，数据与应用松耦合。传统的企业信息化建设是围绕着一条业务线，开发出许多应用系统，并为每个业务系统提供专属的数据库。随着企业业务逐步上云，虽然部分应用使用了统一的云数据库资源，但是逻辑上还是独立的数据库。应用系统之间没有共同的数据基础，最终成为一个个孤岛。要破除这种局面，需要以数据为中心，坚持数据与应用解耦，以数据视图对待应用需求和数据需求，从而实现一数多用，充分发挥数据的价值。

五是全面系统地建立数据安全防护体系。从技术架构上，构建大数据安全防护体系，包括云和大数据基础平台安全防护、接入网络与大数据网络安全防护、接入设备与用户安全防护等；从管理制度上，明确组织、管理角色职责、管理制度与流程，使用安全管控工具提升数据安全保障能力；从数据管控上，建立数据的分类分级、数据生命周期安全防护、数据脱敏处理、数据备份、数据加密、数据防护和审计、数字签名和数字水印等能力保障。

4.3.4　混合云的主要功能

企业级的混合云方案应该具备以下四个关键能力。

1. 资源的整合和统一管理能力

混合云方案最基础的能力就是能够提供资源的整合和统一管理。这种整合和管理不仅仅是公有云和私有云的简单集合和资源展现，更是能够实现存量和云上资源（计算、存储和网络）的集中和池化，并且可以实现资源按需进行跨云的编排和调度，让应用能够灵活跨云部署和迁移。除了这些基本能力，资源的整合和统一管理功能还可以在以下方面有更深入的发展，来满足用户对新技术和多类型资源的需求。

- 资源整合：不仅限于物理资源，平台资源（例如 DevOps 服务、大数据服务、物联网服务等）和应用资源（例如人工智能应用、企业应用等）这些能够帮助企业提高效率，加速创新的能力型资源也可以进行统一的整合，为企业提供完整的混合云能力。

- 多元算力：混合云方案还应该不断演进和拓展，实现对多元计算资源以及未来更多新技术和新资源的整合，满足企业发展的需求。随着人工智能，物联网等新技术的发展，计算资源也向多元化的方向发展，GPU、FPGA、ARM 架构成为了 x86 计算平台的有效补充，共同为企业提供多样化的丰富算力。

- 管理层面：统一和精细化管理能力尤其重要。通过统一的管理平台，企业无须在多个管理界面切换，并能保证不同环境下管理和服务标准以及流程的一致性，从而简化混合云带来的运维和运营难题。而精细化管理能力，比如提供跨云/多级运营运维、灵活权限控制，精细费用管理，成本预测和优化，则能帮助企业实现管理上的"混"而"不乱"，在提高效率的同时也可以控制成本。

2. 数据的一致访问和协同能力

数据只有在流通中才能体现其价值，因此一个能为企业带来价值的混合云方案应该打破数据孤岛，解决数据的流通问题，实现数据的共享和协同。

- 数据访问：首先应该在公有云和私有云之间建立近乎等同的数据访问体验，各类数据具备统一的标准，有一致的存储、访问和备份策略，可实现一定程度上的自由迁移。通过数据集成和交换功能可以对不同位置的数据进行管理，在必要时能够让数据在私有云和公有云平台间进行高效的双向传输，数据不会因位置的改变而造成不可访问的现象。这样既能保证数据一致性，避免不可访问的风险，也为应用协同、数据挖掘分析、人工智能应用提供了良好的基础条件。

- 跨云备份：为了防止数据丢失，跨云之间的数据备份能力也是不可或缺的。混合云方案应该能够帮助企业有效进行风险管理，减少业务损失。

3. 高效的连通和安全合规能力

混合云的内、外部之间需要安全和高传输效率的物理及逻辑网络连接。

- 高效连通：为了保障云之间数据、应用的共享和协同，资源的灵活拓展和编排，混合云解决方案中的网络方案除了传统方式外，也应提供更先进和传输效率更高的连通方式。比如通过在公有云和企业数据中心之间建立起基于私有三层网络和私有 IP 的逻辑网络，使得跨云的通信更为直接和通畅。这在实现跨云无缝通信中非常有价值。

- 安全与合规：用户对混合云仍然有安全和合规性的顾虑，这主要来自行业政策因素以及对公有云安全体系的担忧。为了消除用户的这种疑虑，混合云解决方案中应该提供高标准的安全可信和合规机制，从技术架构层面、产品层面、国家法律法规和标准层面全面保障用户在云上数据和系统方面的安全和合规性。

4. 推动企业生态发展和创新的能力

当企业的基础架构从传统架构逐渐转为云架构时，需要快速构建与之匹配的新生态，这样才能保证业务的持续发展和创新。

虽然企业可以通过已有的生态和能力拓展云生态，但是这需要花费大量的时间和精力，并且很有可能难以匹配云上生态的需求，因此企业需要通过更加快捷的途径来实现云生态的打造和聚合。如果能借助云服务商的庞大云生态圈并快速将其转化为内部共享成果，统一线上和线下生态，必然会帮助企业快速高效地组建和优化适用于自身的云生态环境，加速其创新和转型。

4.3.5 混合云的优势及对数字化转型的价值

混合云不仅是 IT 架构上的革新，而且为企业业务带来创新机遇，为企业中的不同角色带来显著价值，这是混合云环境及其部署方式在企业端受到广泛青睐的重要原因。

1. 企业管理者

不同职位的企业管理者对企业发展有不同的关注点，如 CEO 关注企业的创新能力和业务收益以及未来发展的方向，CTO 侧重于企业的技术先进性、IT 系统的稳定性和 IT 效能，CFO 则非常关心现金流和资金的投入产出比。混合云可以帮助企业加速业务创新进程、降低发展成本、提高内部效率、优化客户体验，是实现降本增效的有效手段，因此对于所有企业管理者来说都非常具有意义。

2. 运维人员

混合云有助于提升基础架构的稳定性，减轻业务迅速扩张带来的压力，通过自动化的方式提升运维人员的效率。效率的提升使运维人员有更多精力关注架构优化、新技术发展趋势、思考业务相关问题，从而更深入地参与到企业的发展中。

3. 开发人员

混合云为企业开发工作提供了更为灵活的开发环境、丰富的开发工具和自动化流程，提升开发效率的同时也发展了开发人员的能力，为企业未来全面上云做好能力储备。

4. 业务线

混合云兼顾敏捷、高效和安全的支撑能力，为企业各种重要流程提供更为全面的保障，进而显著提升用户体验和满意度。

第 5 章
大数据和 AI

现代社会是一个高度信息化、数字化的社会。随着 5iABCD 技术的飞速发展，使得数据分布在各个行业并且贯穿业务始终，数据不再从单一来源产生，数据形式越发多样，这些改变使数据成为了一种新的资源，需要人们对其合理、高效、充分地利用。置身于数字新时代，数据规模以指数形式递增，数据的结构也越来越复杂，使得"大数据"与普通的"数据"相比具有不同的深层内涵与深度价值。

AI 是新一轮产业变革的核心驱动力，将通过大数据进一步释放历次科技革命和产业变革积蓄的巨大能量。其表现为重构生产、分配、交换、消费等经济活动的各环节，形成从宏观到微观各领域的智能化新需求，催生新技术、新产品、新产业、新业态、新模式。

本章将系统论述大数据和 AI 的基本概念、发展历程、关键技术以及发展趋势等内容。

5.1　大数据的概念及发展概述

大数据，或称巨量数据、海量数据，是指那些在进行分析、运算上涉及的数据量规模巨大，无法通过人工在合理的时间截取、管理、处理并整理成为人类所能解读的信息的数据。

5.1.1　从不同角度对大数据的理解

从不同角度来看，大数据有着不同的定义。从技术角度分析，较为权威的观点来自麦肯锡全球研究院发表的《大数据：下一个创新竞争和生产力的前沿》报告。该报告提出大数据是指其大小超出了典型数据库软件采集、储存、管理和分析等能力的数据集。与之相似，纳斯达克（NASDAQ）认为，大数据包括了海量数据和复杂数据类型，其规模超过传统数据库系统进行管理和处理的能力。

综上所述，我们可以认为，大数据是一种难以处理的大规模数据集，而且需要特定的技术才能完成其采集、分析和应用。表 5-1 是一些机构、专家对大数据的不同理解和表述。

表 5-1　从技术角度对大数据的不同理解和表述

研究者	主要观点
国际数据公司（International Data Corporation，IDC）	大数据是"为更经济地从高频率、大容量、同结构和类型的数据中获取价值而设计的新一代架构和技术"
美国国家标准化技术研究院（National Institute of Standards and Technology，NIST）大数据工作组	在《大数据：定义和分类》中提出，大数据是指那些传统数据架构无法有效处理的新数据集，因此，需采用新的架构来高效完成数据处理。这些数据集特征包括容量、数据类型多样性、多个领域数据的差异性、数据的动态性（速度或流动率，可变性）
联合国"全球脉动"资深发展经济学家艾玛纽尔·勒图兹（Emmanuel Letouze）	在牵头编写的《大数据促发展：挑战与机遇》中提出，大数据是一个用来描述海量结构化和非结构化数据的流行短语，这些数据的容量非常巨大以至于很难用传统的数据库和软件技术来处理
亚马逊网络服务（Amazon Web Services，AWS）数据科学家约翰·劳萨（John Rauser）	将大数据简单概括为任何超过了一台计算机处理能力的庞大数据量
中国工程院院士李国杰	在《大数据的研究现状与科学思考》中提出大数据是指无法在可容忍的时间内用传统信息技术和硬件工具对其进行感知、获取、管理、处理和服务的数据集合
野村综合研究所高级研究员城田真琴	在《大数据的冲击》中指出，所谓大数据就是用现有的一般技术难以管理的大量数据的集合。所谓"用现有的一般技术难以管理"，也就是指用目前在企业数据库占主流地位的关系型数据库无法进行管理的，具有复杂结构的数据。或者也可以说，是指由于数据量的增大，导致对数据的查询响应时间超出允许范围的庞大数据
信息管理专家、科技作家涂子沛	将大数据定义为那些大小已经超出传统意义上的尺度，一般的软件工具难以捕捉、存储、管理和分析的数据。大数据的数量单位应该是"太字节（TB）"
纳斯达克（NASDAQ）	大数据包括海量数据和复杂数据类型，其规模超过传统数据库系统进行管理和处理的能力

　　与技术角度相对，还有一些观点是从大数据的应用价值角度尝试对大数据进行描述。这一类观点对大数据的定义重点强调大数据的应用价值，关注的是从数据中获取价值、信息以及知识，最终目的是在商业竞争中获取优势，甚至是对现有商业模式的创新。Gartner 公司提出，大数据是需要新处理模式才能具有更强的决策力、洞察力和流程优化能力来适应海量、高增长和多样化的信息资产。表 5-2 为从应用价值角度对大数据的理解和表述。

表 5-2　从应用价值角度对大数据的理解和表述

研究者	主要观点
Gartner 公司（Gartner Group）	在《2012 年大数据技术成熟度曲线》中，把大数据定义成"大容量、速度快、多样化"的信息资产，需要成本更低、效率更高、创新性的处理方式，从而增强洞察力、决策和过程自动化
国际数据公司（International Data Corporation，IDC）	大数据是"为更经济地从高频率、大容量、不同结构和类型的数据中获取价值而设计的新一代架构和技术"
易安信公司（EMC）	大数据是数据集或信息，它的规模、发布、位置在不同的孤岛上或它的时间线要求客户部署新的架构来捕捉、存储、整合、管理和分析这些信息，以便实现企业价值
脸谱网（Facebook）工程总监帕里克（Parikh）	大数据的意义在于能从数据中挖掘出对商业有价值的决策力和洞察力，如果不能很好地利用自己收集到的数据，那么空有一堆数据，即使体量再大，也不能称为大数据

除了尝试对大数据进行明确的定义外，大数据的特性也是在描述大数据时常常使用的表征方式。大数据特性最早的提出者是麦塔集团（META Group，于 2004 年 12 月 28 日被 Gartner 公司收购）分析师道格莱尼，他在研究报告《3D 数据管理：控制数据、数量速度及种类》中指出："数据激增的挑战和机遇是三维的，不仅仅在人们通常所理解的数据量（Volume）方面，还包括数据进出的速度（Velocity）以及数据种类与范围（Variety）"。

除此以外，研究者纷纷根据大数据的特性从不同的角度去尝试分析和理解大数据，并对这种"3V"的观点加以丰富，如 IBM 商业价值研究院在《分析：大数据在现实世界中的应用》报告中提出应增加准确性（Veracity）；弗雷斯特研究公司分析师布莱恩·霍普金斯和鲍里斯·埃韦尔松认为应增加易变性（Variability）等。其中国际数据公司的观点最为权威，也得到了研究者的广泛认同，该公司在《从混沌中提取价值》报告中提出了大数据的"4V"特征，即数据容量（Volume）大、数据类型（Variety）繁多、商业价值（Value）高、处理速度（Velocity）快。从大数据的特性角度对大数据的表述如表 5-3 所示。

表 5-3　从大数据的特性角度对大数据的表述

研究者	主要观点
麦塔集团分析员道格·莱尼（Doug Laney）	归纳为规模性（Volume）、高速性（Velocity）、多样性（Variety），合称"3V"
国际数据公司（IDC）	在"3V"基础上增加了价值性（Value），构成"4V"
IBM 商业价值研究院（IBM Institute for Business Vadue）	在"3V"基础上增加了准确性（Veracity），构成"4V"
弗雷斯特研究公司（Forrester Research Inc）分析师布赖恩·霍普金斯（Brian Hopkins）和鲍里斯·埃韦尔松（Boris Evelson）	在"3V"基础上增加了易变性（Variability），构成"4V"

续表

研究者	主要观点
阿姆斯特丹大学系统与网络工程组研究院尤里·代姆琴科（Yuri Demchenko）	在"4V"，即数据类型（Variety）繁多、处理速度（Velocity）快、数据容量（Volume）大、数据价值（Value）高基础上，增加了真实性（Veracity），构成"5V"

大数据经过众多学者专家对其进行定义，其概念不断得到补充与完善，并在广泛的实际业务中得到验证，大数据的一些通用的特性也获得了认可。

1. 规模性

大数据的规模性是指数据体量巨大。目前，大数据的规模尚是一个不断变化的指标，单一数据集的规模范围从几十太字节（TB，ITB=1024GB）到数拍字节（PB，1PB=1024TB），众多研究者虽然对大数据量的统计和预测结果并不完全相同，但一致认为数据量仍将急剧增长。

2. 多样性

数据的多样性体现在多个方面：按数据生成类型可分为交易数据、交互数据、传感数据等；按数据的来源可分为社交媒体、传感器、数据系统数据；按数据格式可分为文本、图片、音频、视频等；按数据关系可分为结构化、半结构化、非结构化数据；按数据所有者可分为公司数据、政府数据、社会数据等。多种多样的数据构成了庞大的数据体系，因而难以使用单一描述对数据进行全面分类。

3. 高速性

数据的增长速度快，这就要求数据访问、处理、交付等的速度也要快。数据创建、处理和分析的速度持续加快，其原因是数据创建的实时性属性，以及需要将流数据结合到业务流程和决策过程中的要求。

分析的速度影响从数据创建或获取到数据可以访问的时间差。在当前的信息社会，数据正时时刻刻以传统系统不可能达到的速度产生、获取、存储和分析。例如，对于实时欺诈监测或多渠道营销等对时间敏感的流程，某些类型的数据必须实时分析才能对业务产生价值。

4. 价值性

大数据价值巨大。大数据能够通过规模效应将低价值密度的数据整合为高价值、作用巨大的信息资产。如美国社交网站 Facebook 有 10 亿用户，网站对这些用户信息进行分析后，广告商可根据结果精准投放广告。对广告商而言，10 亿用户的数据价值上千亿美元。据相关资料报道，早在 2012 年，运用大数据的世界贸易额已达 60 亿美元。

5. 易变性

弗雷斯特研究公司分析师布赖恩·霍普金斯和鲍里斯·埃韦尔松（Boris Evelson）指

出，大数据具有多层结构，这意味着大数据会呈现出多变的形式和类型。相较于传统的业务数据，大数据存在不规则和模糊不清的特性，使得很难甚至无法使用传统的应用软件对其进行分析。

6.准确性

准确性亦可称为真实性，其中包括可信性、真伪性、来源和信誉的有效性和可审计性等子特征。一方面，对于网络环境下如此大量的数据需要采取措施确保其真实性、客观性，这是大数据技术与业务发展的迫切需求；另一方面，通过大数据分析，真实地还原和预测事物的本来面目也是大数据未来发展的趋势。IBM 商业价值研究院在发布的《分析：大数据在现实世界中的应用》报告中指出，追求高数据质量是一项重要的要求和挑战，但是即使最优秀的数据清理方法也无法消除某些数据固有的不可预测性。不确定性的确认和规划的需求是大数据的一个分析维度，引入这个维度可以更好地认知数据的突变，对各种情况提出相应预案。

5.1.2　大数据相关的技术综述

大数据技术涵盖了多个领域，它的应用是一个系统工程。为了使读者有一个清晰的理解，以下列出了一些常见技术概念的解释。

1.分布式系统

对于分布式系统还没有统一的定义，但是分布式系统都具有以下特征：系统由两台以上的计算机构成；系统中的计算机是互相连接的；每台计算机是独立自主的，各自完成自己的工作；系统在逻辑上是一个整体。在大数据场景下，计算任务往往是单个计算节点无法完成的，所以会由多个计算节点处理各自分得的计算任务，最后再将各自的结果汇总，得到整体的分析结果。

2.算法

算法是对解决特定问题求解步骤的描述，在计算机中表现为指令的有限序列，并且每条指令表示一个或多个操作。算法在大数据场景下可以理解成一种数学公式或用于进行数据分析的统计学过程，在大规模的数据之上使用算法，从而获取有价值的信息。

3.数据湖

数据湖是一个以大量原始格式保存了公司级别的数据知识库。这里要补充介绍一下数据仓库，数据仓库是一个与数据湖类似的概念，但不同的是，数据仓库保存的是经过清理并且和其他资源整合后的结构化数据。一般来说，一个数据湖可以让用户更方便地接触到真正需要的数据，还可以更方便地处理、更有效地使用数据。

4.数据挖掘

数据挖掘需对大量数据运用多种手段，识别出隐含的、先前未知的并有潜在价值的数据模式。它与数据分析息息相关,为了得到有意义的模式,数据挖掘人员会使用统计学和人工智能等多种方法对数据进行处理。

5. 分布式文件系统

大数据由于数据规模过大,不能存储在一个单独的系统中,分布式文件系统则提供了一个能够把大量数据存储在多个存储设备上的文件系统,允许文件通过网络在多台主机上分享,充分利用多台设备的存储资源,从而减少存储大量数据的成本和复杂度。此外,分布式文件系统在访问时是无感知的,使用者无须关心数据实际分布的网络位置,可以像使用本地磁盘一般访问数据。

分布式文件系统的容错性保证了即使系统中有某些节点脱机,整体来说系统仍然可以持续运作而不会有数据损失。由于分布式的特性,使得分布式文件系统的可扩展性强,增加存储节点和追踪器都比较容易。

6. 内存计算

内存计算不是一个新的概念,只是受当时硬件的发展所限,没有得到进一步的研究。关于内存计算这个概念,至今没有统一的定义。Gartner 公司对其定义为:一种应用平台中间件,实现分布式、可靠及可扩展性、强一致或最终一致性的内存 NoSQL(非关系型的数据库)数据存储,可供多个应用共享。

内存计算主要用于数据密集型计算的处理,尤其是数据量巨大且需要实时分析处理的计算。这类应用以数据为中心,需要非常高的数据传输及处理速率,因此在内存计算模式中,数据的存储与传输取代了计算任务成为新的核心。

随着内存价格大幅下跌,内存容量增长,信息更易于存入专用服务器内存,而不是存储在速度较慢的磁盘中。内存计算能帮助商务用户快速地进行模式识别、及时分析大数据,主要有以下特性:硬件方面拥有大容量内存;具有良好的编程模型和编程接口;主要面向数据密集型应用,数据规模大,处理实时性要求高;大多支持并行处理数据。

7. 机器学习

从广义上来说,机器学习是一种能够赋予机器学习的能力,以此让它完成直接编程无法完成的功能的方法。但从实践的意义上来说,机器学习是一种通过利用数据,训练得出模型,然后使用模型预测的一种方法。

机器学习是基于已有数据去学习、调整和提升的系统,使用设定的预测和统计算法,持续地逼近正确的行为和想法。机器学习使用这些规律对未知问题与未来进行推测,从而为指导提供支撑作用。

8. 结构化与非结构化数据

数据是否为结构化数据是大数据中常见的分类指标之一。结构化数据基本上指那些能够被保存在关系型数据库中的数据,以这种方式组织的数据可以与其他数据通过表格来关联。非结构化数据是指任何不能够被保存在关系型数据库中的数据，例如邮件信息、社交媒体上的状态，以及人类语音等。

9. 半结构化数据

半结构化数据指没有以传统的方法进行格式化的数据，例如与传统数据库相关的数据域或者常用的数据模型。半结构化数据也不是完全原始的数据或者完全非结构化的数据，它可能会包含一些数据表、标签或者其他的结构元素。半结构化数据的例子有图、表、XML 文档以及电子邮件。半结构化数据在面向对象数据库中经常能够找到。

10. 商业智能

商业智能是一个总称，包括应用程序、基础设施、工具以及最佳实践，它可以访问和分析信息，从而改善和优化决策及绩效。

11. 聚类分析

聚类分析是一个试图识别数据结构的探索性分析，也称为分割分析或分类分析。更具体地说，它试图确定案例的同质组，即观察、参与者、受访者。如果分组以前未知，则使用聚类分析来识别案例组。因为其探索性，对依赖变量和独立变量进行了区分。

12. 比较分析

大数据的关键就在于分析，顾名思义，比较分析是使用诸如模式分析、过滤和决策树分析等统计技术来比较多个进程、数据集或其他对象。比较分析可用于医疗保健领域，通过比较大量的医疗记录、文件、图像等，给出更有效和更准确的医疗诊断。

13. 关联分析

关联分析又称关联挖掘，就是在交易数据、关系数据或其他信息载体中，查找存在于实体集合或记录集合之间的常规模式、关联、相关性或因果结构。

关联分析可以帮助发现人、产品、网络中存在的联系，甚至是数据与多个网络结合之间的相关连接和影响。

14. 数据清洗

数据清洗涉及检测并更正或者删除数据库中不准确的数据或记录，然后记住"脏数据"。借助于自动化或者人工工具和算法，数据分析师能够更正并进一步丰富数据，以提高数据质量。

15. 图数据库

图数据库使用节点和边这样的概念来代表实体之间的关系，这种通用结构可以对各种场景进行建模，实现对复杂关系模型的分析。图数据存储在图数据库中，图数据库对于图的存储与计算做了定向优化，可以很好地支撑图的场景。

16. 元数据

元数据是指能够描述其他数据的数据。元数据总结了数据的基本信息，这使得查找和使用特定的数据实例变得更加容易，例如，作者、数据的创建日期、修改日期以及大小，这几项是基本的文档元数据。除了文档文件之外，元数据还被用于图像、视频、电子表格和网页。

17. 自然语言处理

自然语言处理处于计算机科学、人工智能和语言学的交叉领域，是让计算机更加准确地理解人类日常语言的软件算法，能够让人类更加自然、更加有效地与计算机交互，以执行诸如语言翻译和问题回答等任务。

18. 可视化

可视化并不止于简单的统计图表，而是能够包含数据的很多变量的同时还具有可读性和可理解性的复杂图表。通过可视化的成果，有助于大众快速理解数据在某方面的价值，可视化赋予无法被人感知的数据以表达能力，让数据通过更直观的方式被人理解。

5.1.3　大数据发展历程

随着技术手段的不断进步，大数据生态也越来越成熟，根据观察研究，我们将大数据的发展历程可以简单概括为三个阶段：萌芽期、发展期和成熟期。

1. 萌芽期

大数据的萌芽可以追溯自 20 世纪 90 年代兴起的复杂性科学，其为人类提供了有机自然观，全局、关联、演化的复杂性思维方式和新的科学理论与方法，也为大数据提供了理论基础，促成了大数据的形成。

1997 年 10 月，美国国家航空航天局（NASA）阿姆斯研究中心的迈克尔·考克斯（Michael Cox）和大卫·埃尔斯沃斯（David Ellsworth）在第八届美国电气和电子工程师协会（Institute of Electrical and Electronics Engineers，IEEE）关于可视化的会议论文集中首次使用了"大数据"概念，并界定了其内涵。他们表示，日新月异的计算机技术迅猛发展，带动了数据处理技术的革新，促使人类重新调整自身认识问题与解决问题的方法。

1999 年 8 月，史蒂夫·布赖森（Steve Bryson）等在《美国计算机和协会通讯》上发表了以《大数据的科学可视化》为副标题的论文，首次在期刊中使用"大数据"这一术语。

这一阶段的"大数据"多是一种概念构想，并逐渐开始被一些研究者作为一个术语使用，仅仅是指"大量的数据或数据集"这样的字面含义，还没有涵盖到相关的收集、存储、分析、应用等技术方法与特征内涵。

2. 发展期

20 世纪末—21 世纪初是大数据的发展期，在这一阶段的重点表现是大数据逐渐形成一个体系，受到学术界的研究者关注。如经济学家弗朗西斯·X. 迪博尔德（Francis X. Diebold）在 2000 年撰写的《大数据，宏观经济度量与预测动态因素模型》中论述了大数据在经济分析方面的运用；英国自然（Nature）、美国科学（Science）等期刊分别出版了大数据专刊，从互联网技术、互联网经济学、超级计算、环境科学、生物医药等多个方面讨论了大数据处理面临的各种问题。在这一阶段中，大数据逐渐为理论界的研究者所关注，相关的定义、内涵、特性也得到了进一步的丰富。

3. 成熟期

2011 年至今是大数据发展的成熟阶段。2011 年 5 月，麦肯锡全球研究院发布了《大数据：下一个具有创新力、竞争力与生产力的前沿领域》报告里，系统地阐述了大数据的概念，列举了大数据的核心技术，分析了大数据在不同行业的应用，提出了政府和企业决策者应对大数据发展的策略。

2012 年，瑞士达沃斯召开的世界经济论坛上，大数据成为主题之一。同时，会上发布的报告《大数据，大影响》宣称，数据已经成为一种新的经济资产类别，就像货币或黄金一样。

2014 年后，世界经济论坛以"大数据的回报与风险"为主题发布了《全球信息技术报告》（第 13 版）；美国发布了《大数据：抓住机遇、保存价值》；联合国启动"全球脉动"计划，并发布了《大数据促发展：挑战与机遇》；中国发布了《促进大数据发展行动纲要》；经济合作与发展组织（OECD）推出《使用大数据做决策》。

越来越多的研究者对大数据的认识也从技术概念丰富到了信息资产与思维变革等多个维度，一些国家、社会组织、企业开始将大数据上升为重要战略。

5.1.4 大数据的发展趋势

1. 人工智能、大数据和云计算将高度融合为一体化的系统

产业变革和工业 4.0 发展的要求催生了技术融合的发展。当前无论是公有云还是专有云，云服务提供商都倾向于提供一体化的平台，为用户提供统一的人工智能分析建模、大数据计算以及资源分配与共享管理功能，从而增加便利性、降低使用成本、丰富业务场景。反映在云服务内容上，无论是国外亚马逊的 AWS、微软的 Azure、谷歌的 Google Cloud，还是国内的阿里云、腾讯云，都已经不满足于仅仅提供基础设施即服务（IaaS）层虚拟化的能力，而是更多地提供大数据存储及智能分析的软件即服务（SaaS）能力，这将大大加快云用户在此基础上拓展业务能力的步伐。

2. 机器学习成为大数据智能分析的核心技术

大数据的价值是潜在的，不具备表象性，无法被直观感受到。管理大数据的价值在于利用大数据，而如果没有机器学习技术对大数据进行分析，大数据的利用将无从谈起。随

着机器学习与数据科学家的关系越来越紧密，对于数据科学领域的职业发展而言，掌握机器学习的基础技能将成为一种必备技能。在大数据时代，依靠大数据管理和高性能计算的支持，机器学习将成为大数据智能分析的核心技术。

3. 大数据的安全和隐私保护成为研究和应用热点

2018 年，一个标志性的事件使得数据安全与隐私保护成为政府、学术界和产业界共同关注的焦点，这就是欧盟《通用数据保护条例》（GDPR）的推出。GDPR 引发了全球各行各业，特别是互联网巨头的高度关注。GDPR 中的相关条款（如适用范围的扩大、对数据主体权利的提升、对数据控制者和处理者严格的问责制度、对数据画像的特别限制等）对现有的数据安全机制提出了更高的要求，这也使得人们对数据安全和隐私保护问题的关注度得到了提升。

4. 数据科学带动多学科融合，基础理论研究受到重视

基础理论研究受到重视，但未见突破。在大数据时代，许多学科表面上看研究的方向大不相同，但是从数据的视角看，它们其实是相通的。随着社会的数字化程度逐步加深，越来越多的学科将在数据层面趋于一致，可以采用相似的思想进行统一的研究。"数据科学发现范式"成为多学科通用的研究范式，因此数据科学对多学科融合的推动作用受到了广泛认可。

作为一门与数学、计算机等学科相关的交叉学科，虽然数据科学已经初具规模，国内也出现了相关的专业设置、课程设置、标准教材，但数据科学自身仍然缺少突破性的理论成果。对科学问题的认识和求解需要一个过程且有不确定性，近期仍然很难取得重大突破。

5. 基于知识图谱的大数据应用成为热门应用场景

知识图谱（knowledge graph）是一种以符号形式描述物理世界中的概念、实体及其关系的网状知识结构。基于知识图谱建立大数据表述的实体间的关联关系，并以此为基础开展各类个性化的应用成为发展趋势。当前知识图谱技术主要应用于智能语义搜索（如 Knowledge Vault）、移动个人助理（如 Google Now、Apple Siri）以及深度问答系统（如 IBM Watson、Wolfram Alpha）等。随着智能音箱、语音助手、智能客服、知识问答等应用的成熟，普通人在日常生活中已经不知不觉地享受到知识图谱带来的种种便利，预期未来基于知识图谱的大数据应用将会渗透到更多的领域和场景。

6. 数据的语义化和知识化是数据价值的基础问题

数据语义化是通过符号变换将文档转换成机器可"理解"的符号的过程；数据知识化是在语义化的基础上，进一步挖掘并展示数据深层含义的过程，这两个过程是知识自动发现和挖掘的基础。从大数据中获得知识和价值是人们利用大数据的一个基本需求。在当前热门的大数据应用中，从知识图谱到多种自然语言问答应用的出现，可以推断广大用户在大数据时代获取信息时，越来越需要数据和信息的知识化组织和语义关联。

7.数据科学与人工智能的结合越来越紧密

目前，数据科学与人工智能虽然是两个各自独立的学科，但二者的问题空间也有一定的重合度，且均与计算机、数学，特别是统计学有着密切的联系。近年来，人工智能已经成为推动数据科学发展的核心驱动力，大量工作与两个学科同时关联，例如为了应用人工智能技术而借助数据科学的理论和方法进行数据管理，或者为了挖掘数据的价值而借助人工智能技术进行数据分析。相信随着更多应用场景的拓展，两个学科的界限也会越来越模糊。

8.大数据处理多样化模式并存融合，基于海量知识仍是主流智能模式

大数据处理多样化模式并存融合，基于海量知识仍是主流智能模式。在大数据处理模式方面，专家们认为批量计算、流式计算和内存计算等多种大数据计算模式将同时存在，一些技术将趋于融合。现实中的需求是多样化的，不同业务场景中数据的量级、产生的速度、对时延的容忍度、计算的模式（历史、实时）等差异巨大，这就需要有多样化的模式来满足差异化的需求。

在数据工程领域，知识是更高层次的数据。海量知识来源于对海量数据的语义挖掘、信息抽取和知识库构建。通过从数据中提炼信息和知识，可以消除原始数据中的不确定性、补充信息的上下文、降低特定问题搜索空间。在海量知识的基础上进行检索和推理，是当前火热的各类"智能助手"背后的核心技术。

大数据已经成为各行各业的底层共性技术，进入了一个稳定发展的时期。在这种情况下，所谓的"趋势"，其实已经成为支撑领域发展不可或缺的"支点"，而相对稳定的支点是一个行业发展成熟的重要标志。

大数据技术已经在越来越多的领域成为数据处理与分析中不可或缺的一部分，随着大数据分析模式的成熟与技术覆盖，大数据必然在更多传统领域发掘出更多有意义的数据价值。

5.1.5 大数据关键技术

大数据价值的完整体现需要多种技术的协同，各种大数据的应用离不开底层技术的支撑。纵观数据流转的整体过程，大数据技术就是从各种类型的数据中快速获得有价值信息的技术。大数据关键技术可分为大数据采集技术、大数据预处理技术、大数据存储与管理技术、大数据分析与挖掘技术、大数据展现与应用技术（大数据检索、大数据可视化、大数据应用等）、大数据安全与隐私保护技术等。通过这些技术，我们得以对各类数据完成数据采集、预处理、存储、分析、展示等各项操作，从而发掘出数据的价值。

1.大数据采集技术

大数据采集技术是指通过对接不同类型、不同存储介质的数据源，获得各种类型的结构化、半结构化及非结构化的海量数据，并最终将这些数据接入大数据平台过程中所需要

的一系列相关技术。

数据采集主要是通过 RFID 射频数据、传感器数据、社交网络交互数据及移动互联网数据等方式获得的各种类型的结构化、半结构化（或称之为弱结构化）及非结构化的海量数据，是大数据知识服务模型的根本。重点要突破分布式高速高可靠数据爬取或采集、高速数据全映像等大数据收集技术；突破高速数据解析、转换与装载等大数据整合技术；设计质量评估模型，开发数据质量技术。

大数据采集一般分为大数据智能感知层，主要包括：数据传感体系、网络通信体系、传感适配体系、智能识别体系及软硬件资源接入系统。它们可实现对结构化、半结构化、非结构化的海量数据的智能化识别、定位、跟踪、接入、传输、信号转换、监控、初步处理和管理等。对于智能感知层必须着重攻克针对大数据源的智能识别、感知、适配、传输、接入等技术。基础支撑层：提供大数据服务平台所需的虚拟服务器，结构化、半结构化及非结构化数据的数据库及物联网资源等基础支撑环境。对于基础支撑层需要重点攻克分布式虚拟存储技术，大数据获取、存储、组织、分析和决策操作的可视化接口技术，大数据的网络传输与压缩技术，大数据隐私保护技术等。

因为大数据场景下数据源多种多样，数据量大，产生速度快，所以大数据采集技术也面临着许多技术挑战，必须保证数据采集的可靠性和高效性，还要避免重复数据。针对不同场景的特性，目前有不同的大数据组件来支持对应场景的数据采集过程。

2. 大数据预处理技术

大数据预处理主要完成对已接收数据的辨析、抽取、清洗等操作。

（1）抽取。因获取的数据可能具有多种结构和类型，数据抽取过程可以帮助我们将这些复杂的数据转化为单一的或者便于处理的结构类型，以达到快速分析处理的目的。

（2）清洗。大数据并不全是有价值的，有些数据并不是我们所关心的内容，而另一些数据则是完全错误的干扰项，因此要对数据通过过滤"去噪"从而提取出有效数据。

3. 大数据存储与管理技术

大数据存储与管理要用存储器把采集到的数据存储起来，建立相应的数据库，并进行管理和调用。其重点解决复杂结构化、半结构化和非结构化大数据管理与处理技术，并要解决大数据的可存储、可表示、可处理、可靠性及有效传输等几个关键问题。这包括：开发可靠的分布式文件系统（DFS）、能效优化的存储、计算融入存储、大数据的去冗余及高效低成本的大数据存储技术；突破分布式非关系型大数据管理与处理技术，异构数据的数据融合技术，数据组织技术，研究大数据建模技术；突破大数据索引技术；突破大数据移动、备份、复制等技术。

开发新型数据库技术，数据库分为关系型数据库、非关系型数据库以及数据库缓存系统。其中，非关系型数据库主要指的是 NoSQL 数据库，分为键值数据库、列存数据库、图存数据库以及文档数据库等类型。关系型数据库包含了传统关系数据库系统以及 NewSQL

数据库。

分布式系统包含多个自主的处理单元，通过计算机网络互连来协作完成分配的任务。分布式系统更能适应现在分布广泛的企业组织结构，而且可靠、响应速度更快。当今很多的互联网应用在本质上就是分布式的，例如基于 Web 的应用、电子商务、广告推送、在线游戏、生产控制系统等。

分布式架构通过分而治之的策略能够更好地解决大规模数据处理问题，这也是其能够得到广泛部署的根本原因。分布式存储系统的目的在于在多个节点上进行数据存储和管理，对外作为一个整体提供服务。分布式存储系统作为底层管理数据的基础设施，让分布式处理更加简单和高效。对分布式存储的研究已有三十多年，出现了多种系统，根据系统中数据存储格式和存取接口的不同可以把分布式存储系统分为分布式文件系统、分布式键值系统、分布式表格系统及分布式数据库。

4. 大数据分析与挖掘技术

大数据分析与挖掘技术主要有：改进已有数据挖掘和机器学习技术；开发数据网络挖掘、特异群组挖掘、图挖掘等新型数据挖掘技术；突破基于对象的数据连接、相似性连接等大数据融合技术；突破用户兴趣分析、网络行为分析、情感语义分析等面向领域的大数据挖掘技术。

数据挖掘就是从大量、不完全、有噪声、模糊、随机的实际应用数据中，提取隐含在其中的，人们事先不知道的，但又是潜在有用的信息和知识的过程。数据挖掘涉及的技术方法很多，有多种分类方法。

- 根据挖掘任务可分为分类或预测模型发现，数据总结、聚类、关联规则发现，序列模式发现，依赖关系或依赖模型发现，异常和趋势发现等。
- 根据挖掘对象可分为关系数据库、面向对象数据库、空间数据库、时态数据库、文本数据源、多媒体数据库、异质数据库、遗产数据库以及万维网 Web。
- 根据挖掘方法分类，可粗分为机器学习方法、统计方法、神经网络方法和数据库方法。机器学习可细分为归纳学习方法（决策树、规则归纳等）、基于范例学习、遗传算法等。统计方法可细分为回归分析（多元回归、自回归等）、判别分析（贝叶斯判别、费歇尔判别、非参数判别等）、聚类分析（系统聚类、动态聚类等）、探索性分析（主元分析法、相关分析法等）等。神经网络方法可细分为前向神经网络（BP 算法等）、自组织神经网络（自组织特征映射、竞争学习等）等。数据库方法主要是多维数据分析或 OLAP 方法，另外还有面向属性的归纳方法。

从挖掘任务和挖掘方法的角度来看，大数据分析与挖掘技术要着重突破以下几点：

（1）可视化分析。数据可视化无论对于普通用户还是数据分析专家，都是最基本的功能。数据图像化可以让数据自己说话，让用户直观地感受到结果。

（2）数据挖掘算法。图像化是将机器语言翻译给人看，而数据挖掘就是机器的母语。

分割、集群、孤立点分析以及各种各样的算法让我们能够精炼数据，挖掘价值。这些算法一定要能够应对大数据的量，同时还具有很高的处理速度。

（3）预测性分析。预测性分析可以让分析师根据图像化分析和数据挖掘的结果做出一些前瞻性判断。

（4）语义引擎。语义引擎需要设计成有足够的人工智能，以便从数据中主动地提取信息。语言处理技术包括机器翻译、情感分析、舆情分析、智能输入、问答系统等。

（5）数据质量和数据管理。数据质量与管理是管理的最佳实践，通过标准化流程和机器对数据进行处理可以确保获得一个预设质量的分析结果。

5. 大数据展现与应用技术

大数据技术能够将隐藏于海量数据中的信息和知识挖掘出来，为人类的社会经济活动提供依据，从而提高各个领域的运行效率，大大提高整个社会经济的集约化程度。

最常见的大数据应用的三大领域为商业智能、政府决策、公共服务。其应用技术包括：商业智能技术，政府决策技术，电信数据信息处理与挖掘技术，电网数据信息处理与挖掘技术，气象信息分析技术，环境监测技术，警务云应用系统（道路监控、视频监控、网络监控、智能交通、反电信诈骗、指挥调度等公安信息系统），大规模基因序列分析比对技术，Web 信息挖掘技术，多媒体数据并行化处理技术，影视制作渲染技术，其他各种行业的云计算和海量数据处理应用技术等。

6. 大数据安全与隐私保护技术

从技术上看，大数据与云计算的关系非常密切，就像一枚硬币的正反面一样密不可分。大数据的处理无法仅凭单台计算机完成，因此，大多采用分布式计算架构实现数据处理。云计算解决了大数据的运算平台问题，而且大数据的存储也需要云平台的支撑。那么，大数据所面临的安全访问控制、数据存储安全也就必然涉及云计算安全问题。

涉及大数据安全与隐私保护的技术主要有数据访问控制技术、可搜索数据加密以及大数据脱敏技术等，本书不再赘述，感兴趣的读者可进一步参考《云 +AI+5G 驱动的数字化转型实践之道》一书的 6.4.4 小节。

5.2　AI 的概念及发展概述

5.2.1　AI 的概念

人工智能（AI）是研究、开发用于模拟、延伸和扩展人的智能的理论、方法、技术及其应用系统的一门科学技术。AI 是计算机科学的一个分支，它试图了解智能的实质，并生产出一种新的能与人类智能相似的方式做出反应的智能机器。该领域的研究包括机器人、语言识别、图像识别、自然语言处理和专家系统等。AI 从诞生到现在，其理论和技术日益成熟，应用领域也不断扩大，未来 AI 带给世界的将是颠覆性的变化，将会是人类智慧的放大和延伸，进而超越人类。

AI 是对人的意识、思维信息过程的模拟。AI 不是人的智能，但能像人那样思考，也可能超越人类的智能。在业内人士看来，AI 是新一轮产业变革的核心驱动力，将进一步释放历次科技革命和产业变革积蓄的巨大能量，并创造新的强大引擎，重构生产、分配、交换、消费等经济活动各环节，形成从宏观到微观各领域的智能化新需求，催生新技术、新产品、新产业、新业态、新模式。

AI 正在与各行各业快速融合，助力传统行业转型升级、提质增效，在全球范围内引发全新的产业浪潮。据专业机构发布的关于人工智能对全球经济影响的报告显示，到 2030 年，全球 GDP 的 14% 将由 AI 带动。华为发布的《GIV 2025：打开智能世界产业版图》白皮书也指出，基于 ICT 网络、以 AI 为引擎的第四次技术革命正将我们带入一个万物感知、万物互联、万物智能的智能世界。到 2025 年，全球物联数量达 1000 亿，企业对 AI 的采用率将达到 86%，创造出 23 万亿美元的数字经济。

5.2.2　AI 发展历程

从 20 世纪 50 年代开始，人工智能的研究从技术上经历了三个阶段：人工智能萌芽与创立早期、多流派共同发展期和深度学习发展期。

1. 第一阶段：人工智能萌芽与创立早期（1940—1956 年）

早期的人工智能研究可以追溯到 20 世纪 30 年代末到 50 年代初的一系列交叉学科研究。控制论之父维纳描述了电子信号网络的控制和稳定性，开创了一个全新的学科"控制科学"，也开创了人工智能中的行为主义学派；克劳德·香农提出的信息论则描述了数字信号（即高低电平代表的二进制信号）；图灵的计算理论证明数字信号足以描述任何形式的计算。这些密切相关的交叉学科研究为人工智能的发展奠定了坚实的基础。

研究人员除了提出很多与人工智能相关的理论，还在人工智能的实现上做出了非常多的有意义的工作，比如下面介绍的一些有意义的实际项目。

1）早期游戏 AI

1951 年，克里斯·托弗使用曼彻斯特大学的 Ferranti Mark 机器写出了一个西洋跳棋程序；迪特里希·普林茨写出了一个国际象棋程序；阿瑟·塞缪尔在 20 世纪 50 年代中期和 60 年代初期开发的国际象棋程序的棋力已经可以挑战具有相当水平的业余爱好者。时至今日，游戏 AI 一直被认为是评价人工智能发展水平的标准。

2）图灵测试

1950 年，英国数学家图灵发表了题为《计算机与智能》（*Computer Machinery and Intelligence*）的论文，论述并提出了著名的"图灵测试"，文中预言了创造出具有真正智能的机器的可能性。由于注意到"智能"这一概念难以准确定义，他提出了著名的图灵测试：如果一台机器能够与人类展开对话（通过电传设备）而不被辨别出其机器身份，那么称这台机器具有智能。这一对"智能"概念的简化使得图灵能够令人信服地说明"思考的机器"是可能的。

3）符号推理与"逻辑理论家"程序

20 世纪 50 年代中期，随着数字计算机的兴起，一些科学家直觉地感到可以进行数字操作的机器也应当可以进行符号操作，而符号操作可能是人类思维的本质。这是创造智能机器的一条新路。

1955 年，纽厄尔和西蒙在肖乌的协助下开发了"逻辑理论家"（LT）。这个程序能够证明《数学原理》中前 52 个定理中的 38 个，其中某些证明比原著更加新颖和精巧。西蒙认为他们已经"解决了神秘的心 / 身问题，解释了物质构成的系统如何获得心灵的性质。"

20 世纪 50 年代，也就是在第二次世界大战结束不久，战争中的很多军用技术蓬勃发展。战后的美国，科学家和技术专家不断推动这些技术的发展，甚至形成了新的学科，比如维纳的控制论和香农的信息论。

1956 年达特茅斯会议的组织者是马文·明斯基、约翰·麦卡锡和两位资深科学家克劳德·香农、内森·罗切斯特，见图 5-1。会议提出的断言之一是"学习或者智能的任何其他特性的每一个方面都应能被精确地加以描述，使得机器可以对其进行模拟。"与会者还包括雷·索洛莫诺夫、奥利弗·塞弗里奇、特伦查德·莫尔、阿瑟·塞缪尔、艾伦·纽厄尔和赫伯特·西蒙，他们中的每一位都在日后的 AI 发展历程中做出了重要贡献。

| 约翰·麦卡锡 | 马文·明斯基 | 克劳德·香农 | 雷·索洛莫诺夫 | 艾伦·纽厄尔 |
| John MacCarthy | Marvin Minsky | Claude Shannon | Ray Solomonoff | Alan Newell |

| 赫伯特·西蒙 | 阿瑟·塞缪尔 | 奥利弗·塞弗里奇 | 内森·罗切斯特 | 特伦查德·莫尔 |
| Herbert Simon | Arthur Samuel | Oliver Selfridge | Nathaniel Rochester | Trenchard More |

图 5-1　1956 年参与达特茅斯会议的部分科学家

在这次会议上，约翰·麦卡锡与多位专家激烈讨论，最终将"人工智能"确立为这一门新学科的名称。在大会召开的几天的讨论中，这些在数学、逻辑学和信息学领域的专家同时也讨论了人工智能、神经网络等问题。会议后大家分别回到自己的大学把新的想法吸收创新，不但使所在大学成为了人工智能研究的重镇，还为后来人工智能学科的发展奠定了基础。

2. 第二阶段：多流派共同发展期（1956—2006 年）

早期人工智能研究者主要分为三个流派，三个流派的研究势头在过去的几十年里此消彼长。

1）符号主义——数理逻辑学派

符号主义又称逻辑主义和物理符号系统假设。符号主义学派认为人工智能源于认为智力的本质是推理和证明，人类认知和思维的基本单元是符号，而认知过程就是在符号表示上的一种运算。符号主义学派致力于用某种符号来描述人类的认知过程，并把这种符号输入到能处理符号的计算机中，从而模拟人类的认知过程，实现人工智能。

基于符号主义的系统需要演绎归纳、逻辑推理，以及在特定模型下求解的搜索算法，包括专家系统、约束求解器和规划系统。此外，该系统通常还包括一些能控制不确定性与风险的变量。

符号主义学派是以逻辑作为工具发展起来的一派人工智能理论。符号主义学派在刚开始占据主流地位，因为此时联结主义所需要的算法、算力、数据三大条件不具备。

数理逻辑从 19 世纪末起就获得迅速发展，到 20 世纪 30 年代开始用于描述智能行为。计算机出现后，又在计算机上实现了逻辑演绎系统。其有代表性的成果为启发式程序"逻辑理论家"，它证明了 38 条数学定理，表明了可以应用计算机研究人的思维过程，模拟人类智能活动。在自动定理证明方面，鲁滨逊于 1965 年提出了一阶谓词演算中的消解原理，成为自动定理证明中的重大突破。之后为了提高消解效率，人们相继提出了许多新的消解策略。

正是这些符号主义者，在 1956 年首先采用"人工智能"这个术语。后来又先后发展了启发式算法、专家系统、知识工程理论与技术，并在 20 世纪 80 年代取得很大发展。

基于符号主义的专家系统，如深蓝（Deep Blue）成为当时人工智能发展的典型代表。该系统是一个基于两人零和组合博弈的人工智能系统，核心技术是麦卡锡发明的 Alpha-Beta 剪枝术和专家系统。在 1997 年，深蓝战胜了世界象棋冠军卡斯帕罗夫。

在专家系统方面，地矿勘探专家系统 Prospector 拥有 15 种矿藏知识，能根据岩石标本及地质勘探数据对矿藏资源进行评估和预测，能对矿藏分布、储藏量、品位及开采价值等进行推断，制订合理的开采方案，利用 Prospector 专家系统成功地找到了超亿美元的钼矿。专家系统 MYCIN 能识别 51 种病菌，正确使用 23 种抗菌素，这一系统成功地处理了数百个病例，并通过了严格的测试，显示出了较高的医疗水平。美国 DEC 公司的专家系统 XCON 能根据用户的要求确定计算机的配置，仅用半分钟就能完成专家需要 3 小时才能完成的工作。信用卡认证辅助决策专家系统 American Express 能够防止不应有的损失，据说每年可节省 2700 万美元左右。可见专家系统的研究在多个领域取得了重大突破，各种专家系统不断地被建立起来，产生了巨大的经济效益及社会效益。

符号主义学派曾长期一枝独秀，为人工智能的发展做出重要贡献，尤其是专家系统的成功开发与应用，对人工智能走向工程应用和实现理论联系实际具有特别重要的意义。在人工智能的其他学派出现后，符号主义学派仍然是人工智能的主流派别。这个学派的代表人物有纽厄尔、西蒙和尼尔逊等。

2）联结主义——仿生学派

这一派被称为联结主义或仿生学派，认为人工智能需要通过仿生学来实现。联结主义 AI 取名自网络拓扑学。联结主义 AI 中知名度最高的是人工神经网络（ANN）技术。它由多层节点（即神经元）组成，这些节点可处理输入信号，并通过权重系数实现彼此的联结，并相互挤压形成下一层。支持向量机（SVM）也属于联结主义 AI。

人工神经网络大小不一，形状各异，包括卷积神经网络（擅长图像识别与位图文件分类）与长短期记忆网络（主要应用于时间序列分析等时间类问题）等。深度学习与人工神经网络有异曲同工之妙。

联结主义学派通过算法模拟神经元，并把这样一个单元叫作感知机；将多个感知机组成一层网络，多层这样的网络互相连接最终得到神经网络。这一学派认为人工智能源于仿生学，特别是人脑模型的研究。联结主义学派从神经生理学和认知科学的研究成果出发，把人的智能归结为人脑的高层活动的结果，强调智能活动是由大量简单的单元通过复杂的相互连接后并行运行的结果。我们可以根据要解决的实际问题来构建神经网络，进而用数据不断训练这一网络，调整连接权重来模拟智能。

20 世纪 60—70 年代，联结主义，尤其是对以感知机为代表的脑模型的研究曾出现过热潮。1969 年符号主义学派的明斯基和帕伯特针对感知机，提出一个重大问题，即单层的 MP 模型解决不了异或（XOR）问题。由于当时的理论模型、生物原型和技术条件的限制，脑模型研究在 70 年代后期—80 年代初期落入低潮。直到霍普菲尔德（Hopfield）教授在 1982 年和 1984 年发表两篇重要论文，提出用硬件模拟神经网络后，联结主义才又重新抬头。1986 年鲁梅尔哈特等人提出多层网络中的反向传播（BP）算法，该技术的关键在于，用户无须指定模拟领域的规则，神经网络可以从训练数据中自行摸索，而用户只需提供输入数据与输出数据采样（数据采样规模越大、种类越多，效果越好）。联结主义算法不断采用回归模型来调节中间变量的权重系数，直到找到最优模型为止。它通过梯度下降算法来调整权重，将所有训练数据点的累积误差最小化。

因为这些技术是有效的误差最小化算法，所以它们天生具有抗噪性，能消除异常值并将所得数值收敛于误差范围之内。

这些算法并不需要一个包罗万物的普适模型，只要有足够的样本数据，便可从统计学意义上自行推导出那个模型。这既是联结主义算法的长处，也是它的软肋。输入特征必须谨慎选择，并通过规范化、精细化处理来避免某一个特征喧宾夺主。此外，输入特征还要预处理，这对数据分类来说意义重大。

此后，联结主义学派势头大振，从模型到算法，从理论分析到工程实现，为神经网络计算机走向市场打下基础。

3）行为主义——控制论学派

行为主义学派又称控制论学派，该学派认为应该从模拟行为的方向来突破人工智能发展。

行为主义学派认为人工智能源于控制论。控制论思想早在20世纪40—50年代就成为时代思潮的重要部分，极大地促进了早期的人工智能发展。比如维纳和麦克洛等提出的控制论和自组织系统以及钱学森等提出的工程控制论和生物控制论，这些理论影响了许多相关领域。控制论把神经系统的工作原理与信息论、控制理论、逻辑理论以及计算机理论等有机地联系起来。

控制论早期的研究工作重点是模拟人在控制过程中的智能行为和作用，如对自寻优、自适应、自校正、自镇定、自组织和自学习等控制论系统的研究。到20世纪60—70年代，上述这些控制论系统的研究才取得一定进展，为后来80年代的智能控制和智能机器人系统打下了基础。

3. 第三阶段：深度学习发展期（2006年至今）

人工智能第三阶段又分为两个时期：快速发展期（2006—2012年）与爆发期（2012年至今）。

1）快速发展期

2006年，可以说是深度学习元年，因为在这一年辛顿（Hinton）和他的学生萨拉赫丁诺夫正式提出深度学习概念，并在《科学》杂志上提出了深层网络训练中"梯度消失"问题的解决方案：无监督预训练对权值进行初始化＋有监督训练微调。其主要思想是利用一种叫自动编码器的深层神经网络，先通过自学习的方法学习到训练数据的内部特征，然后在该网络结构上进行有监督训练微调。

2009年，斯坦福大学的李飞飞带领学生创建了ImageNet图像数据集。这个庞大的训练数据集使研究人员比以往任何时候都更容易开发计算机视觉算法。这导致了一个基于特定数据集完成特定算法友好竞争的时代，世界各地的研究团队都在积极进行学术竞争，以期可以在ImageNet上训练出最准确的AI算法模型。

2009年夏天，微软公司的Lee邀请多伦多大学的神经网络大师辛顿去参观微软总部。那时Lee的团队正在研究深度神经网络在语音识别方面的应用。Lee对辛顿说使用深度学习方案的识别结果很不错，第一个原型准确度就提高了30%以上。

2011年，微软首次将深度学习应用在语音识别上，取得了重大突破。随后在2012年8月谷歌也应用了这项技术。

2）爆发期

2012年，辛顿课题组为了证明深度学习的潜力，首次参加ImageNet图像识别比赛，通过构建的卷积神经网络AlexNet一举夺得冠军。也正是由于该比赛，卷积神经网络吸引到了众多研究者的注意。

2014 年，Ian Goodfellow 等发表论文《对抗式生成网络》，提出了生成新样本这一创新应用。论文指出，对抗式生成网络可为 MNIST 手写数字数据集、CIFAR-10 图片数据集、多伦多人像数据集生成新样本。

2015 年，ImageNet 获奖论文提出的 ResNet 卷积神经网络超过人类水平准确率（top-5 错误率低于 5%），将错误率降到了 3% 以下。

2016 年，随着谷歌公司基于深度学习开发的 AlphaGo 以 4∶1 的比分战胜了国际顶尖围棋高手李世石，开启了人工智能发展的新时代。

总结过去 60 多年人工智能的发展历程，可以用图 5-2 简要描述。

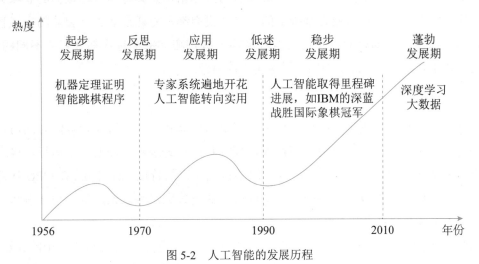

图 5-2　人工智能的发展历程

5.2.3　AI 三要素

纵观人工智能的发展历史，我们会发现神经网络这一概念已经在人工智能发展早期被研究人员提出来，其中典型的进展如下。

（1）20 世纪 40 年代沃伦·麦克洛克和沃尔特·皮特首次提出神经元的 MP 模型。

（2）20 世纪 40 年代末唐纳德·赫布提出 Hebb 学习规则。

（3）20 世纪 50 年代罗森布拉特发明了的一种称为感知器（Perceptron）的人工神经网络。

（4）20 世纪 70 年代保罗·韦伯斯发明了影响深远的著名 BP 神经网络学习算法。

（5）20 世纪 70 年代约翰·霍普菲尔德提出了连续和离散的 Hopfield 神经网络模型。

（6）20 世纪 80 年代，辛顿和同事设计了玻尔兹曼机，首次提出了“隐单元”的概念，并应用在全连接的反馈神经网络中。

卷积神经网络的研究始于 20 世纪 80—90 年代，过去的三十多年，它也只是小范围地在商业上落地使用，为何直到近些年才被大规模地应用呢？这主要是因为现在具备了以下三个重要因素：数据量足够大、算力足够强、算法技术的进步。

1. 数据量足够大

训练神经网络需要海量的信息，大规模的人工标注数据更是为其提供了便利。学习一个有效的特征表示需要大量的训练数据。目前商业公司的业务数据量呈爆发式增长，Facebook 每天收到超过 3.5 亿张图片，沃尔玛每小时产生 2.5PB 的用户数据，YouTube 每分钟有 300 小时的视频被上传。而开源的 ImageNet 大规模视觉识别数据集，提供了海量的训练数据和验证数据，为深度学习的科学研究打下了很好的基础。

近年来移动互联网的爆发式增长积累了大量的数据，同时物联网也极大地扩展了获取数据的数量和类型。事实上，相较于算法和算力，数据，尤其是高质量数据的获取会更难一些，因为它是建立在已有业务基础上的。以往我们都是先通过非人工智能的方式积累大量的数据，而现在初创企业要获得数据就需要一些技巧。每个时代都要解决不同的问题，今天人工智能公司也一样需要为用户解决实质性问题。

2. 算力足够强

半导体技术和计算机架构的进步提供了充足的计算能力，使得在合理的时间内训练算法成为可能。深度学习算法目前能够在大规模并行图形处理器（GPU）上运行，极大地提高了学习效率和预测能力。利用深度神经网络自主学习的特性，NVIDIA 在 GPU 计算或者说深度学习领域已经形成了完整的计算平台层的解决方案。可以说，每一个从事和人工智能相关的工作者都很难离开 GPU。

GPU 计算的进步对深度学习也有很大的推动作用，它能够加速深度学习中的计算速度，有些情况下甚至成百上千倍地提高。例如，深度学习算法涉及大量可以并行的矩阵运算，而 GPU 的工作方式就是多核并行计算，特别适合人工智能领域中的计算。此外，一些面向人工智能的专用硬件架构也开始出现，比如采用了 FPGA 的专用人工智能加速芯片和加速的基础设施，微软的数据中心就大量运用了 FPGA 技术。在二十年前，一个机器人需要使用 32 个 CPU，才可达到 120MHz 的速度。现在的人工智能系统使用成百上千个 GPU 来提升计算能力，使得学习能力得到较大的增强。例如，之前用 CPU 一个月才能算出结果，然后调整参数再运算，这样 1 年只能调整 12 次，也就是可以有 12 次迭代；使用 GPU 后大幅提高了计算速度，现在用 GPU 可能 1 天就算出结果，迭代得更快。这是技术大幅发展的条件。

3. 算法技术的进步

神经网络算法本身也在不断地发展，极大地提高了算法准确性并拓宽了应用范围。早期的神经网络应用打开了算法发展的大门。它激发了许多深度学习框架的发展（大多数都是开源的，像 Caffe、TensorFlow、PyTorch 等），使得众多研究者和从业者能够很容易地使用神经网络算法。

算法、数据量和算力成为人工智能可以高速发展的三要素，而且三要素缺一不可。对于一个企业而言，只有在这三方面都做好准备的时候，才可能使人工智能赋能业务变为现实。

5.2.4 AI 应用现状和未来发展趋势

1. AI 应用现状

AI 无论是在核心技术突破方面，还是在典型落地应用方面都已呈现出爆发式的发展趋势。随着平台、算法、交互方式的不断更新和突破，人工智能技术的发展将主要以"AI+X"的形态得以呈现，其中，X 为某一具体产业或行业。所有这些智能系统的出现，并不意味着对应行业或职业的消亡，而仅仅意味着职业模式的部分改变。任何有助于让机器（计算机）模拟、延伸和扩展人类智能的理论、方法和技术，都可视为人工智能的范畴，展现出无比光明的发展前景。

近几年，人工智能技术在实体经济中寻找落地应用场景成为核心要义，人工智能技术与传统行业经营模式及业务流程产生实质性融合，智能经济时代的全新产业版图初步显现。

在生活服务方面，人工智能技术目前已经在教育、医疗、金融、出行、物流等领域发挥巨大作用。在医疗方面，人工智能技术可协助医务人员完成患者病情的初步筛查与分诊；医疗数据智能分析或智能的医疗影像处理技术可帮助医生制订治疗方案，并通过可穿戴式设备等传感器实时了解患者各项身体指征，观察治疗效果；人工智能技术还可以用于靶点发现、药物研发等方面，极大提高药物研发效率。

在教育方面，人工智能技术可以应用在英语口语评测方面，机器自动批改作业，完成从线上布置作业到智能批改，生成学情报告的过程。人工智能系统还可以承担知识性教育的任务，从而使教师能将精力更多地集中于对学生系统思维能力、创新实践能力的培养。

在金融方面，人工智能技术将能协助银行建立更全面的征信和审核制度，从全局角度监测金融系统状态，抑制各类金融欺诈行为，同时为贷款等金融业务提供科学依据，为维护机构与个人的金融安全提供保障。

在出行方面，无人驾驶（或自动驾驶）已经取得了相当进展。

在物流方面，物流机器人已可以很大程度替代手工分拣，而仓储选址和管理、配送路线规划、用户需求分析等也将（或已经）走向智能化。

在社会生产方面，未来人工智能有望在传统农业转型中发挥重要作用。例如，通过遥感卫星、无人机等监测我国耕地的宏观和微观情况，由人工智能自动决定（或向管理员推荐）最合适的种植方案，并综合调度各类农用机械、设备协助完成方案。在制造业中，人工智能将可以协助设计人员完成产品的设计，理想情况下，可以很大程度上弥补中高端设计人员短缺的现状，从而大大提高制造业的产品设计能力。同时，通过挖掘、学习大量的生产和供应链数据，人工智能还可望推动资源的优化配置，提升企业效率。在理想情况下，企业里人工智能将从产品设计、原材料购买方案、原材料分配、生产制造、用户反馈数据采集与分析等方面为企业提供全流程支持，推动我国制造业转型和升级。

2. 人工智能的发展趋势

从核心技术的角度来看，以下三个层次的突破将有望进一步推动人工智能的发展，分别为平台（承载人工智能的物理设备、系统）、算法（人工智能的行为模式）以及接口（人工智能与外界的交互方式）。

在平台层面实现一个能服务于不同企业、不同需求的智能平台，将是未来技术发展的一大趋势。算法决定了人工智能的行为模式，一个人工智能系统即使有当前最先进的计算平台作为支撑，若没有配备有效的算法，则只会像一个四肢发达而头脑简单的人，并不能算真正具有智能。面向典型智能任务的算法设计，从人工智能这一概念诞生时起就是该领域的核心内容之一。

如何令算法通过自身的演化，自动适应这个"唯一不变的就是变化"的物理世界，这也许是"人工"智能迈向"类人"智能的关键。接口是人工智能与外界的交互方式，沟通是人类的一种基本行为。人工智能与人类的分界正变得模糊，一个中文聊天机器人也许比一位外国友人让我们觉得更容易沟通。

因此，如何实现人机的高效沟通与协同将具有重要意义。语音识别、自然语言理解是实现人机交互的关键技术之一。另外，不采用自然语言，而是直接通过脑电波与机器实现沟通，即脑机接口技术，也已有相当进展，目前已经大体可以实现用脑电波直接控制外部设备（如计算机、机械手等）进行简单的任务。

5.2.5　AI 关键技术

人工智能涉及的技术有很多，既包含算法层面的设计，也包含 AI 框架层面的使用和优化，还包含针对具体计算平台的软硬件协同的性能优化。从 AI 技术栈角度，大致可以分为算力层、框架层、算法层和任务层四个层面，如图 5-3 所示。

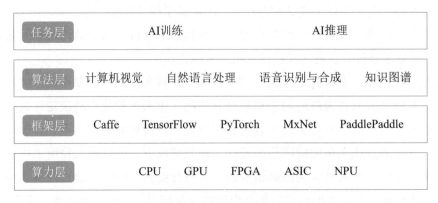

图 5-3　AI 技术栈

1. 任务层关键技术分析

在做 AI 任务的时候，通常会涉及两大环节，一是为了得到最优算法模型的过程，我们一般称作训练（Training），即面向具体的任务，选择最优的建模方法和参数；二是基于训练好的模型，根据实际数据进行预测的过程，我们一般称作推理（Inference），或预测（Predict）。可以理解为这就是我们在大多数情况下获得并使用知识的方式。

1）AI 训练

AI 训练过程，就是使用深度神经网络架构或者传统机器学习方法，根据具体的场景数据进行优化迭代，如常见的人脸识别、光学字符识别（OCR）、垃圾邮件检测等任务。从监督学习的角度看，需要先准备好对应的带标签样本数据。训练的过程就是根据网络的结构初步推断出其结果，然后根据此结果与标签值进行损失值计算，最后根据损失值对算法中的权重或者结构按照特定的规则进行更新，目的是使下一次的样本输入的预测值与其标签计算得到的损失值比第一次更小。依据这样的流程不断迭代，当预测值和其标签值的损失值小于某个很小的值时，训练过程结束；或者当训练的迭代次数进行到固定次数时（比如迭代 20 000 次），训练过程结束。

如果用画图的过程来比喻，则 AI 训练过程涉及两个子过程：选择图纸和修改图纸。

选择图纸：建模可以使用不同的"图纸"，对应到不同的算法有 Logistic、SVM、Bayes、DNN，根据这四种不同的图纸，选择最像任务目标的模型。

修改图纸：根据 Logistic 回归，设置不同的参数。比如 Logistic 回归有个参数 alpha，分别设置为 0.8、1、5 时会生成三个不同的模型。根据不同的模型结果，我们可以判断哪个参数值最佳。

2）AI 推理

AI 推理的过程相对简单很多，没有复杂的权重或者结构更新的过程，也没有反反复复的迭代过程，仅仅是把不带标签的数据输入到 AI 算法中，使用训练过程中得到的模型权重，进行一次计算即可。算法的输出值就是该输入数据的推理或预测结果。简单地说，AI 推理就是使用 AI 算法把从训练中学习到的能力应用到实际工作中去。从这里可以看出，AI 推理的过程可以理解为应用图纸的过程。

AI 训练和推理两个环节对于算力的要求也有区别。具体来说，训练过程是一个计算密集型任务，一般来说需要处理历史积累的全量业务数据，按照一批一批的处理方式进行训练，当前主流的训练方式是用 GPU 进行并行加速运算；而推理过程一般仅将有限的线上业务数据输入到 AI 算法中，其需要的计算量相对于训练环节少很多，所以 AI 的推理过程可以发生在任何场景，如云端、设备端、传感器等。

2. 算法层关键技术分析

人工智能的"智能"都蕴含在大数据中。算力为人工智能提供了基本的计算能力支撑。算法是实现人工智能的根本途径，是挖掘数据智能的有效方法。只有针对实际的应用场景来采集大数据，在端、边、云协同计算架构下，采用合适的 AI 算法来处理、挖掘大数据，对实际的场景输出相应结果，才能体现出应用价值。接下来着重对人工智能算法层的主要关键技术诸如计算机视觉、自然语言处理、语音识别技术及知识图谱关键技术进行介绍和分析。

1）计算机视觉关键技术

目前，计算机视觉是深度学习领域最热门的研究领域之一。计算机视觉实际上是一个跨领域的交叉学科，包括计算机科学（图形、算法、理论、系统、体系结构），数学（信息检索、机器学习），工程学（机器人、语音、自然语言处理、图像处理），物理学（光学），生物学（神经科学）和心理学（认知科学）等。许多科学家认为，计算机视觉为人工智能的发展开拓了道路。计算机视觉是经过大量人员研究了许多年的学科，但至今很难给出一个严格的定义。模式识别如此，目前火热的人工智能如此，计算机视觉亦如此。关于计算机视觉，研究者们经过几十年的探索，这里给出几个比较严谨的定义：

- "对图像中的客观对象构建明确而有意义的描述"。——巴拉德（Ballard），1982 年
- "从一个或多个数字图像中计算三维世界的特性"。——特鲁库（Trucco），1998 年
- "基于感知图像做出对客观对象和场景有用的决策"。——萨克曼（Sockman），2001 年

1982 年，马尔（DavidMarr）的《视觉》一书问世，提出了计算机视觉理论。计算机视觉的研究内容，大体可以分为物体视觉和空间视觉两大部分。物体视觉在于对物体进行精细分类和鉴别，而空间视觉在于确定物体的位置和形状，为"动作"服务。

实际上，计算机视觉研究本质上就是研究视觉感知问题。视觉感知，根据维基百科的定义，是指对"环境表达和理解中，对视觉信息的组织、识别和解释的过程"。根据这个定义，计算机视觉的目标是对环境的表达和理解，核心问题是研究如何对输入的图像信息进行组织，对物体和场景进行识别，进而对图像内容给予解释。

计算机视觉与人工智能有密切联系，但也有本质的不同。人工智能更强调推理和决策，计算机视觉目前还主要停留在图像信息表达和物体识别阶段。"物体识别和场景理解"也涉及图像特征的推理与决策，但与人工智能的推理和决策有本质区别。应该没有一个严肃的计算机视觉研究人员会认为 AlphaGo、AlphaZero 是计算机视觉，但都会认为它们是典型的人工智能。

2）自然语言处理关键技术

自然语言是人类文明传承和日常交流所使用的语言。狭义的自然语言处理是使用计算机来完成以自然语言为载体、非结构化信息为对象的各类信息处理任务，比如文本的理解、分类、摘要、信息抽取、知识问答、生成等技术。进一步延展场景，广义的自然语言处理技术也包含自然语言的非数字形态（如语音、文字、手语等）与数字形态之间的双向转换（识别与合成）环节。鉴于自然语言丰富地表现了人类的认知、情感和意志，潜在地使用了大量常识和大数据，自身在算法和模型上也多采用各种启发式线索，目前一般把自然语言处理作为人工智能的一个分支。最近，在人工智能领域出现重要进展，人工智能应用受到各行各业热切期待，自然语言处理技术也水涨船高，受到普遍的重视。

　　一般认为 1950 年图灵提出的著名的"图灵测试"是自然语言处理思想的开端。20 世纪 50—70 年代自然语言处理主要采用了基于规则的方法。基于规则的方法不可能覆盖所有语句，且对开发者的要求高。这时的自然语言处理停留在理性主义思潮阶段。70 年代以后，随着互联网的高速发展，语料库越来越丰富，硬件的更新与完善，自然语言处理思潮由理性主义向经验主义过渡，基于统计的方法逐渐代替了基于规则的方法。从 2008 年到现在，由于深度学习在图像识别、语音识别等领域不断取得突破，人们也逐渐开始引入深度学习来做自然语言处理研究，由最初的词向量到 2013 年的 word2vec，将深度学习与自然语言处理的结合推向了高潮，并且在机器翻译、问答系统、阅读理解等领域取得了一定成功。

　　自然语言处理作为人工智能的一个分支，其源头和人工智能一样，都出自于计算机科学的祖师爷级人物——图灵。图灵在提出图灵测试的时候，就把使用自然语言与人进行对话可以乱真的能力作为判别一个机器系统有无智能的标准。在图灵的时代，让机器"善解人意"是人工智能的诗与远方，但在当时的技术条件下还看不到实现的希望。

　　使用简单直接的词袋技术和模板匹配技术，是处理自然语言早期尝试的开始，冲在最前面的是机器翻译和人机对话。由于没有掌握自然语言的要领，早期的机器翻译和人机对话系统总体上表现稚嫩，充其量只能算是玩具系统。

　　数据库技术和专家系统技术都具有较为复杂的查询和使用逻辑，其内部表示和人类用户所熟悉的自然语言表示具有较大的差异，为弥补这方面的人机差距，实现更加友好的人机互动，利用自然语言处理技术为数据库和专家系统等提供自然语言接口是早期自然语言处理技术发展的动力之一。但是由于图形人机界面技术的发展，冲淡了对自然语言接口的需求，加之自然语言处理技术本身还要攻克大量难关，数据库和专家系统的自然语言接口直到多年以后的 Watson 系统才得以展现其威力，在此之前只是一个不太被看好的"弃儿"。

　　针对自然语言的特性，在形式语言理论框架下建立不同的模型，形成了自然语言处理的诸多形式化机制。基于规则的形式化机制包括词汇功能语法（LFG）、广义短语结构语法（GPSG）、中心词驱动的短语结构语法（HPSG）、依存语法（DG）、范畴语法（CG）、组合范畴语法（CCG）等；基于统计的形式化机制包括隐马尔科夫模型（HMM）、概率上下文无关语法（PCFG）等；基于联结的形式化机制包括卷积神经网络（CNN）、循环神经网络（RNN）、长短时记忆模型（LSTM）等。具有交叉学科性质的计算语言学，就是自然语言处理技术在模型、算法级的研究领域的集中体现。

　　随着深度学习技术以摧枯拉朽之势横扫语音、图像识别和浅层自然语言处理各类任务，知识图谱技术为语义知识处理走向各行各业做好了技术栈和工具箱的铺垫。这是因为，语音和图像识别大局已定，自然语言处理已经成为一种应用赋能技术，随着实体知识库的构建、知识抽取和自动写作在特定领域的实用化和对话机器人从对接语料到对接知识图谱的换代，正通过新一代人工智能创新创业团队，全面渗透到人工智能应用的各个角落。自然语言处理从浅层到深层面临范式转换，还处在对接情感计算与常识计算的战略性要地的关键位置。谁能拔得头筹，谁就能在当下的人工智能"军备竞赛"中处于有利地位。

3）语音识别关键技术

语音识别，也被称为自动语音识别（Automatic Speech Recognition，ASR），就是让AI系统把输入语音信号转变为相应的文本或命令的技术，通俗地理解就是让机器听懂人类说话。

语音识别技术被广泛运用，在智能手机、导航设备、智能音箱等嵌入式领域均有一定程度的应用。不同的语音识别系统，虽然具体实现细节有所不同，但所采用的基本技术相似，一个典型语音识别系统的实现过程如图 5-4 所示。

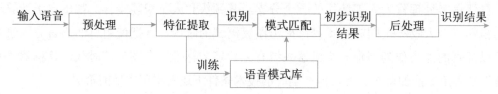

图 5-4　典型语音识别系统的实现过程

语音识别技术也和前文 AI 技术的两大环节一样，涉及训练和推理两个过程：

- 训练（Training）：预先分析出语音特征参数，制作语音模板（Template）并存放在语音参数库中。

- 识别（Recognition）：待识语音经过与训练时相同的分析，得到语音参数，将它与库中的参考模板一一比较，并采用判决的方法找出最接近语音特征的模板，得出识别效果。

4）知识图谱关键技术

知识图谱属于人工智能的重要分支——知识工程的研究范畴，是利用知识工程理论建立大规模知识资源的一个撒手铜应用。知识图谱给互联网语义搜索带来新的活力，在智能问答中也大显神威，已经成为知识驱动的智能应用的基础设施。知识图谱与大数据和深度学习一起，已经成为推动互联网和人工智能发展的核心驱动力之一。

知识图谱在学术界还没有统一的定义，但根据维基百科的介绍，知识图谱 2012 年首先由谷歌公司提出，是一个提供智能搜索服务的大型知识库。因此，这里我们可以将知识图谱理解为，对语义知识的一种形式化描述框架。

知识图谱是人工智能三大分支之一——符号主义——在新时期的主要落地技术方式。该技术虽然在 2012 年才得名，但是它的历史渊源却可以追溯到更早的语义网、描述逻辑和专家系统。

知识图谱发展历程：

（1）1984 年，道格拉斯·莱纳特（Douglas Lenat）设立本体知识库 CYC。

（2）1989 年，蒂姆·伯纳斯 - 李（Tim Berners-Lee）发明了万维网（Web）。

1998 年，蒂姆·伯纳斯 - 李再次提出语义网，语义网是能够根据语义进行判断的智能网络，实现人与计算机之间的无障碍沟通。它好比一个巨型的大脑，智能化程度极高，协调能力非常强大。

2006 年，蒂姆·伯纳斯 - 李提出链接数据（Linked Data）的概念，数据不仅要发布于语义网中，还要建立起数据之间的链接，从而形成一张巨大的链接数据网。

2007 年，DBpedia 项目开始运行，它是目前已知的第一个大规模开放域链接数据。

2012 年，谷歌提出了知识图谱的概念。

知识图谱发展历程如图 5-5 所示。

图 5-5　知识图谱发展历程

随着感知智能的慢慢成熟，人工智能进入从感知智能（主要集中在图像、视频、语音方面）向认知智能（主要集中在自然语言处理、知识推理、因果分析方面）迈进的升级之路，而知识图谱是认知智能领域中最主要的技术之一。

在知识图谱构建技术挑战中，领域内知识表示建模、实体识别与实体链接、关系事件抽取、隐性关系发现等技术是当前研究的热点。

构建知识图谱流程包含信息抽取、知识表示、知识融合、知识推理四个阶段。从最原始的结构化、半结构化、非结构化数据出发，采用一系列自动或者半自动的技术手段，通过批式和流式进行构建。

结构化数据存在于结构性数据库中，一般通过数据清洗、数据标准化、异构数据源的融合等过程来构造知识图谱。

非结构化数据构造知识图谱需要用到实体识别和关系抽取等步骤。实体识别后需要进行实体链接，实体链接是将已识别出的实体与已有知识库中对应实体进行链接，有基于规则的算法和基于深度学习的方法。关系抽取更具挑战性，涉及指代消解等难点，比如，一段文本中有很多代词的指定，这些代词需要找到具体的实体，再从中抽取关系。越来越多的人将深度强化学习等技术应用于关系抽取，提高其抽取的效果。

构建隐性关系，显性关系指原始数据直接抽取出来的关系，隐性关系是通过数据挖掘、图挖掘等计算出来的关系。

大规模知识库的构建与应用需要多种技术的支持。依据知识图谱构建的过程，主要分为四个部分：信息抽取、知识表示、知识融合和知识推理。

3. 框架层关键技术分析

人工智能曾经被称为是一个书呆子和天才领域，但由于各种库和框架的发展，它已成为一个友好的 IT 领域，更多的人开始了他们的人工智能之旅。接下来重点介绍一些人工智能的高质量库的特点。

1）Caffe 框架

Caffe 是一个深度学习框架，它考虑了表达式、速度和模块化，是由伯克利人工智能研究院（BAIR）和社区贡献者开发的。贾杨青在加利福尼亚大学伯克利分校攻读博士期间创建了这个项目。深度学习的研究速度非常快。借助 Caffe，你可以非常轻松地构建用于图像分类的卷积神经网络（CNN）。

Caffe 主要有四个功能模块：

（1）Blob。主要用来表示网络中的数据、包括训练数据，网络各层自身的参数（包括权值、偏置以及它们的梯度）。网络之间传递的数据都是通过 Blob 来实现的，同时，Blob 数据也支持在 CPU 与 GPU 上存储，能够在两者之间实现同步。

（2）Layer。是对神经网络中各种层的抽象，包括卷积层和下采样层，还有全连接层和各种激活函数层等。同时每种 Layer 都实现了前向传播和反向传播，并通过 Blob 来传递数据。

（3）Net。是对整个网络的表示，由各种 Layer 前后连接组合而成，也是人们所构建的网络模型。

（4）Solver。定义了针对 Net 网络模型的求解方法，记录网络的训练过程，保存网络模型参数，中断并恢复网络的训练过程。自定义 Solver 能够实现不同的网络求解方式。

整体框架以 Layer 为主，不同的 Layer 完成不同的功能，如卷积、反卷积等。Net 是管理 Layer 的，Solver 是做训练用的，而核心的创新就是 Blob 数据了，它以一个四元组完成了各种数据的传输，同时解决了 CPU 和 GPU 共享数据的问题，如图 5-6 所示。

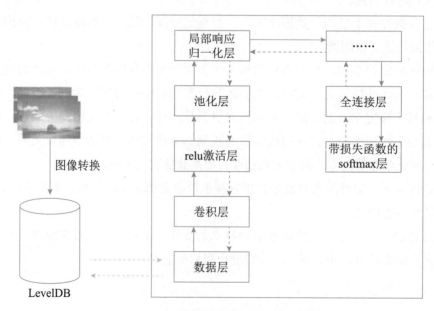

图 5-6　基于 Caffe 框架的训练流程示意图

2）TensorFlow 框架

2015 年 9 月，谷歌于 TensorFlow 开源之际发布了 TensorFlow 白皮书，介绍了 TensorFlow 的设计理念和实现方式。现在流行的大部分深度学习框架，都基于所谓的"数据流图"编程模型（又称"计算图"），为人们今后的编程提供了一种可选的编程范式。

数据流图编程模型与传统编程模型有所区别。首先，"数据流图"的核心是一个有向图，图中的节点表示运算操作，边表示数据，整个图展现了数据的流动，因此称为数据流图，如图 5-7 所示。

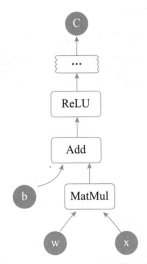

图 5-7　TensorFlow 中的数据流图

在传统编程中，虽然程序也是对数据进行操作，但基本的三种控制逻辑"顺序、选择、循环"导致程序只能按照单一的流程处理数据，相当于数据流图只是一条线，而不是真正的图。换句话说，传统编程模型解决的是顺序操作流程，而数据流图则提供了并行计算的解决方案。其次，数据流图是数据驱动的，而不是指令驱动的。程序只规定数据的流向，而不能规定每一个操作何时执行，这就在另一个层面上提高了并行计算能力。最后，数据流图（我们这里只探讨静态数据流图）的定义和执行是分开的，用户不能像往常一样在某个操作处打断点查看输出内容，削弱了该模型的调试能力，这是为性能优化而付出的代价。

第 6 章
5G 和物联网

5G 技术深刻影响物联网（IoT）的发展应用，二者相互促进、互补。无论是智慧城市，还是无人驾驶，或者是智慧医院，速度和时延很关键，而 5G 让大量的物与物、物与人之间的连接变得更加轻松。5G 与物联网在物之间、人与物之间构建智能连接，将物理世界和虚拟世界结合在一起，形成一个全新的感知、分析和适应的智能环境，让人类生活更轻松、更安全、更高效和更人性化。本章分别对 5G 和物联网的概念、技术发展、基本特征、应用价值、应用场景以及二者融合发展方面进行了系统地阐述，以提高读者对其的认知水平。

6.1 5G 概述

第五代移动通信技术即 5G，是一组新兴的全球电信标准，通常使用高频频谱，以提供网络连接，与 4G 相比，时延更短，速度和容量更大。重要的是，5G 描述了用于构建未来尖端网络基础设施的一系列标准和技术。

国际标准化组织 3GPP 定义了 5G 的三个主要应用场景：

（1）增强型移动宽带业务（enhanced Mobile Broadband，eMBB）；

（2）海量物联网通信业务（massive Machine-Type Communication，mMTC）；

（3）超可靠低时延通信业务（Ultra-Reliable and Low-Latency Communication，URLLC）。

5G 可提高数据传输的带宽和速度、减少时延、节省能源、降低成本、提高系统容量和实现大规模设备连接。5G 采用高压缩密度调制解调，28GHz 毫米微波通信，多输入多输出（MIMO）数组天线等一系列新的技术创新，将数据传输速度提升百倍，达到 10Gbps。

5G 不仅是通信带宽速度容量的增加，而且使 IT 技术全面进入了一个整合的新时代。由于其对新兴技术的潜在影响，已经成为各行各业的热门话题，尤其是对连网设备的开发、制造和使用的物联网（IoT）领域。这些设备包括从小型心率监视器到自动驾驶汽车，从智能家电到智能工厂设备等。它们共同点是使用传感器、芯片和处理器来收集、传输和分析数据，同时与网络上的其他设备进行交互。

6.1.1 5G 发展概述

5G 是 4G 之后的最新一代蜂窝移动通信技术，具有高带宽、低时延、大连接、低能耗的显著特征，如图 6-1 所示。5G 使移动通信替代固定宽带成为可能。在解决人与人的通信需求之后，怎么解决人与物、物与物的通信需求是 5G 的重点。由于采用了更加精细化的调度方案和无线增强技术，使得 5G 成为服务质量有保证的确定性移动网络，为实时性和安全性要求高的工业等应用打下了基础。这也就是为什么说"4G 改变生活，5G 改变社会。"

图 6-1 移动通信技术演进发展示意图

1. 5G 的主要技术特性

5G 具有如下的主要技术特性（见图 6-2）：

（1）高带宽。5G 峰值速率可达到 20Gbps，是现有网络技术的 20 倍。

（2）低时延。5G 网络传输时延降到 10 毫秒以下，快于人脑的反应时间。这一特性使一些高端工业制造（比如自动驾驶、工业控制、远程医疗等）成为可能。

（3）大连接。并发数是现有网络技术的 100 倍，展现出了 5G 连接万物的维度和广度。5G 支持每平方千米接入 100 万个设备，是 4G 的 10 倍，连接万物能力逐渐渗透到人们日常生活的方方面面。

（4）低能耗。5G 设备一度电可支持超过 5000G 的数据交换，单位能耗是现有技术的 1/100，具有更高的能源效率。

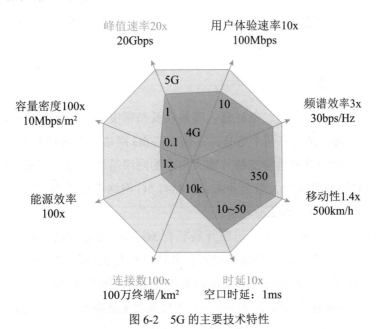

图 6-2 5G 的主要技术特性

2. 5G 的重要价值

基于 5G 的主要特性，5G 将加强智能化的应用和发展。

（1）5G 加快实现物理世界的全面数字化。5G 的出现使许多之前无法数字化及联网的设备实现了智能联网，并产生巨大的数据量，使人工智能需要的数据量和数据范围大大扩展。

（2）5G 将扩展人工智能技术的应用范围。目前人工智能能力主要集中在云端，随着5G 的加持，人工智能的能力将通过云 +5G、大带宽通道，以及云 + 分布式智能节点 +5G 低时延通道扩展到连接可以达到的任何地点，真正实现无所不及的智能。

（3）5G 的加速发展会对社会形态带来巨大的变化。随着移动互联网的蓬勃发展，3G、4G 等移动技术在中国互联网信息化的发展过程中起的基础作用已不容置疑。而移动通信技术目前的应用聚焦在个人用户，对行业产业的贡献还比较小。

（4）5G 的普及应用极大提升了我国在移动通信领域的国际竞争力。我国通过多年努力已经在 5G 的基础上取得领先，通过 5G 催生的分布式智能等新型技术架构，会降低人工智能的使用门槛，各行各业的智能应用落地会大大提速。同时，广泛的行业实践会进一步推动人工智能基础理论和核心技术水平的提升，缩短与美国的差距，甚至实现反超，最终优化各行各业的生产模式以及社会和经济结构。5G 也有利于结合"一带一路"倡议促进中国智造走出去，为世界经济繁荣做出贡献。

（5）5G 有利于为经济高质量发展提供创新动力。5G 是引领智能革命的重要抓手，也是破题高质量发展的关键，以 5G 为基础构建的万物感知、万物互联的新型基础设施体系世界将会以前所未有的速度和力度推动并加速智能时代的到来。充分利用 5G 的领先优势，有利于在智能革命的进程中，抓住历史机遇，引领第四次工业革命，促进经济高质量发展。

6.1.2 5G 网络发展加速企业数字化

为了实现企业超可靠、高速、低时延、高效以及高密度的无线网络连接，而不仅仅是一般意义上的互联互通，企业有两个选择：连接公共 5G 网络或者选择私有 5G 网络，无论是通过与移动运营商签约获得运营支持并购买自己的网络基础设施，还是使用自有频谱维护私有 5G 网络。对于众多国际大型企业来说，私有 5G 网络有望成为它们的首选，尤其是制造企业、物流中心以及港口等工业环境。

目前，全球将有超过 100 家的公司在开展私有 5G 网络部署测试，人力及物力投资将达到上亿美元。在之后的几年内，安装单站点和多站点私人 5G 网络的费用将迅速增长。到2024 年，用于私有网络的蜂窝移动网络设备和服务的价值每年可能会增加数百亿美元。

不难理解为什么 5G 有这般吸引力，因为它的性能比无线网络更好，灵活性比有线网络更大。不难看出，5G 在未来十年被应用到智慧医院建设、工厂、仓库以及其他此前不适用的场所。

尽管并非所有企业都必须使用私有 5G 网络，但很多企业都有必要使用私有 5G 网络。

与公共网络不同，私有 5G 网络可以根据使用场所的具体需求进行配置，也可以按照每个地点的工作类型提供不同的配置。私有网络还可以让企业决定网络部署时间表和覆盖区域的网络质量。现场工作人员可提供网络安装和维护服务，以便及时解决问题。凭借更高的安全性，网络所有者将能获得公共网络不可能提供的控制权：企业可以决定哪些用户可以接入网络，哪些数据可以保留在站点。现场保存数据可以减少延迟。私有网络甚至可以在专用频谱上运行，以降低第三方使用所导致的服务水平变化的风险。

面向企业的 5G 网络堪比有线网络的无线网。利用 5G 与机器通信并实现机器间的通信，制造商将能建设灵活的工厂，这些工厂可以在相对较少的停机时间内完成重新配置。当然，可能不再需要移动工厂设备：传统的工业机械臂用途广、价格贵，且通常需要固定在一个地方，而企业正引入越来越多可移动的设备，以提高工厂和仓库的生产效率。例如，越来越多地使用自动专业服务机器人——机械操控型而非人工远程控制型——来搬运物品。预计到 2025 年，这类设备的年度销售额有望突破 100 万台。自动搬运车需要在 5G 网络的支持下完成工作，如精确的室内导航和定位（10cm 内）。这类设备变得越来越重要，未来工厂车间内的设备将混合使用固定和移动网络，以实现充分的灵活性。

然而，未来 5 年私有 5G 网络将降低成本，让许多工地可以直接跳过有线网络，或者至少可以尽可能少地使用有线网络。在某些情况下，这些园区可能只有暂时的联网需求。例如，私有 5G 网络可以在几天之内完成部署，来为大型音乐节提供支持。移动运营商也可以分配移动网络为涌入现场的 20 万乐迷提供服务，并保留部分容量，但网速延迟需要满足一些要求，以确保音乐节顺利开展，如电视直播（5G 可以替代有线网络）、音响连接以及紧急服务。

企业可以通过多种方式部署私有 5G 网络。大型企业可能会安装基于完全自有的基础设施并采用（获得市场许可的）专用频谱的私有 5G 网络，通过公司内部团队或者外包给移动运营商来进行管理。中小型企业更有可能向公共移动网络运营商租用网络设备，外包网络管理业务并转租频谱（频谱定位到公司所在位置），或者，在某些情况下，使用未经许可的频谱。

6.2　物联网：迈向万物互联的世界

物联网的出现和发展，让世界从人人互联变为万物互联，让物理世界和数字世界相互融合，而这将给我们的世界带来翻天覆地的改变。

6.2.1　物联网概述

1. 物联网的基本概念

物联网的概念是在 1999 年提出的，简单来说，物联网就是物物相连的互联网。物联网通过各种信息传感设备（如传感器、射频识别技术、全球定位系统、红外感应器、激光扫描器、气体感应器等）与技术，实时采集任何需要监控、连接、互动的物体或过程，采集其声、光、热、电、力学、化学、生物、位置等各种需要的信息，与互联网结合形成一个巨大的网络。其目的是实现物与物、物与人、所有的物品与网络的连接，通过智能感知、识别技术与普适计算、泛在网络的融合应用，实现智能化识别和管理。这也被视为互联网的应用拓展。

2. 物联网的基本特征

（1）全面感知。利用 RFID、传感器、二维码等技术随时随地获取物体的信息。

（2）可靠传递。通过 5G 等各种电信网络与互联网融合，将物体的信息实时准确地传递出去。

（3）智能处理。利用云计算、模糊识别等各种智能计算技术，对海量的数据和信息进行分析和处理，对物体实施智能控制。

3. 物联网的关键技术

（1）射频识别技术。射频识别又称"电子标签"，是物联网中信息采集的主要方式。将电子标签附着在目标物品上，可对其进行全球范围内的追踪和识别。例如，装有电子标签的汽车通过高速公路收费站时能被自动识别，无须停车缴费，大大提高了行车速度和效率。

（2）传感器技术。传感器可通过声、光、电、热、力、位移、湿度等信号来感知物理世界，为物联网提供最原始的数据信息。例如，通过温度传感器可感知鱼塘水温，通过压力传感器可感知桥梁受力情况。

（3）传输技术。使用传输技术可实现物联网中物与物、人与物之间信息的相互交流。例如，通过互联网、移动通信网、卫星通信等传输物联网感知到的信息。

（4）信息融合技术。使用信息融合技术对收集到的各种感知信息进行综合分析处理，以实现实时监控、信息管理、实时预警、智能决策等功能。例如，通过对感知到的鱼塘水温、pH 值、溶解氧及氨氮等进行融合处理，可实时对鱼塘水质状况进行综合评价。

4. 物联网的发展历史和阶段

1）物联网的发展历史

图 6-3 所示为物联网的发展进程。随着 5G 的普及应用，物联网将有更大的发展空间，其与 5G 是万物互联的基础。

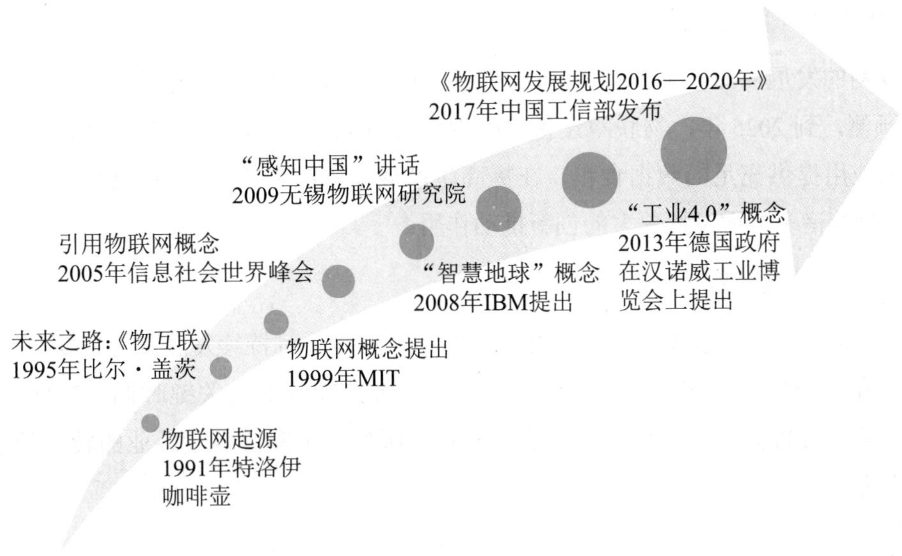

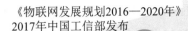

《物联网发展规划2016—2020年》
2017年中国工信部发布

"感知中国"讲话
2009无锡物联网研究院

"工业4.0"概念
2013年德国政府
在汉诺威工业博
览会上提出

引用物联网概念
2005年信息社会世界峰会

"智慧地球"概念
2008年IBM提出

未来之路:《物互联》
1995年比尔·盖茨

物联网概念提出
1999年MIT

物联网起源
1991年特洛伊
咖啡壶

图 6-3　物联网的发展进程

2）物联网的发展阶段

基于物联网的特征和其市场发展状况，人们将物联网的发展划分为如图 6-4 所示的几个发展阶段。

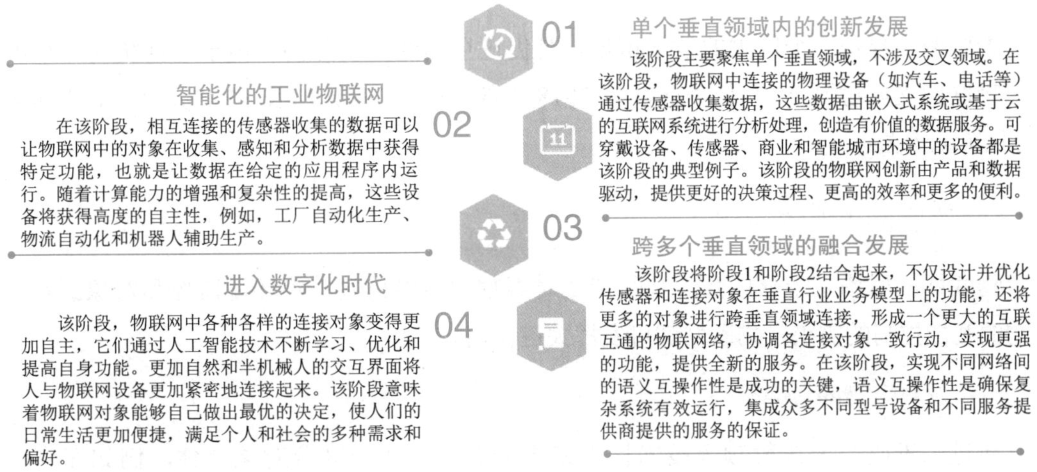

01　单个垂直领域内的创新发展

该阶段主要聚焦单个垂直领域，不涉及交叉领域。在该阶段，物联网中连接的物理设备（如汽车、电话等）通过传感器收集数据，这些数据由嵌入式系统或基于云的互联网系统进行分析处理，创造有价值的数据服务。可穿戴设备、传感器、商业和智能城市环境中的设备都是该阶段的典型例子。该阶段的物联网创新由产品和数据驱动，提供更好的决策过程、更高的效率和更多的便利。

02　智能化的工业物联网

在该阶段，相互连接的传感器收集的数据可以让物联网中的对象在收集、感知和分析数据中获得特定功能，也就是让数据在给定的应用程序内运行。随着计算能力的增强和复杂性的提高，这些设备将获得高度的自主性，例如，工厂自动化生产、物流自动化和机器人辅助生产。

03　跨多个垂直领域的融合发展

该阶段将阶段1和阶段2结合起来，不仅设计并优化传感器和连接对象在垂直行业业务模型上的功能，还将更多的对象进行跨垂直领域连接，形成一个更大的互联互通的物联网络，协调各连接对象一致行动，实现更强的功能，提供全新的服务。在该阶段，实现不同网络间的语义互操作性是成功的关键，语义互操作性是确保复杂系统有效运行，集成众多不同型号设备和不同服务提供商提供的服务的保证。

04　进入数字化时代

该阶段，物联网中各种各样的连接对象变得更加自主，它们通过人工智能技术不断学习、优化和提高自身功能。更加自然和半机械人的交互界面将人与物联网设备更加紧密地连接起来。该阶段意味着物联网对象能够自己做出最优的决定，使人们的日常生活更加便捷，满足个人和社会的多种需求和偏好。

图 6-4　物联网的发展阶段

6.2.2　物联网的重要价值

1. 物联网推进万物泛在互联

物联网是数字世界与物理世界相互融合的关键一环。基于物联网，任何物理的和虚拟的物体都可以连接到其他物体和互联网上，集成到云端。在物体之间、人与物体之间构建智能连接，将物理世界和虚拟世界结合在一起，形成一个全新的感知、分析和适应的智能环境，让人类生活更轻松、更安全、更高效和更人性化。

2. 物联网产生海量实时数据

物联网的发展将带动数据资源的几何级增长，数据总量将远远超出互联网数据总量。据 IDC 预测，到 2025 年，物联网设备将产生超过 90ZB 的数据。这些数据将为人工智能的广泛深入应用提供充足的数据食粮，在提高生产效率、改善生活质量、创新商业模式、加强社会治理等诸多方面发挥更大的创新推动作用。

3. 物联网促进新技术集成创新

物联网对新一轮产业变革和经济社会的绿色、智能、可持续发展具有重要意义。目前，我国正处在新一轮产业变革和社会绿色、智能、可持续发展的关键时期，在这一过程中，物联网技术将发挥重要的作用，为工业、农业、医疗、金融等各行各业的转型升级和变革提供强有力的支撑。

4. 物联网推动智慧城市建设

新型智慧城市建设是数字化转型的重要领域。物联网是构建新型智慧城市构架中的基本要素和模块单元，将全面提升城市基础设施智能化、市政管理数字化、城市运行高效化，促进形成"自动感知、快速反应、科学决策"的城市治理新模式。

5. 物联网促进全球经济增长

物联网本身是一个巨大的技术市场，是促进全球经济复苏的新需求。据统计，2019 年全球物联网支出达到 7450 亿美元，较 2018 年的 6460 亿美元增长 15.4%，在 2022 年超过 1 万亿美元大关。

6.2.3 物联网的应用场景

物联网应用场景十分广阔，凡是涉及对事物的智能标签、对环境监控和对象跟踪、对事物的智能控制的需求，物联网都可发挥关键作用。

1. 涉及对事物的智能标签

通过二维码、无线射频等技术标识特定的对象，用于区分对象个体，例如在生活中使用的各种智能卡、条码标签的基本用途就是获得对象的识别信息；此外通过智能标签还可以获得对象所包含的扩展信息，例如智能卡上的金额余额，二维码中所包含的网址和名称等。

2. 涉及对环境监控和对象跟踪

利用多种类型的传感器和分布广泛的传感器网络，可以实现对某个对象的实时状态的获取和特定对象行为的监控，例如使用分布在市区的各个噪声探头监测噪声污染，通过二氧化碳传感器监控大气中二氧化碳的浓度，通过 GPS 标签跟踪车辆位置，通过交通路口的摄像头捕捉实时交通流量等。

3. 涉及对事物的智能控制

物联网基于云计算平台和智能网络，可以依据传感器网络获取的数据进行决策，改变对象的行为进行控制和反馈。例如根据光线的强弱调整路灯的亮度，根据车辆的流量自动调整红绿灯间隔等。

目前，物联网已经在如表 6-1 所示场景得到了广泛应用。

表 6-1　物联网部分应用场景

行业	场景
智慧物流	仓库储存、运输监测、智能快递柜
智能交通	智能公交车、共享单车、汽车联网、智慧停车、智能红绿灯
智能安防	门禁系统、监控系统、报警系统
智慧能源	智能水表、智能电表、智能燃气表、智慧路灯
智能医疗	可穿戴医疗设备、智慧医院
智慧建筑	用电照明、消防监测以及楼宇控制等
智能制造	工厂的数字化和智能化改造。包括工厂机械设备监控和工厂的环境监控
智能家居	单品连接、物物联动、平台集成、全屋智能
智能零售	自动售货机、无人便利店
智慧农业	农业可视化诊断、智慧种植、远程控制以及灾害预警等功能

6.2.4　物联网发展策略

当前我国物联网发展仍存在诸多挑战。

1. 加强物联网核心技术研发

传感器产业的基础能力薄弱。我国传感器市场需求高速增长的态势和本土企业的低端供给能力之间的矛盾成为制约我国物联网产业发展的基本问题。国内传感器企业规模偏小、定位比较专、技术水平不高、盈利能力不稳定等情况导致我国主流产品高度依靠进口。特别是高端传感器方面，由于种类多、跨学科研发技术水平高、开发成本大，企业不愿承担开发风险，造成我国高端传感器基本依靠进口。随着智慧医疗、工业互联网、车联网等行业和应用的发展，我国物联网也将向高端应用转变，对高精度、智能化的高端传感器需求将大幅提升，传感器特别是高端传感器的产业能力薄弱的短板在我国物联网应用升级发展过程中将进一步凸显。

2. 构建物联网产业生态体系

物联网产业还存在成本高、行业成熟度低、从业人员不足等问题。一是在行业应用中，涉及对现有的工具、设备、设施甚至管理和生产流程进行改造，企业首次投入较大，且后续养护成本较高。二是可用性和成熟度要求较高。对于工业制造、安全生产等重要行业，对物联网技术的可用性和成熟度均要求较高，对物联网技术部署采取相对保守的部署策略。三是物联网技术的应用对行业从业人员提出了更高的要求，对技术的理解不够充分，可能导致应用的深度与广度与当前物联网技术的发展水平不能匹配。

3. 提升物联网标准体系建设

物联网产业具有产业链长、环节多、关联性强等显著特点。目前各行业均在结合自身需要制定物联网相关应用标准，但在行业协同制定标准，实现标准互联互通、开放共享，推动产业链协同发展和创新方面仍需进一步强化，特别是物联网平台、操作系统等将成为数据开放、共享的重要环节，需要进一步加强标准化工作。

4. 应对物联网信息安全挑战

物联网节点分布广，数量多，应用环境复杂，计算和存储能力有限，无法应用常规的安全防护手段，使得物联网的安全性相对脆弱。我国物联网发展的安全挑战来自两个方面，一是物联网应用模式带来的全球普遍性安全问题。物联网将经济社会活动、战略性基础设施资源和人们生活全面架构在全球互联互通的网络上，所有活动和设施理论上透明化，一旦遭受攻击，安全和隐私将面临巨大威胁。二是我国的特殊国情带来的安全挑战，如果核心技术和关键装备受制于人的局面得不到根本扭转，将导致物联网自主权缺失，国家经济社会命脉信息有可能被发达国家和少数跨国企业所掌控。

6.2.5　5G 促进物联网大发展

5G 的主要驱动力不仅仅是消费者对更快网络需求的不断增长，而且还包括工业环境中连网设备的激增。这些行业越来越依赖连网设备来收集和分析数据，使业务流程更加高效，提高生产力，并不断改进产品和服务。

5G 预计会帮助企业更有效地管理物联网所产生的日益增长的信息量，并改善机器人辅助手术或自动驾驶等关键任务服务所需的近乎即时通信。同样，预计 5G 网络可以灵活地处理各种连网设备，包括那些不一定需要实时通信，但仍然需要周期性低功耗数据传输的设备。

随着技术的成熟，物联网的局限性已经有所突破。对物联网来讲目前看到的最大局限性在于无线网络。由于 5G 的研发成功，无线网络这个问题也得到了很好的解决。5G 带来最大的两个物联网应用场景：mMTC（海量物联网通信）和 URLLC（低时延、高可靠通信）。这两个应用场景解决了物联网在实际生活场景中必须面对的几大难题。

无论是智慧城市，还是无人驾驶，亦或是智慧医院，速度和时延很关键。而 5G 让大量的物与物、物与人之间的连接变得更加轻松了。

5G 移动技术会深刻影响物联网。目前正在部署的 5G 移动蜂窝网络是从现有的 4G 网络演变而来的，4G 网络将继续为许多用户服务。5G 预计将持续到未来很长一段时间，可以满足当前的需求，比如智能能源应用，但是可以预测的情况是仍需一段时间才能实现的应用，比如自动驾驶汽车。

随着管理技术的升级，移动运营商将需要确保它们的网络同时支持当前和未来的用户需求，同时谨慎的运营商也将管理投资，以确保客户在网络向 5G 过渡时得到支持。

大多数 5G 案例场景可以分为三个主要类别——增强移动宽带（eMBB）、海量物联网通信（mMTC）和低延时、高可靠通信（URLLC），每个场景都有自己的速度、容量和延迟要求。虽然 4G 将继续被许多消费者和企业物联网用户使用，但 5G 为物联网提供了 4G 或其他技术无法提供的一系列好处。这包括 5G 支持大量静态和移动物联网设备的能力，这些设备具有不同的传输速度范围。

由于物联网的发展，5G 的灵活性对于寻求支持满足通信严格要求的企业将变得更加重要。5G 的超高可靠性和低延迟将使自动驾驶汽车、智能电网、增强的工厂自动化和其他高要求的应用成为现实。

云计算、人工智能和边缘计算都将有助于处理物联网产生的数据量，因为 5G 扩大了网络容量。随着进一步的 5G 技术发展，如网络切片、非公共网络和 5G 核心网络，最终将有助于实现全球物联网网络的支持大量连接设备。

6.3　5G 和物联网在智慧医疗建设方面的典型应用场景

从用于身体健康监测的可穿戴设备到高科技诊断仪器，传感器技术的发展为医疗保健行业提供了一个前所未有的机会。其他类型的连网医疗设备，如移动机器人、手术助手，甚至外骨骼，可以帮助提高医疗服务效率和患者的治疗效果。预计到 2023 年医疗机器人市场将达到 170 亿美元，高于 2018 年的 65 亿美元，复合年增长率为 21%。

6.3.1　5G 智慧医疗

智慧医疗建设是社会医疗卫生事业发展的新阶段，是医疗建设的一项大工程，其合理、有序的建设与发展，能够提供更高效、便捷的医疗服务，提供更公平、开放的医疗资源供给，保证更高效、低失误的医疗保障。

随着 5G 时代的临近，医疗与 5G 通信技术的融合也变得越来越重要，5G 将会让医疗更加高效化、精细化和自主化。对于医疗用户而言，5G 技术能为个人提供更为自主的健康管理、更加舒适便捷的就医环境，以及更加安全的个人健康数据传输和存储；对于医疗机构而言，通过 5G 技术实现的万物联网可以大幅提高医护人员的工作效率，给医院提供精细化的管理；对于管理者而言，5G 场景下的远程医疗可以大大改善目前国内偏远落后地区的医疗水平。

未来智慧医疗以及智慧医院的建设受益于 5G 的 Gbps 级别的速率、5 ～ 30ms 级别的低时延以及整合移动性与大数据分析的平台能力等，让每个人都享受及时便利的智慧医疗服务，满足人们对未来医疗的新需求，比如远程医疗、远程急救、远程门诊、智慧手术室、智慧病房、智慧导诊；并充分利用 5G 的 MEC 能力，提供实时计算、低时延的医疗边缘云医疗服务，包括但不限于移动急救、AI 辅助诊疗、虚拟现实、影像设备赋能等高价值应用场景。

- 训练初级医生做手术使用 AR/VR+5G，结合 3D 数字化模型进行培训，与传统方式相比，受教者的沉浸感更强。在手术室通过低时延和高带宽的无线连接可以取代的有线医疗设备。
- 使用机器人配药送药，提升医护人员工作效率。
- 支持远程诊断，执行远程急救。5G 网络可以实时传输医疗设备监测信息，提供车辆实时定位信息，便于医院医生实施远程会诊和远程指导。
- 实现远程实时诊断和 5G 远程急救，4K/8K 远程高清和医学影像数据的高速传输与共享，可让专家随时随地展开会诊。

6.3.2 远程医疗新机会

5G 为远程医疗的实现提供了技术平台。由于远程医疗对数据质量有特殊的要求，过低的视频和图片质量，或者数据传输速度不够快，都可能导致医生难以诊断，耽误病情。而 5G 网络将带来更大的带宽，实际下载速度可达 1.25Gbps，医生可以更快地调取图像信息、开展远程会诊，甚至远程手术，如图 6-5 所示。医生甚至还可以在距离病人 1000 英里（1 英里约为 1.609 千米）的地方借助机器人对他们施行手术。而生活在偏远地区的人们，则可以借助 5G 网络跨越空间限制接受专家的诊断。到那时，偏远地区的医院可以与三甲医院的医生进行实时视频，而不必再为小病翻山越岭，导致病情延误了。这类应用的快速落地非常值得期待。

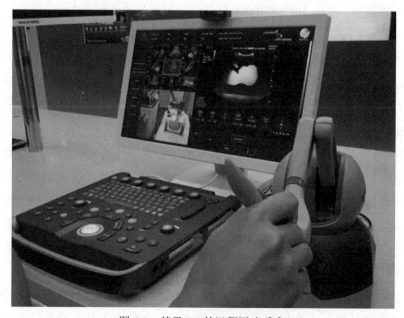

图 6-5　基于 5G 的远程医疗手术

5G 技术的实现将不断改变着传统医院向智慧医院演进。大带宽特性的 5G 网络，能够为现场音视频和 B 超图像的实时传输，提供数十兆的传输带宽。同时低时延特性使得病人体表的力量反馈信号，在短短几毫秒内就可以传递到医生的触觉设备。此外，超声影像也能在 5G 网络中实现云端的实时分析，多层次辅助医生诊断。

近年来，华为与中国移动合作，助力中国人民解放军总医院，完成全国首例基于 5G 网络的远程人体手术——"帕金森病脑起搏器"植入手术。这场手术跨越近 3000 千米，医生在海南，为远在北京的患者实施手术。

5G 使得远程超声诊断系统成为现实。国际首家 5G 远程超声门诊在解放军总医院海南医院正式成立并开诊，解放军总医院海南医院的医生为约为 330 千米外西沙岛礁的三沙市人民医院的驻岛战士进行了远程体检。

6.3.3　5G 及物联网在公共卫生、疫情防控方面的应用

5G 已经在当前疫情防控的各环节有了良好的应用，用于应对重大突发公共卫生事件中的信息数据需求。5G 技术的高速率、低时延等能力为抗疫提供了新思路和新方法，并将助力应急防控体系及区域重大公共卫生事件应急管理能力的数字化建设，实现公共卫生防控、疫情防控的数据化、精准化、智能化。

● 5G+ 热成像人体测温。

5G+ 热成像人体测温助力公共区域的精准监测和疫情防控，如图 6-6 所示。

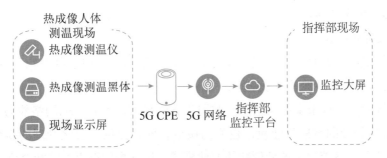

图 6-6　5G+ 热成像人体测温场景

● 5G+4K 疑似病患转运车。

5G+4K 实现救护车转运过程中的在线体征监测和远程诊断，如图 6-7 所示。

图 6-7　5G+4K 疑似病患转运车场景

未来,5G 助力创新型公共事件应急系统平台成为可能,框架原理图如图 6-8 所示。其中有如下几大功能。

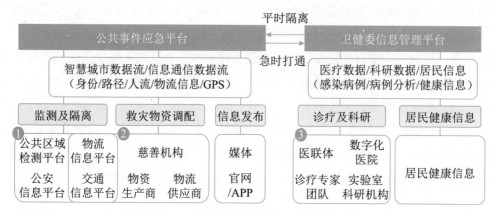

图 6-8　基于 5G 创新型公共事件应急系统平台

- 公共事件应急平台。

5G 技术在公共事件应急平台的运用也催生了更高效的智慧城市管理模式。其强大的数据传输能力不仅可以运用于各类城市管理领域的智能化建设,如智慧交通、智慧市政、智慧安防、智慧环保,也为城市管理者提供了平台化管理的新思路。

- 救灾物资调配平台。

救灾物资调配平台为供应链的转型升级提供了新方向。通过 5G 技术和物联网技术的结合,将加速实现供应链的智能化。

- 诊疗及科研平台。

5G 技术的低时延特性可以使能医联体、诊疗专家团队实现远程诊疗,为偏远、危险、复杂环境下的远程作业提供了想象空间。

5G 技术将助力建设未来更高效的公共卫生管理模式,其强大的网络能力不仅可以运用于公共卫生管理领域的智能化建设,也将为城市管理者提供平台化管理的新思路。同时伴随 5G 的商用普及必将催生出各种创新的商业模式,进一步创造更大的社会价值。

第 7 章
区块链

2008 年，由美国次贷危机引发的金融危机席卷全球，暴露了世界金融体系中货币超发泛滥、金融中介疯狂逐利等问题。同年底，一个化名为中本聪的神秘人物（也可能是一个组织）在"密码学论坛"上发表了题为《比特币：一种点对点的电子现金系统》的论文，首次提出构建去中心化、永不超发的加密数字货币——比特币（Bitcoin，BTC）。在比特币研发过程中，区块链（Block Chain）技术应运而生，并因为比特币的惊人发展引发社会各界的广泛关注。本章将系统地阐述区块链的概念内涵、关键技术、发展现状以及应用场景和价值意义。

7.1　深入理解区块链

这段时间，"区块链"成为舆论热词。习近平总书记在中央政治局第十八次集体学习时强调，"把区块链作为核心技术自主创新的重要突破口""加快推动区块链技术和产业创新发展"。党中央的前瞻判断，让"区块链"走进大众视野，成为社会各界舆论共同关注的焦点。这也意味着区块链引导技术变革的地位得到了中央的认可。

7.1.1　比特币发展概况

理解区块链，绕不过比特币。比特币是一种依靠加密算法系统发行的去中心化的虚拟数字货币。比特币在设计上体现了黄金的一些特征，即总量控制、产量递减，共计 2100 万枚，预计到 2140 年全部发行完毕。2009 年 1 月，世界上第一枚比特币问世，起初并未引起人们的广泛关注。2010 年，美国一位程序员用 10 000 个比特币兑换价值 25 美元的比萨饼优惠券，一比特币仅值 0.25 美分。2012 年，世界首家比特币交易所在法国诞生，同年 12 月，比特币价格首次超过国际黄金价格。比特币最高价格曾经逼近 2 万美元，比特币值波动较大，目前价位在 7500 美元左右。

比特币是现代科技史上的一个奇迹。比特币系统软件全部开源，系统本身分布在全球各地，无中央服务器、无任何负责主体、无外部信用背书、无维护人员，面临大量黑客无数次攻击。但是，就是这样一个"四无"系统却稳定运行了十年，支持全天候快速高效转账给全球范围内的任何对象，所有比特币的转账记录透明公开，可追溯，有效解决了在没有中心机构的情况下，总量恒定的数字资产发行和流通的问题。比特币的发展充分展现了区块链技术的巨大创新潜力，证明基于科学设计的加密信息系统，能够很好地实现对现有中介组织和规则体系的替代。

7.1.2　区块链的概念

区块链脱胎于比特币，是一种分布式共享账本技术（Distributed ledger technology，DLT），通过点到点通信、加密算法、共识机制等关键技术，建立一个多节点共同记账的超级账本，可以完整、不可篡改地记录价值转移（交易）的全过程，形成不依赖中心组织和现有规则的信任关系。2015 年，《经济学人》将区块链称之为"构建信任的机器"。

区块链中的"账本"是一个广义概念。泛指真实行为、资产流通的数据记录，之所以叫账本，是因为沿袭了比特币的叫法，如图 7-1 所示。

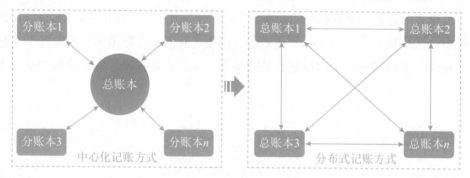

图 7-1　分布式记账方式

之所以叫区块链，是因为系统将一段时间的交易打成一个包，称为区块。每一个新区块生成时，都会被打上时间戳，每一个区块都按照时间戳顺序连接到上一个区块，从创始区块开始连接到当前区块，就形成了区块链。

从科技层面来讲，区块链技术是利用块链式数据结构来验证与存储数据、利用分布式节点公式算法来生成和更新数据、利用密码学的方式保证数据传输和访问的安全、利用由自动化脚本代码组成的智能合约来编程和操作数据的一种全新的分布式基础架构与计算范式。简单来讲，在区块链系统中，每过一段时间，各参与主体产生的交易数据会被打包成一个数据区块，数据区块按照时间顺序依次排列，形成数据区块的链条；各参与主体拥有同样的数据链条，且无法单方面篡改，任何信息的修改只有经过约定比例的主体同意方可进行，并且只能添加新的信息，无法删除或修改旧的信息，从而实现多主体间的信息共享和一致决策，确保各主体身份和主体间交易信息的不可篡改、公开透明。

通俗来讲，区块链可以视作一个账本，每个区块可以视作一页账，其通过记录时间的先后顺序链接起来就形成了"账本"。因此，区块链是一个分布式的共享账本和数据库，具有去中心化、不可篡改、全程留痕、可以追溯、集体维护、公开透明等特点。这些特点保证了区块链的"诚实"与"透明"，为区块链创造信任奠定基础。而区块链丰富的应用场景，基本上都基于区块链能够解决信息不对称问题，实现多个主体之间的协作信任与一致行动，如图 7-2 所示。

图 7-2　区块链运作示意图

注：①数据以区块（block）为单位产生和存储，并按照时间顺序连成链式（chain）数据结构。

②所有节点共同参与区块链系统的数据验证、存储和维护。新区块的创建需要得到共识确认，并向各节点广播实现全网同步，之后就不能更改或删除。

区块链是一个共享的分散分类账，有三个值得注意的部分：

（1）分布式系统。分布式对等工程具有由系统成员组成的节点，其中每个部分存储区块链的不可区分的副本，并被允许验证和确认系统的数字交换。

（2）共享记录。系统中的个人将正在进行的计算机交换记录到一个共享的记录中。算法被运行并检查建议的交易，一旦大多数个人批准了交换，就会将其添加到共享记录中。

（3）高级交换。任何可以存储在区块链中的数据或数字资源都可以作为高级交换。每个交易都组织成一个区块，每个区块包含一个加密散列值（离散函数将任意长度的二进制值映射为固定长度的较小二进制值，这个小的二进制值称为散列值），以直接的、按时间顺序包含交易。

那么区块链如何创造信任与合作机制呢？深入到具体的应用场景就能够看得更加清楚。区块链"不可篡改"的特点，为经济社会发展中的"存证"难题提供了解决方案，为实现社会征信提供全新思路；区块链"分布式"的特点，可以打通部门间的"数据壁垒"，实现信息和数据共享；区块链形成"共识机制"，能够解决信息不对称问题，真正实现从"信息互联网"到"信任互联网"的转变；区块链通过"智能合约"，能够实现多个主体之间的协作信任，从而大大拓展了人类相互合作的范围。总而言之，区块链通过创造信任来创造价值，它能保证所有信息数字化并实时共享，从而提高协同效率、降低沟通成本，使得离散程度高、管理链条长、涉及环节多的多方主体仍能有效合作。

7.1.3　区块链主要特性

区块链的精巧的设计理念产生了超出传统业务系统框架的鲜明优势，它所具有的去中心化、规则开放透明、不可篡改、匿名、可追溯等特性，如表 7-1 所示。区块链技术在众多领域具有广阔的应用空间。

表 7-1　区块链的主要特性

主要特性	特性描述	优势价值
去中心化	区块链里所有节点都在记账，业务逻辑依靠加密算法维护，实现基于共识规则的自治，无需一个中心化组织，或者精简和优化现有中心组织	能够避免中心化组织机构（或中介）带来的低效、腐败和作恶等，减少不必要的中介组织，提高经济社会运行效率
规则开放透明	区块链技术基础是开源的，除了交易各方的私有信息被加密外，区块链数据对所有人开放，任何人都可以通过公开接口查询区块链上的数据和开发相关应用，整个系统信息高度透明	消除了各种潜规则，有利于构建更加公平、公正、公开的协作关系和商业模式
不可篡改	任何人都无法篡改区块链里面的信息。除非控制了 51% 的节点，或者破解了加密算法，而这两种方法都是极难实现的	基于不可篡改性，真实记录了多元主体的交易 / 交互行为，形成了不可抵赖的记录，构建了无须背书的信任
匿名	由于区块链各节点之间的数据交换必须遵循固定的、预知的算法，因此区块链上节点之间不需要彼此认知，也不需要实名认证，而只基于地址、算法的正确性进行彼此识别和数据交换	有利于构建陌生环境下陌生人之间的信任机制，扩展人们经济社会行为的活动范围
可追溯	区块链是一个分布式数据库，每个节点数据（或行为）都被其他人记录，所以区块链上的每个人的数据（或行为）都可以被追踪和还原	分布式账本记录每笔交易，可追溯性在数字资产确权、规范市场活动等方面具有巨大应用价值

7.1.4　区块链发展历程

从 2008 年区块链技术诞生以来，总体经历了四个主要发展阶段，如图 7-3 所示。

（1）区块链 1.0 阶段：可编程货币。以可编程货币圈技术极客为主要推动力量，区块链应用主要集中在以比特币为代表的可编程货币领域。可编程货币构建了一种去中心化、全球通行的数字支付系统，强烈地冲击了传统金融体系。这也在一定程度上造成了社会上一些人错误地将区块链与比特币等同看待。

（2）区块链 2.0 阶段：可编程金融。以金融机构为主要推动力量，人们开始将区块链技术的应用范围扩展到其他金融领域，突出的标志是"智能合约"理念被引入区块链，形成了可编程金融。有了智能合约系统的支持，区块链的应用范围开始从单一的货币领域扩大到涉及合约功能的其他金融领域，得以在股票、清算、私募股权等众多金融领域崭露头角。

（3）区块链 3.0 阶段：可编程社会。以科技巨头为主要推动力量，产业界由探索尝试开始转向大规模研发投入，区块链应用逐渐向金融领域之外辐射延伸，陆续被应用到了公证、仲裁、审计、域名、物流、医疗、邮件、鉴证、投票等其他领域中来，应用范围扩大到了整个社会。在这一应用阶段，人们试图用区块链来颠覆互联网的最底层协议，让整个社会进入价值互联网时代，形成一个可编程的社会。

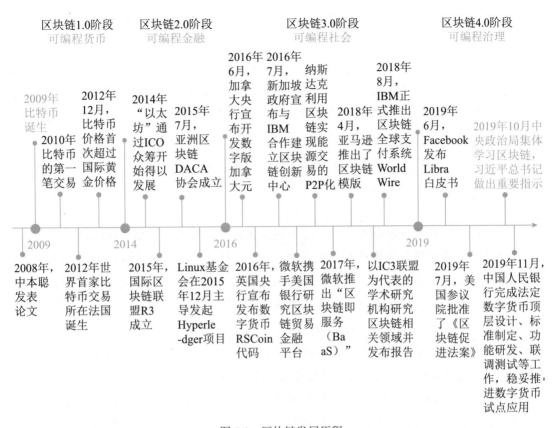

图 7-3　区块链发展历程

（4）区块链 4.0 阶段：可编程治理。2019 年以来，国家力量开始系统性布局区块链在国家治理乃至国际治理领域的应用，标志性的事件包括中央政治局第十八次集体学习、美国通过区块链促进法案、Facebook 发布 Libra 技术白皮书试图借助国家力量重构世界金融秩序等。国家主导力量的介入将催生区块链在经济社会治理领域的权威性重大应用的出现，促进区块链向可编程治理的新阶段迈进。

7.1.5　理性看待区块链

但我们也要理性看待区块链在疯狂热炒的背后也隐藏着风险，值得警惕。某些企业的区块链业务并不成熟，也许只披上概念的外衣，并无实质性落地应用，这也许与技术整体发展水平相挂钩，因为区块链技术目前仍处于探索研究阶段。

首先，区块链行业尚未形成统一的标准，标准空白使其没法在全球普及，只能在各国内自成体系。工信部 2016 年发布《中国区块链技术和应用发展白皮书》，对我国区块链标准化明确了路线图，也对行业发展具有重要指导意义。其次，区块链虽然并非新生事物，但近年的火爆却是前所未有的，因此政策监管相对滞后，要达到监管合规性和大型金融机构对区块链的认可支持，肯定还需时间去逐步完善。最后，区块链技术的特点，如去中心化和完全透明化，不仅打破过去集权式束缚，形成新生产关系和社会习惯，也会对传统业务造成巨大冲击，势必会遭遇旧势力的抵制，所以新技术能否通行无阻还存在些许疑问。

区块链技术与加密货币相伴而生，但区块链技术创新不等于炒作虚拟货币，应防止那种利用区块链炒作空气币等行为。同时还要看到，区块链目前尚处于早期发展阶段，在安全、标准、监管等方面都需要进一步发展、完善。对于利用区块链存储、传播违法违规信息，运用区块链进行非法交易、洗钱等行为，也应该予以严厉整治。通过包容审慎监管，既包容试错又严禁越界，才能更好地推动区块链创新发展。发展区块链大方向没有错，但是要避免一哄而上、重复建设，方能在有序竞争中打开区块链的发展空间。以下是区块链三个方面的认知误区。

误区一：区块链就是比特币。虽然区块链技术源自比特币，甚至"区块链"的命名也来自比特币，但区块链和比特币并不能混为一谈。比特币是区块链的成功应用，区块链是比特币的底层技术和基础架构。以比特币为代表的加密数字货币只是公有区块链的应用而已。目前全球有一千多种数字货币，并且数量还在不断增加。数字货币（如比特币）更多地侧重将数字货币作为投资的一种手段，而企业或政府关注区块链，则是更多地从技术层面探讨如何借助区块链的可靠性机制解决多企业交易安全性问题，从而带来商业价值，并试图在更多的场景下释放智能合约和分布式账本带来的科技潜力。

误区二：区块链是一项新技术。区块链并非一项全新的技术，而是基于点到点协议、加密算法、共识机制和智能合约等现有技术的集成创新。但是这并不意味着区块链是新瓶装旧酒，其最有价值的是其颠覆性的设计思想和理念。

误区三：区块链可以替代现有系统。一些观点认为区块链颠覆了现行业务模式和架构，或采用分布式数据库取代集中的传统数据库（Oracle、DB2 等）等说法，其实是神化了区块链。任何技术都有其适用范围，区块链并不能完全取代现有业务系统，未来将形成"链上 + 链下"相结合的业务格局。

7.1.6　区块链主要类型

区块链包括公有链和许可链两种。其中公有链是指完全开放的区块链应用，公众不用经过任何许可，即可在公有链发布消息，其特点是去中心化，完全透明，因此难以监管。许可链是经一定授权许可才能参与的区块链应用，许可链又可分为联盟链和私有链，由特定联盟和部门进行运营管理，因此并不是完全去中心化的，是一种可控、可信的区块链。由于私有链较为封闭，应用场景较为局限，目前联盟链是区块链创新的主阵地。陈纯院士在中央政治局授课，主要是讲解联盟链的应用前景。联盟链兼顾了公有链的去中心和私有链的高效，同时可以有效监管，是最容易实际应用落地的，如表 7-2 所示。

表 7-2　区块链主要分类

项目	公有链	许可链	
		联盟链	私有链
参与者	任何人可自由进出	联盟成员	组织内部
共识机制	PoW/PoS/DPoS 等	分布式一致性算法	分布式一致性算法
记账人	所有参与者	联盟成员协商确定	自定义
激励机制	需要	可选	可选
中心化程度	去中心化	多中心化	（多）中心化
突出特点	信用的自建立	效率和成本优化	透明和可追溯
承载能力	3 ～ 20 笔 / 秒	0.1 ～ 1 万笔 / 秒	0.1 ～ 20 万笔 / 秒
典型场景	加密货币、存证	支付、清算、公益	审计、发行

7.2　区块链的价值意义

区块链以其精巧的设计理念和思维，能够推进经济社会相关领域规则体系重构，改变人与人、人与组织、组织与组织之间的协作关系和利益分配机制；同时区块链技术能够有效解决"双花问题"，为解决数字资产确权和交易流通提供了解决方案，可以突破制约数字发展的关键约束，构建形成适应数字经济发展的新型生产关系。

7.2.1　减少交易中间环节，促进降本增效

经济社会中各个领域存在着大量寻租性中介组织，它们并不创造真实价值，而仅仅是通过对业务信息或数据谋取利益，人为增加了不必要的交易环节和成本。通过区块链的创新应用，提升数据获取、共识形成、记账对账、价值传递的效率，进一步打通上下游产业链，大幅减少不必要的中介组织和中间环节，提升各行业供需有效对接效率，为社会公众和商事主体减负松绑，促进实体经济降本增效。

7.2.2　助力数字资产确权，激发创新活力

在数字新时代，数据是最重要的生产要素之一。但由于数据确权、追溯难，数据还无法实现市场化高效配置和有序流通，严重制约数字经济的发展。基于区块链的分布式、不可篡改、可追溯、透明性、多方维护、交叉验证等特性，数据权属可以被有效界定、数据流通能够被追踪监管、数据收益能够被合理分享，为数据生产要素及其他数字资产的高效市场化配置扫除障碍，有望扭转当下数据拥有、使用和利益分配日趋集中化的趋势，推动整个社会和数字经济向着更加可信、共享、均衡的方向发展，进一步释放数字经济创新活力。

7.2.3 缩短了信任的距离,拓展协作空间

纵观人类近代生活方式的改变与进步,无不与科学技术的发展有着直接的关系。巧合的是,每一次变革都伴随着某种意义上的"距离"坍塌,而这些变革正是都在一定程度上缩短了"距离",为人们带来了便利,如图7-4所示。区块链可以不依托权威中心和市场环境形成基于密码算法的信任机制,使得远隔万里的陌生人能够建立信任关系,使得陌生人合作成为可能。尤其是在一些市场机制不健全、信用体系缺失的地区和领域,基于区块链技术能够快速建立信任约束,促进陌生人之间在陌生环境下开展商业合作,有望激发出新的业务模式。

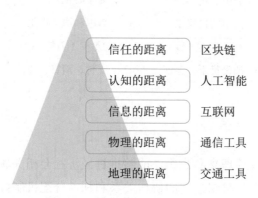

图7-4 区块链缩短了信任的距离

7.2.4 驱动互联网革命,加快价值传递

过去二十年,我们经历了信息互联网时代,信息互联网主要解决的是信息的互通问题,但并没有实现价值的转移和传递。而基于区块链技术特征所构建的下一代互联网——价值互联网,将会让数字资产的价值在互联网上高效地流通。未来,人与人之间进行资产交易会如同发邮件一样便捷,使人们的生活发生翻天覆地的变化。

7.2.5 强化诚信体系约束,净化市场环境

区块链是构建信任的机器。通过推动区块链和实体经济深度融合,可打造便捷高效、公平竞争、稳定透明的营商环境。可基于其不可篡改、可追溯的技术特征,高效建立信任机制,解决中小企业贷款融资难、银行风控难等问题;通过全程记录商品生产和交易流通过程,大幅降低假冒伪劣、以次充好等各类市场欺诈行为,解决市场监管难等问题。

7.3 区块链的应用场景

7.3.1 明确应用场景特征

区块链是一项极具潜力的可信数字交易的技术,但也并非万能药,只适合于特定的场

景。现阶段区块链适合的场景有三个特征：一是存在去中心化、多方参与和写入数据的应用；二是初始情况下相互不信任的多个参与者建立分布式信任的需求；三是对数据真实性要求较高的情形。如具备这三个特征，那么可以判定这一场景适合采用区块链技术。图 7-5 所示为区块链应用引导逻辑图。

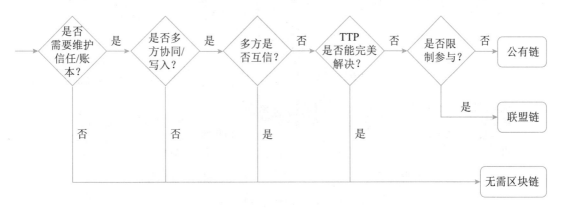

注：TTP（Trusted Third Party，可信任第三方）。

图 7-5　区块链应用引导逻辑图

7.3.2　不断推进技术突破

区块链是一项集成创新型技术，也是一项不断演进的技术，在具体应用中应该坚持以解决实际问题为导向，合理选择应用相关技术组合。在现实世界里，很难有应用场景完全脱离现有中心组织和规则体系，完全生搬硬套去中心化等过于理想化的理念，将陷入"邯郸学步"的窘境。用好区块链技术，首先要解放思想，以发展的眼光、动态的技术、现实的需求来认识和理解区块链，在实践中对区块链技术进行大刀阔斧地优化组合和取舍，以实际业务需求为牵引，强化基础研究，推动协同攻关，提升原始创新能力，推动区块链技术创新应用，着力攻克一批关键核心技术，加快推动区块链技术和产业创新发展。

7.3.3　聚焦业务创新方向

区块链技术应用已延伸到数字金融、物联网、智能制造、供应链管理、数字资产交易等多个领域。这些领域的应用场景同区块链技术特征和适用范围较为匹配，现实需求也较为强烈，可聚焦优先发展领域进行创新突破，如图 7-6 所示。

在民生服务领域，推动区块链技术在教育、就业、养老、精准脱贫、医疗健康、商品防伪、食品安全、公益、社会救助等领域的应用，为人民群众提供更加智能、便捷、优质的公共服务。

在政务服务领域，利用区块链数据共享模式，实现政务数据跨部门、跨区域共同维护和利用，促进业务协同办理，深化"最多跑一次"改革，为人民群众带来更好的政务服务体验。

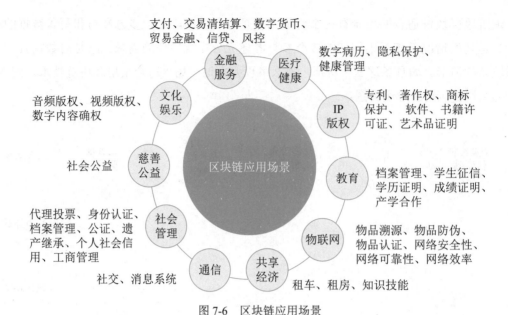

图 7-6　区块链应用场景

在新型智慧城市领域，推动区块链底层技术服务和新型智慧城市建设相结合，探索区块链技术在信息基础设施、智慧交通、能源电力等领域的推广应用，提升城市管理的智能化、精准化水平；利用区块链技术促进城市间在信息、资金、人才、征信等方面的更大规模的互联互通，保障生产要素在区域内有序高效流动。

7.3.4　区块链技术在医药大健康行业的创新应用

医药行业发展面临两大挑战：一是医药体系复杂、散乱，涉及药物研发、生产、流通、医疗服务提供者以及患者等，因此需要连通各方，准确传递信息是一大挑战；二是医药供应链体系缺乏透明和追溯性，导致医疗数据过于分散、混乱，对研究和服务会产生负面影响。

在医药行业，区块链甚至被认为有可能改变整个行业的未来发展，其创新运用的核心在于从药品研发到流通过程中各环节的数据透明公开、可追溯，可有效解决医药产业面临的药物研发、控制药价、精准推广等诸多方面的问题。截至目前，一些国外医药巨头，如诺华、赛诺菲等知名制药企业相继探索、布局区块链技术在医药领域的应用。

1. 药物研发：降本增效、提升新药研发力

我国 4000 多家制药企业中 90% 以上都是仿制药企业。全国有批文的 17.6 万种药品中，完全拥有自主知识产权的只有 30 种左右，其中大约一半的临床试验数据未对外公布。

药物类的研发最重要的一个环节就是临床试验，其耗时时间长，投入成本高。当前中国临床试验机构的资源相对紧缺，这是制约我国药品创新发展的深层次问题。数据显示，我国二级以上的医疗机构已经超过 1 万家，三级以上的医疗机构有 2000 多家，但是现在能够做药物临床试验的机构通过认定的只有 600 多家，特别是能够承担 I 期临床试验的机构仅有 100 多家，这在某种程度上成为医药创新的瓶颈。

随着医疗成本的不断上升，以及市场对于创新药物疗法的需求加大，多家制药公司相互合作、提高竞争力就显得尤为重要。区块链可以提供技术平台，方便多方之间的信息传递，并保证信息的准确性。比如，不可变的记录和时间戳作为一种数字手段，可以有效保护知识产权。区块链技术还可以改善临床和试验数据的共享。即使在非合作的药物研发中，区块链也可以有效地追踪和管理临床试验的各个方面，如数据管理、权限管理、药物副作用追踪等。同时区块链的信息共享性能帮助药厂节省药物临床试验的时间，并将试验结果进行选择性开放，对药物研发技术降本增效，从而有效控制药物的研发成本。

2. 控制药价，让药价高度透明

将区块链应用到医药领域，能够利用区块链技术的共识机制，将药品从原材料采购到药品的出厂销售过程的药物原料、加工等各个环节的成本实现高度透明化，药价虚高的最后一层面纱或将完全扯下。"区块链 + 医药"不仅能让医药消费者了解药物生产成本，实现对医药消费溯源，保障医药消费者药有所依，同时还能避免制药公司和医院乱抬药价的现象。

3. 安全用药、精准推广

根据数据统计，我国每年约有 3000 亿美元的药物因无法达到预期效果而被浪费，同时存在不少患者因服用药物而受到不良副作用的毒害。在医药消费者对医药价值需求日趋增长的同时，医药研发精准化成为制药企业的市场发展趋势。在当前的医药精准化研发市场中，制药企业虽然缓解了医药市场对药品的价值需求，但是各个制药企业在用户大数据上仍无法实现共享，这使得企业在制药过程中的精准化效率不高，特效药研发速度缓慢。

而在区块链上，患者可以将自身的健康大数据进行共享，对各个患者节点的数据进行打包整合。制药企业通过患者数据来实现精准化研发，并且在研发出医药成品之后，药厂还能利用区块链的共享性，将各种特效药推广到不同需求患者的市场中。

4. 行业合规：全流程透明监管，让行业规范运行

药品营销领域一直是商业贿赂高发风险环节，也是中国近些年严厉监管和打击的业务领域。面对虚假账目、回扣营销、商业贿赂等医药行业的顽疾旧症，近年来，国家一直在对药企的不合规行为开展"穿透式"监管，医药行业正在迎来一轮新的考验。纵观全国，税务部门突然对医药行业的监管收紧，行业亟待提升风险管控。

在区块链技术的加持下，所有不合规的路径都将赤裸裸地暴露在众人面前。从理论和实践来看，基于区块链安全、透明、信息不可篡改等特性，可有效地对费用支出实施全面、规范且透明的管理，从而确保业务的真实性、合理性和关联性，使药品生产、流通和销售环节更透明，保证药品可追溯，方便医药生产、流通和销售能更全面合规化运营。

5. 药品防伪：辩伪存真，为生命护航

近年来，由于缺乏适当的追踪机制，药品生产供应链监管中存在着大量的薄弱环节，

导致了假药、劣药的出现，假药、劣药成为人们日益关注的问题之一。根据数据统计，全球范围内，各类假药导致每年损失金额高达 2000 亿美元。在中低收入国家，每 10 种医疗产品中就有 1 种是不合格或伪造的。对于普通人来说，几乎没有任何可靠的平台来验证药品的真实性。

区块链可用于存储产品的信息，每一粒药物身上会有唯一标识。利用区块链技术，原材料、药品制作、厂商出售、中介转售、零售商药店等每一个交易过程都会验证并且记录药物的标志，并且这些数据信息不可以被篡改。中间商不可以调换或者添加假冒的药品，因为记录药品信息的区块链上会寻找不到假药的信息。因此，区块链可以用来验证产品的真实性，简而言之，就是防伪。

7.4 区块链应用发展策略

我国区块链产业发展仍处于初期，还面临着广泛适用性和商业应用价值尚未得到充分证明等问题。目前虽然不少的企业和机构投入到了区块链领域，但距离真正的在多领域普及、深度应用还有很远的路要走。

7.4.1 加速区块链标准规范落地

区块链技术尚未成熟，标准化程度仍然较低，尤其是涉及区块链监管、跨链协同等关键环节的标准几乎是空白，严重制约了区块链的产业化进程；同时安全一直是区块链技术的核心，但涉及算法安全标准问题仍然未形成。国家相关管理部门应充分发挥产业的力量，依托开源社区、技术联盟加速区块链标准的制定，特别是跨链、加密算法等重点标准在国内的落地，占领区块链产业在国际上的话语权。

7.4.2 构建区块链产业孵化环境

鼓励从企业到政府的区块链应用试点，在国内建立区块链的应用孵化环境，在应用中发现问题，逐步推进。现在有些区块链项目说得多，做得少，以炒概念获得投资为目标，这对整个区块链产业的健康发展是不利的。因此，建议国家或重点企业积极进行试点，推动区块链应用孵化，优化产业环境，加速产业成熟，在新一轮的区块链市场竞争中获得先机。

7.4.3 出台区块链产业引导政策

2019 年 7 月，美国参议院通过了《促进区块链发展法案》。在我国，目前区块链产业政策由各部门和部分省市分别进行小范围推广，政府需要明确清晰的区块链产业政策，展开对区块链技术的支持、标准的推进、区块链方案的研发、示范性工程的建立等一系列行动，特别是对区块链应用的监管和放权，推动区块链技术和应用在市场中良性发展。

7.4.4　包容审慎监管区块链发展

区块链技术发展仍处于早期阶段，应用还不成熟，运行安全还面临挑战，可能给国家政治安全、意识形态安全、主权安全、金融安全等带来诸多风险。比如，区块链可能会成为存储、传播违法违规信息，实施网络违法犯罪活动的工具；基于区块链的数字货币，可能为跨国犯罪、非法交易提供极大便利；非官方数字货币打造的商业体系，可能影响国家经济金融安全等。要加强对区块链技术的引导和规范，加强对区块链安全风险的研究和分析，密切跟踪发展动态，积极探索发展规律，逐步建立适应区块链技术机制的安全保障和监管体系，引导和推动区块链开发者、平台运营者加强行业自律、落实安全责任；把依法治网落实到区块链管理中，推动区块链安全有序发展。

7.5　区块链的未来发展趋势

我们可以把网络世界分为三个发展阶段来看。Web 1.0 是一个只能读取静态网页的互联网。Web 2.0 即我们目前所处的网络世界，出现了由用户生产的动态内容，社交媒体应运而生。Web 3.0 有很多定义，最常见的定义是，它是一个具备连接智能的网络，在这样的网络里，新一代应用程序、数据、概念以及用户能够通过一个无中介（比如银行、科技公司等起信用担保作用的中间人）的系统互相连接，隐私与安全能够得以保障。有了区块链技术，我们就能实现 Web 3.0。

区块链是当今最两极分化的技术，充满着希望和失望，无法满足热炒所带来的高期待，虽然具有颠覆性，但仍然缺乏可大量传播的用例。在反复尝试中，医药数据管理和货币化与区块链技术的可能性逐渐体现出来。中国在区块链领域拥有良好基础，一些大型互联网公司早已布局，人才储备相对充足，应用场景比较丰富，完全有条件在这个新赛道取得领先地位。国内许多创新型医药公司和国外的医药巨头公司都着手利用区块链技术来转型、创新，悄悄地推动着医药生态链的变革发展。

区块链承载的明日世界，区块链将会颠覆网络世界。这项技术涉及范围之广、来势之迅猛，导致许多关于它的描述沦为抽象的概念解释，而不是讨论它对网络世界中人们的互动方式将要产生的深刻影响。从更大视野来看，人类能够发展出现代文明，是因为实现了大规模人群之间的有效合作。市场经济"看不见的手"，也是通过市场机制实现了人类社会的分工协作。在此基础上，区块链技术将极大拓展人类协作的广度和深度。也许，区块链不只是下一代互联网技术，更是下一代合作机制和组织形式。

趋势一：区块链成为全球技术发展的前沿阵地，开辟国际竞争新赛道。区块链作为"价值互联网"的重要基础设施，正在引领全球新一轮技术变革和产业变革，正在成为技术创新和模式创新的"策源地"。

趋势二：数字货币泡沫逐步冷却，企业级联盟链成为创新的主战场。伴随着区块链数字货币泡沫的逐步冷却，人们愈发清醒地认识到，比特币等数字货币并不等于区块链。区块链自身的去中心化、多方协同、防篡改等技术特征，及其所发挥的作用逐渐凸显出来，成为企业关注的重点。

趋势三：区块链将是一种改变商业模式的基础设施，基于价值的可编程社会将成为现实。基于区块链的价值互联网将逐渐成熟，并改变当前的商业模式。未来随着价值互联网的不断发展，区块链将成为承担价值交换的基础网络设施，而与之伴随的，是基于价值的可编程社会或将成为现实。

趋势四：区块链技术体系逐渐清晰、应用正在加速落地。各区块链虽然在具体实现上有所不同，但是在架构方面存在共性，均包括共识、账本、智能合约等关键技术，各项关键技术不断向前演化。随着区块链革新升级，与云计算、大数据、人工智能等前沿技术的深度融合与集成创新，将促使区块链的技术体系架构逐步走向成熟。区块链将服务于金融、司法、工业、媒体、游戏等多个领域的商业应用，服务于实体经济和数字经济社会建设。

趋势五：区块链打造新型平台经济，开启共享经济新时代。区块链技术具有共建、共治、共享的天然属性，将更好地解决平台的使用者与平台的所有者之间存在利益冲突的问题，有望使"分享经济"真正转变为"共享经济"，将驱动平台经济更大范围、更深层次的新模式、新业态创新。

趋势六：区块链标准规范的重要性日趋凸显。当前区块链项目日益增多，项目的质量与标准差别很大、良莠各异，难以形成统一的规范体系，导致区块链项目兴起快、消亡也快，因此，亟待形成一套规范的标准体系，用于指导区块链技术与监管的规范工作，降低区块链产品之间、区块链与产业之间的衔接成本。

趋势七：区块链加速"可信数字化"进程，带动金融"脱虚向实"服务。目前，实体经济成本高、利润薄，中小微企业融资难、融资贵、融资慢等现象仍然存在，金融对实体经济支持仍显不足。这个现象背后的重要原因是，金融机构和实体企业之间建立信任的过程比较困难。利用区块链技术，可以实现"可信数字化"，进而实现物流、信息流、资金流"三流融合"，则可以有效建立信任机制，解决资金脱实入虚的问题。

第8章
信息安全技术及其发展

社会信息化，企业数字化转型已成为不可阻挡的历史潮流，成为大趋势，引发可怕的信息安全威胁。可以看到，随着新一代 ICT 技术的飞速发展和应用，给我们带来好处的同时，也带来了前所未有的信息安全威胁。信息安全逐渐从传统的病毒感染、网站被黑及资源滥用的时代，迈进了一个技术点复杂、参与者多元、涉及整个数字世界的新时期。如何在有效利用信息技术的同时，及时识别、积极应对和规避风险，形成新的信息安全建设策略与实践，打好信息安全保卫战，是我们大家必须面对的问题，也是本章要讨论的话题。本章系统地阐述了信息安全的概念、关键技术以及发展概况。

8.1 信息安全发展概述

8.1.1 信息安全的概念与研究对象

信息安全技术是一门综合性交叉学科。信息安全综合利用了信息论、计算机科学和密码学等诸多学科的长期知识积累和最新发展成果，通过研究计算机系统和通信网络中信息的保护方法，实现系统内信息的保密性、完整性、可用性、抗抵赖性、真实性、可控性等需求。随着信息技术的发展与应用，信息安全内涵的不断延伸，我们难以对信息安全给出一个精确的定义。当前大多数场景下，信息安全可以被理解为在既定的安全要求下，保护信息网络的硬件、软件及其中的数据，不因偶然的或恶意的原因而遭到破坏、更改、泄露，使系统连续、可靠、正常地运行，信息服务不中断。

广义来说，凡是涉及网络和信息系统中信息的保密性、完整性、可用性、抗抵赖性、真实性、可控性等相关需求的技术和理论都属于信息安全的研究领域。信息安全主要通过研究以下几方面的技术原理来实现对信息的有效保护。

1. 密码理论与技术

密码技术是信息安全的核心技术。当前技术环境下，计算机网络环境下信息的保密性、完整性、可用性和抗抵赖性，都需要采用密码技术来解决和保证。密码技术分为对称密码体制、非对称密码体制、完整性校验或封装、数字签名、密钥管理等。目前，密码的核心课题是在结合具体的网络环境、提高运算效率的基础上，针对各种主动攻击和泄密行为，研究各种可证明的安全密码体制。在密码分析和攻击手段不断进步、计算机运算速度不断提高以及密码应用需求不断增长的情况下，迫切需要发展创新密码理论和密码算法。

2. 安全协议理论与技术

安全协议指实现安全的通信交互的网络传输协议。信息技术的基础是信息的交互，要实现信息安全，信息的安全通信必不可少。安全协议的研究主要包括两方面内容，即安全协议的安全性分析方法研究和各种实用安全协议的设计与分析研究。安全协议的安全性分析方法主要有两类，一类是攻击检验方法，一类是形式化分析方法，其中安全协议的形式化分析方法是安全协议研究中最关键的研究问题之一。在协议形式化分析方面比较成功的研究思路可以分为三种：第一种思路是基于推理知识和信念的模态逻辑；第二种思路是基于状态搜索工具和定理证明技术；第三种思路是基于新的协议模型发展证明正确性理论。在实用安全协议方面，业界已经提出了大量的实用安全协议，具有代表性的有电子商务协议（Electronic Commerce Protocol）、互联网安全协议（Internet Protocol Security，IPSec）、传输层安全协议（Transport Layer Security，TLS）、简单网络管理协议（Simple Network Management Protocol，SNMP）、优良保密协议（Pretty Good Privacy，PGP）、安全超文本传输协议（Secure Hypertext Transfer Protocol，S-HTTP）等。实用安全协议的安全性分析是安全协议技术研究的另一个热点。

3. 安全体系结构理论与技术

安全体系结构理论是构建安全的信息系统的理论依据和方法论。完善科学的安全体系结构理论，保证了在此基础上构建的操作系统、数据库系统、网络系统等信息系统的相对安全性。安全体系结构理论与技术主要包括：安全体系模型的建立及其形式化描述与分析，安全策略和机制的研究，检验和评估系统安全性的科学方法和准则的建立，以及符合这些模型、策略和准则的系统的研制（如安全操作系统、安全数据库系统等）。安全体系结构理论的研究源于20世纪80年代中期，美国国防部为适应军事计算机的保密需要，在20世纪70年代的基础理论研究成果计算机保密模型（Bell & Lapadula 模型）的基础上，制定了《可信计算机系统安全评价准则》（Trusted Computer System Evaluation Criteria，TCSEC）。TCSEC 标准是计算机系统安全评估的第一个正式标准，它将计算机系统安全进行等级划分，具有划时代的意义。后续，各国陆续提出"信息技术安全评价准则"（Information Technology Security Evaluation Criteria，ITSEC）、"信息技术安全评价通用准则"（Common Criteria for ITSEC，CC for ITSEC）、国际标准化组织 / 国际电工委员会 15408 标 准（International Standard Organization/International Electrotechnical Commission 15408，ISO/IEC 15408）、ISO/IEC 27000 等框架和标准体系，信息安全体系结构理论逐渐向前发展。

4. 信息对抗理论与技术

信息对抗是研究有关防止敌方攻击信息系统、检测敌方攻击信息系统、恢复破坏的信息系统及如何攻击、破坏敌方信息系统的理论和技术的一门科学。在信息系统大范围应用的今天，信息的储存、处理与利用都必须依赖于信息系统。信息对抗实际上是保护己方的信息、信息处理、信息系统和计算机网络安全空间的同时，为破坏敌方的信息、信息处理、信息系统和计算机网络空间安全采取的各种行动。信息对抗的目标就是要获得明显的信息优势，进而获取决策优势，最终获得整个战场优势。信息对抗理论与技术主要包括黑客防范体系、信息伪装理论与技术、信息分析与监控、入侵检测原理与技术、反击方法、应急响应系统、计算机病毒、人工免疫系统在反病毒和抗入侵系统中的应用等。

5. 网络安全与安全产品

信息安全理论和技术的落地，需要通过市场化的网络信息安全产品实现。安全产品是理论和技术的载体。大部分场景下，企业和组织利用安全理论和技术保护信息系统，都是通过市场化的安全产品来实现。市场上比较流行的安全产品有防火墙、虚拟专用网（Virtual Private Network，VPN）、入侵检测 / 防御系统（Intrusion Detection System/ Intrusion Prevention System，IDS/IPS）、Web 应用层防火墙（Web Application Firewall，WAF）、上网行为管理、电子签证机构（Certificate Authority，CA）和公钥基础设施（Public Key Infrastructure，PKI）产品、态势感知、数据安全产品、云安全产品等。网络安全产品的发展由市场需求和技术发展驱动，并由网络安全厂家通过市场化的研发销售策略，不断进行更新换代。我国的网络安全产品总体上与国外先进水平有一定差距，但在某些性能和功能点上，已做到了与国外先进水平的持平甚至超越。

8.1.2　信息安全发展历程

随着数字新时代的到来，越来越呈现出万物数字化、万物互联化，基于海量数据进行深度学习和数据挖掘的智能化特征。数据安全隆重登场正式站在了时代的聚光灯下。对于信息安全发展阶段的划分，笔者认为信息安全大致经历了五个时期。

第一个时期是通信安全时期，其主要标志是 1949 年香农发表的《保密通信的信息理论》。这个时期主要为了应对频谱信道共用，解决通信安全的保密问题。

第二个时期是 20 世纪 70—80 年代的计算机安全时期，以《可信计算机评估准则》（TCSEC）为标志。这个时期主要是为了应对计算资源稀缺，解决计算机内存储数据的保密性、完整性和可用性问题。

第三个时期是 20 世纪 90 年代兴起的网络安全时期，这个时期主要是为了应对网络传输资源稀缺，解决网络传输安全的问题。

第四个时期是信息安全时期，其主要标志是《信息保障技术框架》（IATF）。这个时期主要是为了应对信息资源稀缺，解决信息安全的问题。在这个阶段首次提出了信息安全保障框架的概念，将针对开放式系统互联通信参考模型（OSI）某一层或几层的安全问题，转变为整体和深度防御的理念，信息安全阶段也转化为从整体角度考虑其体系建设的信息安全保障时代。

信息是有价值的数据，随着海量、异构、实时、低价值的数据从世界的各个角落，各个方位扑面而来，人类被这股强大的数据洪流迅速地裹挟进入了第五个时期，也就是目前所处的数据安全时期。

8.1.3　信息安全发展趋势

信息安全经过几十年的发展，已形成了理论体系基本完备，应用技术迅猛发展，社会各方愈发重视的良好局面。随着大数据、人工智能、物联网等前沿技术的广泛应用，IT 技术、网络空间与现实物理世界更加紧密地融合在一起，信息安全的保护对象有了前所未有的扩展，战略意义也得到了巨大提高。

在这样的技术变革进程中，习近平总书记敏锐地看到了其中的关键，深刻认识到国家的安全离不开网络安全，并在 2014 年 2 月的中央网络安全和信息化领导小组第一次会议的讲话中明确表态："没有网络安全就没有国家安全，没有信息化就没有现代化。建设网络强国，要有自己的技术，有过硬的技术；要有丰富全面的信息服务，繁荣发展的网络文化；要有良好的信息基础设施，形成实力雄厚的信息经济；要有高素质的网络安全和信息化人才队伍；要积极开展双边、多边的互联网国际交流合作。建设网络强国的战略部署要与'两个一百年'奋斗目标同步推进，向着网络基础设施基本普及、自主创新能力显著增强、信息经济全面发展、网络安全保障有力的目标不断前进。"

根据习近平总书记的讲话精神，我国在 2017 年 6 月正式实施了《中华人民共和国网络安全法》（以下简称《网络安全法》），《网络安全法》是我国第一部真正意义上的网络安全相关法律，提纲挈领地定义了国家、地区、企业和公民的网络安全责任、义务和权利。

配合《网络安全法》，国家陆续发布了网络安全"等级保护 2.0"相关标准（保护对象包括大数据、云计算、物联网、移动互联网和工业互联网等扩展系统）、《关键信息基础设施安全保护条例》、《国家网络安全实践应急预案》、《个人信息和重要数据出境安全评估办法》、《数据安全管理办法》、《个人信息安全规范》、《加强工业互联网安全工作的指导意见》等不同的行业规范和国家标准。这些行业规范和国家标准是《网络安全法》的重要补充，提供了《网络安全法》落地执行的重要依据。

网络信息安全已经成为国家层面坚定不移的发展战略要点之一。在国家层面，网络信息安全的主要需要和发展趋势有以下四个方面。

（1）网络安全人才培养。网络空间安全问题，归根结底是人才的竞争。当前，网络安全人才严重短缺，因此完善网络安全人才的建设刻不容缓。只有网络安全高层次人才队伍不断壮大，才能为网络强国保驾护航。

（2）建立国家层面的网络安全预警和应急响应机制。通过采集国家骨干网络和各个行业代表性企业的流量数据，通过人工智能大数据分析系统进行深度分析，建立国家网络安全大脑，形成国家网络安全态势感知和紧急响应的平台。

（3）建立跨境数据安全评估办法和流程。数据是新时代的新能源、新石油，也是国家安全的重要组成部分。关键行业或者个人的数据和信息泄露可能导致敌对势力渗透我国的关键信息基础设施和针对个人的策反。因此，对于跨境的数据传输和转移需要建立标准规范的数据安全评估办法和流程，确保国家层面的数据安全。

（4）针对关键信息基础设施的安全防护。关键信息基础设施与国家安全和国计民生直接相关，针对关键信息基础设施从认定评估、重点保护、持续监测、事件恢复等角度进行安全保护刻不容缓。

在区域层面，信息安全主要是指智慧城市和数字园区等的安全。智慧城市和数字园区的核心是一个混合泛在的信息系统集合，包括了城市数字化进程中所有的必要元素。对于区域层面来说，安全防护的首要手段是建立行之有效的安全大数据和态势感知应急响应平台。通过对资产日志、实时流量等多维安全大数据的采集，提供给中心化分析平台分析潜在的安全风险，对紧急事件进行快速响应和处置。城市安全大脑和应急响应平台是基础能力的建设，需要把安全防护、安全响应、安全感知应急处置等相关资源有效地整合在一起才能形成高效的安全治理。根据智慧城市、数字政府的组成，云平台安全、物联网安全、身份认证安全和移动互联网安全也是其信息安全必须考虑的因素。

在企业层面，信息安全主要考虑的是贴合企业去中心化、去边界化的 IT 发展趋势。企业系统往往运营在不可信的环境、不可信的平台和不可信的人的条件下。在所有不可信的条件下，安全认证是企业安全最为重要的基础。企业安全需要包括如下三个重要领域。

（1）基于零信任构建企业安全的基础。在对企业员工和设备进行授权之前，需要通过身份认证系统对人员和设备进行多维度的认证，并进行持续的检测和权限调整。

（2）基于企业的态势感知和应急响应。构建企业级的内外网态势感知和应急响应系统平台。

（3）下一代安全运营管理中心。整合传统和现代的安全防护资源，消除烟囱式的安全系统和安全数据，打通底层的安全资源，形成安全分析统一化、安全防护自动化、安全管理规范化的企业安全防护目标。

8.2　信息安全关键技术综述

8.2.1　密码学技术

在网络中，一个通信系统是由在同一信道上进行通信的双方组成的。通信双方需要交换信息，而通信双方都不希望这样的信息被其他人员窃听。密码学正是一种能够有效防止信息在传输过程中被窃听的安全机制。

密码学的应用历史久远，很早以前就被用于机密信息的保管传递。在 20 世纪的两次世界大战中，密码学更是得到了广泛应用和长足发展。英国对德国 Enigma 密码的破译，直接改变了第二次世界大战的战争形势。现代的信息化战争更是离不开密码学。在我们的生活中，密码学的运用也是不胜枚举。

密码学研究需要数论、群论、概率论、信息论、复杂性理论等多学科知识。本节简要介绍密码学的基本概念、目标和相关的加密解密技术。

1. 密码学基本概念

1）加密与解密

密码学主要包含两个分支：密码编码学和密码分析学。密码编码学主要研究如何将明文转换为密文；密码分析学则相反，主要研究如何从密文中破译得到明文。

明文加密后就得到密文。明文的取值范围称为明文空间，密文的取值范围称为密文空间。加密所采用的隐藏消息的方法称为加密算法，所使用的密钥称为加密密钥。根据密文恢复消息内容的过程称为解密，恢复消息的方法称为解密算法，所使用的密钥称为解密密钥。加密算法和解密算法统称为密码算法。图 8-1 所示为加密解密的过程。

图 8-1　密码学加密解密过程

将明文变换为密文有两种方法：替换法和变换法。替换法是将明文消息的每个字母（单词）替换成其他的字母（单词），而变换法是将明文消息的字母重新排列组合得到密文。现代密码学中，密码算法的保密性是基于保持密钥的秘密，而不是基于保持加密解密算法的秘密。如果一个密码算法的保密性是基于保持加解密算法的秘密，那么该算法称为受限制的算法，如换位密码。这种算法在历史上曾经大显身手，但很难适应当今的应用需求。特别是在一个大的团体组织中，如果一个人泄露了算法，那么所有人都不得不改用另外的算法。尽管这样，在低密级的应用中，受限制的算法还是得到了广泛的应用，因为其实施简单。而基于保密密钥秘密的算法，只需要保持每个密钥的安全性即可，密码算法可以公开。密码算法、明文空间、密文空间以及密钥，一同构成了密码系统。

2）密码分析

对于不同的密码算法有不同的密码分析方法。常用的密码分析方法有四类：

（1）唯密文攻击。密码分析者拥有一些消息的密文，这些消息都是用同样的加密算法来加密的。密码分析者的任务是尽可能多地恢复出明文来。当然，最好能够得到加密消息所使用的密钥，以便利用该密钥尽可能多地解读其他的密文。

（2）已知明文攻击。密码分析者不仅拥有一些消息的密文，而且还拥有这些密文对应的明文。密码分析者的任务就是根据这些明文和密文的对应关系来推出加密密钥或者推导出一个算法，使得该算法可以对用同一密钥加密的任何消息进行解密。

（3）选择明文攻击。分析者不仅拥有一些消息的密文和相应的明文，而且他们还可以进行有选择地加密明文。密码分析者可以选择特定的明文块，这些明文块可能会产生更多关于密钥的信息。分析者的任务就是推导用于加密的密钥或者产生一个算法，使得该算法可以对用同一密钥加密得到的任何密文进行解密。

（4）选择密文攻击。密码分析者能够选择不同的密文，而且能够得到与之对应的明文。有时我们将选择明文攻击和选择密文攻击一起称为选择文本攻击。

上述四种攻击的目的是推导出加密、解密所使用的密钥。四种攻击类型的强度按序递增，唯密文攻击是最弱的一种攻击，选择密文攻击是最强的一种攻击。如果一个密码系统能够抵抗选择密文攻击，那么它当然能够抵抗其余三种攻击。

攻击者被动地截获密文并进行分析的这类攻击称为被动攻击。密码系统还可能遭受到的另一类攻击是主动攻击：攻击者主动向系统窜扰，采用删除、更改、增添、重放、伪造等手段向系统注入假消息。防止这种攻击的一种有效方法是使发送的消息具有可被认证的能力，使接收者或第三者能够识别和确认消息的真伪。实现这类功能的密码系统被称为认证系统。

2. 古典密码体制

古典密码以字符为基本加密单元，可用手工或机械操作实现加密、解密。根据密码变换的规则，古典密码可以分为置换密码和代换（替代）密码两类。置换密码又称换位密码，是指变换并未改变明文的字母，但字母顺序被打乱。代换密码是明文中的每一个字符被替换成密文中的另一个字符，接收者对密文做反向替换即可恢复出明文。

古典密码的典型方法是通过置换来对明文进行加密。例如，给定明文消息：

the simplest transposition cipher

将明文消息分成长度为 6 的段（不计空格符），构成如下五个明文分组：

thesimplesttransposition cipher

将各组内字符按位置序号（0～5）进行下述置换：

$$P = \begin{pmatrix} 0 & 12 & 34 & 5 \\ 2 & 41 & 05 & 3 \end{pmatrix}$$

得到密文（为与明文区分，一般用大写字母表示密文）：

SETMHI SEPTLT SNROAP ITSNIO HPCRIE

再对以上密文实施 P 的逆置换：

$$P^{-1} = \begin{pmatrix} 0 & 12 & 34 & 5 \\ 3 & 20 & 51 & 4 \end{pmatrix}$$

另一个古典密码体制的典型例子是凯撒密码。凯撒密码字母表中每个字母用它之后的第三个字母来代换，即字母 a 用字母 D 代换、字母 b 用字母 E 代换、字母 c 用字母 F 代换……字母 z 用字母 C 代换。则明文 caesar cipher（凯撒密码），对应的密文是 FDHVDU FLSKHU。

代换密码分为单字母代换密码和多字母代换密码，单字母代换密码又分为单表代换密码和多表代换密码。单表代换密码只使用一个密文字母表，并且用密文字母表中的一个字母来代替明文字母表中的一个字母。多表代换密码通过构造多个密文字母表，在密钥的控制下用相应密文字母表中的一个字母来代替明文字母表中的一个字母，一个明文字母有多个代替字母。多表代换密码是以两个或两个以上代换表依次对明文消息的字母进行代换的加密方法。历史上有名的转轮机密码，如第二次世界大战时期德国的 Enigma、盟军使用的 Hagelin、日本的 Purple 等都属于多表代换密码。转轮机密码通过滚筒的机械运动和简单的电子线路，实现复杂的多表代换。德国 Enigma 密码机设置了 5 个滚筒，但每次使用其中的 3 个，相当于有 26^3=17 576 个代换表。

3. 对称密码体制

对称密码算法的基本特征是用于加密和解密的密钥相同，或者相对容易推导，因此也称为单密钥算法。对称密码算法常分为分组密码算法和流密码算法，分组密码和流密码的区别在于其输出的每一位数字不是只与相对应（时刻）的输入明文数字有关，而且与长度为 N 的一组明文数字有关。分组密码是将明文消息编码表示后的数字（简称明文数字）序列，划分成长度为 N 的组（可看成长度为 N 的矢量），每组分别在密钥的控制下变换成等长的输出数字（简称密文数字）序列。分组对称密码是对称密码算法中重要的一类算法，典型的分组对称密码算法包括 DES、IDEA、AES、RC5、Twofish、CAST-256、MARS 等。

对称密码算法的优点是算法简单、计算量小、加密速度快、加密效率高，适合加密大量数据，明文长度与密文长度相等。它也存在一些缺点，比如通信双方要进行加密通信，需要通过秘密的安全信道协商加密密钥，而这种安全信道可能很难实现。同时，在有多个用户的网络中，任何两个用户之间都需要有共享的密钥。若每两个用户分别采用不同的对称密钥，则 n 个用户需要 $C(n, 2)=n(n-1)/2$ 个密钥。当网络中的用户数（n）很多时，需要管理的密钥数目非常大。例如，n=100 时，$C(100, 2)$=4995，n=5000 时，$C(5000, 2)$=12 497 500。可见随着网络规模的增大，密钥管理越来越困难。对称密码算法也无法解决对消息的篡改、否认等问题，例如当主体 A 收到主体 B 的电子文档（电子数据）时，无法向第三方证明此电子文档确实来源于 B。

4. 非对称密码体制

针对传统对称密码体制存在的诸如密钥分配、密钥管理和没有签名功能等局限性，1976 年，W. 迪菲（W.Diffie）和 M.E. 赫尔曼（M.E.Hellman）提出了非对称密码（公钥密码）的新思想。与对称密码体制不同，公钥密码体制是建立在数学函数的基础上，而不是基于替代和置换操作。在公钥密码系统中，加密密钥和解密密钥不同，由加密密钥推导出相应的解密密钥在计算上是不可行的。系统的加密算法和加密密钥可以公开，只有解密密钥保密。用户和其他 N 个人通信，只需获得公开的 N 个加密密钥（公钥），每个通信方保管好自己的解密密钥（私钥）即可，大大简化了密钥管理。同时，公钥密码体制既可用于加密，也可用于数字签名。

迄今为止，人们已经设计出许多公钥密码体制，如基于背包问题的 Merkle-Hellman 背包公钥密码体制、基于整数因子分解问题的 RSA 和 Rabin 公钥密码体制、基于有限域中离散对数问题的 ElGamal 公钥密码体制、基于椭圆曲线上离散对数问题的椭圆曲线公钥密码体制等。

公钥密码算法克服了对称密码算法的缺点，解决了密钥传递的问题，大大减少了密钥持有量，并且提供了对称密码技术无法或很难提供的认证服务（如数字签名），其缺点是计算复杂、耗用资源大，并且会导致密文变长。

但是要注意的是，关于公钥密码，有几种常见的误解：

- 认为公钥密码更安全。其实任何一种现代密码算法的安全性都依赖于密钥长度和破译密码的工作量，从抗密码分析角度评估，没有一方更优越。
- 认为公钥密码算法使得对称密码算法成为过时技术。公钥密码算法计算速度较慢，加密数据的速率较低，通常用于密钥管理和数字签名。实际应用中，人们通常将对称密码和公钥密码结合起来使用，对称密码算法将长期存在。
- 认为使用公钥密码实现密钥分配非常简单。使用公钥密码也需要某种形式的协议，通常包含一个可信中心，其处理过程并不比传统密码的密码分配过程更简单。

5. 散列函数和数字签名

1）散列函数

前面介绍的古典密码、对称密码和非对称密码，主要解决消息的机密性问题，针对的是窃听、业务流分析等形式的威胁。而实际上系统和网络还可能受到消息篡改、冒充和抵赖等形式的攻击，需要确保消息的完整性、真实性和不可否认性。相对应地，可以采用散列（Hash）函数，来对消息进行认证、完整性检测和数字签名。

散列函数接受一个消息作为输入，产生一个称为散列值的输出，也可称为哈希值、消息摘要（Message Digest，MD）。更准确地说，散列函数是将任意有限长度比特串映射为固定长度的串。散列函数的特点是能够应用到任意长度的数据上，并且能够生成大小固定的输出，$h=H(M)$，M 是变长的报文，h 是定长的散列值。对于任意给定的数据，摘要生成的计算相对简单，易于软硬件实现。安全的散列函数需要满足以下性质：

（1）单向性。对任意给定值 h，寻求 x 使得 $H(x)=h$ 在计算上不可行。

（2）弱抗碰撞性。任意给定消息 x，寻求不等于 x 的 y，使得 $H(y)=H(x)$ 在计算上不可行。

（3）强抗碰撞性。寻求任何的 (x, y) 对，使得 $H(x)=H(y)$ 在计算上不可行。

2）数据签名

在计算机网络应用中，消息的不可否认性非常重要，尤其是电子商务场景中。它一方面要防止发送方否认曾经发送过的消息，另一方面还要防止接收方否认曾经接收过的消息，以避免通信双方可能存在的欺骗和抵赖，数字签名是解决这类问题的有效方法。数字签名是指附加在数据单元上的一些数据，或是对数据单元所做的密码变换，这种数据或变换能使数据单元的接收者确认数据单元来源和数据单元的完整性，防止被人伪造。

数字签名主要有以下特性：

（1）不可伪造性。如果不知道签名者的私钥，敌手很难伪造一个合法的数字签名。

（2）不可否认性。对普通数字签名，任何人可用签名者公钥验证签名的有效性。由于签名的不可伪造性，签名者无法否认自己的签名。此性质使签名接收者可以确认消息的来源，也可以通过第三方仲裁来解决争议和纠纷。

（3）消息完整性。可以防止消息被篡改。

按照对消息的处理方式，数字签名可以分为两类：一类是直接对消息签名，它是消息经过密码变换后被签名的消息整体；另一类是对压缩消息的签名，它是附加在被签名消息之后或某一特定位置上的一段签名信息。典型的数字签名算法有 RSA 数字签名、DSS 数字签名等。

6. 密钥管理

密码算法、明文空间、密文空间以及密钥，一同构成了密码系统。密钥是密码系统中非常重要的元素。无论密码算法有多安全，只要发生密钥泄露，任何加密就变得毫无意义。更糟糕的是，攻击者可以利用泄露的密钥冒充通信的其中一方来加密任何文件或者进行数字签名，而对方却浑然不知。因此，对于电子商务、电子政务等应用，如果密钥泄露，将会产生无可估量的损失。

密钥管理包含了密钥自产生到最终销毁的整个过程中的各种安全问题，例如，密钥的产生、存储、装入、分配、保护、遗忘、丢失和销毁等，包含了密钥生成、密钥分割、密钥控制、密钥管理基础设施等技术。

1）密钥生成

密钥生成协议是为两方或多方提供共享的密钥以便在以后的安全通信中进行加密解密、消息认证或身份认证。密钥生成大体分成两类：密钥传送（Key Transport）和密钥协商（Key Agreement）。

密钥传送是由一方建立密钥，然后安全地传送给其他方。密钥协商是由双方或多方共同参与到密钥形成过程当中，任何一方都不能事先预测或决定密钥的生成结果。密钥传送的模式大致有两种，点到点模式和通过密钥服务器的模式。其中点到点模式需要共享密钥的双方直接通信，传递密钥。密钥服务器模式需要密钥服务器参与，其中密钥服务器可以负责生成和发送密钥给通信双方，也可以只负责密钥传递，不负责生成。密钥生成由通信各方中的一方生成。

密钥协商机制中，用得最广泛的密钥协商协议是 DH 密钥交换协议。1976 年，迪菲和赫尔曼联合设计了一个密钥交换协议，称之为 DH 密钥交换协议。这个协议基于有限域中离散对数计算的困难性保证密钥交换的安全性，通信双方能够在不安全的通信信道上传递公开信息，继而各自计算出共享密钥。

2）密钥分割

在很多场合下，为了避免权力过于集中，必须将秘密分割开来让多人掌管，只有达到一定数量的人同时合作，才能恢复这个秘密，这就是密钥分割的思路。密码学中采用门限方案来实现密钥分割。门限方案的基本思路是：秘密 s 被分割成 n 部分信息，每一部分信息称为一个子密钥。每个子密钥都由不同的参与者掌握，使得只有 k 个或 k 个以上的参与者共同努力才能重构信息 s；否则无法重构消息 s。这种方案就称为 (k, n) 门限方案，k 称为方案的门限值。Shamir 门限方案是典型的秘密分割门限方案，它基于拉格朗日插值公式，实现密钥的安全分割。

3）密钥控制

密钥更换的频率对系统的安全性也有很大影响。频繁地更换密钥大大降低了攻击者成功的概率。即便一个攻击者获得了某个密钥，他也只能解读很少量的密文。如果我们每次加密都使用不同的密钥，那么攻击者获得的密钥更是没有使用价值。但是如果密钥更新太频繁，又将加大用户间信息交换的延迟，也会造成网络负担。因此，要综合考虑这些因素来决定密钥更新的频率。两次密钥更新之间的时间间隔就称为密钥生存周期。

密钥按照其用途，可以分为两类：数据加密密钥（Data Encryption Key，DEK）和密钥加密密钥（Key Encryption Key，KEK）。数据加密密钥直接用于加密数据，密钥加密密钥用于加密 DEK。为了便于管理，一般来说，DEK 的生命周期较短，而 KEK 的生命周期较长。由此可见，密钥加密密钥的重要性高于数据加密密钥。

密钥通常由密钥服务器来控制，密钥服务器负责密钥的生成和安全分发等工作。为了解决网络中用户数目非常多而且分布地域复杂的问题，可以使用多个密钥服务器的分层结构，在每个小范围都建立一个本地密钥服务器来满足小范围内用户的密钥服务需要。如果属于两个不同范围的用户想获得共享密钥，则可通过一个全局密钥服务器来得到共享密钥，这样就建立了两层密钥服务器结构。类似地，根据网络中用户的数目及分布的地域，可建立三层或多层分层结构。

4）密钥管理基础设施

公钥基础设施（Public Key Infrastructure，PKI），也称公开密钥基础设施。按照国际电信联盟（International Telecommunication Union，ITU）制定的 X.509 标准，PKI "是一个包括硬件、软件、人员、策略和规程的集合，用来实现基于公钥密码体制的密钥和证书的产生、管理、存储、分发和撤销等功能。" 简单地说，PKI 是一种遵循标准、利用公钥加密技术提供安全基础平台的技术和规范，能够为网络应用提供密码服务的一种基本解决方案。PKI 解决了大规模网络中的公钥分发和信任建立问题。

为了使用户在不可靠的网络环境中得到真实的公钥，同时避免集中存放密钥和在线查询产生的瓶颈问题，PKI 引入数字证书（也称公钥证书）的概念，通过可信第三方——认证权威机构（Certification Authority，CA）或称认证中心，把用户公钥和用户的真实身份绑定在一起，产生数字证书。通过数字证书，用户能方便、安全地获取对方公钥，可以离线验证公钥的真实性。

8.2.2　计算机安全技术

计算机安全，按照国际标准化组织的定义，是指 "为数据处理系统所采用的技术和管理手段的安全保护，保护计算机硬件、软件、数据不因偶然的或恶意的原因而遭到破坏、更改、泄露"。而我国公安部计算机管理监察司的定义是"计算机安全是指计算机资产安全，即计算机信息系统资源和信息资源不受自然和人为有害因素的威胁和危害。"从上面的定义可以看到，计算机安全的保护对象是计算机资产，目标是通过一系列手段，使计算机资产免遭偶然或恶意的威胁和破坏。在本节中，我们从计算机操作系统安全、计算机软件安全、计算机安全与恶意程序三个方面来介绍计算机安全技术。

1. 计算机操作系统安全

计算机操作系统（Operating System，OS）是计算机系统的灵魂，它是一组面向机器和用户的程序，充当着用户程序与计算机硬件之间的接口，负责提供用户与计算机系统的交互界面和环境，其目的是最大限度地、高效地、合理地使用计算机资源，同时对系统的所有资源（软件和硬件资源）进行管理。它既是一道安全屏障，也是入侵者的首要目标。

操作系统是计算机系统安全的基石。现代操作系统支持多道程序设计概念，允许多道程序及资源共享，同时也限制各类程序的行为。操作系统的功能和权力如此之大，一旦攻破操作系统的防御，就获得了计算系统保密信息的存取权。如果操作系统安全机制不能抵挡入侵者的攻击，所造成的损坏将是严重而广泛的。

1）操作系统的功能和安全机制

操作系统的首要功能是作为用户与计算机硬件之间的接口。操作系统处于用户和计算机硬件之间，用户通过操作系统来使用计算机。用户在操作系统的帮助下能够方便、快捷、安全、可靠地操纵计算机硬件、运行程序，如图8-2所示。用户通过命令方式和系统调用方式来使用计算机。用户可以直接调用操作系统提供的各种功能，而无须了解软、硬件本身的细节。

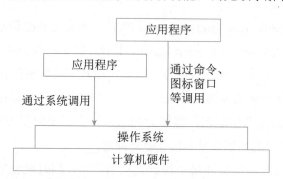

图 8-2　应用程序、操作系统和计算机硬件之间的关系

操作系统是计算机系统的资源管理者。在计算机系统中，能分配给用户使用的各种硬件设施和软件总称为资源。资源包括两大类：硬件资源和信息资源。其中，硬件资源包括处理器、存储器、输入/输出（Input/Output，I/O）设备等；信息资源包括程序和数据等。操作系统的重要任务之一是对资源进行分析，找出各种资源的共性和个性，有序地管理计算机中的硬件、软件资源。资源管理是操作系统的一项主要任务，具体包括处理器管理、存储管理、设备管理、文件管理、网络与通信管理、用户接口等。

根据操作系统的基本功能，操作系统安全的主要目标是：

（1）标识系统中的用户并鉴别用户身份。

所谓标识，是指用户向系统表明自己身份的过程，用户身份认证是系统核查用户身份的过程。这两项工作统称为身份识别，或称为标识与鉴别。身份识别可以通过用户名、身份号或智能卡等用户标识来识别。用户一旦完成了身份识别，操作系统就可以利用标识来跟踪用户的操作。因此，用户标识符必须是唯一的，而且是不能被伪造的。标识与鉴别机制用于保证只有合法用户才能存取系统中的资源。在操作系统中，身份鉴别一般是在用户登录系统时完成。

（2）依据系统安全策略对用户的操作进行访问控制，防止用户和外来入侵者对计算机资源的非法访问。

访问控制技术是计算机安全领域的一项传统技术，其基本任务是防止非法用户进入系统或合法用户非法使用系统资源。操作系统的访问控制是在身份识别的基础上，根据身份对资源访问请求加以控制。访问控制的目的是限制主体对客体的访问，使计算机系统在合法范围内使用。它决定用户能做什么，也决定代表一定用户身份的进程能做什么。其中，主体是某个用户，也可以是用户启动的进程和服务。

（3）监督系统运行的安全性。

操作系统的审计机制就是对系统中有关安全的活动进行记录、检查和审核，其主要目的是检测和发现非法用户对计算机系统的入侵，以及合法用户的误操作。审计能为系统进行事故原因的查询、定位，为事故发生前的预测、报警以及事故发生后的实时处理提供详细、可靠的依据，以便有违反系统安全规则的事件发生后能够有效地追查事件发生的地点和过程。通过审计，可以达到以下两个目标：一是可以对受损的系统提供信息帮助，以进行损失评估和系统恢复；二是可以详细记录与系统安全有关的行为，从而对这些行为进行分析，发现系统中的不安全因素。审计一般是一个独立的过程，操作系统必须能够生成、维护以及保护审计过程，防止其被非法修改、访问和毁坏，特别是要保护审计数据，严格限制未经授权的用户访问。

（4）保证系统自身的安全性和完整性。

为实现以上目标，需要建立相应的安全机制，这些机制主要包括标识与鉴别、访问控制、最小特权管理、信道保护、安全审计、内存存储保护、文件系统保护等。

2）Windows 系统安全机制

Windows 系列操作系统是目前使用用户最多的桌面操作系统。Windows 操作系统从早期的 DOS 操作系统发展而来，现在常用的版本包括 Windows 7、Windows 10 和 Windows 11。自 Windows 2000 以来，微软公司一直关注操作系统的安全设计和配置，逐步改善其安全架构，提供了多种安全机制。

（1）标识与鉴别。Windows 中的安全主体类型主要包括用户账户、组账户、计算机和服务等。Windows 通过对主体的分类，来实现对不同类型主体的权限划分；进一步，通过安全标识符（Security Identifier，SID）来标识安全主体，在操作系统内部使用。SID 的创建者和作用范围依赖于账户类型。用户账户由本地安全授权机构（Local Security Authority，LSA）生成在该系统内唯一的 SID。域账户由域安全授权机构来产生 SID。活动目录把域账户 SID 当作该 SID 所标识的用户或组的一个对象属性来存储，而域账户 SID 在域内是唯一的。当授予用户、组、服务或者其他安全主体访问对象的权限时，操作系统会把 SID 和权限写入对象的上网行为管理中。

进一步，要使用户和系统之间建立联系，本地用户必须请求本地登录，进行身份鉴别，远程用户必须请求远程登录并进行身份验证。本地登录的过程较为简单，就是通过安全通道将用户类型带入明文与明文证书进行对比。远程登录较为复杂，在 Windows 发展中先后经历了 SMB 鉴别协议、LM 鉴别机制、NTLM 鉴别机制、Kerberos 鉴别体系等阶段。

（2）访问控制。访问控制是对用户或用户组访问本地或网络上的域资源进行授权的一种机制。在 Windows 2000 以后的版本中，访问控制是一种双重机制，它对用户的授权基于用户权限和对象许可。其中，用户权限是指对用户设置允许或拒绝该用户访问某个对象；对象许可是指分配给对象的权限，定义了用户可以对该对象进行操作的类型。例如，假定某个用户有修改某个文件的权限，这是用户权限，对该文件设置了只读属性，这就是对象许可，它不允许用户修改该文件。

在 Windows 系统中，安全管理的基本单元就是安全对象。安全对象即具有访问权限的对象，包括文件、目录、注册表项、动态目录对象、内核对象（如事件、信号量和互斥）、服务、线程、进程、防火墙端口、Windows 工作站和桌面等，最常见的安全对象就是文件。在新技术文件系统（New Technology File System，NTFS）中，文件和目录都有一定的访问权限，权限并不存储在文件和目录中，而是存储在文件系统的元数据中。

（3）用户账户控制。由于历史原因，使用 Windows 的很多用户都直接以管理员权限运行系统，这对计算机安全构成很大隐患。从 Vista 版本开始，Windows 加强了对用户账户控制的管理，使用"用户账户控制"模块来管理和限制用户权限。用户账户控制体现了最小特权原则，即在执行任务时使用尽可能少的特权。

用户账户控制允许用户验证系统行为，从而阻止未经认证的计算机系统的变动。当用户以管理员身份登录到 Windows Vista 和 Windows Server 2008 时，会得到两个访问令牌：一个是完全访问令牌；另一个是标准受限访问令牌。

标准受限访问令牌对受限进程没有管理特权，并且禁用管理员组 SID，主要用于启动 Windows 资源管理器和所有子进程。所有应用程序默认是以标准受限令牌运行的，除非管理员授予其权限，否则不能以完全访问令牌运行。由于应用程序将继承父进程的特权级别，所以如果父进程以完全访问令牌运行，那么子进程也会继承其特权级别。

（4）安全审计。安全审计是整体安全策略的一部分。通过对系统和用户进行充分和适当的审计，就能够在发生安全事故之后发现事故的原因，并提供相应的证据。

Windows 审计子系统与安全决策组件、事件日志服务联合工作，以可靠的方式生成安全事件日志。安全决策组件通常被称作安全参考监控，制定了安全决策后，若有其他有关安全的活动发生，监视器就会通知审计子系统，并将活动的细节传给系统，审计系统将这些细节格式化为事件日志。

（5）文件系统。Windows 操作系统同大多数操作系统一样，通过使用自己的文件系统（NTFS），提供文件保护机制。Windows 2000 以上的操作系统都建议使用 NTFS 文件系统，它具有更好的安全性与稳定性。

加密文件系统（Encrypting File System，EFS）是 Windows 2000 以后各版操作系统的一个组件。EFS 采用高级的标准加密算法实现透明的文件加密和解密，任何没有正确密钥的个人或者程序都不能读取加密数据。

EFS 以公钥加密为基础，使用了 Windows 系统中的 CryptoAPI 架构。每个文件都使用随机生成的文件加密密钥进行加密，此密钥独立于用户的公 / 私钥对。文件加密可以使用任何对称加密算法。

3）Linux 操作系统的安全机制

Linux 操作系统是 Linus Torvalds 以 UNIX 操作系统为基础设计实现的，因此，从架构到保护机制上很多地方和 UNIX 操作系统一致或相似。Linux 操作系统可以配置桌面终端、文件服务器、打印服务器、Web 服务器等，还可以配置成一台网络上的路由器或防火墙。Linux 操作系统一般有几个主要部分：内核、壳（shell）、文件系统和用户应用，如图 8-3 所示。内核、shell 和文件系统一起形成了基本的操作系统结构，用户可以运行程序、管理文件并使用系统。内核是操作系统的核心，具有很多最基本的功能，它负责管理系统的进程、内存、设备驱动程序、文件和网络系统，决定着系统的性能和稳定性。shell 是系统的用户界面，提供了用户与内核进行交互操作的一种接口。它接收用户输入的命令并把它送入内核去执行，是一个命令解释器。和 UNIX 操作系统一样，Linux 操作系统将独立的文件系统组合成了一个层次化的树形结构，并且由一个单独的实体代表这一文件系统。

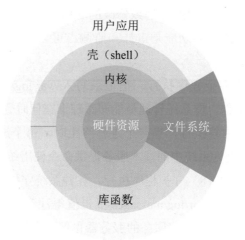

图 8-3　Linux 操作系统的层次结构

接下来主要从标识与鉴别、访问控制、安全审计、文件系统、特权管理以及系统防火墙等方面介绍 Linux 操作系统的安全机制。

（1）标识与鉴别。和其他操作系统一样，Linux 操作系统也有一些基本的程序和机制来标识和鉴别用户，只允许合法的用户登录到计算机并访问资源。Linux 操作系统使用用户标识号（User ID，UID）来标识和区别不同的用户。UID 是一个数值，是 UNIX/Linux 操作系统中唯一的用户标识，在系统内部管理进程和保护文件时使用 UID 字段。/etc/passwd 文件是 UNIX/Linux 操作系统安全的关键文件之一。该文件用于用户登录时校验用户的登录名、加密的口令数据项、用户 ID（UID）、默认的用户分组 ID（GID）、用户信息、用户登录目录以及登录后使用的 shell 程序。PAM 是 Linux 操作系统中一种常用的认证鉴别机制。PAM 采用模块化设计和插件功能，可以很容易地插入新的鉴别模块或替换原先的组件，而不必对应用程序做任何的修改，使软件的定制、维持和升级更加轻松。由于鉴别机制与应用程序之间相对独立，应用程序可以通过 PAM API 方便地使用 PAM 提供的各种鉴别功能，而不必了解太多的底层细节。

（2）访问控制。在 Linux 文件系统中，控制文件和目录的信息存储在磁盘及其他辅助存储介质上。它控制每个用户访问何种信息及如何访问，具体表现为通过一组访问控制规则来确定一个主体是否可以访问一个指定客体。

Linux 操作系统中的每一个文件都有一个文件属主（或称所有者），表示该文件是由谁创建的。同时，该文件还有一个文件所属组，一般为文件所有者所属的组。

Linux 操作系统中的用户可以分为三类：文件属主、文件所属组的用户以及其他用户。文件的访问权限是在文件的属性上分别对这三类用户设置读、写和执行文件的权限。因此，文件的访问权限属性通过 9 个字符来表示，前 3 个分别表示文件属主对文件的读、写和执行权限，中间 3 个字符表示文件所属组用户对该文件的读、写和执行权限，最后 3 个字符表示其他用户对文件的读、写和执行权限。例如，某文件的权限属性为 rwxr-xr-x，表示该文件的属主用户具有读、写以及执行的权限，而文件所属组用户和其他用户只具有读取文件和执行的权限，不可以对该文件执行写或修改的动作。

（3）安全审计。日志的主要功能是审计和监测，可以用于追踪入侵者。在 Linux 系统中，有四类主要日志：

①连接时间日志。由多个程序执行，把记录写入 /var/log/wtmp 和 /var/run/utmp，login 程序更新 wtmp 和 utmp 文件，使系统管理员能够跟踪谁在何时登录到系统。

②进程统计。由系统内核执行，当一个进程终止时，每个进程向进程统计文件中写一个记录。进程统计的目的是为系统中的基本服务提供命令使用统计。

③错误日志。由 syslogd（8）守护程序执行，各种系统守护进程、用户程序和内核通过 syslogd（3）守护程序向文件 /var/log/messages 报告值得注意的事件。许多 Linux 程序创建日志，像 HTTP 和 FTP 这样提供网络服务的服务器也保存详细的日志。

④实用程序日志。许多程序通过维护日志来反映系统的安全状态，su 命令允许用户

获得另一个用户的权限，所以它的安全很重要，它的日志文件为 sulog。同样重要的还有 sudolog。

另外，诸如 Apache 等 HTTP 服务器都有两个日志：客户端访问日志和服务出错日志。FTP 服务的日志记录在 xferlog 文件中，Linux 系统中邮件传送服务（sendmail）的日志一般存放在 maillog 文件中。

（4）文件系统。文件子系统是 Linux 核心的主要组成部分。文件子系统控制用户文件数据的存取与检索。文件系统安全是 Linux 系统的核心。

随着 Linux 的不断发展，其所能支持的文件系统格式也在迅速扩充。特别是 Linux 2.6 内核正式推出后，出现了大量新的文件系统，其中包括 Ext4、Ext3、Ext2、ReiserFS、XFS、JFS 和其他文件系统。目前，Ext3 是 Linux 系统中较为常用的文件系统。

eCryptfs 是一个兼容 POSIX 的商用级堆栈加密 Linux 文件系统，能提供一些高级密钥管理规则。eCryptfs 把加密元写在每个加密文件的头部，所以加密文件即使被复制到别的主机中也可以使用密钥解密。eCryptfs 已经是 Linux 2.6.19 以后内核的一部分。

网络文件系统（Network File System，NFS）使得每个计算机节点都能够像使用本地资源一样方便地通过网络使用网上资源。正是由于这种独有的方便性，NFS 暴露出了一些安全问题，黑客可侵入服务器，篡改其中的共享资源，达到侵入、破坏他人机器的目的。所以，NFS 的安全问题在 Linux 操作系统中受到重视。NFS 是通过 RPC（即远程过程调用）来实现的，远程计算机节点执行文件操作命令就像执行本地的操作命令一样，它可以完成创建文件、创建目录、删除文件、删除目录等文件操作命令。

由于 RPC 存在安全缺陷，黑客可以利用 IP 地址欺骗等手段攻击 NFS 服务器。所以，Linux 操作系统的第一个安全措施就是启用防火墙，使得内部的和外部的 RPC 无法正常通信，这在一定程度上减少了安全漏洞。当然，这样做的结果也会使两台计算机不能正常进行 NFS 文件共享。Linux 操作系统的第二个安全措施是服务器的导出选项。这些选项很多，适合 NFS 服务器对 NFS 客户机进行安全限制。相关的导出选项包括：服务器读 / 写访问、UID 与 GID 挤压、端口安全、锁监控程序、部分挂接与子挂接等。

（5）特权管理。Linux 内核从 2.1 版开始，实现了基于权能的特权管理机制，主要包括：使用权能分割系统内所有特权；普通用户及其 shell 没有任何权能，而超级用户及其 shell 在系统启动之初就拥有全部的权能；在系统启动后，系统管理员可以剥夺超级用户的某些权能，并且该剥夺过程是不可逆的；进程可以放弃自己的某些权能；进程被创建时拥有的权能由它所代表的用户目前所具有的权能、父进程权能两者的"与"运算来确定；每个进程的权能被保存在进程控制块 cap_effective（32bit）域中；当一个进程要进行某个特权操作时，操作系统通过对该进程的权能有效位进行检查，以确定是否允许操作；当普通用户的某些操作涉及特权操作时，仍然通过 setuid 实现。

4）安全操作系统

操作系统安全与安全操作系统的含义不尽相同。操作系统安全是指操作系统在基本功能的基础上增加了安全机制与措施，而安全操作系统是一种从开始设计时，就充分考虑到系统的安全性，并且满足较高级别的安全需求的操作系统。例如，根据可信计算机系统评估准则（Trusted Computer System Evaluation Criteria，TCSEC），通常称 B1 级以上的操作系统为安全操作系统。在发展历史上，安全操作系统也常称为"可信操作系统"（trusted OS）。一般而言，安全操作系统应该实现标识与鉴别、自主访问控制、强制访问控制、最小特权管理、可信通路、隐蔽通道分析处理及安全审计等多种安全机制。

安全操作系统的设计必须遵循一些基本安全原则，主要包括：

- 最小特权原则：为使无意或恶意的攻击所造成的损失最低，对于系统中的每个用户和程序，必须按照"需要"原则，使其尽可能少地使用特权，即只给予用户完成任务或操作所需要的特权，拒绝给予超过其所需权限以外的任何特权。
- 经济性原则：保护系统的设计应小型化、简单、明确，同时应该经过完备测试或严格验证。
- 开放性原则：保护机制应该是公开的，虽然保密系统安全机制会给渗透一个系统增加一定的难度，但是系统的安全性不应依赖于系统设计的保密性，而是要通过健全的安全机制来实现。
- 完整的访问控制机制：操作系统对每个访问都必须进行合法性检查，防止非法存取。
- 基于"允许"的设计原则：操作系统应当标识什么资源是可存取的，而不应该标识什么资源是不可存取的。
- 权限分离：系统的管理权限由多个用户承担，使入侵者不会拥有对系统全部资源的存取权限。
- 避免信息流的隐蔽通道：可共享实体提供了信息流的隐蔽通道，系统应采取物理或逻辑分离的方法，以防止这种隐蔽通道。
- 方便使用：系统应该为用户提供友好的用户接口。

2. 计算机软件安全

软件的安全性是计算机系统安全中的一个重要方面，这里指的软件主要指计算机系统中的程序（源程序和执行程序）以及程序运行所必需的数据和文档。软件安全性除了包括软件的完整性、可用性、保密性外，还包括了软件的运行安全性。

计算机软件的安全性随着计算机网络、通信和信息处理的推广普及，以及各种计算机系统趋于开放式结构、系统连接技术和协议公开化、计算机（尤其是微型计算机）逐步进入社会各个环节，形成一个社会各方与专业领域融合的大环境。接下来将从软件自身安全、存储安全、通信安全、运行安全等方面介绍计算机软件的安全性。

1）软件自身安全

软件自身安全的研究包括软件自身完整性、程序自诊断、软件加密、软件压缩、软件运行控制等方面，目前已经有很多公司推出了若干实用的安全工具软件和安全运行控制部件。软件自身安全的一个重大隐患是软件中存在的隐蔽通道，以及有意无意设置的陷门（Trapdoor）。隐蔽通道是指一个秘密的和未公开发表的进入软件模块的入口。这些入口可以是软件程序为了功能扩充而保留的程序接口；为软件测试而有意留下、但测试后又忘记删除的接口或入口；为今后软件维护而有意留下的程序入口；软件产品化后提供的公共调用入口等。

2）软件存储安全

软件和数据的宿主是各类存储介质（磁盘、磁带、光盘等），对软件的访问、修改、复制等都需要经过存储介质和设备。国外在软件安全保护技术研究中的一个重点是对存储介质的安全性进行研究，研究领域包括存储设备的可靠性、加密解密、访问控制等。

3）软件通信安全

软件通信安全主要包括安全传输、加密传输、安全下载等方面。

4）软件运行安全

计算机系统的安全有赖于在其上运行的软件操作的无错，即软件既要确保能够正常运行，还要具有非常高的运行正确性，在执行时其功能不应出现差错，一旦出现差错，则要有出错处理能力和容错能力。此外，还应当要求软件在运行过程中，不破坏别的运行的软件，也不允许别的软件来破坏自己。在几乎所有安全的程序中，第一道防线就是检查程序所接收到的每一条数据。如果能阻止恶意的数据进入程序，或者至少不在程序中处理它，那么程序在面对攻击时将更加健壮。这与防火墙保护计算机的原理很类似，防火墙不能预防所有的攻击，但它可以让一个程序更加稳定。这个过程叫作输入的检查、验证或者过滤，确保输入可信的最重要的规则是所有的数据必须在使用之前被检查。

5）软件安全保护机制

软件作为一种知识密集型的产品，在开发过程中需要大量的人力，为开发程序而付出的成本往往是硬件价值的数倍乃至数百倍。然而，软件具有易于复制和便于携带的特性，同时，由于社会、法律为软件产品提供的保护不充分，迫使一些软件公司和开发人员采取自卫手段，从而出现了软件保护技术。

软件保护需要研究多种软件保护技术和机制，保持软件的完整性及黑盒功能特点，防止软件的非法移植、盗用、运行、复制，防止对系统安全有关的软件功能的破解。软件保护早期致力于软件加密，研究软件的加密和解密技术、密文技术，软件的压缩与还原技术，固化与存取技术，运行安全技术（含硬件运行控制机制），软件的反跟踪与反破解技术，软件自身保护技术和软件访问控制技术。任何一个软件保护系统都并非是不可攻破的，但是，一个好的软件保护系统会使攻击者付出很大的代价，直至放弃对软件的非法获取。软件保护主要解决四个问题，即软件的防复制、防执行、防篡改、防暴露，各种安全技术和机制在实施中贯穿于始终。

6）软件安全性测试

对软件进行安全测试是软件测试的重要研究内容。目前，进行安全测试的方法主要分静态与动态两大类。

静态测试是不实际运行被测试的程序，而只是对软件进行分析、检查，以发现软件是否正确和完备。

动态测试通过运行软件来检验软件的动态行为和运行结果的正确性，包括被测程序和测试数据（测试用例）两个基本要素。动态安全测试主要有黑盒测试和软件错误注入测试两大分支。黑盒测试的两大问题，一是完备的测试用例空间非常大；二是只有极少的测试用例能激发系统的安全缺陷。因此，如何从巨大的测试空间中挑出有效测试例就成为黑箱测试面临的关键问题。软件错误注入测试是指在被测软件及其运行环境中人为地注入错误，以此来定位软件故障和评估软件安全性，比较适合于测试软件系统的新漏洞。

3. 计算机安全与恶意程序

当前，计算机病毒已经威胁到各个应用领域，由此造成的破坏和经济损失触目惊心。在我国，计算机病毒也蔓延得很快，还出现了不少"国产"病毒。在网络普及率不高的情况下，单机（尤其是个人计算机）上的病毒发生率很高。随着计算机网络的普及和基于计算机的信息系统的建立，多机系统、多用户系统和网络上病毒的案例逐渐增加。世界上到底有多少种计算机病毒，恐怕谁也数不清。因此，我们必须看到未来，看到计算机病毒在我国计算机应用已经造成和即将造成的影响和破坏，而需要更进一步重视病毒技术和反病毒技术的研究，制定反病毒的对策。下面讨论计算机恶意程序和病毒的概念，介绍典型的恶意程序和病毒类型，并对病毒攻击技术以及病毒预防技术进行阐述。

1）恶意程序与计算机病毒

系统安全的主要威胁源，除了系统内部设计上的缺陷外，还有来自系统外部的恶意攻击。计算机恶意程序是这种恶意攻击源中威胁极大的成分。计算机恶意程序、病毒并非新鲜事物，事实上，早在 1949 年，距离第一台商用计算机的出现仍有好几年时，计算机的先驱者约翰·冯·诺伊曼（John Von Neumann）就在他一篇论文《复杂自动装置的理论及组织的进行》中，把病毒软件的蓝图勾勒出来了。恶意程序的攻击目标是含有处理器的各种系统，包括计算机系统的各个部位和部件，以及系统硬件和软件，其破坏的重点则是软件和数据。所以，它所造成的后果经常是灾难性的。计算机恶意程序及其防范已成为当前计算机安全中的一个重要方面，是一个充满矛盾的、对抗的领域。

恶意程序是某些别有用心的人特意编写出来以达到某种特殊目的的程序，这类程序往往对系统产生恶性结果。恶意程序是相对善意程序而言的，不少恶意程序实际上是合法程序的派生、变形或滥用。计算机病毒（Computer Virus）只是计算机恶意程序中的一种。早期的恶意程序包括需要宿主的恶意程序，如特洛伊木马（Troy Horse）、病毒（Virus），以及不需要宿主而独立运行的恶意程序，如细菌（Bacteria）和蠕虫（Worm）。

特洛伊木马是一种故意隐藏在正常程序代码中的异常特殊代码，它在条件成熟时进行特殊任务的执行。特洛伊木马分为"逻辑炸弹"（Logic Bomb）和"时间炸弹"（Time

Bomb）两种类型，前者基于逻辑条件的满足而触发，后者基于时间条件的满足而激活。它不复制自身，不传染，任务完成后自毁。特洛伊木马的种类很多，表现形式多样，对计算机产生的影响程度也极不相同。

计算机病毒是一种人为编写的特殊计算机程序，可以生成自身的副本并插入其他程序中。通常一种病毒是针对某种处理器和操作系统编写的，一般只感染可执行代码，包括引导程序和可执行文件。当然，也有一些特殊的病毒，如 Word 宏病毒会感染文档。常见的病毒可分为引导型病毒、文件型病毒和混合型病毒。病毒可自我复制、隐藏和潜伏，并带有破坏数据、文件或系统的特殊功能，这是病毒的典型特点。

细菌是一种简单的可自身复制的程序。计算机中的细菌是一些并不明显破坏文件的程序，它们的唯一目的就是繁殖自己。一个典型的细菌程序可能什么也不做，除了在多道程序系统中同时执行自己的两个副本，或者可能创建两个新的文件，每一个细菌都在重复地复制自己，并以指数级进行复制，最终耗尽所有的系统资源（如 CPU、RAM、硬盘等），从而拒绝用户访问这些可用的系统资源，造成系统因缺乏可用资源而不能工作。

蠕虫是一种独立运行的程序，在网络环境下主动传播和复制，利用系统资源侵入网络，从而阻塞和拒绝网络服务。它带有一种准恶意性，无宿主、不驻留、仅存在于内存，可经网络广泛传播。网络蠕虫是一种使用网络连接从一个系统传播到另一个系统的感染病毒程序。一旦这种程序在系统中被激活，网络蠕虫可能表现得像计算机病毒或细菌，或者可以注入特洛伊木马程序，或者进行任何次数的破坏或毁灭行动。为了演化复制功能，网络蠕虫传播主要靠网络载体实现，例如依托电子邮件、远程执行协议等。

上述恶意程序的分类，已随着恶意程序彼此间的交叉和互相渗透（变异）变得模糊。恶意程序的防范是一件很困难的任务，这些程序在系统中存在的时间越长，其损害就越大，而且系统越难恢复。

2）计算机病毒的特性、分类

计算机病毒是一种特殊的计算机程序，它可以隐藏在看起来无害的程序中，也可以生成自身的副本并插入到其他程序中。病毒通常会进行一些恶意的破坏活动或恶作剧，使用户的网络或信息系统遭受浩劫。例如，格式化用户的硬盘、删除程序文件、往文件中加入垃圾、破坏磁盘上的目录和 FAT 表，甚至具有摧毁计算机硬件和软件的能力等。

所有计算机病毒都具有（或者部分具有）下述特性，这些特性是病毒赖以生存的手段和机制，是计算机病毒对抗技术中必须涉及的重要问题。

- 传染性：感染病毒的程序一旦运行，就会感染其他的程序，并且一直保持这种传染性，进行再传染。
- 持久性：带毒程序可以再传染，而对带毒程序的检测和清除、带毒环境的清洗、系统和数据的恢复往往是十分困难和费时的，甚至是不可能的。尤其在网络环境下，对病毒的跟踪检测是很困难的。反病毒软件及硬件本身所具有的副作用，也使系统的恢复不稳定和困难。

- 多能性：计算机病毒具有各种类型，变化各异，可以针对和攻击各个应用领域的目标，甚至无须知道攻击对象的任何先验信息。
- 潜伏性：绝大多数病毒代码量少、体积小，可附加于其他程序中或隐藏于系统中不易察觉，以便长期潜伏。潜伏期的病毒由专门事件触发，受害者很难在早期发现。部分病毒具有伪装性，难以识别。
- 影响性：计算机病毒不但对数据、程序以及整个系统带来灾难性和深远的影响，而且也对操作员、程序员以及决策者的心理产生极大影响，造成平时和战时、民事与军事的双重压力。

这些特性是计算机病毒具有的关键特征，是计算机病毒对抗技术中研究的重点。

计算机病毒可以按照不同的方式进行分类。例如，按照计算机病毒功能性和破坏性进展可分为四类（四代）：具有良性和准恶性表现的程序称为第一代计算机病毒；具有恶性、破坏性、复合性机制的病毒称为第二代计算机病毒；具有变异性、多形性、欺骗性、反跟踪性的病毒称为第三代计算机病毒；具有交叉、融合、隐形性和多形性的病毒称为第四代计算机病毒。

按照病毒的驻留和感染机制分类，可以分为文件驻留型病毒、引导型病毒、混合驻留型病毒、宏病毒。

文件驻留型病毒的宿主是一些可执行的程序。计算机病毒把自己附加在一段可执行文件中，并等待带毒程序运行时随之启动。计算机病毒经常会驻留在内存中，企图感染其他文件、破坏系统工作。当病毒已经完成了工作后，其宿主程序才被运行，使系统看起来一切正常。文件驻留型病毒通常是把自己附着或追加在 *.exe 和 *.com 这样的可执行文件上。一般采用的附着方式分为三类：文件覆盖型、文件前/后附加型和文件伴随型。

引导型病毒是依托 BIOS 中断服务程序，发生于系统引导时，先于操作系统启动的病毒。引导型病毒利用了操作系统的引导模块位于某个固定的位置这一特点，且控制权的转交方式是以物理地址为依据，而不是以操作系统引导区的内容为依据，因而病毒占据该物理位置即可获得控制权，而将真正的引导区内容转移或替换；待病毒程序被执行后，将控制权交给真正的引导区内容，使得这个带病毒的系统看似正常运转，而实际上病毒已隐藏在系统中伺机传染、发作。引导型病毒具有以下特点：隐蔽性强（一个高水平引导型病毒程序很难被发现）；兼容性强（几乎可以通用于 DOS、Windows 等操作系统）；传染速度相对较慢（只有当带毒软盘启动时，才能传染到硬盘）、杀毒容易。

混合驻留型病毒是一种既可以嵌入到磁盘引导区中又可以嵌入到可执行程序中的病毒。混合驻留型病毒在病毒机理上没有新的发展，只是通过技术手段把引导型病毒和文件驻留型病毒组合成一体，具有引导型病毒和文件驻留型病毒的双重特性。混合驻留型病毒综合系统型和文件驻留型病毒的特性，它的"性情"也就比系统型和文件驻留型病毒更为"凶残"。混合驻留型病毒通过引导区和可执行文件两种方式来感染，增加了病毒的传染性以及存活率。不管以哪种方式传染，只要中毒就会经开机或执行程序而感染其他的磁盘或文件。

此种病毒也是最难杀灭的。

宏是微软公司为其 Office 套件设计的一项特殊功能，是软件设计者为了让人们在使用软件进行工作时，避免一再地重复相同的动作而设计出来的一种工具。宏病毒是具有新的驻留传染机制的一种新型病毒，这一类病毒针对 Windows 软件平台，利用微软办公套件Office 中的 Word Basic 语言，在 Word 字处理文档和模板之间进行感染、传播。宏病毒的传染机理与传统病毒的传染机理完全不同。

宏病毒具有如下特征：

- 与操作系统平台无关。它可以感染 DOS、Windows、Windows 95、Windows NT、Windows 7、Windows 10 等操作系统下的文档和模板。
- 利用 Word 字处理软件特性自动装载宏病毒代码。
- 感染数据文件。宏病毒可以感染 DOC、DOT、XLS 等类型的文件。
- 检测消除困难。如果撰写了带有恶意代码的宏，感染了通用模板（Normal.dot），那么只要一执行 Word，这个受感染的通用模板便会传播到之后所编辑的文档中去。如果其他用户打开了感染病毒的文档，宏病毒又会转移到他们的计算机上。

3）计算机病毒的攻击技术

计算机病毒的传染性是计算机病毒最基本的特性，病毒的传染性是病毒赖以生存繁殖的条件，如果计算机病毒没有传播渠道，则其破坏性变小，扩散面变窄，难以造成大面积流行。

所谓传染是指计算机病毒由一个载体传播到另一个载体，由一个系统进入另一个系统的过程。这种载体一般为磁盘或磁带，它是计算机病毒赖以生存和进行传染的媒介。但是，只有载体还不足以使病毒得到传播，要促成病毒的传染，更需要一个传播的途径。其一就是在进行磁盘或文件复制时，将带毒的文件同时复制并传播；其二是在一个已经带毒的环境下运行程序，由于病毒处于激活状态，在传染条件满足时，就可能将病毒传染给另一个载体或另一个系统。前者是一种被动的传染，后者是主动的传染。总的来说，病毒的传染过程可以分为注入、传染、替换、潜伏、表现、结束几个阶段。

针对注入阶段，病毒的注入方式主要有直接注入、固件预置注入、无线注入和有线注入四种。直接注入，这是一种别有用心者故意通过带毒软件、软件载体进行的传播施放。预置注入通常是通过固件方式和微电子方式，利用智能型可控硬件产品、部件带入或安装在系统中，将病毒注入。无线注入方式是通过无线通信方式，远距离地将计算机病毒代码发送并进入敌方接收系统。有线注入入侵方式主要是利用网络将病毒注入目标系统。

计算机病毒程序，进入系统之后一般不会马上发作，可以在几周或者几个月内甚至几年内隐藏在合法文件中，对其他系统进行传染，而不被人发现。潜伏性的第一种表现是指，对病毒程序如果不使用专用的检测程序是检查不出来的。潜伏性的第二种表现是指，计算机病毒的内部往往有一种触发机制，当不满足触发条件时，计算机病毒除了传染外不做任何破坏。

　　计算机病毒的潜伏特性要求它必须在系统磁盘中隐藏，找到自己的藏身之处。事实上，病毒在系统内存、系统磁盘中的任何地方都可以藏身。通常情况下，为安全起见，它们选择的主要藏身之处是磁盘文件、磁盘结构（包括主引导区、次引导区、文件分配表（FAT）、目录区（ROOT）等）、上位内存块、保留扇区、超越扇区、磁盘间隙、CMOS等。

　　潜伏中的病毒并不发作，而是通过特定机制不断感染其他的计算机。病毒的感染方式多种多样，例如有重复感染、交叉感染、破坏性感染、伪装感染等。

　　在病毒技术发展传播过程中，越来越多的研究人员开始研究病毒检测技术。相应地，为了逃避现有检测技术，病毒制作者会利用一系列手段来改变病毒的外在和行为特征，这就是计算机病毒的变异。病毒常常由安装链接、传染扩散和破坏干扰三部分组成，若对其中某一部分进行修改，就可以产生一种不同于原来病毒的新病毒。新病毒层出不穷，老病毒也充满活力，并呈现多样化的趋势。多形性病毒是指采用特殊加密技术编写的病毒，这种病毒在每感染一个对象时，采用随机方法对病毒主体进行加密。多形性病毒主要是针对查毒软件而设计的，所以随着这类病毒的增多，使得查毒软件的编写变得更困难，并会带来许多的误报。病毒为了更好地伪装，还采用了"加壳技术"。这是一种通过一系列数学运算，将可执行程序文件或动态链接库文件的编码进行改变（目前还有一些加壳软件可以压缩、加密驱动程序），以达到缩小文件体积或加密程序编码的目的。"加壳"就像给病毒文件穿了"马甲"，识别能力不强的杀毒软件就会被这件"马甲"蒙蔽，甚至会放过病毒。由于加壳软件会对源文件进行压缩、变形，使加密前后的特征码完全不同，对于脱壳能力不强的杀毒软件，对付此种病毒就需要添加多条不同的特征记录，而如果黑客再采用一种新的壳进行加密变形，则对于此类杀毒软件来说又是一个新的病毒，从而无法查杀。

　　4）计算机反病毒技术

　　自从首例计算机病毒诞生以来，计算机病毒的种类迅速增加，并迅速蔓延到全世界，对计算机安全构成了巨大的威胁。反病毒技术应运而生，并在与病毒对抗的过程中不断发展。计算机反病毒技术按照发展阶段和技术特点，可以分为以下四个阶段：

　　（1）第一代反病毒技术：采用单纯的病毒特征代码分析，清除染毒文件中的病毒。这种方式可以准确地清除病毒，可靠性很高。但随着病毒技术的发展，特别是其对加密和变形技术的运用，使得这种简单的静态扫描方式失去了作用。

　　（2）第二代反病毒技术：采用静态广谱特征扫描技术检测病毒。可以检测变形病毒，但是误报率高，尤其是用这种不严格的特征判定方式清除病毒带来的风险性很大，容易造成文件和数据的破坏。

　　（3）第三代反病毒技术：主要特点是将静态扫描技术和动态仿真跟踪技术结合起来，将查找病毒和清除病毒合二为一，形成一个整体解决方案，能够全面实现防、查、杀等反病毒所必备的各种手段，以驻留内存方式防止病毒的入侵，能清除检测到的病毒，而不会破坏文件和数据。随着病毒数量的增加和新型病毒技术的发展，静态扫描技术将会使反毒软件速度降低，驻留内存防毒模块容易产生误报。

（4）第四代反病毒技术：针对计算机病毒的发展而基于病毒家族体系的命名规则、多位 CRC 校验和扫描机理、启发式智能代码分析模块、动态数据还原模块（能查出隐蔽性极强的压缩加密文件中的病毒）、内存解毒模块、自身免疫模块等先进的解毒技术，较好地解决了以前防毒技术顾此失彼、此消彼长的状态，能够较好地完成查毒、解毒的任务。

按照处置阶段，反病毒技术主要分为预防、检测、清除、免疫四个方面。

（1）病毒预防技术。计算机病毒的预防技术是根据病毒程序的特征对病毒进行分类处理，而后在程序运行中凡有类似的特征点出现则认定是计算机病毒，从而阻止病毒进入系统内存或阻止病毒对磁盘的操作（尤其是写操作），以达到保护系统的目的。计算机病毒的预防技术主要包括磁盘引导区保护、加密（加壳）可执行程序、读写控制技术和系统监控技术等。计算机病毒的预防应该包括两个部分：对已知病毒的预防和对未知病毒的预防。对已知病毒的预防可以采用特征判定技术或静态判定技术；对未知病毒的预防则是一种行为规则的判定技术即动态判定技术、行为监测技术。

（2）病毒检测技术。计算机病毒的检测技术是指通过一定的技术手段判定出计算机病毒的一种技术。病毒检测技术主要有两种：一种是根据计算机病毒程序中的关键字、特征程序段内容、病毒特征及传染方式、文件长度的变化，在特征分类的基础上建立的病毒检测技术；另一种是不针对具体病毒程序的自身检验技术，即对某个文件或数据段进行校验和计算并保存其结果，以后定期或不定期地根据保存的结果对该文件或数据段进行检验，若出现差异，即表示该文件或数据段的完整性已遭到破坏，从而检测到病毒的存在。

（3）病毒消除技术。计算机病毒的消除技术是计算机病毒检测技术发展的必然结果，是对病毒感染目标程序的一种逆过程，根据具体病毒的感染机制确定相应的消除方法，进而从被感染的程序中摘除该病毒的代码并恢复被感染程序的原有结构信息。从原理上讲，只要病毒不进行破坏性的覆盖式写盘操作，病毒就可以被清除出计算机系统。安全、稳定的计算机病毒清除工作完全基于准确、可靠的病毒检测工作才能实现。

（4）病毒免疫技术。计算机病毒的免疫技术目前仍是一个难题，一个研究热点。针对某一种病毒的免疫方法已没有人再用了，而目前尚没有出现通用的能对各种病毒都具有免疫作用的技术，也许根本就不存在这样一种技术。某些反病毒程序通过给可执行程序增加保护性外壳，能在一定程度上起到保护作用，但仍存在很大的局限性。例如，若在增加保护性外壳前该文件已经被某种病毒感染，则此时作为免疫措施为该程序增加的保护性外壳就会将程序连同病毒一起保护在里面，从而妨碍病毒的清除。

8.2.3　网络安全技术

网络安全是信息安全的核心内容之一。随着开放、标准化的计算机网络快速发展和广泛应用，出现了一系列新的网络安全威胁和隐患。例如，在标准的网络和计算机系统内，计算机病毒和恶意程序的攻击范围不断扩大，同时其传播过程不断简化，制作成本不断下降，系统被攻击的入口增多、破坏面增大、检测困难且开销很大。所以，系统愈是开放，应用范围愈宽，安全问题也愈突出。网络计算和分布式计算环境基于开放性技术，而开放性与安全性是一对基本的矛盾，在计算机网络和以网络为基础的各类信息系统的建设中，这个矛盾贯穿于发展的始终，并且处于长期的对抗面。因此，不可能存在一劳永逸、绝对安全的系统安全策略和安全机制，安全目标策略和机制的合理性是相对而言的，只存在于一定条件（环境与技术）之下。本节将从网络安全威胁、网络协议安全、网络架构安全、网络安全设备几方面介绍计算及网络安全技术。

1. 网络安全威胁和风险

"网络就是计算机。"因此，计算机系统安全的几乎所有领域都在网络安全中得以体现。网络安全威胁包括网络崩溃、网络阻塞、网络滥用、网络入侵、网络干扰和网络破坏。上述网络安全威胁导致的网络的安全风险主要有以下五种。

（1）破坏保密性。通过诸如电磁辐射监听、共享网络中的信息监听等方式窃取线路传输信息，从而破坏网络通信的保密性。通常可以采用信息加密方式解决此类问题。

（2）伪装认证。通信双方需要确认彼此的真实身份，避免假冒伪造的通信方。

（3）破坏完整性。完整性可以确保信息在传输过程中的真实有效，避免被人为篡改；或者能够确保发现人为篡改的痕迹。

（4）不可否认性。信息的不可否认性同样是一个确保网络安全的问题。在诸如电子商务应用中尤为突出。

（5）破坏可用性。可用性主要指网络基础设施、硬件系统、软件系统等在任何时候都能可靠运行，且能够被用户正常使用。攻击通常是破坏可用性的常用手段——通过扫描（Scan）、入侵（Intrusion）、拒绝服务（Denial of service）、滥用（Misuse）等方法导致系统不可用，或者非授权访问等。

2. 网络协议安全

1）OSI 安全架构

开放系统互连（Open System Interconnection，OSI）模型是国际标准化组织（International Organization for Standardization，ISO）发布的一个标准参考模型，该模型定义了网络中不同计算机系统进行通信的基本过程和方法。OSI 模型把网络通信分为七层，从低层到高层依次是：物理层（physical layer）、数据链路层（data link layer）、网络层（network layer）、传输层（transport layer）、会话层（session layer）、表示层（presentation layer）和应用层（application layer），如图 8-4 所示。

协议分层的目的在于把各种特定的功能分离开来，使其对其他层次透明。这种分层结构使各个层次的设计和测试相对独立。比如说，数据链路层和物理层分别实现不同的功能，物理层为前者提供服务，数据链路层不必理会服务是如何实现的，因此，物理层实现方式的改变不会影响数据链路层。这一原理同样适用于其他连续的层次。OSI 模型的每一层只与相邻的上下两层直接通信，当发送进程需要发送信息时，它把数据交给应用层，应用层对数

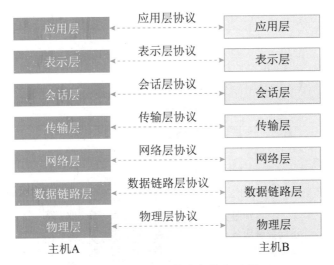

图 8-4　OSI 七层协议架构和互联

据进行加工处理后，传给表示层，表示层再经过一次加工后，数据被送到会话层……这一过程一直持续到物理层接收数据后进行实际的传输，每一次的加工又称为数据封装。在另一端，顺序刚好相反，每一层都对数据进行解封装处理，物理层接收比特流后把数据传给数据链路层，后者执行某一特定功能后，把数据送到网络层……这一过程一直持续到应用层得到最终数据，并传送给接收进程。

相应地，OSI 安全架构的研究开始于 1982 年。国际标准化组织于 1988 年发布了 ISO 7498-2 标准，该标准为《信息处理系统开放系统互连基本参考模型第 2 部分：安全结构》，描述了开放系统互联安全的架构，提出设计安全的信息系统的基础架构中应该包含的安全服务和相关的安全机制。1990 年，ITU 决定采用 ISO 7498-2 作为其 X.800 推荐标准。1995 年，我国颁布国家标准《信息处理系统开放系统互连基本参考模型第 2 部分：安全体系结构》（GB/T 9387.2—1995）（等同于 ISO 7498-2）规定了基于 OSI 参考模型七层协议之上的信息安全架构。

OSI 安全架构的核心内容是：为保证异构计算机进程与进程之间远距离交换信息的安全，定义了系统应当提供的五类安全服务，以及支持这些服务的八类安全机制及相应的 OSI 安全管理，并根据具体系统适当地配置于 OSI 模型的七层协议中，如图 8-5 所示。

图 8-5 中，安全服务与安全机制的关系为：一种安全服务可以通过某种安全机制单独提供，也可以通过多种安全机制联合提供；一种安全机制可提供一种安全服务，也可以提供多种安全服务。在 OSI 7 层协议中，除第 5 层（会话层）外，每一层均能提供相应的安全服务。

2）TCP/IP 安全

在 OSI 安全架构的基础上，多个具体的协议也开发了各自的安全机制，以保证单个传输协议自身的安全性。例如 OSI 模型中的传输控制协议 / 互联网协议（Transmission Control Protocol/Internet Protocol，TCP/IP）。TCP/IP 是 Internet 最基本的协议，也是 Internet 构成的

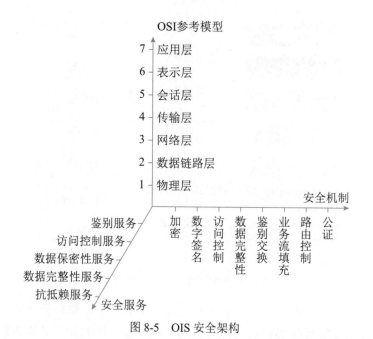

图 8-5　OIS 安全架构

基础。由于 Internet 的安全问题日益突出，TCP/IP 协议族也在不断地完善和发展之中。相关组织和专家在协议的不同层次设计了相应的安全通信协议，用来保障网络各层的安全，形成了由各层安全通信协议构成的 TCP/IP 协议族的安全架构。对于 TCP/IP 的各层，分别通过以下机制保证了通信安全：

- 物理层：重点对物理通信连接提供安全保障，通过保障链路的物理安全，以及建立专用通信链路，保障物理链路的安全。
- 数据链路层：重点对链路层连接提供安全保障，通过建立专用通信链路，在主机或路由器之间提供安全保证。该层安全通信协议主要有 PPTP、L2TP 等。
- 传输层：安全通信协议目前主要有 SSL 和 TLS 等。传输层的安全主要在端到端实现，提供基于进程到进程的安全通信。
- 应用层：安全通信协议是根据电子邮件、电子交易等特定应用的安全需要及其特点而设计的，主要有安全多用途互联网邮件扩展 S/MIME、良好隐私（PGP）、安全电子交易（SET）、简单网络管理协议（SNMP）、安全超文本传输协议（S-HTTP）等。

3）无线局域网协议安全

无线局域网（Wireless Local Area Networks，WLAN）是无线通信技术与网络技术相结合的产物，通过无线信道来实现网络设备之间的通信，实现通信的移动化、个性化和宽带化。在 WLAN 中，当前使用最为广泛的协议为 IEEE 制定的 802.11x 标准族，包括 802.11a、802.11b、802.11g、802.11n、802.11i、802.11e 等。与有线网络相比，无线网络中的任意站点可以在一定的空间范围内的任何位置接收和发送信息，其安全性受到更大的挑战。由于其信道开放，攻击者容易进行信号窃听、篡改数据和假冒身份等攻击行为。IEEE 802.11i 协议出现以前，WLAN 协议中规定的认证方式有开放式系统认证和共享密钥认证两种。这些认证方式均属于单向认证，没有认证 AP 的合法性，且过于简单，不能实现有效的访问控制。同时，802.11 用于进行数据保护的 WEP 协议也存在安全隐患，不能有效地保护传输数据的安全及阻止非法入侵。

因此，2004 年，IEEE 发布了 802.11i 正式标准（也称 WPA2），在加密算法上采用了基于 AES 的 CCMP 算法。

IEEE 制定的 802.11i 标准定义了强健安全网络（Robust Security Network，RSN）的概念，以增强无线网络的安全性。IEEE 802.11i 使用基于端口访问控制的 802.1X 协议进行身份认证和密钥管理，并定义了临时密钥完整性协议（Temporal Key Integrity Protocol，TKIP）和计数器模式及密码块链消息认证码协议两种加密机制。为了与 WEP 保持兼容，TKIP 仍采用 RC4 作为加密算法，通过固件升级和驱动程序更新即可将现有设备升级到 TKIP，以加强安全性。CCMP 是基于 AES 和 CCM 模式的全新标准，提高了 WLAN 的安全等级。

3. 网络架构安全

网络架构是指对由计算机软硬件、互联设备等构成的网络结构的部署，用以确保可靠地进行信息传输，满足业务需要。网络架构设计是为了实现不同物理位置的计算机网络的互通，将网络中的计算机平台、应用软件、网络软件、互联设备等网络元素有机地连接在一起，使网络能满足用户的需要。一般网络架构的设计以满足企业业务需要，实现高性能、高可靠、稳定安全、易扩展、易管理维护的网络为衡量标准。

网络架构安全是指在进行网络信息系统规划和建设时，依据用户的具体安全需求，利用各种安全技术，部署不同的安全设备，通过不同的安全机制、安全配置、安全部署，来规划和设计相应的网络架构。

进行网络架构安全设计需要关注以下几个主要问题。

1）安全域划分

安全域是由一组具有相同安全保护需求并相互信任的系统组成的逻辑区域。每一个逻辑区域有相同的安全保护需求，具有相同的安全访问控制和边界控制策略，区域间具有相互信任关系，而且相同的网络安全域共享同样的安全策略。安全域划分的目的是把一个大规模复杂系统的安全问题，化解为小区域的安全保护问题，它是实现大规模复杂信息系统安全保护的有效方法。

进行安全域的划分，制定资产划分的规则，将信息资产归入不同安全域中，使每个安全域内部都有基本相同的安全特性，如安全级别、安全威胁、安全弱点及风险等。在此安全域的基础上就可以确定该区域的信息系统安全保护等级和防护手段，从而对同一安全域内的资产实施统一的保护。安全域是基于网络和系统进行安全检查和评估的基础，也是企业网络抗渗透的有效防护方式，安全域边界是灾难发生时的抑制点。

一般可以把网络划分为四个部分：本地网络、远程网络、公共网络和伙伴访问网络。一个大型企业的网络的安全域通常可以细分为：核心局域网安全域、部门网络安全域、分支机构网络安全域、异地备灾中心安全域、互联网门户网站安全域、通信线路运营商广域网安全域等。其中，核心局域网又可以划分为中心服务器子区、数据存储子区、托管服务子区、核心网络设备子区、线路设备子区等多个子区域。

2）IP 地址规划

IP 地址用来标识不同的网络、子网以及网络中的主机。所谓 IP 地址规划，是指根据 IP 编址特点，为所设计的网络中的节点、网络设备分配合适的 IP 地址。

IP 地址规划要和网络层次规划、路由协议规划、流量规划等结合起来考虑。IP 地址的规划应尽可能和网络层次相对应。一般地，IP 地址规划采用自顶向下的方法，先把整个网络根据地域、设备分布、服务分布及区域内用户数量划分为几个大区域，每个大区域又可以分为多个子区域，每个子区域从它的上一级区域里获取 IP 地址段。采用结构化网络分层寻址模型，地址是有意义的、分层的、容易规划的，有利于地址的管理和故障检测，容易实现网络优化和加强系统的安全性。IP 地址分配一般包括静态分配地址、动态分配地址以及 NAT 分配地址等方式。

3）VLAN 设计

虚拟局域网（Virtual Local Area Network，VLAN）是一种划分互相隔离子网的技术，通过将网内设备逻辑地划分成一个个网段，从而实现虚拟工作组。VLAN 技术已成为大大提高网络运转效率、提供最大程度的可配置性而普遍采用的成熟的技术。更为重要的是，VLAN 也为网络提供了一定程度的安全性保证。

通过 VLAN 隔离技术可以把一个网络中众多的网络设备分成若干个虚拟的工作组，组和组之间的网络设备相互隔离，形成不同的区域，将广播流量限制在不同的广播域。由于 VLAN 技术是基于 2 层和 3 层协议之间的隔离，可以将不同的网络用户与网络资源进行分组，并通过支持 VLAN 技术的交换机隔离不同组内网络设备间的数据交换，因此可以达到网络安全的目的。该方式允许同一 VLAN 上的用户互相通信，而处于不同 VLAN 的用户在数据链路层上是断开的，只能通过 3 层路由器才能访问。

在同一个 VLAN 中的用户，不论它们实际与哪个交换机连接，它们之间的通信就好像在独立的交换机上一样。同一个 VLAN 中的广播只有该 VLAN 中的成员才能听到，如果没有路由，不同 VLAN 之间不能相互通信，这样增加了公司网络中不同部门之间的安全性。

4）路由交换设备安全配置

交换机和路由器在网络中占有重要的地位，通常是整个网络的核心。而且，现代交换机和路由器产品都有一些安全功能，对其进行配置是网络安全中的一个不可缺少的步骤。

5）网络边界访问控制策略

把不同安全级别的网络相连接，就产生了网络边界，为了防止来自网络外界的入侵，就需要在网络边界上建立可靠的安全防御措施。

网络边界安全访问总体策略为：允许高级别的安全域访问低级别的安全域，限制低级别的安全域访问高级别的安全域，不同安全域内部分区进行安全防护，以做到安全可控。

边界可能包括以下一些部件：路由器、防火墙、IDS、VPN 设备、防病毒网关等。上述部件和技术的不同组合，可以构成不同级别的边界防护机制。

6）网络冗余配置

网络如果主线路出现故障，通常需要通过备份技术来保证网络的可用性。如果网络线路单一，一旦主线路出现故障，那么网络通信就可能被中断。如果网络有第二种或者第三种接入的方式，就可以保证链路的可用性，确保业务的正常运转。

4. 网络安全设备

网络安全技术和架构的落地，一般是通过网络安全设备实现。围绕现在最主流的网络安全设备——防火墙，衍生出了一系列适用于不同场景需求的网络安全设备，如入侵检测系统、入侵防御系统、上网行为管理、Web 应用防火墙等。

1）防火墙及下一代防火墙

目前对于防火墙的定义很多，其中一种典型的定义是：防火墙是设置在被保护网络和外部网络之间的一道屏障，实现网络的安全保护，以防止外部攻击者的恶意探测、入侵和攻击。防火墙本身具有较强的抗攻击能力，它是提供信息安全服务、实现网络和信息安全的基础设施，如图 8-6 所示。

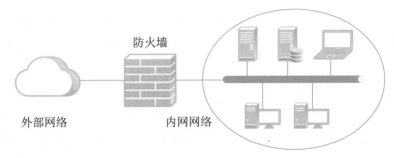

图 8-6　防火墙的功能定位

防火墙能提高内部网络的整体安全性，其主要功能：

（1）对出入网络的访问行为进行管理和控制。防火墙是在内部网络和外部网络之间设置的安全系统，可以提供接入控制，干预两个网络之间的任何消息传送。根据防火墙的结构，它可以决定是放行还是禁止内部网络某个主机和外部网络之间的数据传输。

防火墙可以在网络层实施访问控制，从外部网络进入的访问请求只能访问防火墙开放的某些端口和服务；防火墙还可以通过对应用层协议的分析，实现应用层的访问控制。

（2）防止 IP 地址欺骗。防火墙可以用于防止 IP 地址欺骗，尤其是外部网络的攻击者假冒内部主机地址来欺骗内部网络的主机。通过对网络数据包的包头数据和源地址的识别，可以有效识别内部网络数据包和外部网络数据包，防止 IP 地址欺骗的发生。

（3）过滤出入网络的数据，强化安全策略。防火墙可以提高内部网络的安全性，并通过过滤不安全的服务而降低风险，如防火墙可以禁止一些已知的不安全网络服务，从而避免外部攻击者利用这些服务的漏洞来攻击内部网络。防火墙同时可以保护网络不接受某些不完整的网络数据报，避免某些基于路由的攻击，如 IP 选项中的源路由攻击和 ICMP 重定向中的重定向攻击。

（4）对网络存取和访问进行监控审计。防火墙能记录所有的内、外网之间的访问事件，并生成日志记录，同时也能提供网络使用情况的统计数据。它非常适用于收集系统及网络的使用和误用信息。当发生可疑动作时，防火墙能报警，并提供网络是否受到攻击的详细信息，为网络行为的分析和安全事件的追查提供依据。

（5）防止内部网络信息泄漏。防火墙可以屏蔽内部网络结构的细节，隐藏内部网络主机的 IP 地址，防止外部攻击者探测内部网络结构和内部网络主机的操作系统、应用程序以及开放端口等信息。同时，利用防火墙对内部网络的划分，可以实现对内部重点网段的隔离，从而限制局部重点或敏感网络安全问题对全局网络造成影响。

近年来，应用层攻击手段不断出现，传统基于端口、基于 IP 地址的 2～4 层防火墙已无法有效防护来自应用层的网络威胁，黑客已经研究出大量的方法来绕过传统的防火墙。网络环境的新需求迫使防火墙进行根本性的变革，因而催生出革命性的防火墙产品——下一代防火墙。

Gartner 公司在 2009 年将下一代防火墙定义为在不同信任级别的网络之间实时执行网络安全政策的联机控制。下一代防火墙在性能、安全性、易用性、可管理性、可视性等方面有了质的飞跃，满足用户新的防御和管理需求。相较于传统防火墙，下一代防火墙会以全局视角解决用户网络面临的实际问题，不是简单的功能堆砌和性能叠加，而是真正的集成，贴近网络环境与用户需求；可视化不是简单地将数据图形化呈现，不是日志信息的简单分类和归集，而是深度挖掘这些原始数据素材之后的内在关联，以全局视角帮助网络管理者看清各种威胁，看清攻击事件的全貌，帮助了解攻击者的真正意图和目标。

融合不是单纯的功能叠加，而是依照业务开展过程中会遇到的各类风险所提供的对应安全技术手段的融合，能够为业务提供全流程的保护，融合安全包括从事前的资产风险发现、策略有效性检测，到事中所应具备的各类安全防御手段以及事后的持续检测和快速响应机制，并将这一过程中所有的相关信息通过多种方式呈现给用户，如图 8-7 所示。

图 8-7　下一代防火墙的功能组成

2）入侵检测系统及防御系统

入侵检测，顾名思义，是对入侵行为的发觉。入侵检测技术是为保证计算机系统的安全而设计和配置的一种能够及时发现并报告系统中未授权操作或异常现象的技术，它通过数据的采集与分析，实现对入侵行为的检测。

入侵检测系统（Intrusion Detection System，IDS）是通过软件和硬件的组合，检测、识别和隔离入侵企图，它不仅能监视网上的访问活动，还能对正在发生的攻击行为进行报警。

IDS 的主要功能包括：检测并分析用户和系统的活动，核查系统配置和漏洞，评估系统关键资源和数据文件的完整性，识别已知的攻击行为，统计分析异常行为，对操作系统进行日志管理，识别违反安全策略的用户活动，对已发现的攻击行为做出适当的反应，如告警、中止进程等。

由于防火墙处于网关的位置，不可能对攻击作太多判断，否则会严重影响网络性能。如果把防火墙比作大门的警卫，IDS 就是监控摄像机。IDS 通过监听的方式获得网络的运行状态数据，判断其中是否含有攻击的企图，并通过各种手段向管理员报警，不但可以发现来自外部的攻击，还可以发现内部的恶意行为。

入侵检测技术主要包括异常检测和误用检测。异常检测技术是指检测用户行为和系统资源的使用行为，并和正常的活动进行比较，分析是否存在重大偏差，并判断是否存在网络入侵。

异常检测技术首先假设网络攻击行为是异常的，区别于所有的正常行为，如果能够把用户和系统的所有正常行为活动总结出来并据此建立行为模型，那么 IDS 可以将当前捕获到的网络行为与行为模型相比对，若入侵行为偏离了正常的行为轨迹，就可以被检测出来。例如，当发现 Web 活动使用比预期大得多的带宽，或发现一个在晚上 8 点至次日早晨 6 点不登录的账号却在凌晨 2 点试图登录。

异常检测最显著的特点是可以检测未知的攻击行为，但是存在着较为严重的虚警情况。异常入侵检测的主要方法包括：基于统计分析的异常检测、基于机器学习的异常检测、基于贝叶斯推理的异常检测、基于神经网络的异常检测、基于数据挖掘的异常检测等，感兴趣的读者可以参考相关文献。

误用检测技术，其前提是假设所有的网络攻击行为和方法都具有一定的模式或特征，如果把以往发现的所有网络攻击的特征总结出来，并建立一个入侵信息库，那么 IDS 可以将当前捕获到的网络行为特征与入侵信息库的特征信息相比对，如果匹配，则当前行为就被认定为是入侵行为。

误用检测技术首先要定义违背安全策略事件的特征，检测主要判别所收集到的数据特征是否在入侵模式库中出现。这种方法与大部分杀毒软件采用的特征码匹配原理类似。

误用检测基于已知的系统缺陷和入侵模式，故又称为特征检测，因为每种攻击行为都有明确的特征描述，所以误用检测的准确度很高。由于过度依赖事先定义好的安全策略，所以无法检测系统未知的攻击行为，会产生漏报情况。

相对于 IDS，入侵防御系统（Intrusion Prevention System，IPS）可以说是 IDS 的升级版，可弥补 IDS 只能检测不能处置阻断等方面的弱点。IPS 能够识别事件的侵入、关联、冲击、方向并做出适当的分析，然后将合适的信息和命令传送给防火墙、交换机和其他的网络设备以减轻该事件的风险。IPS 采取主动式的防御机制，以透明模式串联于网络中，能够实时阻断攻击。它通常部署在网络关键点上，过滤阻断的是攻击包而非攻击源。IPS 采用多种检测技术，包括特征分析、协议异常分析、行为异常分析等，准确度高。由于串接于网络通路上，IPS 一般都采用硬件加速技术，性能高且不影响网络的正常运行。

在产品类型上，和 IDS 类似，IPS 可以分为基于主机的 IPS（Host-based Intrusion Prevention System，HIPS）和基于网络的 IPS（Network-based Intrusion Prevention System 或 Network Intrusion Prevention System，NIPS）两类。

3）安全管理平台

安全管理平台（Security Operations Center，SOC）也称安全管理中心。传统的网络运行中心（Network Operation Center，NOC）强调对客户网络进行集中化、全方位的监控、分析与响应，实现体系化的网络运行。随着信息安全问题的日益突出，安全管理理论与技术的不断发展，需要从安全的角度去管理整个网络和系统，NOC 在这方面缺少技术支撑，于是，出现了 SOC。它以资产为核心，以安全事件管理为关键流程，采用安全域划分的思想，建立一套实时的资产风险模型，协助管理员进行事件分析、风险分析、预警管理和应急响应处理。

在国内，安全管理平台具有狭义和广义两个定义。狭义的安全管理平台重点是指对安全设备的集中管理，包括集中的运行状态监控、事件采集分析、安全策略下发。而广义的安全管理平台不仅针对安全设备进行管理，还要针对所有 IT 资源，甚至是业务系统进行集中的安全管理，包括对 IT 资源的运行监控、事件采集分析，还包括风险管理与运维等内容。

安全管理平台是协助用户实现安全策略管理、安全组织管理、安全运作管理和安全技术框架的中心枢纽。安全管理平台是一种安全管理的形式，其职能分成管理层面的职能和技术层面的职能，有效地将企业的策略管理、安全组织管理、安全运作管理和安全技术框架结合在一起，并保持一致。

8.2.4　应用安全技术

1. 应用安全的概念和威胁

就信息系统来讲，在应用层运行的就是应用系统，或称为应用程序。因此，所谓应用安全，简单地说，是保护应用系统、应用程序的安全。应用安全也是信息安全的一部分，主要内容包括应用程序运行安全和应用资源安全两方面。为了保障应用安全，需要加强应用系统在安全性方面的设计和配置，防止在运行过程中发生应用系统不稳定、不可靠和资源被非法访问、篡改等安全事件。

应用安全要求构建安全的应用软件，并在应用软件的需求、设计、编码、测试、运行以及废弃等全生命周期的每一个阶段加强安全防护。针对此类需求，扩展到包括操作系统、数据库等软件在内的所有软件的全生命周期安全开发管理，形成了软件安全开发的思想，并促进了相关技术的发展。对应用资源安全防护来讲，应用安全的目标很明确：一是合法用户能够通过安全策略合法地访问业务资源；二是不让攻击者访问、篡改任何受保护的资源。因此，应用安全不仅强调开发安全的应用系统，同时也应该强调应用系统的安全部署和安全运维。安全部署主要指设计和部署应用系统的安全环境，如应用系统部署的操作系统安全，应用系统的网络边界防护和应用系统的内部网络安全等；安全运维主要是指应用系统在运行维护过程中的安全保护，如应用系统安全状态监控、系统登录安全，以及系统应急响应处置等。

由于应用系统构建并依托于网络资源和系统资源之上，应用安全呈现出以下两个特点。

（1）网络和操作系统存在的安全漏洞会给应用系统带来安全威胁。

攻击者可以通过网络和操作系统的漏洞入侵，直接访问应用系统和应用资源，从而造成威胁。例如，攻击者可能通过操作系统漏洞获得对硬盘的访问权限，非授权地访问应用系统。

（2）应用软件的安全漏洞也会给应用系统带来严重的安全威胁。

常见的网络安全防护机制和操作系统安全防护机制对于应用安全防护有一定的促进作用，如防火墙可以屏蔽很多来自外部的攻击。应用系统自身的安全漏洞同样会给系统带来安全威胁，网络和操作系统的安全防护不能完全防止应用软件的安全漏洞被利用。攻击者可以通过利用这些漏洞很轻松地绕过网络和操作系统已有的安全防护措施，如某应用系统在网络层面部署防火墙，在操作系统和应用层面部署用户鉴别机制，但是攻击者可能会利用应用中存在的结构化查询语言（Structured Query Language，SQL）注入漏洞来入侵，并在没有任何用户权限的情况下直接访问应用系统的后台数据库。攻击者利用应用系统的安全漏洞，通过正常的应用层信息访问通道，绕开多层防火墙、操作系统加固的安全措施，直接访问系统后台服务器资源。

由于应用系统的复杂性和多样性，应用系统的安全问题也呈现出多样化的特点。应用系统潜在的威胁很多，目前还没有统一的分类，下面分别从应用开发、应用部署、应用运行环境、攻击手段、攻击源点、数据保护和安全后果等角度出发，列举了一些应用系统的潜在威胁。

- 从应用开发角度出发，常见的威胁包括缓冲区溢出、资源竞争、非最小特权执行、缺乏有效输入验证、资源管理不当等。
- 从应用部署角度出发，常见的威胁包括配置错误、隔离防护失效、拒绝服务攻击、数据库管理简单等。
- 从应用运行环境角度出发，常见的威胁包括病毒感染、蠕虫传播、间谍软件、恶意Email 攻击、带宽滥用等。

- 从对应用系统的攻击手段角度出发，常见的威胁包括缓冲区溢出、钓鱼攻击、远程渗透、伪造身份等。
- 从对应用系统攻击源点角度出发，常见的威胁包括外部的非法用户攻击、内部的合法用户攻击等。
- 从数据资源的保护角度出发，常见的威胁包括数据泄露、篡改、丢失、恢复失败、数据越权访问等。
- 从安全后果角度出发，常见的威胁包括非法登录、越权访问、非法篡改、责任不明、拒绝服务攻击等。

由于应用系统的复杂性和多样性，上述安全威胁分类都不完善，且相互之间存在一定的交叉重叠，如应用部署和安全后果两类中都有"拒绝服务攻击"威胁。

2. Web 应用安全

随着网络技术及其应用的快速发展，Web 作为网络应用的主要载体逐渐成为主流，广泛应用于各种业务系统中。所谓 Web 应用，就是一种基于浏览器 / 服务器（Browser/Server，B/S）架构，通过 HTTP 协议提供服务，包括 Internet、Web 服务器、Web 浏览器、HTTP 等主要组件的应用系统。

由于 Web 应用程序的功能性和交互性的不断增强，对应的 Web 漏洞和恶意攻击层出不穷，导致各种安全事件频频发生，给个人隐私安全、企业安全和社会稳定等造成了很严重的威胁。Web 应用安全已成为最广泛、危害性最大的安全问题，如何保证 Web 应用的安全已成为安全界关注的重点问题。

Web 应用可以分为服务器端和客户端两部分。其中，服务器端通过 Web 服务支撑软件为客户端提供服务，客户端通过 Web 浏览器来访问 Web 程序，服务器端和客户端之间通过标准协议进行通信。接下来从 Web 服务支撑软件、Web 程序、Web 浏览器以及 Web 协议这几个方面来分析 Web 应用存在安全问题的原因。

1）Web 服务支撑软件

Web 服务支撑软件包括服务器操作系统、DBS、Web 服务运行平台等。其中，常见的 Web 服务运行平台有 Apache、IIS、Tomcat、WebSphere 和 WebLogic 等。如果这些服务支撑软件中存在安全隐患，则可能被攻击者利用，从而影响 Web 应用的安全。

Web 服务支撑软件中，尤其是 Web 服务运行平台主要存在两个方面的安全隐患：一方面是软件本身存在漏洞；另一方面是软件本身没有明显漏洞，但存在配置缺陷。这两方面的安全隐患都会导致严重的安全后果。

利用 Web 服务支撑软件的安全漏洞进行攻击一直是最常见的攻击方法之一。例如，著名的 IIS 5.0 超长 URL 拒绝服务漏洞，攻击者向存在漏洞的 Web 服务器提交"http://www.example.com/...[25kbof'.']...ida"这样的 URL 就可能导致 Web 服务支撑软件崩溃（导致拒绝服务攻击），或返回该文件不在当前路径的信息，从而暴露文件的物理地址信息。

Web 服务支撑软件自身的配置问题也是 Web 应用存在安全隐患的原因之一。实际上，即使软件本身设计和实现了完善的安全功能，也可能因为配置和使用不当而受到攻击。典型的配置不当和使用缺陷包括：软件使用默认的账户和口令、存在不必要的功能模块、明文存储口令和权限配置文件、过于集中的权限分配、用于启动程序的用户身份不合适等。

2）Web 程序

由程序员开发的 Web 应用程序受开发人员的能力、意愿等方面因素的影响，可能会存在一些安全缺陷。这些缺陷包括程序 I/O 处理、会话控制、文件系统处理、日志处理及其他安全特性采用不足等。

Web 应用系统是直接和用户进行交互的，交互过程中的输入信息有很大一部分来源于用户输入。对用户输入的内容进行有效验证是保障 Web 应用程序安全的第一道防线。一些较为严重的安全问题，如缓冲区溢出、跨站脚本、SQL 注入、命令注入等，都是由于在程序中没有对输入进行验证或没有进行有效性验证导致的。这些用户输入包括从用户界面输入的数据、命令行参数、配置文件、从数据库中检索的文件、环境变量、网络服务、注册表值、系统性能参数、临时文件等。

Web 应用程序通过分析和响应用户的访问请求实现系统功能，在对用户进行身份认证后，按照用户级别为其分配相应的访问权限。如果不进行会话控制，如未加密会话、会话 ID 管理缺陷、缺乏超时退出及重新认证等，会导致 Web 应用存在较高的安全隐患。

Web 应用系统中的文件资源是攻击者实施攻击的重点目标之一，如果没有对文件系统进行有效的管理，可能会使攻击者非法访问到文件系统或者利用文件系统访问机制实施攻击。这些缺陷包括文件系统的访问控制不足（例如缺乏权限控制）、缺乏文件竞争条件控制、文件系统的输入值控制（文件名、文件内容）不足等。

不安全的用户访问处理机制将导致严重的后果，如对系统的未授权访问、用户信息的泄露和篡改等。从用户访问的处理过程来看，此类安全隐患包括不完备的身份鉴别、访问控制和业务逻辑验证等。

日志文件能够记录应用程序在执行过程中都发生了什么，完善的日志条目包含的内容可以复原已经发生的一系列事件；调试文件信息可以告诉来访者出现意外情况时程序是如何处理的；文件目录则直接暴露了重要文件的存储地址。因此，文件系统的管理和控制是 Web 日常安全防护体系中的一个重点。日志管理不足的隐患包括缺乏应用日志、日志权限控制等。

3）Web 浏览器

Web 浏览器是 Web 应用的客户端，它通过 Web 访问协议连接服务器而取得网页，支持用户操作。常见的 Web 浏览器包括 Internet Explorer、Firefox、Opera 和 Safari 等。

与 Web 服务支撑软件一样，Web 浏览器也存在安全隐患。这些安全隐患如被攻击者利用，对 Web 用户实施攻击，将导致消耗用户系统资源、非法读取用户本地文件、非法写入文件、在用户计算机上执行代码等后果。

在 Web 客户端缺陷中，Cookie 技术的缺陷广受抨击。Cookie 是为了辨别用户身份、进行 Session 跟踪而储存在用户本地终端上的数据，用于解决 HTTP 协议无状态的应用问题，是 HTTP 协议的补充。Web 服务器利用 Cookie 中的信息来判断 HTTP 传输中的状态，包括注册用户是否已经登录网站，是否保留用户信息简化以后操作等。但是，由于 Cookie 是存储在客户端计算机上的一小段文本信息，计算机用户可以随意查看存储在 Cookie 中的数据，并且 Cookie 中的内容在发送到服务器之前能够被用户更改。因此，Cookie 机制实际上严重影响到用户的隐私及安全，网站可以利用 Cookie 收集用户的访问记录，从而获得用户的包括身份、银行卡号等隐私数据。而通过伪造 Cookie，可以欺骗网站以其他用户的身份进行操作。

4）Web 协议

Web 浏览器主要通过 HTTP 协议连接 Web 服务器而取得网页。HTTP 协议定义了客户端和服务器端请求和应答的标准过程，目前最常用的 HTTP 协议是 HTTP 1.1，这个协议在 RFC 2616 中被完整定义。

HTTP 协议在设计时仅仅考虑了实现相应功能，并没有安全相关的考虑。因此，协议的不足导致了大量的安全问题，包括拒绝服务、电子欺骗、嗅探等。

HTTP 协议使用简单的请求、响应模式进行数据传输。因此，在整个会话的过程中所有的数据都以明文进行传输，这些传输的信息中可能包含敏感信息，如用户进行 Web 登录验证的用户名和口令、向服务器提交的数据等。这使得攻击者很容易获得传输的信息，攻击者在 Web 会话的路径上对传输的数据进行嗅探，就可能获取这些数据。

由于互联网设计的初衷是建立一个开放的网络平台，因此大量的互联网协议都没有足够强的身份验证机制。这些设计缺陷使得攻击者能实施一系列攻击，如 IPSpoof、SYN Flood、会话劫持等。HTTP 协议也存在类似问题，HTTP 1.0 中仅提供简单的认证，由客户端提供一个用户名和密码以通过服务器验证获得响应。虽然在 HTTP 1.1 中提供了摘要访问认证机制，采用 MD5 将用户名、密码、请求包头等进行封装，但由于不提供对实体信息的保护，无法解决信息泄漏的问题。同时，DAA 机制存在密码产生、分配及存储等一系列安全隐患，它本身也易受到重放攻击、在线字典攻击等。

HTTP 协议采取的请求、响应模式决定了它是一个无状态的协议。客户端在需要与服务器连接时才建立 TCP 连接，获取完连接数据后，TCP 连接就被断开，再次交换数据需要建立新的连接。因此，HTTP 协议不会维持一个持续的会话。Session 在一定程度上解决了 HTTP 协议无状态的不足，但也因此带来了相应的安全问题。对于已经验证过的用户，Session ID 就成为另外一种验证机制。攻击者如果能获取用户的有效 Session ID，就能用与此用户相同的权限去操作 Web 应用，尽管他们不知道用户的账户和口令。

从上述 Web 架构和安全问题分析可以看出，Web 应用程序的安全性非常重要，这需要确保 Web 应用程序在开发时能从需求、设计、编码、测试以及发行等各个阶段加强安全性考虑，即软件安全开发的内容。接下来从 Web 应用程序的特殊性出发，在 Web 应用程序编码方面提出一些需要注意的地方。

（1）输入 / 输出验证。如前所述，注入攻击和 XSS 攻击是 Web 应用中非常严重的安全威胁，因此，在 Web 应用程序编码时应当加强对 I/O 的验证，尤其是来自用户的输入数据。Web 应用程序应假设所有的用户输入都是安全的，严格对输入数据的类型、长度、格式、范围进行验证。

（2）最小特权。对应用程序运行需要的权限进行核实，确认其工作所需的最小权限，然后让程序以最小特权运行。对用户完成操作所需要的权限也进行核实，给予应用系统用户最小特权。避免由于系统漏洞导致的权限滥用和误操作对系统造成的损害。例如，不要以系统管理员的权限运行 Web 应用程序、将配置文件属性设置为只读等。

（3）会话加密。Web 应用程序应对会话进行控制，采用 SSL 对会话过程进行加密，确保创建安全的会话通道，并且确保身份验证 Cookie 在加密的会话中传递。如果不采用加密的会话连接，那么应该尽量限制会话的 Cookie 的有效期。

（4）文件系统控制。Web 应用程序应对本地重要文件进行控制，控制措施包括对重要文件的访问限制、修改文件名的访问权限等。例如，对于应用程序的配置文件，应尽量避免使用熟知的默认命名方式，避免攻击者通过猜测文件名来访问文件；也可采用设置配置文件的访问权限来避免非法访问等。

（5）身份验证。用户账号信息是用户身份验证的凭据，如果身份验证机制存在缺陷，攻击者就可能利用这些缺陷访问系统。在 Web 应用程序中，可以考虑对 Cookie 设置超时，避免 Cookie 重放攻击，也可以考虑对 Cookie 加密传输。

3. 常用互联网服务安全

1）FTP 安全

文件传输协议（File Transfer Protocol，FTP）是在网络上进行文件传输的一套标准协议，用于控制 Internet 上文件的双向传输。用户可以通过它把自己的 PC 机与世界各地所有运行 FTP 协议的服务器相连，访问和下载服务器上的资源。

TCP/IP 中，FTP 服务一般运行在 20 和 21 两个端口。FTP 标准命令的 TCP 端口号为 21，Port 方式数据端口为 20。端口 20 用于在客户端和服务器之间传输数据流，而端口 21 用于传输控制流，并且是命令通向 FTP 服务器的进口。当数据流传输时，控制流处于空闲状态。而当控制流空闲很长时间后，客户端的防火墙会将会话置为超时，这样当大量数据通过防火墙时，会产生一些问题。此时，虽然文件可以成功传输，但因为控制会话会被防火墙断开，传输会产生一些错误。

FTP 协议的任务是将文件从一台计算机传送到另一台计算机，它与这两台计算机所处的位置、连接的方式，甚至是否使用相同的操作系统无关。假设两台计算机通过 FTP 协议对话，并且能访问 Internet，就可以用 FTP 命令来传输文件。每种操作系统在使用上有些细微差别，但是每种协议基本的命令结构是相同的。FTP 的主要作用就是让用户连接上一个远程计算机（这些计算机上运行着 FTP 服务器程序），查看远程计算机有哪些文件，然后把文件从远程计算机上复制到本地计算机，或把本地计算机的文件传送到远程计算机。

FTP 作为互联网上广泛使用的文件传输协议，随着其安全问题不断暴露，应用的范围正在逐渐减少。FTP 主要的安全问题包括以下两个方面。

（1）FTP 支持"代理 FTP"机制，即服务器间交互模型，支持客户建立一个 FTP 控制连接，然后在两个服务器间传送文件。同时，FTP 规范中对使用 TCP 的端口号没有任何限制，从 0 ~ 1023 的 TCP 端口号保留用于网络服务。所以，通过"代理 FTP"，客户可以命令 FTP 服务器攻击任何一台机器上的服务。

（2）在 FTP 标准中，FTP 服务器允许无限次地输入口令，这使得攻击者可以对 FTP 服务器进行口令暴力破解。FTP 服务器认证命令"pass"使用明文传输口令。

由于 FTP 协议的固有缺陷，对于 FTP 应用安全应优先考虑 FTP 服务中的密码安全，可在服务器中设置策略，限制尝试登录次数，还可以使用其他技术对会话进行加密，避免密码在传输过程中泄漏。还可以设置安全策略。例如，将 FTP 账户与系统账户分离，限制最大连接数，限制发起连接的地址等方式，增强 FTP 应用的安全性。

2）电子邮件安全

黑客和病毒编写者通过发送恶意电子邮件或诱使用户访问邮件中的恶意网站来实现攻击。这里以 Office Outlook 和 Outlook Express 为例，介绍一些通用的电子邮件的安全设置方法。

（1）防止非法打开或下载选项的设置方法。很多电子邮件客户端产品均有这种选项。例如，打开 Outlook Express 6 的选项设置，在"安全"选项卡的"病毒防护"中，选择"受限站点区域（较安全）"，同时勾选"当别的应用程序试图用我的名义发送电子邮件时警告我"复选框、"不允许保存或打开可能有病毒的附件"复选框、"阻止 HTML 电子邮件中的图像和其他外部内容"复选框等。

（2）禁用预览窗口。Office Outlook 和 Outlook Express 有一个预览窗格，它可以分屏显示电子邮件，一半显示用户所有的电子邮件，另一半显示用户所选定邮件的内容。这项功能使得用户只要从邮件列表中选择一封邮件就能阅读它，而不用通过双击来打开它，于是邮件中的图片会被下载并显示出来，当电子邮件中存在恶意程序或病毒时，预览功能会使恶意程序脚本被运行，病毒被激活，垃圾邮件被打开。因此，从安全角度出发，建议禁用预览窗格。

（3）以纯文本形式阅读电子邮件。某些电子邮件信息是以 HTML 形式创建的，其内容包括图片或图像，这类电子邮件的问题是它可能隐藏病毒或恶意代码。因此，从安全方面考虑，可以设置 Outlook 以纯文本格式显示电子邮件。

（4）避免打开垃圾邮件、钓鱼邮件 / 诈骗邮件防护。垃圾邮件不仅占用邮箱空间、干扰正常工作内容，并非常有可能含有病毒，而且某些邮件具有欺骗性，带有钓鱼网站的链接。建议用户不要打开垃圾邮件，更不要点击垃圾邮件中的链接，并建议启用网络接入运营商的垃圾邮件过滤器。

（5）在电子邮件服务器端进行安全配置。电子邮件安全协议增强了身份认证和数据传输加密。安全多用途互联网邮件扩展（Secure/Multipurpose Internet Mail Extension，S/MIME）基于 RSA 数据安全技术，是 MIME Internet 电子邮件格式标准的安全扩充。S/MIME 认证机制依赖于层次结构的证书认证机构，整个信任关系基本是树状的，信件内容加密签名后作为特殊的附件传送，它的证书格式采用 X.509。应确保服务器软件安装最新的安全补丁，并对服务器进行安全配置，如关闭开放式转发功能、对域名进行反向验证、对请求的用户进行身份验证。

3）远程管理安全

Telnet 是一种 Internet 远程终端访问标准。它真实地模仿远程终端，但是不具有图形功能，仅提供基于字符应用的访问。Telnet 允许为任何站点上的合法用户提供远程访问权，而不需要做特殊的约定。这个协议包括处理各种终端设置，如原始模式与字符回显等。

传统的 Telnet 服务本身存在很多的安全问题，主要表现在以下四个方面：

（1）明文传输信息；

（2）没有有效认证过程；

（3）没有完整性检查；

（4）传送的数据没有加密。

目前可以使用一些更安全的远程管理技术，例如，Windows 使用的远程终端技术和用于取代 Telnet 的安全外壳（Secure shell，SSH）。使用 SSH 可以把所有传输的数据进行加密，而且能够防止域名系统（Domain Name System，DNS）欺骗和 IP 欺骗，还可以压缩传输的数据，提高传输的速度。

4）域名应用安全

DNS 是互联网的基础，Web 服务、电子邮件服务等都需要 DNS 作为支撑。因此，DNS 的安全关系到整个互联网能否正常使用。DNS 是一个非常庞大、复杂的分布式 DBS，由于设计初期对安全性考虑不足，DNS 系统存在很多安全缺陷。对 DNS 的攻击方式包括拒绝服务攻击、DNS 欺骗等。

DNS 安全防护措施主要包括以下两个方面。

（1）确保提供 DNS 服务的软件升级到最新的版本或安装了最新的安全补丁。

（2）对 DNS 进行安全配置，关闭 DNS 服务递归功能，限制域名服务器做出响应的地址、限制域名服务器做出响应的递归请求地址、限制发出请求的地址。

8.2.5　数据库安全技术

1. 数据库概述

企业收集并抽取出特定应用场景中所需要的大量数据之后，按照某种方式将其组织并保存到数据库中，以供企业中不同的应用系统进行加工。人们借助数据库技术科学地保存和管理大量、复杂的数据，以便能够充分、有效地利用这些宝贵的数据资源，支持组织的各种业务处理（联机事务处理，Online Transation Processing，OLTP）和未来的各种决策分析（联机分析处理，Online Aanlytical Processing，OLAP）。因此，从计算机数据处理的角度看，数据库也是在计算机存储设备上按照一定的格式存放数据的数据仓库。

数据库是长期存储在计算机系统中的一组相关数据的集合。这种数据集合具有如下特点：尽可能不重复、以最优方式为某个特定组织的多种应用服务，数据结构独立于使用它的应用程序等。对数据库插入新数据、修改和检索原有数据均通过数据库管理系统（DataBase Management System，DBMS）以一种通用的和可控制的方式进行。DBMS 的功能主要体现在提供的结构查询语言（Structure query Language，SQL）和对各种应用开发接口（ODBC、JDBC、OLEDB、ADO、Xquery 等）的支持能力上，以便供不同的应用程序以一种通用的方式向 DBMS 发送 SQL 请求，管理和获取相关数据。DBMS 提供的其他功能包括：数据访问权限的控制、为保证数据库一致性的并发控制、支持各种故障的数据备份和还原操作、数据库恢复协议等。

DBMS 是建立在操作系统之上的用于有效管理数据库的系统软件。DBMS 的运行需要借助计算机网络将分布在组织内外的不同应用系统与其管理的数据库连接起来。从构成上来说，数据库系统（DataBase System，DBS）是由支撑其运行的硬件平台、一组相互关联的数据集合、一组用以访问这些数据的程序（操作系统、网络软件、DBMS、各种数据库开发工具和应用程序）和各种用户组成。位于用户应用程序和操作系统之间的 DBMS 软件是数据库安全保证的重要对象。DBMS 和操作系统一样是计算机的基础软件，也是一个大型而复杂的系统软件。

在采用 DBMS 管理企业数据资产之前，人们对于组织数据的管理经历了人工管理和文件系统管理两个阶段。用 DBMS 管理数据与人工管理、利用文件系统管理相比，具有以下明显的优势。

1）数据结构化

数据结构化是指数据库中的数据组织、存储和管理不再仅仅针对组织的某一特定应用，而是面向全组织的所有应用需求。因此，数据结构化是面向组织信息管理整体需求的，即数据库中的数据可以被多个用户、多个应用共享使用。数据共享可以大大减少应用程序间的数据冗余，节约组织数据的存储空间，同时还能避免企业不同应用管理数据之间的不相容和不一致问题。

2）数据独立性

数据独立性是指存储在数据库中的数据独立于处理数据的所有应用程序而存在。在基于文件系统的应用开发中，由于有关数据描述隐藏在应用程序中，当应用程序较多、关联关系较为复杂时，容易造成不同应用程序之间的数据不能共享、冗余度高等缺点。所以，通过将数据描述从应用程序中分离出来，交由 DBMS 来管理，可以使应用程序只负责数据语义解释和界面展现。这样应用程序和数据之间就会相互独立，数据的描述和存储也不再单独受限于某一个应用程序。

DBMS 提供的数据独立性包括物理独立性和逻辑独立性。物理独立性是指用户的应用程序与存储在磁盘上的数据是相互独立的。也就是说，数据在磁盘上怎么存储是由 DBMS 软件管理的，应用程序不能限定，也不需要了解。用户程序所看到的只是数据的逻辑结构，这样当磁盘更换、物理存储结构改变时，应用程序丝毫不受影响。逻辑独立性是指用户的应用程序与数据库逻辑结构是相互独立的。也就是说，即使存储在数据库中的数据的逻辑结构改变了，用户程序也可以不变。DBMS 主要通过视图概念实现数据的逻辑独立性。另外，视图也是一种保护数据安全性的有效方法，可依据不同用户的访问权限创建相应的数据视图。

3）数据完整性

为了保证存储在数据库中数据的完整性，DBMS 提供了多种完整性约束，例如实体完整性（通过主键约束条件）、参照完整性（通过主外键约束条件）、用户自定义完整性（通过 CHECK 子句）等。对每一类完整性约束，DBMS 都提供了三方面的内容，包括建立完整性约束的定义语言、维护和检查数据完整性事务特性以及进行完整性违约处理的各种恢复机制。

4）数据由 DBMS 统一管理和控制

数据库是供多个应用并发共享的，即多个用户可以同时存取数据库中的不同数据，甚至可以同时存取数据库中的同一数据。为此，DBMS 提供了查询引擎、事务控制、数据存储模块 / 组件等，以实现对海量数据的高效、可靠的数据管理和控制。例如，用户可以通过数据库事务的原子性、一致性、隔离性和持久性来保证数据库数据的一致性和用户请求运行的正确性，其中涉及的主要机制包括并发控制、数据库备份与恢复等。

综上所述，数据库是长期存储在计算机内有组织的大量的共享数据集合。它可以供各种用户共享，具有最小冗余度和较高的数据独立性。DBMS 在数据库建立、运行和维护时对数据库进行统一控制，以保证数据库的完整性和安全性，并在多用户同时使用数据库时进行并发控制，在发生故障后对数据库进行恢复。

数据库负责信息资产的存储和处理访问处理，应能提供数据资产的安全存储和安全访问服务，具有防范各种外部安全攻击的能力，包括向合法用户提供可靠的信息服务，拒绝执行不正确的数据操作，拒绝非法用户对数据库的访问，能跟踪记录，以便为合规性检查、安全责任审查等提供证据等。

2. 数据库安全概述

1）数据库安全的目标和需求

现代 DBMS 提供了各种安全机制以防止数据意外丢失和不一致数据的产生，当数据库遭受破坏后能迅速恢复正常，保证数据库的高可用性，从而保护用户数据安全。评价一个

DBMS 的安全性可从两个方面来考虑：一是 DBMS 本身提供的保证数据安全的特性，包括数据安全性、数据完整性、并发控制、各种故障的数据库恢复等；二是 DBMS 的运行安全，包括运行平台的参数配置、各种支撑软件的漏洞修补、依照企业合规需求的用户安全域定义等运行安全保护。

数据库的安全需求和一般软件系统存在类似之处，同时也由数据库本身的特性和面临的安全问题决定。从总体上来说，数据库的安全需求主要包括物理数据库的完整性、逻辑数据库的完整性、数据单元的安全性、可审计性和访问控制等方面。

（1）物理数据库的完整性。物理数据库的完整性是指数据库中的数据不被各种自然的或物理的问题破坏，一般通过备份、还原、恢复机制实现。

（2）逻辑数据库的完整性。逻辑数据库的完整性是对数据库结构的保护，如对一个字段的修改不应该破坏其他字段（主外键依赖等约束条件）。逻辑数据库完整性可通过数据库语义约束条件描述，由数据库事务特性保证，也可通过数据库触发器或应用程序来保证。

（3）数据单元的安全性。数据单元的安全性是指存储在数据库中的每个数据单位 / 元素都是正确的，即满足用户在数据库中定义的各种约束条件。数据单元的安全性也称为数据库一致性，即在某个事务完成后，数据单元的约束条件仍然能够保证。

（4）可审计性。DBMS 提供丰富的日志信息及审计跟踪机制，可以追踪存取和修改数据库元素的用户、操作等信息。

（5）访问控制。DBMS 一般提供基于身份、标签等的授权机制，确保只有经授权的数据库用户才能访问数据库中的数据。

（6）身份验证。不管是审计追踪还是对某一数据库的访问，DBMS 都要对其操作主体进行严格的身份验证。

（7）可用性。可用性是指提供各种数据库备份、还原、恢复机制，对授权的用户应该随时提供可能的数据库访问。

结合上述对数据库的安全需求的描述，可将数据库安全需求定义为：保证数据库信息的机密性、完整性、可用性、可控性和隐私性的理论、技术与方法。

2）数据库安全手段

尽管数据库安全主要应由 DBMS 来维护，但是数据库系统相关的操作系统、网络系统和应用系统等的安全性，与数据库安全的关系也是十分紧密的，这些系统的安全直接影响数据库的基础环境安全。用户也需要通过这些系统来访问数据库，一些和数据库安全密切相关的用户认证等安全防护手段也可以通过它们来实现。

DBMS 提供的安全性控制措施主要包括用户标识和鉴别、访问控制、数据加密、数据库审计等。

（1）用户标识和鉴别。DBMS 根据用户标识对数据库用户的访问权限进行授权，以控制用户对数据库的使用。因此，DBMS 必须提供用户标识和鉴别机制。在使用授权机制前，DBMS 首先要鉴别访问数据库的用户身份，只有具有有效身份的用户才能访问 DBMS 管理的数据。通常情况下，DBMS 提供的数据库用户鉴别方式采用用户名和口令的组合方式来实现。

（2）访问控制。访问控制是 DBMS 针对授权用户提供的，按照权限允许其进行数据访问或数据库管理等的功能。数据库安全管理员（SA）可通过设置用户对不同的数据对象的操作权限，来确保每个用户都只能访问有权存取的数据，执行有权进行的操作，从而避免非法的数据访问或越权操作的可能。

衡量数据库授权机制的重要指标是所授权数据库对象的粒度，即授权机制中可定义的数据对象的范围。关系型数据库中的授权粒度包括数据库、关系（表、视图）、属性或记录（元组）。依据授权粒度及其控制范围，在 DBMS 中提供的数据库权限分为三个级别：系统权限、数据库对象权限和数据对象权限。

系统权限允许用户执行特定的数据库操作，分为实例（程序）相关权限和数据库相关权限两大类。例如，在 DB2 中实例级权限包括 SYSADM、SYSCTRL、SYSMAINT、SYSMON 等，数据库级权限包括 DBAMD、LOAD 等；在 Oracle 中有修改实例参数（ALTER SYSTEM）、修改数据库配置（ALTER DATABASE）、允许用户连接数据库（CREATE SESSION）、在任何模式中创建表（CREATE ANY TABLE）、创建用户（CREATE USER）等 100 多个系统权限。

数据库对象权限也称为模式权限，允许用户操纵一些特定的数据库对象（如表对象、视图对象、存储过程等），常见的数据库对象权限有修改（ALTER）、删除（DELETE）、执行（EXECUTE）、索引（INDEX）、插入（INSERT）、关联（REFERENCES）、查询（SELECT）、更新（UPDATE）等。不同的数据库对象具有不同的对象权限。例如，表数据库对象具有除上述执行权限外的所有对象权限，存储过程只有执行对象权限。数据库对象的拥有者拥有所有对象权限，对象的拥有者可以向其他用户分配权限。数据库对象权限分配单位可以分为表级（模式级）和列级（字段级）两个层次。

数据对象权限提供记录级授权控制能力，控制用户操纵指定元组对象（记录）的权限。数据对象访问控制也称为记录级（行级）访问控制或细粒度访问控制。DBMS 一般通过视图、标签、安全上下文等机制实现数据对象的授权访问。DBMS 提供的授权颗粒度越细，其授权子系统也越灵活，但对 DBMS 运行性能的影响也越大。

（3）数据加密。在数据库安全中，数据加密是数据安全的最后一道防线，也是一种防止数据在存储和传输过程中被窃取的有效手段。数据加密有存储加密和传输加密两种使用方式。数据加密后，对不知道密钥的攻击者，即使利用系统漏洞或其他方式非法访问到数据，也无法得到真正的数据内容，只能获得一段看不懂的代码；而合法的用户拥有正确的密钥，可以从系统获得可识别的数据。数据存储加密可在三个层次实现数据库加密工作，即操作系统（OS）、DBMS 内核和 DBMS 外层。

在操作系统层面对要存储的数据进行加解密。一般做法是将数据先在操作系统的内存中进行加密，然后把这些加密后的内存数据写入数据库文件中去，读取数据时则是从数据库文件读出数据后进行逆向解密。这种加密方法相对简单，只要妥善管理密钥就可以了。这种加密方式的缺点是对数据库的读写比较麻烦，每次都要进行加密、解密，对程序的编写和读写数据库的速度都会有影响。

在 DBMS 内核层实现加密，数据在物理存取之前完成加、解密工作。这种加密方式的优点是加密功能强，几乎不会影响 DBMS 的功能，同时可以实现加密功能与 DBMS 之间的无缝耦合，其缺点是加密运算在服务器端进行，加重了服务器的负载，而且 DBMS 和加密器之间的接口需要 DBMS 开发商的支持。

在 DBMS 外层实现加密的好处是不会加重数据库服务器的负载。加密时，比较实际的做法是将数据库加密系统做成 DBMS 的一个外层工具，根据加密要求自动完成对数据库数据的加、解密处理。

（4）数据库审计。审计是指检查、验证目标的准确性和完整性，用以检查和防止虚假数据和欺骗行为，以及是否符合既定要求和其他审计原则。审计作为一种威慑机制，能够使用户增强对其行为的责任感。安全审计根据相关法律法规和要求，对计算机网络环境下的有关活动或行为进行系统的、独立的检查验证，并做出相应评价。

数据库审计子系统允许安全管理员跟踪、记录数据库用户对数据库中有关数据的访问活动，并把相关访问记录存放在数据库审计日志文件中。审计日志记录一般包括访问数据库的应用程序、位置及用户信息，以及用户操作、操作日期与时间、操作涉及的相关数据、操作是否成功等数据。

DBMS 的安全审计功能需要安全管理员依据企业的安全策略进行配置。当数据库的审计功能打开后，DBMS 在处理数据库用户语句过程中产生审计记录。审计记录可存储在数据字典表（称为审计记录）或操作系统审计记录中。例如，在 Oracle 数据库中审计记录是在 SYS 模式的 AUD$ 表中。这些数据也可以存放在外部数据文件中。

按照审计对象粒度和审计机制，安全审计分为数据库审计（DataBase Audit，DBA）（也称标准审计）和细粒度审计（Fine-grained Auditing，FGA）。数据库审计又细分为用户级审计和系统级审计。用户级审计是由安全审计员或用户自己设置的对任何数据库用户进行的安全审计，主要是用户针对自己创建的数据库表或视图操作进行的审计，记录所有用户对这些表或视图的一切成功或不成功的访问要求，以及各种类型的 SQL 操作。系统级审计只能由安全管理员或 DBA 设置，用以监测诸如成功或失败的登录要求、监测用户授权（GRANT 和 REVOKE 操作）以及其他系统级权限的操作。

在 Oracle 数据库中，数据库审计支持以下三种标准审计类型。

- 语句审计：对某种类型的 SQL 语句审计，不指定审计对象或权限。
- 特权审计：对执行相应动作的系统特权的审计。
- 对象审计：对一特殊模式对象上的指定语句审计。

这三种标准审计类型分别对以下三方面的审计信息进行保存处理：

- 成功执行或不成功执行的审计语句，或者两类语句均审计。

- 对每一用户会话审计语句执行一次或者对语句每次执行就审计一次。
- 对全部用户或指定用户活动的审计。

3）数据库完整性保障手段

数据库完整性（Database Integrity）是指数据库中数据的正确性和相容性，防止数据库中存在不符合语义的数据。数据库完整性由各种各样的完整性约束来保证，因此可以说数据库完整性设计就是数据库完整性约束的设计。数据库完整性约束可以通过 DBMS 或应用程序来实现，基于 DBMS 的完整性约束作为模式的一部分存入数据库中。

数据完整性约束定义与数据库支持的数据模型相关。在关系型数据库中，为了维护数据库的完整性，DBMS 必须能够做到以下三条：一是提供定义完整性约束条件的机制；二是提供完整性检查的方法；三是提供违约处理机制。

DBMS 中检查数据是否满足完整性约束条件的机制称为完整性检查。完整性检查一般在 INSERT、UPDATE、DELETE 语句执行之后开始，也可以在事务提交时检查，检查这些操作执行后数据库中的数据是否违背了完整性约束条件。

DBMS 若发现用户的操作违背了完整性约束条件，就会采取一定的动作，如拒绝（NO ACTION）执行该操作或级联（CASCADE）执行其他操作。DBMS 提供的违约处理是为了保证数据库中数据的完整性，满足用户在数据库结构定义时的数据语义要求。

4）数据库备份恢复手段

尽管 DBMS 中采取了各种保护措施来防止数据库的安全性和完整性被破坏，保证并发事务的正确执行，但是计算机系统中硬件的故障、软件的错误、操作员的失误以及恶意的破坏仍然是不可避免的。这些故障轻则造成运行事务非正常中断，影响数据库中数据的正确性；重则破坏数据库，使数据库中全部或部分数据丢失。因此，DBMS 必须具有把数据库从错误状态恢复到某个一致的正确状态的功能，这就是数据库恢复。

数据库恢复技术的实现主要依靠各种数据的冗余和恢复机制。数据库中任何一部分数据被破坏或产生不正确的数据时，可以利用冗余数据来进行修复。数据库恢复机制涉及两个关键问题：建立冗余数据和利用这些冗余数据实施数据库恢复。建立冗余数据最常用的技术是数据转储和使用日志文件。通常在一个 DBS 中，这两种方法是一起使用的。

（1）数据转储。所谓转储是指 DBA 定期地将整个数据库或部分数据库文件备份到磁带或另一个磁盘上保存起来，是数据库恢复中采用的基本技术。这些备用的数据称为后备副本或后援副本。当数据库遭到破坏后，可以通过数据库还原技术将后备副本重新装入，从而将数据库恢复到转储时的状态。要想恢复到故障发生时的状态，必须借助日志（包括归档日志）重新运行自转储以后的所有更新事务。

（2）日志文件。日志文件是用来记录事务对数据库的更新操作的文件，不同 DBS 采用的日志文件格式并不完全一样。概括起来，日志文件主要有两种格式：以记录为单位的日志文件和以数据库为单位的日志文件。日志文件在数据库恢复中起着非常重要的作用，可以用来进行事务故障恢复和系统故障恢复，并协助后备副本进行介质故障恢复。

　　一个完整的运行日志是数据库恢复机制的核心。数据库日志记录每个事务的关键操作信息，比如更新操作的数据改前值和改后值。数据库事务顺利执行完毕，称之为提交。如果发生故障时数据未存储到固定存储器上，数据有可能不完整，恢复时就要回滚事务。回滚就是把做过的更新取消，取消更新的方法是从日志中取出数据的改前值，写回到数据库里去。提交表示数据库成功进入新的完整状态；回滚意味着把数据库恢复到故障发生前的完整状态。

　　利用数据库后备副本和日志文件可以将数据库恢复到故障前的某个一致性状态。针对不同的故障，数据库恢复的策略和方法是不一样的，一般来说，数据库恢复策略可以分为三类：事务故障恢复、系统故障恢复、介质故障恢复。

　　（1）事务故障恢复。事务故障是指用户程序中的某个事务在运行至正常终止点前意外被终止，这时数据库恢复子系统利用联机日志文件撤销（undo）此事务已对数据库进行的修改。恢复步骤为：首先反向扫描日志文件，查找该事务的更新操作；然后对该事务的更新操作执行逆操作；最后继续反向扫描日志文件，查找该事务的其他更新操作，并做同样的处理，直至读到此事务的开始标记。

　　（2）系统故障恢复。系统故障主要是指服务器在运行过程中，由于操作系统错误、停电等造成的非正常中断。此时会造成用户对数据库进行处理的事务被突然中断，进而导致数据库中保存的数据存在不一致的情况。系统故障造成数据库不一致状态的原因有两个：一是未完成事务对数据库的更新操作可能已写入数据库；二是已提交事务对数据库的更新操作可能还留在缓冲区没有来得及写入数据库。因此，数据库恢复操作就是要撤销故障发生时未完成的事务，重做已完成的事务。

　　（3）介质故障恢复。介质故障是指存储数据库的磁盘或其他介质发生故障，此时会导致数据库物理数据和日志文件被破坏，这是最严重的一种故障。恢复方法是重装数据库，然后借助归档日志重做已完成的事务。介质故障的恢复需要 DBA 的介入，由其重装最近转储的数据库副本和有关的各种日志文件副本，然后执行系统提供的恢复命令。

8.2.6　新安全技术

1. 云计算安全

1）云计算风险和安全体系

　　当前云计算发展面临许多关键性问题，其中安全问题已经成为制约其发展的重要因素。2008 年，Gartner 公司在题为《评估云计算的安全风险》的报告中指出云计算的七大风险：优先访问权风险、管理权限风险、数据处所风险、数据隔离风险、数据恢复风险、调查支持风险和长期发展风险。

　　云计算以动态的服务计算为主要技术特征，以灵活的"服务合约"为核心商业特征，这种信息技术领域的变革也为信息安全领域带来了巨大的冲击，主要体现在以下三个方面：

（1）在云平台中运行的各类云应用没有固定不变的基础设施，也没有固定不变的安全边界，难以实现用户数据安全与隐私保护。

（2）云服务所涉及的资源由多个管理者所有，存在利益冲突，难以统一规划部署安全防护措施。

（3）云平台中数据与计算高度集中，安全措施必须满足海量信息处理需求。

2）云计算安全框架

解决云计算安全问题的当务之急是针对威胁建立综合性的云计算安全框架，并积极开展各项云安全的关键技术研究。云计算安全是一个交叉领域，涵盖物理安全到应用安全。在云计算架构中安全不仅属于云提供者的范围，还关系到云用户和其他相关角色。除安全性外，云提供者还须保护云中的私人信息和个人身份信息的处理、使用、通信和合理的收集。图 8-8 是 NIST 定义的云计算安全架构。

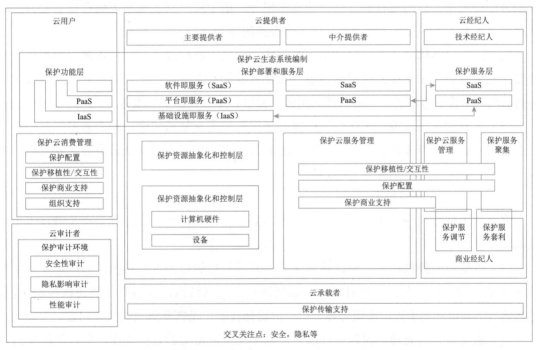

图 8-8　NIST 定义的云计算安全架构

NIST 将云计算安全架构分为云用户、云提供者、云承载者、云审计者和云经纪人角色。云用户的安全责任是保护云消费管理、保护云生态编制、保护功能层。云提供者负责保护云服务管理、保护云生态编制。云承载者负责保护传输支持。云审计者负责保护审计环境。云经纪人负责保护云服务管理、保护云生态编排（只对技术经纪人）、保护服务采集、保护服务调节、保护服务套利。

3）云计算安全服务体系

云计算安全服务体系由一系列云安全服务构成，是实现云用户安全目标的重要技术手段。根据其所属层次的不同，云安全服务可以进一步分为安全云基础设施服务、云安全基础服务以及云安全应用服务三类。

（1）安全云基础设施服务。云基础设施服务为上层云应用提供安全的数据存储、计算等 IT 资源服务，是整个云计算体系安全的基石。这里，安全性包含两个层面的含义：其一是抵挡来自外部黑客的攻击能力；其二是证明自己无法破坏用户数据与应用的能力。

一方面，云平台应分析传统计算平台面临的安全问题，采取全面、严密的安全措施。例如，在物理层考虑厂房安全；在存储层考虑完整性和文件 / 日志管理、数据加密、备份、灾难恢复等；在网络层应当考虑拒绝服务攻击、DNS 安全、网络可达性、数据传输机密性等，系统层则应涵盖虚拟机安全、补丁管理、系统用户身份管理等安全问题，数据层包括数据库安全、数据的隐私性与访问控制、数据备份与清洁等；应用层应考虑程序完整性检验与漏洞管理等。

另一方面，云平台应向用户证明自己具备某种程度的数据隐私保护能力。例如，在计算服务中证明用户代码运行在受保护的内存中等。由于用户安全需求方面存在着差异，云平台应具备提供不同安全等级的云基础设施服务的能力。

（2）云安全基础服务。云安全基础服务属于云基础软件服务层，为各类云应用提供共性信息安全服务，是支撑云应用满足用户安全目标的重要手段。比较典型的几类云安全服务有云用户身份管理服务、云访问控制服务、云审计服务、云密码服务。

（3）云安全应用服务。云安全应用服务与用户的需求紧密结合，种类繁多，典型的服务包括 Botnet 检测与监控云服务、云网页过滤与杀毒应用、内容安全云服务、安全事件监控与预警云服务、云垃圾邮件过滤及防治等。

4）云计算安全关键技术

复杂的云计算系统带来云计算安全技术的复杂性和多样性。云计算安全关键技术主要包括以下五个方面。

（1）可信访问控制技术。云计算模式下，云服务提供商是否忠实执行用户定义的访问控制策略十分重要。在云计算模式下，如何针对云计算特点，实施有效的访问控制手段，包括传统的和最新的手段，实施可靠、可信的访问控制，是需要解决的重要问题。

（2）密文检索与处理。因为一般加密机制不支持对密文的直接操作，所以数据加密在确保数据隐私的同时，也导致了传统的对数据的分析和处理方法失效。比如数据被加密，即使我们要执行一个简单的计数查询，通常也需要把全部的数据下载到本地，实施解密操作后才能执行。密文的检索与处理研究是当前的一个工作重点，典型方法有基于安全索引和基于密文扫描两种方法，秘密同态加密算法设计也是当前一个研究重点。

（3）数据存在与可使用性证明。由于大规模数据所导致的巨大通信代价，用户不可能将数据下载后再验证其正确性。因此，云用户需要在取回很少数据的情况下，通过某种知识证明协议或概率分析手段，以高置信概率判断远端数据是否完整，例如数据持有证明方法。

（4）数据安全和隐私保护。数据安全和隐私保护涉及数据生命周期的每一个阶段。数据生成与计算、数据存储和使用、数据传输、数据销毁等不同阶段，都需要有隐私保护机制，帮助用户控制敏感数据在云端的使用。

（5）虚拟化安全技术。虚拟化技术是实现云计算的核心技术，基于虚拟化技术的云计算平台上的云架构提供者必须向其客户提供安全性和隔离保证。

2. 物联网安全

物联网涉及感知、控制、网络通信、微电子、计算机、软件、嵌入式系统、微机电等技术领域，因此物联网涵盖的关键技术非常多，其主要技术架构可分为感知层、传输层、支撑层和应用层四个层，涉及的物联网安全如以下三个方面的分析。

1）物联网安全风险和需求

对物联网的几个逻辑层，目前已经有许多有针对性的安全技术手段和解决方案。然而，物联网作为一个应用整体，各层独立的安全措施简单相加不足以提供可靠的安全保障。而且，物联网与几个逻辑层所对应的基础设施之间还存在许多区别。例如，已有的对传感网（感知层）、互联网（传输层）、移动网（传输层）、安全多方计算、云计算（支撑层）等的一些安全解决方案在物联网环境下可能不再适用。首先，物联网所对应的传感网的数量和终端物体的规模是单个传感网所无法相比的；其次，物联网所连接的终端设备或器件的处理能力有很大差异，它们之间可能需要相互作用；再次，物联网所处理的数据量将比现在的互联网和移动网都大得多。进一步讲，即使分别保证感知层、传输层和处理层的安全，也不能保证物联网的安全。这是因为物联网是融几个层于一体的大系统，许多安全问题来源于系统整合。物联网的数据共享对安全性提出了更高的要求。物联网的应用将对安全提出新要求，比如隐私保护不属于任一层的安全需求，但却是许多物联网应用的安全需求。

鉴于以上原因，对物联网的发展需要重新规划并制定可持续发展的安全架构，使物联网在发展和应用过程中，其安全防护措施能够不断完善。

物联网感知层的任务是全面感知外界信息，也可以说它是原始信息收集器。感知信息要通过一个或多个与外界网络连接的传感节点，这些传感节点称为网关节点，所有与传感网内部节点的通信都要经过网关节点与外界联系。感知层可能遇到的安全挑战包括下列情况：

- 网关节点被攻击者控制；
- 普通节点被攻击者控制，同时攻击者掌握节点密钥；
- 普通节点被攻击者捕获，但节点密钥没有被攻击者掌握，节点也没有被控制；
- 节点（普通节点或网关节点）受到来自网络的 DoS 攻击；
- 接入物联网的大量传感节点的标识、识别、认证和控制问题。

物联网的传输层主要用于把感知层收集到的信息安全可靠地传输到信息支撑层，然后根据不同的应用需求进行信息处理，即传输层主要是网络基础设施。网络环境目前遇到前所未有的安全挑战，而物联网传输层所处的网络环境也存在安全挑战，甚至是更严峻的挑战。同时，由于不同架构的网络需要相互连通，因此在跨网络架构的安全认证等方面会面临更大挑战。初步分析认为，物联网传输层将会遇到的安全挑战有 DoS/DDoS 攻击、假冒攻击、中间人攻击以及跨异构网络的网络攻击。

支撑层的任务包括信息到达智能处理平台的处理过程。在从网络接收信息的过程中，需要判断哪些信息是真正有用的信息，哪些是垃圾信息甚至是恶意信息。如何通过密码技术等手段鉴别出真正有用的信息，又如何识别并有效防范恶意信息和指令带来的威胁是物联网支撑层的重大安全挑战。物联网支撑层的重要特征是智能，智能的技术实现需要自动处理技术，其目的是使处理过程方便迅速，而非智能的处理手段可能无法应对海量数据。但自动过程对恶意数据，特别是恶意指令信息的判断能力是有限的，而智能也仅限于按照一定规则进行过滤和判断，攻击者很容易避开这些规则。因此支撑层面对的安全挑战包括如下几个方面：

- 来自超大量终端的海量数据的识别和处理；
- 智能变为低能；
- 自动变为失控（可控性是信息安全的重要指标之一）；
- 灾难控制和恢复；
- 非法人为干预（内部攻击）；
- 设备（特别是移动设备）丢失。

应用层是综合的或有个体特性的具体应用业务，它所涉及的某些安全问题通过前面几个逻辑层的安全解决方案可能仍然无法解决。在这些问题中，隐私保护就是典型的一种。无论感知层、传输层还是支撑层，都不涉及隐私保护的问题，但它却是应用层的特殊安全需求。物联网的数据共享有多种情况，涉及不同权限的数据访问。此外，在应用层还将涉及知识产权保护、计算机取证、计算机数据销毁等安全需求和相应技术。应用层面对的安全挑战和安全需求主要来自于下述几个方面：

- 如何根据不同访问权限对同一数据库内容进行筛选；
- 如何提供用户隐私信息保护，同时又能正确认证；
- 如何解决信息泄露追踪问题；
- 如何进行计算机取证；
- 如何销毁计算机数据；
- 如何保护电子产品和软件的知识产权。

2）物联网安全架构和机制

物联网安全架构可按不同的层次分为四部分：感知层的安全架构、传输层的安全架构、支撑层的安全架构、应用层的安全架构。

（1）感知层的安全架构。在感知层，需要有效的密钥管理机制，用于保障感知层内部通信的安全。感知层内部的安全路由、连通性解决方案等都可以相对独立地使用。由于感知层类型的多样性，很难统一要求在该层中包括哪些安全服务，但机密性和认证性都是必要的。

保证机密性需要在通信时建立一个临时会话密钥，而保证认证性则可以通过对称密码或非对称密码方案来解决。使用对称密码的认证方案需要预置节点间的共享密钥，在效率上比较高，消耗网络节点的资源也较少，许多感知层解决方案都选用此方案；而使用非对称密码技术的感知层方案一般具有较好的计算和通信能力，对安全性要求更高。在认证的基础上完成密钥协商是建立会话密钥的必要步骤。安全路由和入侵检测等也是感知层应具有的能力。

由于感知层的安全一般不涉及其他网络的安全，因此是相对独立的。有些已有的安全解决方案在物联网环境中也同样适用。但由于物联网环境中感知层遭受外部攻击的机会很大，因此用于传统传感网的安全解决方案需要提升安全等级后才能使用。相应地，感知层的安全需求所涉及的口令技术包括轻量级口令算法、轻量级口令协议、可设定安全等级的口令技术等。

（2）传输层的安全架构可分为端到端机密性和节点到节点机密性两类。对于端到端机密性，需要建立如下安全机制：端到端认证机制、端到端密钥协商机制、密钥管理机制和机密性算法选取机制等。在这些安全机制中，根据需要可以增加数据完整性服务。对于节点到节点机密性，需要节点间的认证和密钥协商协议，这类协议要重点考虑效率因素。机密性算法的选取和数据完整性服务则可以根据需求选取或省略。考虑到跨网络架构的安全需求，需要建立不同网络环境的认证衔接机制。另外，根据应用层的不同需求，网络传输模式可能分为单播通信、组播通信和广播通信，针对不同类型的通信模式也应该有相应的认证机制和机密性保护机制。

（3）支撑层的安全架构。物联网支撑层的基本安全需求，主要包括可靠的认证机制和密钥管理方案、高强度数据机密性和完整性服务、可靠的密钥管理机制、入侵检测和病毒检测、恶意指令分析和预防、访问控制及灾难恢复机制等。

（4）应用层的安全架构。针对物联网综合应用层的安全挑战和安全需求，需要多种安全机制，比如有效的数据库访问控制和内容筛选机制、不同场景的隐私信息保护技术、叛逆追踪和其他信息泄漏追踪机制、有效的计算机取证技术等。

针对这些安全架构，不仅要发展相关的密码技术，包括密钥管理、访问控制、匿名签名、匿名认证、密文验证（包括同态加密）、门限密码、叛逆追踪、数字水印和指纹技术等，还要发展 RFID 安全技术、近距离无线通信技术（如蓝牙、ZigBee 等）中的安全机制、无线传感器网络安全技术等。

物联网将我们带入一个复杂多元、综合交互的新信息时代，物联网安全成为关系国计民生的大事，直接影响到个人生活和社会稳定。物联网安全问题必须引起高度重视，并从技术、标准和法律方面予以保障。因此，在物联网的设计和使用过程中，除了需要加强技术手段提高信息安全的保护力度外，还应注重对信息安全有影响的非技术因素，如用户安全意识、信息安全管理等，从整体上降低信息被非法获取和使用的概率。

3）物联网安全关键技术

物联网安全的关键技术，从多层架构的角度可划分为感知层安全关键技术、传输层安全关键技术、支撑层和应用层安全关键技术。

（1）感知层安全关键技术。感知层安全技术主要包括 RFID 安全技术、传感器网络安全技术等。

实现 RFID 安全性所采用的机制主要有三类：物理机制、密码机制以及二者结合的方法。物理机制主要有如下几类：kill 命令机制、休眠机制、阻塞机制、静电屏蔽、主动干扰等。物理机制通常用在一些低成本的标签中，因为这些标签难以采用复杂的密码机制来实现与标签读写器之间的安全通信。由 Auto-ID 中心提出的 kill 命令机制是解决信息泄漏的一个最简单的方法，即从物理上销毁坏标签。一旦对标签实施了 kill 命令，标签便不能再次使用（禁用状态）。例如，超市结账时可禁用附着在商品上的标签。但是，如果 RFID 标签用于标识图书馆中的书籍，当书籍离开图书馆后，这些标签是不能被禁用的，因为当书籍归档后还需要使用相同的标签来再次标识书籍。

RFID 安全的密码机制指利用各种成熟的密码方案和机制来设计和实现符合 RFID 安全需求的密码协议。现有的基于密码技术的 RFID 安全机制大致可以分为两大类：静态 ID 机制和动态 ID 刷新机制。所谓静态 ID 机制就是标签的标识保持不变，而动态 ID 刷新机制则是标签的标识随着每一次标签与读写器之间的交互而动态变化。采用动态 ID 刷新机制时，一个重要的问题就是数据同步。也就是说，后端数据库中所保存的标签标识必须和存储在标签中的标识同步进行刷新，否则在下一次认证识别过程中就可能使合法的标签无法通过认证及识别。目前已经提出了大量的 RFID 安全协议，如 Sarma 等人提出的散列锁协议、Weis 等人提出的随机化散列锁协议、Ohkubo 等人提出的散列链协议等。

传感器网络缺乏网络基础设施、资源受限等特性使得诸多现有的密码算法难以被直接应用，目前主要使用对称密码算法。但是，在特定情况下，如访问控制等，也可使用低开销的非对称密码算法。

传感器网络认证技术主要包含内部实体认证、网络与用户认证和广播认证。在传感器网络中，主机和节点之间以及簇头和成员节点之间多采用广播通信。节点在接收广播包时，必须对广播包的来源进行认证。传统的广播认证协议往往依赖数字签名方式，接收者从认证中心获得广播者的公钥，对广播数据进行认证。数字签名对系统资源和通信开销要求很大，不适合在传感器网络中使用。

（2）传输层安全关键技术。传输层安全关键技术主要包括已有无线传输、有线传输协议中的安全机制，例如无线局域网安全机制、蜂窝通信网安全机制、蓝牙安全机制、ZigBee 安全机制等。

（3）支撑层和应用层安全关键技术。支撑层主要包括与云计算安全相关的技术。应用层所涉及的信息安全问题直接面向物联网用户。此外，应用层的信息安全还涉及知识产权保护、计算机取证、计算机数据销毁等相关技术。因此应用层安全关键技术主要包括访问控制技术、数字签名、数字水印技术等。

3. 人工智能安全

人工智能作为引领新一轮科技革命和产业变革的战略性技术，已成为世界主要国家谋求新一轮国家科技竞争主导权的关键领域。人工智能迎来了新一代发展浪潮，但若考虑到人工智能的研究目的是"探索智能本质"，则人类尚无法研制出具有类人智能的智能机器。因此，人工智能总体发展水平仍处于起步阶段。比如，当前专用人工智能领域虽然已取得突破性进展，但是专用智能主要是弱人工智能，即缺乏自主意识，不能真正实现概念抽象、推理决策和解决问题；虽然在信息感知和机器学习方面进展显著，但是在概念抽象和规划决策方面才刚刚起步。

1）人工智能的安全隐患

人工智能在改变人类经济社会发展轨迹的同时，也给全社会带来不容忽视的风险挑战。人工智能安全风险是指安全威胁利用人工智能资产的脆弱性，引发人工智能安全事件或对相关方造成影响的可能性。要利用好人工智能技术就要全面清晰地了解新的攻击威胁、人工智能安全隐患及对相关方造成的影响。

人工智能系统作为采用人工智能技术的信息系统，除了会遭受拒绝服务等传统网络攻击威胁外，还会面临针对人工智能系统的一些特定攻击，这些攻击特别影响使用机器学习的系统，包括：

（1）对抗样本攻击，指在输入样本中添加细微的、通常无法识别的干扰，导致模型以高置信度给出一个错误的输出。研究表明深度学习系统容易受到精心设计的对抗样本的影响，可能导致系统出现误判或漏判等错误结果。对抗样本攻击也可来自物理世界，通过精心构造的交通标志对自动驾驶进行攻击。比如，艾克霍尔特（Eykholt）等人的研究表明一个经过稍加修改的实体停车标志，能够使一个实时的目标检测系统将其误识别为限速标志，从而可能造成交通事故。

（2）数据投毒，指在训练数据中加入精心构造的异常数据，破坏原有的训练数据的概率分布，导致模型在某些条件下会产生分类或聚类错误。由于数据投毒攻击需要攻击者接触训练数据，通常针对在线学习场景（即模型利用在线数据不断学习更新模型），或者需要定期重新训练进行模型更新的系统。这类攻击比较有效，典型场景如推荐系统、自适应生物识别系统、垃圾邮件检测系统等。

（3）模型窃取，指向目标模型发送大量预测查询，使用接收到的响应来训练另一个功能相同或类似的模型，或采用逆向攻击技术获取模型的参数及训练数据。针对云模式部署的模型，攻击者通常利用机器学习系统提供的 API 来获取系统模型的初步信息，进而通过这些初步信息对模型进行逆向分析，从而获取模型内部的训练数据和运行时采集的数据。

（4）人工智能系统攻击，指直接针对机器学习系统，影响其数据机密性及数据和计算完整性的攻击，例如，对机器学习系统的控制流攻击可能会破坏或规避机器学习模型推断或导致无效的训练。

在上述攻击之下，结合人工智能本身的安全隐患，会造成严重的社会经济损失和影响。

其中，人工智能本身的安全隐患包括：

（1）算法模型安全隐患。算法模型是人工智能系统的核心，算法模型中的安全隐患可能给人工智能系统带来致命的后果。首先，人工智能算法模型潜藏健壮性平衡、数据依赖等缺陷，例如模型准确性与健壮性难以权衡，数据集对模型准确性影响大，模型可靠性有限等，都会使训练模型出现预料之外的后果，导致预期不符甚至伤害性的后果。以自动驾驶场景为例，自动驾驶场景实时性较高，要求算法模型随时可用，当数据进入人工智能核心模块前受到定向干扰，健壮性较低的算法将会导致即时错误判断。其次，算法可能潜藏偏见或歧视，导致结果偏差或处理不当。由于算法的设计者或开发人员对事物的认知存在主观上的某种偏见，或者不经意使用了带有偏差的训练数据集等原因，会造成模型准确性下降或分类错误，甚至在模型使用时产生了带有歧视性的结果。第三，人工智能算法决策的"黑箱"特征，存在结果可解释性和透明性问题。深度学习在很多复杂任务上取得了前所未有的进展，但是深度学习系统通常拥有数以百万甚至十亿计的参数，开发人员难以用可解释的方式对一个复杂的神经网络进行标注，因此便成为一个名副其实的"黑箱"。在金融、医疗、交通等攸关人身财产安全的重点行业领域，人类对算法的安全感、信赖感、认同度可能取决于算法的透明性和可理解性。

（2）数据安全与隐私保护隐患。数据是人工智能的基础资源，机器学习需要数量大、种类多、质量高的数据进行训练。在训练数据的采集、使用等阶段，都会面临数据破坏、恶意使用、隐私泄露等安全风险和隐患。在数据采集阶段，人工智能系统通过用户提供、自动采集、间接获取等方式采集大量训练数据和应用数据。这会存在过度采集数据，数据采集与用户授权不一致、个人敏感信息采集合规、数据质量、用户数据权利难以保障等问题。例如数据采集涉及个人敏感信息问题，2019 年 8 月瑞典数据监管机构对当地一所高中开出 20 万瑞典克朗的 GDPR 罚单，理由是学校采用人脸识别系统记录学生的出勤率，并且采集和使用方式都存在非常大的不合规风险。

数据使用阶段涉及模型训练过程和部署运行过程，包括数据准备、模型训练、测试验证、模型部署、实际数据处理、预测结果输出等。其间存在匿名化数据被重识别、数据标注安全隐患和合规、自动化决策隐私合规等问题。

在数据存储、共享、传输阶段，同样存在一系列安全隐患，例如云端数据泄露，第三方数据泄露，数据传输过程中被篡改、泄露等。

（3）人工智能基础设施安全隐患。基础设施是指人工智能产品和应用普遍依赖的软硬件，如软件框架、计算设施、智能传感器等。人工智能基础设施安全隐患，主要包括开源安全风险、软件框架安全风险、系统运行安全风险、人机交互安全风险等。最典型的是软件框架安全风险，近年来，国内网络安全企业屡次发现 TensorFlow、Caffe 等机器学习相关软件框架、工具及依赖库的安全漏洞，这些漏洞可能被用于网络攻击，给人工智能应用带来新的威胁和挑战。

（4）应用安全挑战。人工智能的应用是指按照人工智能技术对信息进行收集、交换、处理的软硬件系统和服务，如智能机器人、自动驾驶等，并在行业领域进行应用，如智能制造、智慧医疗、智能交通等。人工智能应用是依托数据与算法模型、基础设施构建而成，算法模型、数据安全与隐私保护、基础设施的安全隐患仍然会存在，并且呈现出人工智能应用攻击面更大、隐私保护风险更突出的特点。比如，人工智能在自动驾驶应用中由于增加了信息采集、决策处理、连接控制等功能，大幅提升了网络攻击面，使得自动驾驶面临物理调试接口、内部微处理器、运载终端、操作系统、通信协议、云平台等方面的脆弱性风险。

（5）人工智能滥用。人工智能滥用包含两层含义：一是不当或恶意利用人工智能技术而引发的安全威胁和挑战；二是利用人工智能技术后造成不可控安全风险。

一方面，人工智能在欺诈、违法等不良信息传播、密码破解等攻击手段的应用，给传统安全检测带来了新的挑战。具体来讲，一是网络攻击自动化趋势明显，即利用人工智能实现高度自动化的攻击。二是不良信息传播更加隐蔽，不法分子利用人工智能技术，使得各类不良信息的传播更加具有针对性和隐蔽性。三是将人工智能用于欺诈等违法犯罪。2017 年，我国浙江、湖北等地发生多起犯罪分子利用语音合成技术假扮受害人亲属实施诈骗的案件，造成严重后果和恶劣社会影响。四是口令破解概率提升，利用人工智能技术破解登录验证码的效果越来越好且难以防范。

另一方面，随着人工智能创新技术与各领域的交叉融合，人工智能滥用的伦理问题逐渐凸显，如利用人工智能技术模仿人类、换脸、手写伪造、人声伪造、聊天机器人等，除引发伦理道德风险外，还可能加速技术在黑灰色地带的应用，模糊技术应用的合理边界，加剧人工智能滥用风险。

2）人工智能的安全防护手段

针对人工智能的安全隐患，现阶段并没有形成体系化的安全防护框架和方法论。但是，针对对抗样本的产生涉及深度神经网络的可解释性等基础问题，部分企业在人工智能落地过程中，逐渐形成了从安全验证、模型加固、对抗样本检测到模型健壮性形式化验证的方案。

（1）安全验证。旨在验证模型的安全，通常从是否对环境变化和对抗样本敏感两个维度去验证模型的安全性，验证形式包括白盒验证和黑盒验证。对于深度神经网络结构和参数完全公开的模型，可以通过针对性构建对抗样本数据集，检验模型在不同扰动下的对抗表现；在只能获取有限模型信息时，可以通过试探模型对不同输入的预测结果进行验证。

（2）模型加固。在发现人工智能模型的安全缺陷后，可以采取对抗训练、输入数据预处理和生成对抗网络（Generative Adversarial Network，GAN）等技术手段对模型进行加固保护。其中，对抗训练是指在训练集中加入对抗样本，使得模型对对抗样本有更好的抵御能力。此外，还可以通过数据预处理、修改模型的激活函数或者损失函数、网络特征压缩等方法，减少扰动对模型预测准确率的影响。

（3）对抗样本检测。越来越多的人工智能服务通过 API 的形式对外提供，为抵御暴露在公网的人工智能 API 受到的对抗样本攻击风险，在模型加固的基础上，可以通过对抗样本检测技术检测输入数据的合法性。综合使用的检测方法包括基于局部本征维数、模型可解释性方法、连续帧预测结果一致性对比等。在基于深度学习的检测任务中，一旦检测到对抗样本，将立即通过上报异常的方法阻止该样本绕过。这对于诸如恶意软件检测、互联网内容合规审查等应用场景具有重要意义。

（4）模型健壮性形式化验证。鉴于深度学习的超高维特性和复杂结构，如果使用样本测试的方法进行安全验证，我们无法确定选出的有限样本是否能够完全覆盖所有代表性场景，无法有效证明模型的安全性。可以利用形式化验证方法进行模型安全防护。具体而言，从构造对抗性样本上讲，通过找出所需扰动的值域和下界，以下界数值的大小为度量来判定模型对恶意攻击的安全性。在极端场景下，使得模型自动失效，并启用备选方案避免人工智能误判对人身财产或者公众造成伤害。

4. 5G 安全

1）5G 概述

经过三十多年的飞速发展，移动通信已成为应用最为普及的信息通信技术，5G 作为新一代移动通信技术发展的方向，将在提升移动互联网用户业务体验的基础上，进一步满足未来物联网应用的海量需求，与工业、医疗、交通等行业深度融合，实现真正的"万物互联"。5G 网络需要满足前所未有的连接场景需求，主要包括如下三大场景，如图 8-9 所示。

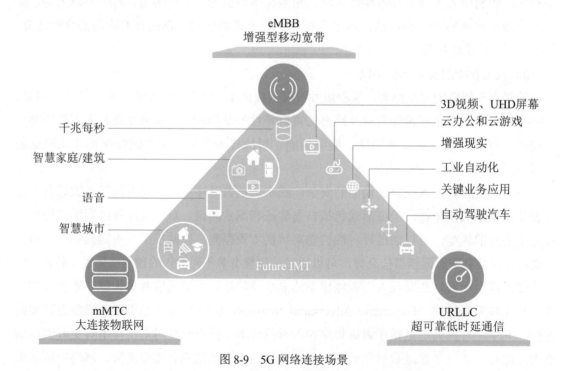

图 8-9　5G 网络连接场景

（1）eMBB 场景聚焦对带宽有极高需求的业务，例如高清视频（4K/8K）、虚拟现实 /增强现实（VR/AR）等，满足人们对于数字化生活的需求。

（2）mMTC 场景覆盖对于连接密度要求较高的场景，例如智能交通、智能电网、智能制造（工业 4.0）、智慧物流等，满足人们对于数字化社会的需求。

（3）URLLC 场景聚焦对时延极其敏感的业务，例如自动驾驶 / 辅助驾驶、车联网、远程控制等，满足人们对于数字化工业的需求。

为了满足上述场景的高带宽、低时延、广覆盖等需求，实现无线通信性能的大幅提升，5G 采用了一系列关键技术，包括新的空口编码技术、大规模多输入多输出天线技术、新的通信频率和带宽、多网络融合、边缘计算接入、网络切片等。未来，基于 5G 网络的 VR/AR 应用、工业互联网、无人驾驶和车联网等 eMBB 和物联网（IoT）应用将随着 5G 网络的成熟获得爆发式增长。预计到 2025 年，全球连接数将达到 1000 亿，其中基于物的连接将占到 90%。移动通信将更加深刻地改变人们的生活。

2）5G 面对的安全挑战

5G 网络新的发展趋势，尤其是 5G 的新业务、新架构、新技术，对安全和用户隐私保护都提出了新的挑战。5G 安全机制除了要满足基本通信安全要求之外，还需要为不同业务场景提供差异化的安全服务，以适应多种网络接入方式及新型网络架构，保护用户隐私，并提供开放的安全能力。

2018 年间，3GPPSA3 工作组对 5G 安全的威胁和风险做了 17 个方面的分析，包括安全架构、接入认证、安全上下文和密钥管理、无线接入网（RAN）安全、下一代 UE 安全、授权、用户注册信息隐私保护、网络切片安全、中继安全、网络域安全、安全可视化与安全配置管理、安全可信凭据分发、安全的互联互通和演进、小数据安全、广播 / 多播安全、管理面安全和密码算法的风险分析。

5G 网络的关键资产包括用户的个人信息和通信数据以及无线和核心网的软硬件资产，计算资源资产，运营商运维的账户、密码、日志、配置、话单等。黑客攻击无线网络的动机主要是窃取、篡改用户的隐私和用户数据，或者破坏网络、计算资源的可用性。5G 基站既不保存也不识别用户的个人信息，空口和传输分别采用分组数据汇聚协议（Packet Data Converg ence Protocol，PDCP）和 IPSec 加密等来保证用户信息的机密性和完整性；但基站的业务可用性面临安全挑战，威胁主要来自外部空口无线信号干扰和协议攻击。5G 核心网的部分网元如统一数据管理（Unified Data Management，UDM）会处理、保存用户的个人信息，故 5G 核心网面临用户信息泄露和资源可用性的攻击，但由于核心网部署的中心机房普遍采用高级别的安全防护措施，恶意入侵的风险能得到有效削减。

总体来说，5G 大部分的威胁和挑战与 4G 一致，但是需要考虑新业务、新架构、新技术给 5G 网络带来的安全挑战。举例来说，在新业务方面，需要考虑第三方切片业务提供商的接入认证。对于网络切片、基于服务的架构（SBA）等 3GPP 架构标准中定义的 5G 新架构，需要在 3GPP 安全标准中对相应的安全挑战和安全解决方案进行讨论，对于云化架构在 5G 中的广泛使用，也需要考虑云安全的相关问题；在新技术方面，还需要考虑量子计算等新技术对传统密码算法的影响。

3）5G 安全机制

在 3GPP5G 标准制定中，R15 已完成安全基础架构的定义，完整定义了 eMBB 场景的安全标准，包含 SA（独立组网）与 NSA（非独立组网）两种组网架构；R16、R17 标准版本将基于 R15 安全基础架构，面向 mMTC 和 URLLC 场景进行安全优化。移动网络按照分层分域的原则来设计网络的安全架构。5G 的安全架构如图 8-10 所示，主要分成如下几个域。

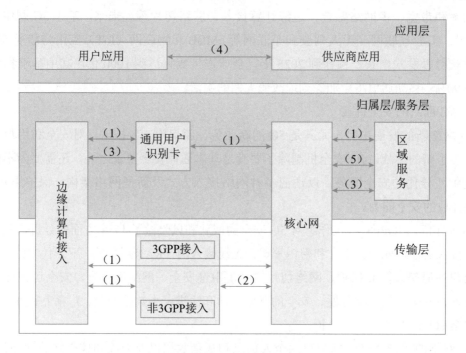

图 8-10　5G 安全架构

（1）网络接入安全。用于使 UE 安全地通过网络进行认证和业务接入，包括 3GPP 接入和非 3GPP 接入，特别是保护接口的攻击。它包括从服务网络到接入网络的安全上下文的传递，以实现接入安全性。具体的安全机制包括双向接入认证、传输加密和完整性保护等。

（2）网络域安全。用于使网络节点能够安全地交换信令数据、用户面数据。网络域安全定义了接入网和核心网之间接口的安全特性，以及服务网络到归属网络之间接口的安全特性。与 4G 一样，5G 接入网和核心网分离，边界清晰，接入网和核心网之间的接口可采用安全机制如 IPSec 等，实现安全分离和安全防护。

（3）用户域安全。用于让用户安全地访问移动设备。终端内部通过如 PIN 码等安全机制来保护终端和 USIM 卡之间的安全。

（4）应用域安全。用于使用户域（终端）的应用和提供者域（应用服务器）中的应用能够安全地交换消息。本域的安全机制对整个移动网络是透明的，需应用提供商提供保障。

（5）SBA 安全。用于使 SBA 架构的网络功能能够在服务网络域内以及在服务网络域和其他网络域间安全地通信。这些特性包括网络功能注册、发现、授权安全等方面，以及保护 service-based 的接口。这是 5G 新增的安全域。5G 核心网使用 SBA 架构，需要相应的安全机制保证 5G 核心网 SBA 网络功能之间的安全。该域主要安全机制包括 TLS（传输层安全性协议）、OAUTH（开放式授权）等。

（6）安全可视化和可配置。用于使用户获知安全性能是否在正常运行。

进一步，5G 独立组网网络支持更多的安全特性，以应对未来 5G 生命周期内可能出现的安全挑战。5G 非独立组网网络和 4G 网络具有相同的安全机制，并通过统一的标准制定和实践不断提高它们的安全级别：

- 更好的空口安全：在 2G/3G/4G 中用户和网络之间用户数据加密保护的基础之上，5G 标准进一步支持用户数据的完整性保护机制，防范对用户数据的篡改攻击。
- 用户隐私保护增强：在 2G/3G/4G 时，用户的永久身份 IMSI 在空口是明文发送的，攻击者可以利用这一缺陷追踪用户。在 5G 中，用户永久身份 SUPI 将以加密形式发送。
- 更好的漫游安全：运营商之间通常需要通过转接运营商来建立连接。攻击者可以通过控制转接运营商设备的方法，假冒合法的核心网节点，发起类似 SS7 的攻击。在 5G 中的 SBA 架构下定义了 SEPP，在传输层和应用层对运营商间的信令进行端到端安全保护，使得运营商间的转接设备无法窃听核心网之间交互的敏感信息（如密钥、用户身份、短信等）。
- 密码算法增强：为了应对量子计算机对密码算法的影响，5G 在未来版本可能需要支持 256 位算法。5GR15 标准已定义 256 位密钥传输等相关机制，为未来引入 256 位算法做好准备。同时 3GPP 已建议 ETSI SAGE 开始 256 位算法评估工作。

5G 网络安全标准包括更多的安全特性，以应对潜在的安全挑战，并在未来 5G 生命周期中实现安全增强。

第 3 篇

数字化转型的策略、案例及发展趋势

第 9 章
数字化转型的策略、方法及实现路径

本书的前 8 章对数字化转型从整体框架和基础技术体系方面进行了系统的阐述，读者应该对数字化转型有了一个全面、系统的认知。本章着重讲述数字科技如何赋能企业、数字化转型的策略方法及实现路径。9.1 节论述了数字化转型的整体框架模型和转型策略，帮助读者从整体上系统建立对数字化转型的框架认知，后续的 4 节分别从企业向云演进的方法与路径，从 BI 到数据科学、AI 的演进，从财务共享到"业财资税"一体化的全面数字化转型缩进策略以及元年科技的数据治理策略和方法等四个维度，系统论述了企业数字化转型的方法与实现路径。

9.1 数字化转型的框架及策略

数字化转型对中国企业而言，不仅是一道战略选择题，更是一道生存题。"十四五"规划中明确提出"充分发挥海量数据和丰富应用场景优势，促进数字技术与实体经济深度融合，赋能传统产业转型升级"，并提出实施"上云用数赋智"行动，以数字化转型整体驱动生产方式、生活方式以及治理方式的变革。企业数字化转型正成为许多中国企业的核心战略。

然而，作为一项极其复杂的系统性工程，数字化转型的推进却是知易行难。麦肯锡公司的研究数据表明，全球只有不到 30% 的数字化转型取得了成功。"认识不清，理解不深""不知道怎么做"是企业数字化转型中最常见的两大困扰。本章基于元年研究院针对《中国企业数字化转型路径与实践》课题的深入研究，试图对这两个问题给出答案。

9.1.1 数字化转型的框架模型

通过对数字化转型的本质和特点进行深入梳理，我们搭建了"3×3"的数字化转型框架模型，试图从三个视角、九大方面勾勒出数字化转型的完整架构。

1. 技术视角

数字化首先是一个技术概念。在数字时代，技术已成为推动企业变革的核心力量。站在技术的视角来看数字化，我们应该抓住三个关键词：信息化、新一代信息技术和数字化。

1）信息化

从技术的视角来看，数字化是信息技术（Information Technology，IT）向数字技术（Data Technology，DT）转化的过程。因此，我们在谈论数字化时，就不能不提信息化。

信息化是指通过将物理世界的信息和数据转换为"0"或"1"的二进制代码录入到信息系统，将线下的流程和数据迁移到计算机中进行处理，以此提高效率、降低成本并提升可靠性。通过信息化，企业把一个客户、一件商品、一条业务规则、一段业务处理流程方法，以数据的形式录入到信息系统中，把物理世界的信息转变成数字世界的结构性描述。信息化具有三大核心特点：

（1）从应用的广度来看。信息化主要是企业内单个部门的应用，很少有跨部门的整合与集成。信息化只能实现部分流程、部分信息和数据的线上化，其价值也主要体现在局部有限的管理和效率提升。

（2）从应用的深度来看。信息化只是将线下的流程和数据搬到了线上，并不涉及对流程的重构、对数据的打通和资产化处理。在信息化时代，企业内部各部门、企业与企业之间、企业与社会之间都没有建立连接。流程还是那些流程，数据也还是那些数据，它们分散存储在不同的系统中，只是借助信息技术有限提升了存储、处理和传递的效率与可靠性，难以真正体现出数据的价值。

（3）从思维模式来看。信息化还是线下的流程化思维，是为了高效、严格、没有纰漏地对线下物理世界的活动进行管控。在信息化时代，流程是核心，信息系统是工具，而数据则是信息系统的副产品。

2）新一代信息技术

如果没有以大数据、AI、云计算、移动互联、物联网为代表的新一代信息技术的突破性发展，企业从信息化向数字化的变革根本就不可能发生。

大数据技术是推动数字化变革的重要力量。大数据技术的出现，使得海量数据能够以高效、低成本的方式存储、处理和分析，使得数据从财务向业务、结构化向非结构化、内部向外部的三个扩展能够得到有力的技术支持。

数据和 AI 的结合是数字化转型的核心。AI 技术赋予机器人类的智慧，不仅能算会记，还能够会听能懂，听懂自然语言，理解自然语义、并根据设定标准做出判断。AI 可以分为运算智能、感知智能、认知智能三个阶段，运算智能让机器拥有快速计算和记忆存储能力；感知智能让机器能听、能看、能交流；认知智能让机器能够理解人、做判断。AI 技术的发展为机器开展深度数据分析和辅助决策提供了技术支持。

云计算是数字技术的引擎。互联网以及移动互联网和物联网的核心就是云计算。基于云计算发展出了移动计算、大数据，从而支持新一代信息产业、现代服务业、现代制造业。

移动互联技术让连接无处不在、无时不在。基于移动互联技术已经产生了类似滴滴、微信、Mobike 等一系列创新的商业模式。未来，人们坐的车、住的房子，房子里的设备，身上可穿戴的眼镜、手表等都能通过一部手机互联起来，这将给人类社会带来巨大的改变。

物联网是在互联网基础上延伸和扩展的网络，它让所有能够被独立寻址的普通物理对象形成互联互通的网络，使物品与物品之间、物品与人之间可以进行信息交换和通信。物联网为数字化提供了大量源头数据，如大量生产设备、生产线在生产过程中的运行数据。

新一代信息技术是一个分水岭，把人类从工业社会带入数字社会。基于这些技术，我们能够将现实缤纷世界在计算机中通过全息技术重建。现实世界什么样，我们就有能力把它在计算机的世界里存储成什么样——这就是现实世界与虚拟世界并存且融合的数字化新世界。

3）数字化

根据 Gartner 公司对数字化（digitalization）的定义：数字化是利用数字技术来改变商业模式并提供新的收入和价值创造机会；是转向数字业务的过程。从这个定义中，我们可以提炼出数字化的三个关键点：改变商业模式、实现价值创造和转向数字业务。与信息化相对应，数字化具有如下核心特点。

（1）从应用的广度来看。数字化不是企业内一个部门、一个流程、一个系统的变革，而是在企业整个业务流程中进行数字化的打通，会牵扯到企业所有组织、所有流程、所有业务、所有资源、所有产品、所有数据、所有系统，甚至会影响上下游产业链生态。

（2）从应用的深度来看。数字化为企业带来了从商业模式、运营管理模式到业务流程、管理流程的全面创新和重塑。数字化打破了部门壁垒、数据壁垒，延伸到上下游产业链，实现跨部门、跨单位的系统互通、数据互联。在数字时代，数据被全线打通融合并形成数字资产，赋能业务、运营、决策。

（3）从思维模式来看。如果说信息化时代是以流程为核心，那么数字化时代一定是以数据为中心。在数字时代，企业的思维模式应从流程驱动转向数据驱动。数据是物理世界在数字世界中的投影，是一切的基础，而流程和系统则是产生数据的过程和工具。

数字化并不是对信息化的推倒重来，而是要基于对企业以往信息系统的整合优化，提升管理和运营水平，用新的技术手段提升企业的数字化能力，以支撑企业满足数字时代的新要求。

2. 内核视角

如果只能用三个关键词来定义数字化转型的内核，那一定是连接、数据和智能。

1）连接

凯文·凯利（Kevin Kelly）在《失控：全人类的最终命运和结局》中表达了一个观点：互联网的特性就是所有东西都可以复制，这就会带来移动技术的两个特性——随身而动和随时在线——那样，人们需要的是即时性连接体验。这一观点可以帮助人们理解数字化最基本的内容——连接。

互联网、移动互联网、物联网的突破性发展颠覆了人与人、人与物、物与物之间的连接方式。今天，人们已经习惯在线连接去获取一切。企业可以基于云端平台，与供应商、客户、税务局、工商局等进行对接，实现交易在线化、透明化，统一对账和结算。通过将企业内部的 IT 系统与智能制造设备相连接，企业能够开展供应链计划和精益成本管理。基于互联网，企业内部各个部门、企业与企业之间、企业与管理机构之间的人员都可以建立连接，快速进行社交分享、沟通，发起会议，开展协作。

2）数据

数据是数字化的基础。过去，企业所拥有的数据构成主要是财务数据和部分业务数据。数字化转型的推进，使得企业的数据生态发生了极大的变化；工业 4.0 的推进，极大丰富了企业生产运作过程中的在线数据；而互联网、新零售等 C 端丰富多彩的应用，产生了大量充分展现消费者行为的数据信息。内部数据与外部数据的边界正在逐步消融。数据信息日益丰富，甚至日益广泛且深入地渗透进人们的生活中。这些丰富的数据海洋给我们提供了无限的可能，也对我们提出了问题：需要哪些数据？需要什么样的数据？怎样获得和存储这些数据？怎样对数据进行管理和处理？怎样挖掘出数据的价值？这些都是数字化转型中的最核心和关键的问题。

数字化转型始于连接，成于数据。借助新一代信息技术，企业能够获取海量来自源头的、实时、多维、贯通和定制化的数据，开展数据治理、计算、建模、加工和深度数据洞察，让数据真正赋能业务和管理，为企业创造价值。过去，企业的数据解决方案更多关注高层的需要，而现在企业更希望用数据赋能企业内部的各级管理者，赋能给听得见炮声的决策者，赋能给一切需要用数据支持管理的人员。在数字时代，企业将围绕数据进行深度的价值挖掘，用数据全方位地驱动企业的发展。

3）智能

数据赋能离不开 AI 的应用。在 Gartner 公司公布的 2021 年十大数据和分析技术趋势中，AI 位居首位。AI 不仅可以实现文字、语音、图像、视频等非结构化信息的处理，帮助人们完成基础数据的处理和转化，还可以实现归因分析、数据洞察和智能预警，让数据的价值得到充分发挥。例如，企业基于数据智能能够开展自动化的智能洞察，让系统代替人利用规则和算法对海量数据进行监控，发现数据中存在的问题以及数据变化的趋势。自动查找变化背后的关键影响因素，并将结果和问题推送给合适的用户，帮助用户快速决策，大幅提升运营和决策效率，并将人从基础的数据分析和处理的工作中释放出来。

AI 是企业数字化未来的最高形式。当企业通过数字化积累了大量数据之后，通过各种算法建立起来的模型，能够将数据的价值挖掘得更为充分。

3. 影响视角

在信息技术快速发展和全社会对数字化转型高度关注的背景下，数字的产生、获取、处理、应用都发生了翻天覆地的变化。这些变化对企业形成了三重冲击，由此带来了三大方面的改变。

1）推动外部商业模式和生态的巨变

在数字时代，当整个世界被连接在一起之后，过去"从研发生产端到销售端"的传统商业模式被颠覆，取而代之的是"从市场端到研发生产端到销售终端"的现代商业模式；过去简单的、线性的产业链被击破，取而代之的是更加高效的，以消费者为核心的生态系统。

数字时代崛起了一大批企业，但它们的盈利模式和传统企业完全不同。中国最知名的三家互联网公司：百度、阿里巴巴和腾讯（BAT）中，百度的主营是提供搜索服务，但用户免费享受搜索服务；阿里巴巴主营电商，但不靠淘宝赚钱；腾讯提供社交服务，但无论是QQ还是微信都是免费的。

不仅企业的商业模式在变化，各行各业的产业生态在数字时代都在悄然焕新。Uber没有一辆属于自己的车，却改变了全球租车市场；亚马逊没有一家实体门店，却倒逼全球零售商纷纷走到线上；Airbnb没有自己的房产，却搅动了全球旅游酒店市场。融合是数字经济发展的重要方向。产业数据链、技术链、供应链、资金链等各条链路在数字时代都要实现同频共振，通过产业数字化和数字产业化双轮驱动来助推现代产业体系建设。

2）引起内部运作机制和管理者行为的巨变

互联网将企业和客户连接在一起，打破了信息不对称，不仅使企业与客户之间的沟通变得越来越实时和没有缝隙，也让潜在的客户能够听到真实客户的声音。例如，通过大众点评，餐饮企业可以在大众点评上实现与客户间去中介化的沟通与交流，客户的线上好评与口碑降低了因渠道不通畅导致的信息不对称。同时，这些评价也会直接影响到其他潜在客户的消费意愿。

客户的影响力在数字化时代实现了大幅提升，获得了前所未有的主导权。无论在线上还是在线下，提升客户体验成了商业最核心的问题，甚至直接决定了企业的生死。这就要求企业必须建立起以客户为中心的运营模式，并不断完善服务以提升服务质量。相应地，企业管理者的理念也要发生转变：从经营产品向经营客户价值转变；从经营市场向经营数据转变；从经营企业向经营生态转变。这些转变的背后，要求管理者的行为模式要实现从管控向赋能转变。这种以"控制和命令"为核心的威权式管理行为被削弱，取而代之的是以"服务和指导"为核心的赋能式管理行为。

3）推动工作效率及客户体验的提升

数字化的实现要借助新一代信息技术的广泛应用，这不仅给企业带来了业务活动的在线化和数据处理的智能化，还有大量流程、业务的自动化处理。数字化使许多工作都可以交由机器自动完成，从而最大限度地降低失误、提升效率。

数字化还为企业带来了客户体验的极大提升。数字化连接一切，企业能够基于互联网与客户互动：无论是客户对产品和服务的需求，还是客户对产品和服务的反馈，都能够直接快速地传递到企业。企业能够据此高效地做出改进产品和服务的决策，并完成产品服务升级。

图9-1所示是数字化转型的框架模型。总结起来，我们可以用这样一段话对以数据驱动为主线的企业数字化转型进行诠释：

在数字时代，企业通过广泛且深入地应用新一代信息技术，建立起人与人、人与物、物与物之间的泛在连接。这些连接让数据的传递变得更加高效，信息更加透明，运营效率不断提升，引发了企业的商业模式、产业生态和运营管理模式的极大变化。同时，这些连接让企业获得了海量的内、外部数据，使 AI 的模型和算法有了用武之地。企业可以依托模型和数据，建立起依赖可信数据而非依赖商业经验或直觉的自动化、智能化的决策体系，高质量、快捷地完成业务与管理活动。

图 9-1　数字化转型的框架模型

9.1.2　数字化转型的关键行动指南

在厘清了数字化转型的框架后，我们再来谈如何实现数字化转型就变得容易多了。简而言之，企业开展数字化转型的关键行动必然是基于对技术的应用、认知，围绕数字化转型三大内核来展开。顺着这个思路，我们可以找到企业开展数字化转型的"指定动作"。

1.技术基石：构建现代化数字平台

"无平台不经营"是数字时代的常态化需求，商业模式变革、管理方式的升级换代都需要依赖灵活性、敏捷性和易用性的数字平台，这也是企业应变能力的重要表现。

1）构建低代码 PaaS 平台，重构企业数字化架构

要构建数字化能力，需要新一代的数字化基础设施，传统以 ERP 为核心的信息化架构，在应用中存在大量流程断点和信息孤岛，需要引入现代化架构数字平台来实现内外连接，端到端数据集成，并把数据沉淀下来加以利用。为此，企业应构建新一代的 PaaS 技术平台。

适应数字时代需要的新一代 PaaS 技术平台应具备云原生、微服务、容器化、低代码开发四大要素。具体来讲，这一平台需要将技术能力进行整合和封装，与业务能力分离，过滤掉建设中烦琐的技术细节，以集成组件、技术组件等产品化方式，为企业开展财务共享、业务共享、数据治理、数据分析提供简单、易用、快捷的应用技术基础设施，帮助企业快速搭建应用系统。同时，低代码开发意味着企业无须编写代码或者编写少量代码，只需将业务需求直接体现在数据模型与页面逻辑设计中，通过可视化的拖、拉、拽方式就可以快速生成应用程序，支持对企业数字化应用根据业务需求的快速响应。

通过打造新一代 PaaS 技术平台，企业可从三方面获得提升：

第一，重构 IT 架构。过去的 30 年，企业 IT 系统一直以 ERP 系统为核心。但 ERP 系

统相对标准化的方案和偏企业内循环的系统定位已日益无法满足企业业务的个性化和外部协同的发展要求。PaaS技术平台提供了统一的、面向未来的前后端架构，完全基于云原生、微服务的架构；在新建和改造系统时，充分考虑到企业从数据到业务的可扩展性，当IT架构升级改造之后，企业可形成自己统一的数字平台，能够有效支撑数字化转型的落地。

第二，构建端到端的价值链。在数据驱动的数字化运营中，企业运营管理中轻量级的业务化、场景化应用越来越丰富，但是在数字化进程中，由于不同角色对业务认知不同，技术实现不同，最终形成了更多分散化、碎片化的应用场景。PaaS技术平台聚焦业务需求，能够基于模型驱动开发的模式，快速实现端到端的流程建模，敏捷灵活地像搭积木一样完成场景化应用的搭建，将业务模型所产生的数据自动地、分主题地同步到数字平台的决策模型和内存中的多维模型当中，真正地实现业务实时产生数据，数据实时驱动业务。

第三，升级业务平台。传统的企业业务平台是以业务为中心构建的，各个业务部门对数据和业务的理解不同，会导致IT建设与业务管理脱节，业务系统中的数据无法为经营决策提供支持。PaaS技术平台能够贯彻数据模型优先的思路，从根本上打通企业此前以业务为中心建立的信息孤岛，帮助企业打造以数据为中心的全域业务体系。

2）构建数据平台，为数据驱动的实现提供平台工具

如前文所述，在数字时代，数据无论是从数量还是质量上都获得了极大丰富，这就为企业开展数据洞察，实现数据驱动提供了无限可能。那么，要将这想象空间中的可能变为真实世界里的现实，企业应当做些什么呢？

首先，企业需要找到合适的数据源头，实现高效的数据采集与数据清洗。其次，企业应当赋予数据以更多维度，使数据能够包含更丰富的业务信息。再次，企业应当有能力将非结构化数据转换为合理的结构化数据和有效信息。最后，企业还需要打破数据烟囱，基于问题和场景打通业务和财务数据、客户和运营数据、内部和外部数据，以及结构化和非结构化数据，全面提高数据的可用性。从技术着眼，企业要完成如此艰巨的任务，必须要建立一个敏捷高效的数据平台，也就是数字平台的数据底座。数据底座能够从三方面为企业带来改变。

第一，能够打通数据壁垒，实现全方位、全过程、全领域的数据实时流动与共享。过去，在传统的烟囱式IT架构下，不同系统间的数据无法有效贯通，形成了大量信息孤岛。基于云的数据底座能够打通系统间的壁垒，汇聚多源数据，有效解决企业的信息孤岛问题，提升数据采集和数据转换的效率和质量，并为数据存储和数据治理带来便利。

第二，基于数字平台，企业能够构建数据治理体系，实现数据标准化，将数据转化为有价值的资产。数据治理是数据驱动的必要条件。在一个数据爆炸的时代，海量数据如果不能保证质量，则不仅不能为业务赋能，反而可能制造出更多的麻烦。数字平台为数据治理提供了高效率的处理方法和工具，实现了对数据治理场景的全覆盖，有利于提升数据治理效率，巩固数据治理效果。

第三，数字平台为数据建模和加工提供了平台和工具。平台提供从元数据管理、主数

据管理、数据标准、数据安全、数据资产、数据服务到各种数据开发的能力，既能够按需进行数据和算法的加工，形成有价值的数据资产；又能够支持复杂的业务财务模型建设，形成服务化的数据应用；同时，平台上还可以预置丰富的基础模型、行业模型和场景化模型；这些数据和模型为企业开展预算、成本、绩效等针对管理会计的各个领域的丰富的场景化应用提供了坚实的基础。

3）构建 AI 引擎，对 AI 技术进行高效组织和管理

无论是提高效率，还是开展分析，对 AI 的应用在企业数字化进程中将会无处不在。企业应用 AI 的目标通常是根据业务数据和市场动态，对历史数据进行挖掘、分析和洞察，基于 AI 的算法对数据进行降维并抽象出效率高、效果好的模型，从而对未来的业务进行预测、推演和决策。随着技术在企业的应用日益广泛和深入，企业对 AI 应用参与业务的要求越来越高，但 AI 模型开发周期长、不确定性高与之形成了日益激烈的矛盾，严重影响了下游业务的推进。这就需要企业在现代化架构平台上构建 AI 引擎，对 AI 研发的数据、流程和模型成果进行高效地组织和管理，为数据处理和应用提供强大的计算引擎和 AI 算法引擎支持。

平台能够整合自然语言识别、OCR 识别、知识图谱、AI 学习、RPA 等智能技术，并提供智能化的建模能力，比如无代码建模、Jupyter 建模。通过预制丰富的组件库，平台能够进行关键要素的识别和文本、要素的提取，涉及情感、词云分析、文本对比、智能推荐等。比如，录入线下合同时，系统可以自动进行合同要素的 OCR 提取；发起采购业务时，系统可以自动推荐合作多次、信用分值较高的供应商和历史数据可靠的采购目录。

2.建立连接：构建新一代数字共享体系

连接是数字化的内核之首，没有连接，数字化就不可能实现。企业要通过建立新一代数字共享体系，即"业财资税"（业务、财务、资金、税务）一体化共享体系，打通业务、财务和管理的流程和数据，实现物流、资金流、合同流、发票流、信息流五流合一，使内部资源（包括 ERP 系统、SRM 系统、CRM 系统等）和外部资源（包括客户、供应商、电商平台、银行、税务等）的互联互通，让连接无处不在。

通过财务共享，企业能够将财务与业务交易的流程和数据进行连接；通过业务共享，企业能够建立起与外部供应商、电商平台、客户的连接；通过资金共享，企业建立起打通交易数据，连接内外交易伙伴的平台，变事后报账为对事前交易和数据管控，变"以管控为核心"为"以服务为核心"，变手工会计处理为在线自动实时处理。企业共享中心将逐渐从过去服务于企业内部的制度规则和流程统一，扩张到服务于更多业务伙伴，创造更大的业务价值。

例如，通过将管理会计的思想和能力融入到财务共享系统中，财务共享中心将能够在全面支持财务业务处理的同时，在强化企业管控、提供数据服务、推动业财融合向纵深发展等更广泛的职能领域中发挥更大的价值，这将有力地推动企业的财务、业务实现由核算向管理的转型，推动企业的财务数字化转型。同时，基于企业生产、销售、采购、物流等

业务的在线化、共享化的实现，企业能够开展更多业务重构，对财务体系、业务流程、商业模式进行颠覆和升级，推动整体数字化转型。

3. 洞察数据：构建新一代数智运营体系

当企业通过构建 PaaS 技术平台重构了技术与业务深度融合的现代化数字平台（通过平台延伸建设出新一代数字共享体系后，就形成了交易的连接、设备的连接、人与人的连接；通过平台完成了数据资产化并获得了丰富的数据模型）后，就需要转入管理活动中最关键的决策与行动的环节了。

决策与行动是由涵盖分析、判断、预测、模拟决策以及新一轮管理与执行的行动而形成的管理闭环。数据分析是决策与行动的基础和前提。由于管理会计的本质是基于数据和模型来发现问题、解决问题。因此，数据分析的应用应以管理会计的应用首当其冲。在数字化转型的过程中，管理会计具有重要的引领作用，构建以管理会计创新应用为核心的新一代数智运营体系是企业开展数字化转型的必由之路。

以管理会计创新应用为核心的数智运营体系具有如下特点：

一是主动赋能。以往企业往往应用数据分析来支持企业决策，但在数字化环境下，数据不再是被动地支持决策，而是主动地驱动发展。随着企业拥有越来越多的数据和有效信息，依赖管理者个人的经验、能力和担当的决策将会逐渐减少，基于数据变化的自动化决策将会越来越多。例如零售企业的自动补货，将由系统根据库存等数据的实时变化情况自动做出决策。

二是面向业务场景。传统的管理会计以服务于企业的高层为核心，通常集中于构建一些宏观层面的决策模型。在数字时代，管理会计的能力将逐步下沉到企业的中层和基层，下沉到诸如订单预测、应收账款管理这些更微观的业务场景，为企业全员提供业务监控、运营指挥、决策支持、策略定制等全方位的赋能。

三是面向未来。过去，企业在管理会计领域的工作多是开展"感知现在"的分析，但是在数字时代，企业可以开展更多"预测未来"的分析。例如，基于海量历史数据的积累和分析，企业能够基于应用场景，如项目的投入产出预测，构建出更为完善的预测模型。

四是形成从决策到行动的闭环。通过将传统的管理会计与业务化、场景化、实时化的数据分析相结合，企业可以将决策实时转化为行动，基于系统平台的流程协同能力，快速形成指令驱动和控制业务，开展实时事中监控、业务深度洞察、在线协同指挥作战、高频度监视追踪执行结果，建立基于决策的场景模型和策略之上的监控决策指挥体系，真正地形成数智化运营的能力。

4. 应用 AI：用 AI 点亮企业数字化未来

在企业数字化转型的进程中，AI 的应用是不可或缺的点睛之笔。改变企业 IT 系统的 AI 技术主要有三类：自然语言识别、知识图谱和智能推理技术以及机器学习。

（1）应用自然语言识别技术。系统具备了感知并认知自然语言的能力。用户可以随时随地、实时高效与数据进行"无门槛"交互。

（2）应用知识图谱和智能推理技术。系统可以自动检索阅读，并与用户进行智能问答；可以分析、记录、归纳用户的阅读数据和分析问题的习惯，实现数据信息的自动推送，实现从人找数到数找人的转变；可以开展归因分析，帮助决策者找到真正的问题驱动因素。

（3）应用机器学习。系统可以基于对业务知识的理解，科学预测，合理控制，智能分析。例如，系统可以开展自动化的智能洞察，系统可以模拟人的学习、推理过程，实现举一反三、触类旁通。通过构建在商业分析领域的通用知识框架，并使用迁移学习、预学习、多任务学习，可以实现不同场景、不同数据对象、不同分析任务的复用。

最后需要指出的是，数字化不是上系统，不是信息化，也不是对某条业务线的改善。数字化是一项极端复杂的系统性工程，只有做好充分的顶层设计才有可能成功。因此，企业还应在数字化转型的全过程中，围绕企业战略，以业务为核心开展数字化规划，并以此来牵引数字平台的规划设计和落地。

9.2　企业向云演进的方法与路径

除了数字原生企业，大部分企业都需要通过"上云"来改变 IT 应用模式。"上云用数赋智"成为企业培育数字经济发展模式的启动条件。"上云"是指探索推行普惠型的云服务支持政策；"用数"是指在更深层次推进大数据的融合运用；"赋智"是指要加大对企业智能化改造的支持力度，特别是要推进人工智能和实体经济的深度融合。

企业"上云"的路径选择则基于企业自身状况和外部条件，从云技术架构的三层结构 IaaS（基础设施即服务）、SaaS（软件即服务）和 PaaS（平台即服务）来看，企业上云也分为三种形式，即基础设施上云、软件上云和平台上云。

9.2.1　应用 IaaS，迁移私有云应用

IaaS 提供的云计算资源与传统数据中心基础设施非常相似，包括服务器、存储、网络和监控等各类系统。根据企业上云需求，云计算架构师重新设计一个基于云的技术设施环境，来运行原来的各类企业应用。在选择 IaaS 迁移模式前，需要注意以下几个步骤。

1. 选择合适的云服务伙伴

在国内市场环境中，选择阿里、腾讯、华为等主流云计算服务商可能是企业的主要考虑方向，另外还有京东云、青云、Ucloud 等提供专业化服务的云服务商也越来越多地纳入企业的选择名单，一些国际化企业可能会选择 AWS、谷歌云和微软 Azure 等国际化公有云提供商。因此，基于不同应用需求而采用多云平台和解决方案是未来企业 IaaS 架构的常态。

选择云服务商时既要根据企业的服务范围和工作负载来选择云服务商的优势特点，也要基于企业内部团队对技术的熟悉程度和掌握的难易程度来考虑，这需要一个循序渐进的过程。

2. 设计合乎企业需求的技术架构

企业毫无疑问首先基于 IaaS 服务商的云计算架构师来设计符合自身工作负载需求的云计算架构，包括虚拟化计算、存储和网络实例以及各种服务（例如数据库、日志记录 / 监控工具、事件驱动计算等）等内容，但企业也应该培养自己的云服务技术团队，以便基于自身发展需求来及时调整云服务技术架构。

企业必须根据自身的发展需求来设计相应的技术架构，从管理简单的单个计算和存储到基于错综复杂的环境，支持关键任务的分布式、高可靠的工作和服务，同时还要考虑相应的云计算成本，确保各类应用的负载处于一个合理的预算范围。

云迁移过程是一个经过多次迭代和改进的验证项目，并非一开始就能找到合适的迁移方案，需要不断摸索优化。技术工程师和云服务商必须考虑在迁移过程中，尽量少地对现有业务形成障碍或负面影响。

3. 迁移步骤

迁移工作涉及很多具体行动，需要 IaaS 服务商与企业协同配合：

（1）确定双方认可的迁移方案；

（2）安排迁移用户 / 客户群批次；

（3）部署云计算环境和基础设施；

（4）安装应用软件；

（5）暂停工作并备份内部部署资源；

（6）传输和同步应用软件的数据；

（7）测试和验证已完成迁移的应用软件；

（8）准备响应查询和故障排除的文档；

（9）完成其余用户群的迁移工作。

4. 加强相关技能培训

加强内部团队的培训，完成云服务商的技能和知识转移，让迁移后的工作更有利于企业业务开展和运营。

5. 监测和调整

在迁移完成之后，需要持续进行监测维护，支持 / 故障排除、调整、改进以及其他一般维护性工作。

9.2.2 采购 SaaS 解决部门级应用

针对 CRM、HR、财务等领域都有非常丰富的 SaaS 软件可供选择，这些应用大多部署在公有云上，企业可以根据自己的需要选择这些公有云服务，并享有云服务商提供的相应的数据和系统安全服务。因此，采购 SaaS 服务也即完成了这些部门级应用的"上云"目标，但同时需要考虑以下几个问题。

1. 选择与 IaaS 平台匹配的应用系统

企业在进行选择上云平台的时候，通常都会选择一款或多款 SaaS 应用，这些应用也大都支持主流的云平台与计算环境。即便如此，企业在选择不同 SaaS 应用时，也需要从自身需求、工作负载、并发用户、瞬间流量等指标选择与 IaaS 性能相匹配的应用来部署，以提升客户体验，促进原有业务的平稳迁移和长期发展。

2. 企业未来发展的扩展应用需求

基于成本考虑，企业在初期选择的 SaaS 应用规模不会很大，模块选择也不会太多，但随着业务的快速发展，企业对 SaaS 软件的可扩展性将有更高要求。因此，企业在选择 SaaS 软件时必须要考虑并发用户、瞬间流量和功能模块的扩展空间，满足未来发展的需求。

3. 不同 SaaS 系统之间的数据共享

每一款 SaaS 一般仅满足一个部门的应用需求，但企业的流程却是相互关联的，也有大量实时数据共享的需求。因此，在不同 SaaS 应用之间需要制定相应的数据标准和治理体系，来满足不同 SaaS 应用之间的数据共享、流转和互动的需求，避免出现新的数据孤岛问题。

4. 公有云和私有云应用之间的集成

并非所有的企业应用都部署在公有云上，企业的云应用环境无论是横跨多云，还是横跨私有云和公有云，企业都必须站在更高的层次，规划和设计合理的 IT 架构，在满足公有云、私有云上不同应用数据安全的条件下，集成相关应用，构建企业一体化的云应用体系。

9.2.3　构建混合云的企业级 PaaS 平台

PaaS 平台通常提供更高集成度的部署环境。它超越了基于硬件的资源，其中包括软件，如数据库、开发工具、集成层、运行时和其他替代一个或多个传统内部部署工具的现成组件。

根据中国信息通信研究院《2021 混合云用户调查报告》显示，在 2000 多家调研企业中，86.7% 的企业选择利用多公有云或多私有云构建多云混合架构。对于大型企业，混合云可以实现公有云（SaaS）的优势，同时满足私有云的安全需求。混合云是 IT 基础架构，有至少一个公有云和至少一个私有云相连接，并在它们之间提供编排、管理和应用程序可移植性，打造单一、灵活且最优的云环境，以运行公司的计算工作负载。

适配混合云架构是未来企业级 PaaS 平台发展的主要趋势。"PaaS 平台 +SaaS 应用 + 定制服务"的全新服务模式支持企业在数据中心、私有云、公有云间的混合部署，同时也兼顾云服务的算力伸缩性和私有数据中心的安全私密性。

1. 打通底层能力，形成可组装的业务引擎

企业级 PaaS 平台在混合云架构的基础上形成统一的技术底座，在元数据层之上构建可以互联互通的低代码建模能力、大数据处理能力、多维分析能力、数据智能、AI 建模能力。由此，在 PaaS 平台上创建业务应用时，可以使用通用的引擎能力进行快速组装。PaaS 平台内置 AI 建模能力，结合大数据处理、数据增强分析技术形成解决方案，帮助企业落地大数据应用。

例如某大型地产公司规划了"投资测算＋投资管理"系统，以提升公司的投资效率。按照传统 IT 建设周期，系统预计需要 6 个月或者更长的时间才可以上线，而在 PaaS 平台上，通过使用低代码建模＋多维分析＋数据智能三大能力，快速完成了系统的搭建工作，并且具有高度可维护性与可扩展性，如图 9-2 所示。

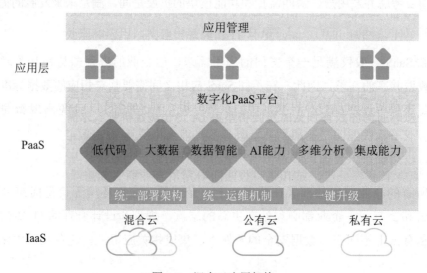

图 9-2　混合云应用架构

2. 打造极致的用户体验

企业数字化转型的重心已经从注重交易转移到提升客户体验。无论是面向企业内部用户，还是面向客户、供应商、生态协作用户，IT 系统都需要优化每个互动触点的使用体验，使用户从价值交换者转变为价值共创者。

PaaS 平台提供了客户自定义首页、表单页面设计、图表分析、社交化交互、数据增强分析等面向终端用户的能力，由 PaaS 平台制作成的用户终端页面都是高度可配置的，面向每个用户自定义其个性化视图与工作台。

结合业务场景融入数据驱动，可配置可扩展的用户体验提升能力是现代化架构 PaaS 平台的发展趋势。

3. 融入外部生态，建设开放平台

PaaS 平台具备"开放平台"的特性，将企业自身数字化服务与外部生态相结合，将生

态伙伴的 SaaS 服务与自身 SaaS 服务相互融合，给企业再次深度创新创造条件，形成在线的数字化生态优势。

并不是所有企业都需要自建生态，但所有企业一定要接入外部生态，融入整个商业网络中。PaaS 平台作为数字化转型的核心，需要提供标准通用、易于接入的开放平台，既可以接入到社交化生态中，也允许商业合作伙伴们通过标准开放平台更容易地实现互联互通、紧密协作。

9.3　从 BI 到数据科学、AI 的演进

9.3.1　BI 技术的发展演进趋势

BI 作为支撑企业各层级在进行经营管理决策时的重要技术，对于企业的发展和竞争力提升起着至关重要的作用。传统 BI 侧重于度量和监控，对于预测、关联分析和优化等领域较少涉及，同时其计算逻辑和分析较为简单，产生的数据洞察也处于较浅层。但随着企业经营管理需求的不断提升，内外部环境的不断数字化，作为决策分析的原材料——数据，不论在数量上还是质量上在最近十年来都呈现指数级的发展。

因此，为了填补传统 BI 无法涉足的领域，数据科学应运而生。数据科学使用统计学、数学、计量经济学等复杂的定量分析和现代技术，可以发现经济规律、客户行为模式，预测结果，为复杂问题寻找最佳解决方案。并且，数据科学发现的一些洞察和规律与 AI 算法（如机器学习）结合，就形成了现在热门的"ABI"，即 AI+BI 的组合。通过结合 AI 算法，BI 工具能够更好地针对应用场景，挖掘应用的深度和广度。

9.3.2　BI 工具的核心定位是服务于管理决策

由于 BI 工具的定位是服务于商业管理决策，因此无论是数据科学还是 ABI，演进都是朝着更好地支持管理决策，让决策更科学、更智能的方向前进的。AI 技术与 BI 技术相结合的使用目前还处于早期阶段，但也不乏成功的例子。例如，金融行业已经开始用 AI 的机器学习算法对其贷款客户进行精细化的风险评级和管控。在没有 AI 之前，使用 BI 技术，银行可以通过统计学的方法，通过内部数据库，对客户的风险进行评级。但是，当结合了 AI 技术后，银行可以通过使用 AI 算法，调取客户在非银行平台上的数据（比如淘宝、京东等），对客户进行精确的用户风险画像，更为精准地勾勒出客户的风险等级和风险偏好，进而可以更早、更准地识别信贷风险，从而提升银行的风险评估和定价的决策能力。

除了银行，面向零售客户的快速消费品行业也较早地进行了两种技术的结合。一个较为典型的案例就是沃尔玛超市通过机器学习算法，对超市内部的商品布局决策进行优化，提升商品布局的合理性。

9.3.3　AI+BI 解决方案及企业智慧大脑建设主张

元年科技围绕数据驱动下的企业新型治理形态，面向未来的智慧企业，提出了数智运营中心（IOC）的设计。IOC 作为企业的智慧大脑，是未来智慧企业的核心基础设施，可高效汇聚海量数据，展示出数据汇聚和融合的价值，并发挥跨部门协调指挥的作用，帮助企业管理者提高企业运营管理水平。IOC 可建设数据驱动型企业，并为企业打造面向未来的核心竞争力。从功能架构上，IOC 的主要框架如图 9-3 所示。

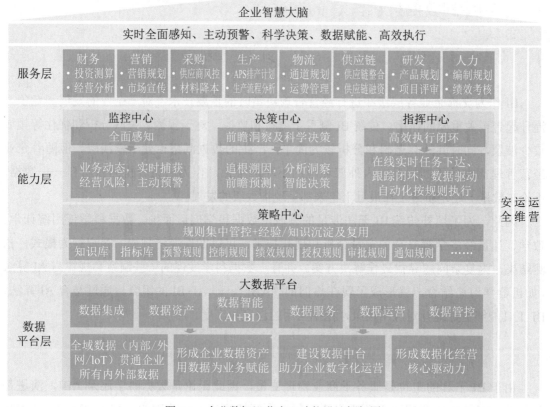

图 9-3　企业数智运营中心功能设计框架图

在 IOC 的框架体系下，企业的 ABI 系统能发挥出远超原有 BI 系统的管理半径、效率、深度和维度。与传统 BI 相比，IOC 能带来以下几个明显的变化。

1. 从可视到可管

企业智慧大脑的一个核心思想就是把传统 BI 应用的数据可视升级为业务可管，它不再只是数据信息的呈现，而是进一步承载业务管理的相关管理动作和管理内容，并驱动管理活动执行落地的完整闭环。

2. 从定时到实时

企业智慧大脑较传统的 BI 应用会有更多的数据实时应用，把传统的离线数据分析升级为实时的大数据分析，来支撑快速变化的业务和需求。数据由定时批量的处理升级为在线实时处理，实时的数据场景应用，给企业带来高效的数据应用体验，进一步提升企业面向未来的竞争力。

3. 从 BI 到 AI，由流程驱动到数据驱动

企业智慧大脑较传统的 BI 应用有越来越多的 AI 智能化场景应用，如对异常预警的智能归因、对数据的智能洞察分析、对处理问题的智能决策方案的推荐等。通过非常明确的应用场景，牵引系统由 BI 向 AI 进化，并且以点带面地打通智能运营流程，推动企业管理向数据驱动不断迁移。

4. 管理在线，科学决策

业务在线处理能够为企业实现对象数字化，通过数智卡片，携带着数据和流程规范的各节点人员的反馈和洞察在企业内部畅通流转，打通数据的"任督二脉"。在线会议和决策能够让管理和决策突破时空限制，实现异步处理。同时，决策流程各环节有记录、可追溯，不仅能够给决策者提供监督力量，督促其决策过程的客观、合理、科学，还能够将决策作为一种问题处理预案进行累积，为后续智能运营提供重要的规则和原料。

5. 数据驱动的管理闭环

与 BI 的点状数据分析相比，IOC 能够以数据驱动的方式完成企业管理活动的完整闭环，通过数据的规则预警触发而产生事件，事件驱动会议，进而决策、指挥，进而到业务系统的执行落地。企业管理流程中的行为被数据驱动而不再是被人的直觉和经验驱动，形成一种依据数据去行为、数据驱动决策的企业文化，帮助企业向数据驱动型企业转变。

6. 一套完整的监控决策指挥体系

IOC 支撑企业实现完整的监控决策指挥体系的落地。监控中心作为企业的"天眼"，支撑企业管理者做出科学决策和自动化决策。指挥中心贯通企业的神经中枢，能全面观察、感知、认知企业内外部的价值信息，将信息进行合理的整合与连贯，做出正确的判断，根据判断做出正确的决策和行动部署，驱动组织机构一次次高效地完成整体监控决策指挥循环。

9.4　从财务共享到"业财资税"一体化的全面数字化转型演进策略

近 20 年来，一批中国企业通过财务共享中心建设，建立健全了财务管理标准，规范了集团企业和分 / 子公司财务管理模式，提高了工作效率，降低了运营成本，逐步形成了符合中国商业环境要求和本土企业管理特色的财务共享管理模式。先行企业的探索激起了更多企业建设财务共享中心的热情，掀起了一波建设财务共享中心的浪潮。从千亿元级的大型企业集团到数十亿元，甚至更小规模的中小企业集团都在积极筹划或扩大财务共享中心的建设。与此同时，财政部、国资委等相关主管部门也出台相关政策，引导管理会计和智能

财务建设，形成了政府宏观支持、产业技术支撑、企业具体实践的良性互动局面。

随着云计算、大数据、人工智能等新一代数字技术的发展，财务处理方式、管理模式得到很大改变。同时，在金税三期、四期的推动下，电子发票、电子档案正在从局部试点走向全面开放，税务数字化步伐不断加快，传统的财务共享运营和管理模式已经无法满足政策监管、技术应用和企业管理的新需求。原来以财务核算共享、会计核算标准化、核算流程再造为主，组织和人员集中、系统通用性较强的财务共享 1.0 的企业正逐步升级到财务三维组织架构、影像及档案电子化、与 ERP 集成的财务共享 2.0 时代；不少企业更是扩展到"业财资税"共享的一体化平台，端到端打通业务和财务体系，并与产业互联网实现信息协同的财务共享 3.0 时代；部分先行企业则进入到管理会计和财务共享深度融合、业财深度融合、人工智能深度应用、数据中心赋能业务、具有微服务的现代化架构的财务共享 4.0 时代。

9.4.1 重塑财务共享边界

财务共享中心的职能由单一地开展核算拓展到推动财务转型、加强管控和进行数据赋能等多个职能，财务共享的内容和边界正在发生一系列重大变化。

1. 重塑管财边界：将管理会计思想融入财务共享中心

管理会计与财务共享的边界重塑是推动财务共享实现本轮变革的最根本动力，构建"管理会计指导下的财务共享"的理念已经深入人心。

近年来，很多企业怀揣对财务转型的美好畅想加入到财务共享中心的建设大军，却发现财务共享中心只是将人员集中起来办公，预期的财务转型却迟迟没有进展。在经历初期的怀疑、犹豫后，很多企业逐渐相信：如果财务共享中心在建设中不能有效考虑管理的需求，不能有效将管理会计与企业流程相结合，那么，财务转型突破的愿望也无法实现。

作为管理会计的基础，财务共享在企业财务管理体系中承担着承上启下的职能：向上承接管理会计的管理意图和管理要求，落实到财务共享的流程、规则、主数据的管理中，同时向上反馈管理过程中的价值数据以支撑管理者对经营过程管理所需的信息；向下为基础财务核算提供业财融合的核算数据来源，并自动生成核算账务信息。

将管理会计思想融入财务共享，核心是将管理会计思想融入财务共享的流程中，将管理会计的能力嵌入财务共享的系统中。通过将共享流程与不断变化的数据结果相结合，企业能够在流程的不同节点上实时获知商业环境变化对决策带来的影响，并及时做出分析和评价。

通过将管理会计思想融入财务共享，财务共享中心在业务范围、职能范围上都具备了更大、更多的可能。

2. 重塑业财边界：实现端对端的业财深度融合

传统的财务共享中心被定位成"核算共享"，前端对接业务系统承接与核算相关的信息，后端对接核算系统生成会计凭证，财务共享中心在此阶段通过标准化、规范化核算流程，发挥集约效应。但是随着共享中心的运行稳定，管理者也在思考共享中心新的价值增长点，其方向是财务共享需要发挥与业务的协同，支撑业务发展。

近年来，财务共享中心日益被认为是推动业财深度融合的重要抓手。这是因为财务共享系统能够连接前端业务系统和后端管理系统，沉淀了大量的业务与财务信息，可推动业务流程、会计核算流程和管理流程的有机融合。财务共享服务中心的特点是集中完成企业标准财务核算工作，如果业务信息系统与财务信息系统之间存在大量的断点，业务信息大量通过线下纸质单据和线上影像信息流转到共享服务中心，则财务共享服务中心还需要再进行大量的二次信息采集和加工工作，会极大地降低财务处理效率。目前企业在构建财务共享服务中心时，最重要的一部分工作是对业务和信息处理流程进行梳理，把业务系统和财务系统实现高度集成，打通流程和数据断点，实现业务和财务端到端的自动化流转。

当企业经由财务共享中心实现了更深层次的业财融合之后，财务共享中心的能力也将获得延展。传统中部分与业务活动结合较为紧密，由业务财务承担的职能，就能逐步纳入到共享服务中心来统一提供标准化的服务。例如当前在一些企业，财务共享中心在营销环节的合同履约和营收跟踪、采购环节的供应商协同、资产的全周期管理等领域，已不仅仅承担基础核算的职能，还同时承担着管控和监督上的职能。

3. 重塑人机边界：新技术与财务共享的深度融合

在当下全面 AI 的时代，越来越丰富的智能化技术已经日益深入地融入到财务共享系统中。从前期的移动报销、审批，OCR 的初步应用到以 RPA 替代简单、重复的财务工作为代表的拓展应用，再到目前 AI 建模，智能报销、智能审单等深度应用，新技术的融合应用让财务共享系统越来越强大、越来越智能。

基于自然语言识别、OCR 识别、知识图谱、AI 学习、RPA 等智能技术，数字员工、智能助手逐渐走入了更多的企业。数字员工替代了财务人员的大量基础工作。打通封闭的异构系统，实现数据交互。数字员工能够承担大量简单、重复、标准化的工作，而面对更复杂的场景，企业还可以定制一个智能助手。通过知识赋能，更直观地向用户展现共享系统中沉淀的大量数据以及共享中心积累的大量知识，赋能不同的用户。通过开展风险识别、预警，追踪到风险的关键人，降低企业经营和管理风险。协助用户完成流程中的多项工作，减少流程耗用时间，提高工作质量和工作效率。通过数据分析助手，可以实现报表查询、归因分析、数据洞察、数据简报等应用场景。

9.4.2　建设四大中心机构

新一代的财务共享中心不仅具备自动化核算能力，更重要的是，它还能开展高价值的财务分析、经营决策、预算管理、风险管控等服务，成为财务业务处理、管理控制决策、经营核算报告和业财融合数据的四大中心机构。

1. 财务业务处理中心

传统财务共享的核心职能是"核算共享"，准确来说是将企业财务核算工作中重复的、标准化的那部分工作共享化。很长时间以来，人们相信只有部分业务，如应收账款管理、费用管理、总账及明细账管理、资金管理、资产管理、发票处理业务这类标准化、流程化的业务适合财务共享，而一些价值更高、面向业务的、难以标准化的工作，如税务管理、财务分析、报表编制等则无法共享化。因此，传统财务共享更像是标准化财务业务处理者。

而新一代财务共享融合了管理会计思想和新一代信息技术，不仅能够承担对标准化财务业务的处理，而且能够承载企业承上启下的集团和分/子机构的管控和协同的业务需求。这令其业务范围能够获得进一步拓展，原先那些复杂的、价值更高的业务也能够纳入到财务共享中心中，财务共享中心也从标准化财务业务处理中心跃升为全面财务业务处理中心。

未来，基于业财资税一体化思想，依托强大的现代化架构数字平台，财务共享化的财务业务处理中心将实现对标准化业务的全面自动化处理。这意味着传统财务共享中心所承担的这部分业务职能，将以"会计无人工厂"的全新面貌展现出来。与此同时，由这个"会计无人工厂"所生产和沉淀的大量数据又成为企业重要的数据资产，为财务共享中心拓展更多职能提供"弹药"。

2. 管理控制决策中心

通过将管理会计思想融入财务共享中心，企业可以将内部管控的制度、要求等嵌入业务流程中，通过智能化、无感化处理，辅助业务人员开展流程节点的流程管控；同时，借助系统中内置的数据处理、数据建模能力形成控制策略，在财务共享系统中实现多业务场景的数据分析，并将分析结果反哺于企业的流程规范、主数据的标准化管理中，高效地实现对企业内部业务流程的有力控制，并实时通过过程管控的节点发现管理中存在的问题。

传统管控方式是在预算控制、资金计划、风险监控、税务合规等财务流程中分别设置多个管理控制点，业务事项分别流转到各职能部门或岗位进行专业审核。在这种方式下，集团财务、业务财务和共享财务三者需要紧密配合，才能把各项管控职能落实到位。

决策智能化和自动化技术使财务共享系统具备了把各项审核标准和决策要素提炼成规则，通过规则实现自动审核的能力。管理控制决策中心主要解决财务风险管控流程没有打通的问题，帮助企业提炼业务管控规则，将财务风险管控思想和能力落实在事前、事中和事后，形成有效的管理控制。在新一代财务共享中心中，规则管控成为一个重要功能，扮演系统大脑的角色。所有的管控策略和规则都在管理控制决策中心进行统一维护和管理，借助于 AI 智能技术，辅助财务人员进行自动化监控和判断。

3. 经营核算报告中心

传统管理会计报告的生成路径是：先从企业会计核算系统的会计账目中抓取数据，然后在管理会计相关系统中完成数据处理、分析，并生成最终报告。在这样的路径下，管理会计报告的生成完全依赖于财务会计的核算结果。而财务数据自身由于规则导向所限，在用于管理时存在滞后、片面、失真等问题，对管理会计报告的价值形成严重桎梏。

财务共享系统作为连接企业前台和后台、内部和外部的中枢系统，拥有全面、完整、实时、可靠的业务和财务数据。通过在财务共享系统中搭建一个经营核算报告中心，企业可以以财务共享系统中的大量业务和财务数据为原料，基于多口径的管理规则进行多维度、多口径的数据提取，通过数据模型形成管理维度上的数据输出，实时生成不同口径的管理明细账，形成管会账簿，提供给管理会计报告中心生成贴合不同用户需求的更明晰、更直观的个性化管理报告。数据经由经营核算报告中心，实现了同源分流，多维核算，可以真正实现对经营数据的快速反馈和快速监控，给业务人员、管理人员提供更好的支持。

4. 业财融合数据中心

在数字时代，企业不仅要实现一切业务数字化，更要推进一切数字业务化。财务共享中心在承担企业全面的财务业务处理职能后，必然在系统中沉淀有大量业务和财务数据。这些数据不仅可以用于前述生成控制策略、生成经营核算报告，还可以为企业的不同业务场景提供数据服务，为业务发展赋能。

财务共享中心的数据管理底座将成为企业的业财融合数据中心。通过将数据存储能力、数据集成能力、数据治理能力、数据建模能力、数据分析能力嵌入财务共享系统中，可以在共享系统内打通内部业财数据和外部大数据，开展实时的数据加工处理服务，为企业经营和管理决策提供数据支持。

数据在未来企业的发展中将扮演越来越重要的角色，如何构建企业级的数据中心、如何挖掘数据的价值越来越多地受到企业领导者的关注。企业通常会配置大量专职或兼职的数据分析人员，为企业经营和管理决策提供数据支持。在这个过程中数据的收集、整理和校验等工作占用了分析人员大量的时间，不仅影响数据分析的效率和质量，同时造成了严重的资源无效消耗。

财务共享中心在打造数据中心能力方面拥有得天独厚的优势条件。首先，财务共享中心的系统中自然沉淀了集团和下属企业的海量财务和业务类信息，包括核算、资金、税务、商旅、合约等，这部分数据的价值密度和标准化程度都是很高的，是日常运营和管理的主要信息来源。其次，财务共享中心拥有大量财务专业背景的会计人员，对数据进行加工和分析处理在职业匹配度上无疑也是最佳的。

财务共享中心构建数据服务能力时，一方面需要搭建数据中心平台，做好数据标准化的工作，建立完善的数据治理和数据资产管理体系；另一方面也需要加强人才能力培养，需要培养一批既精通财务又熟悉业务的复合型人才，甚至还需要引入一些数据算法工程师，能够使用专业的数据挖掘工具构建各类深度分析应用模型。

财务共享建设不仅是企业财务数字化建设的核心内容，也是企业整体数字化转型的重要基础。经过多年的信息化建设，企业进入在线化、数字化、智能化的发展阶段，而数据是推动数字化、智能化的核心基础，数字化不仅会带来企业运营效率提升、成本降低，更重要的还是在于商业模式的变革。财务共享中心积累的大量数据是驱动企业数字化转型的坚实基础，数据智能是推动转型的技术支撑。

9.4.3 对企业建设财务共享中心的建议

随着数字技术和财务共享的实际发展，财务共享建设已进入深化阶段，财务共享中心需要建设成为企业的核算中心、管控规则中心、综合服务中心、财务数据中心，需要借助财务共享承担起财务转型、集团管控、业财融合和业务赋能的能力。我们建议企业建设财务共享中心需要重点把握几个核心关键要素，从而让财务共享中心给企业带来更大的价值。

1. 从整体财务职能转型的视角规划财务共享中心定位

不能单纯就财务共享谈共享，而是要从整体财务转型的视角去思考和规划财务共享，明确财务共享中心在企业内的定位和职能边界，确保财务共享能更好地支撑企业财务转型，能为企业提供最有价值的财务支持，如图9-4所示。

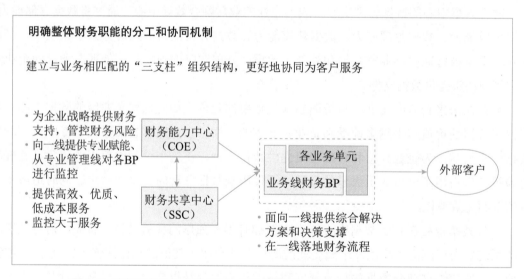

图9-4　确保财务各层级的组织之间分工明确，并且能够顺利实现相互协同

2. 从集团管控的视角建设财务共享中心的能力

财务共享中心除了传统的会计核算服务外，更多地要承担起集团对业务过程和财务核算标准的管控能力，借助财务共享的标准化流程和规则，将财务核算和分析所需的各类信息落实到具体的共享业务流程中，实现业管和管财的融合，逐步加强共享的管理会计能力。与此同时，通过财务共享将集团管控的诉求和规则嵌入财务共享的标准化流程和规则中，通过财务共享完成集团对各个分/子公司业务的过程管控，实现由纯财务核算服务共享向财务核算和管控并重的方向发展，如图9-5所示。

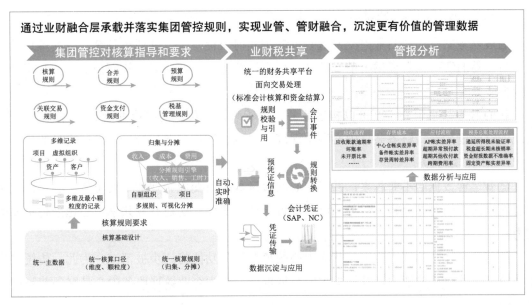

图 9-5　通过业财融合层承载并落实集团管控

3. 从业财深度融合的视角建设财务共享的能力

财务共享由传统以报账为起点向业财融合的纵深方向发展，不断加强服务一体化的能力和横向融合能力。费用共享向采购资源整合、采购消费到费用结算的一体化发展；应付共享向供应链协同结算方向发展；应收向合同履约、业务应收跟踪、催收回款等管理方向发展；资产共享向资产全生命周期管理方向发展；税务共享向全票面、全税种的过程管理发展等。

通过财务共享中心的建设，将业财交易过程通过规则化的流程和平台集中处理，将交易过程各种管控信息和财务核算信息同时记录下来，实现业财和管财的深度融合，解决传统 ERP 上业财融合存在的问题，以及管理信息的分离，如图 9-6 所示。

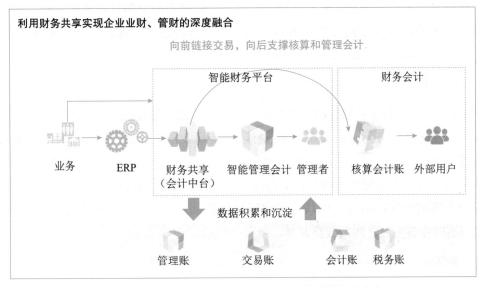

图 9-6　利用财务共享实现企业业财、管财的深度融合

4. 从数据赋能的视角建设财务共享中心

通过财务共享中心将业财交易过程的数据实时沉淀下来，并通过预警、数据推送的模式，将交易的实时信息提供给前端业务，以支持业务的快速应对，从而提高财务共享中心的数据服务能力。

新的财务共享中心，既可以构建业务过程管理，又可以连接企业现有业务管理过程，实现业财深度融合。财务共享中心利用深度业财融合过程沉淀的数据，进行实时的场景化应用，反哺前端业务。

随着运营数据的不断积累，共享中心的海量数据将变成企业的重要资产，满足各级管理者随需而变的财务分析、财务预测、决策支持的需要。这是财务共享中心越来越重要的能力。

随着数字技术的深入应用，共享中心的核算服务功能将逐步被消减。为此，传统共享中心急需提升自身的能力，发挥更大的数据价值。成为企业数据服务中心是财务共享中心发展的必然趋势。

9.5 元年科技的数据治理策略和方法

9.5.1 数据治理整体方法论

近几年来大数据成为人们热议的话题，海量的数据如果不能确保数据质量，不仅不能为业务赋能，反而可能制造出更多的麻烦。通过对数据资产的治理和管理，为数字化业务场景提供一致和可识别的数据，才能有效发挥数据的价值。

元年科技认为数据治理是一个系统工程，需要从上至下引导，从下而上执行地工作。因此，在指导方面必须得到大家的共识，要有一个强有力的组织、合理的章程、明确的流程、健壮的系统，这样才能使数据治理工作得到有效的落实。为此，我们遵从"1-5-8-3"原则，设计了数据治理体系建设的方法论。

1.1 条主线

1 条主线是指服务于战略分解，实现业务、数据、技术融合的纵向一体化咨询主线。

数据治理的目的是为企业实现业务目标。在实现业务目标的过程中，必然涉及大量的业务场景和数据应用场景，由这些场景从业务目标延伸到管理分析再到基础的数据应用，中间产生的一系列数据问题是底层需要做统筹管理的工作。面向业务主线有针对性地进行责任划分和落实相应的治理工作，快速实现从战略到业务管理，到数据支撑的纵向打通，并且实现不同业务主线之间的数据共享。

2.5 个要素

要成功实现数据治理，系统、数据、业务、战略支撑和打通，需要从上层战略到落地支撑对 5 个要素进行有效控制，包括数据战略、组织与人员、原则与规范、管理流程、技术实现。

（1）数据战略。包括业务价值分析、企业战略一致性、企业级数据治理视角、项目群管理以及实施路线等，确保从战略的角度，正确看待企业的数据治理并建立有效的实施方法。

（2）组织与人员。包括高层领导、治理委员会、数据治理负责人、数据管家、数据所有者、数据治理员等，整个企业数据治理组织体系的建设，以及相应的角色职责的定义。

（3）原则与规范。包括但不限于数据维护、数据质量管理、数据标准管理、变更控制、数据生命周期管理、元数据治理等管理流程，确保数据治理工作有序有效开展。

（4）管理流程。针对 8 个领域的管理流程和政策进行分解管理，包括但不限于数据安全政策、数据访问与控制政策、数据标准政策、数据保留与归档政策、数据合规政策、数据所有者政策等数据治理政策，为数据治理各项工作的开展提供总体指导。

（5）技术实现。包括但不限于技术基础架构、数据清洗与转换、主数据治理工具、数据架构管理工具、元数据治理工具、工作流与自动化工具、数据同步工具等，为数据治理工作提供工具的支撑。

3.8 个领域

数据治理规范，把数据治理实现分为 8 个领域：元数据、主数据、数据标准、数据质量、数据资产、数据安全、数据集成和数据服务。

（1）元数据。搞清楚企业有什么数据，存储在哪里，从哪里来，要到哪里去的问题，形成企业级的数据地图。保证数据可查找、可溯源、可追踪。

（2）主数据。主数据是企业数据中的"黄金数据"，是业务应用、数据分析、系统集成的基础。主数据治理重点关注三个方面：标准、制度流程、技术和工具。标准涵盖主数据的分类、编码、建模、清洗、集成、管理、运营等的相关标准和规范。制度流程包括主数据生产、管理和使用需要遵循的具体原则和办法。技术和工具用来支撑主数据的统一管理、采集、分发。

（3）数据标准。对企业业务术语、数据模型标准、主数据和参照数据标准、指标数据标准四大类基础数据进行规范化维护和管理。数据标准化之后才能更好地管控数据的质量，支撑更高层面的数据应用。

（4）数据质量。从技术、流程、管理三个方面定制数据质量校验规则，从数据的收集、存储、加工、共享各个环节，对数据进行质量校验，并借助流程引擎的支持，形成发现问题、分析问题、解决问题的全流程闭环。确保数据最终结果的准确、完整、一致。

（5）数据资产。挑选有价值的数据作为资产、然后进行分门别类、打上数据消费标签。让高价值数据资源可以得到快速定位，从而全面提升企业数据资产服务的能力。

（6）数据安全。核心是数据全生命周期的数据识别、数据分类与分级。针对数据分类分级，识别数据风险，并根据数据的分类、数据的级别以及数据面临的风险执行相应的数据安全管控策略。

（7）数据集成。随着企业利用数据驱动业务的意识不断增强，越来越多的企业对数据的及时性提出了更高的要求。数据集成能力规划需要具备高性能的大批量的处理能力和实时数据的集成计算能力。

（8）数据服务。数据治理最终的目的是数据资产的合理共享。数据服务的设计需要满足不同类型数据消费者的诉求，需要面向业务人员提供友好便捷的数据检索、查看和使用方式，需要向技术人员提供标准规范的数据服务 API。

4.3 个阶段

数据治理咨询过程，元年科技将其划分为三个工作阶段：现状与评估、规划与设计、交付与跟踪。针对每个领域在每个阶段定义其工作内容，并对每项工作内容定义其工作任务、工作目标和交付。

（1）现状与评估。对企业从战略角度、业务管理角度、信息化角度进行现状评估，形成数据治理现状评估结果、分析数据治理的需求，定义数据治理的总体战略。

（2）规划与设计。根据现状与评估的成果，规划数据治理总体策略、设计数据治理组织架构、定义数据治理工作流程、设计数据治理章程，针对各领域形成对应的管理标准与规范，设计功能支撑规划。

（3）交付与跟踪。根据规划与设计的成果，对各领域进行关键数据的梳理与统一，成立数据治理组织结构与管理变革方案，监控数据治理机制运行并进行持续跟踪。

9.5.2 元年科技场景化数据治理方法

进入数字时代，多元化的数据治理需求需要被快速响应。元年科技通过梳理、总结历史客户对于数据治理项目的问题和需求，发现大多数企业对于数据治理的诉求并非要快速构建起企业级的数据管理体系，而是想要通过数据治理项目快速解决企业当前面临的各式各样的业务或数据问题，想要数据治理的价值在业务场景中立竿见影。

比如企业常面临如下几类问题，每一类问题的治理需求都不尽相同，而解决每一类问题对于企业管理和业务工作来说都是至关重要的。

问题类型 1：企业面临主数据问题，客户、供应商、产品、客户等"黄金数据"可以在多个系统中产生和修改，数据版本（副本）多，没有同步机制，不清楚以谁为准，希望建立统一的主数据管理体系和平台。

问题类型 2：企业面临分析数据问题，数据独立存于不同系统，数据关联难；不同系统对数据的理解不一致，指标口径不统一，希望客户统一基础数据和指标数据。

问题类型 3：企业面临数据仓库问题，各项目组都在数据平台上建应用，数据规模膨胀，数据融合差，全方位分析难，重复应用建设，浪费资源，希望可以建立高质量的数据资产。

问题类型 4：数字化转型规划的问题，企业正在做数字化转型规划，对指标体系、数据标准化等数据治理概念有部分了解，需要进一步了解数据治理全貌，希望可以确立数据战略和数据架构。

问题类型 5：监管对于数据有要求，银保监会下发相关要求，很多中小银行不知如何应对，希望可以统一数据标准，提高数据质量。

问题类型 6：上级单位对下级单位的数据监管要求，一级经营分析系统需要及时监控下级单位经营分析系统上传的数据质量，希望可以纵向打通数据。

问题类型 7：业务应用的数据管理需求，比如渠道数据准确度不够，需要具体的区域经理收集，难以保证数据准确性，希望业务应用数据可以做到自动化。

面对多元化的数据治理诉求，不能一味地按照大而全的体系化的治理流程推进，而是需要有具体的问题具体对待的敏捷高效的数据治理方法，于是元年科技推出了面向多元化数据治理需求的场景化数据治理解决方案。

1. 理解场景化数据治理

场景化数据治理的目标是"短期、快速、有效"根治特定的业务数据问题，从而提升管理和业务人员的满意度，同时逐步提升企业的数据管理能力。其突出的价值在于，可以快速产生业务效果，便于获得领导和业务方的认可，从而让数据治理的成功经验得以在全企业范围快速推广，逐步扩大数据治理工作对于业务的影响力。

场景化数据治理与传统数据治理方法的区别主要在以下五个方面。

（1）切入视角不同。传统数据治理是从数据治理的理论视角切入，优先关注的是企业整体的数据管理体系构建；场景化数据治理是从业务视角切入，优先关注的是企业的业务痛点问题如何解决。

（2）抓手不同。传统数据治理项目的开展，主要是以 DAMA 等理论框架作为数据治理推进的依据；场景化数据治理项目的开展，主要以实际业务问题的处理过程为导向。

（3）主体不同。传统数据治理以数据战略、数据治理、数据架构、元数据、数据标准、数据质量等不同的各领域的规范化为治理主体；场景化数据治理以数据的获取、存储、加工、建模、应用等全生命周期的质量提升为主体。

（4）目标不同。传统数据治理的最终目标是为业务提供高质量数据；场景化数据治理的最终目标是最终解决具体的业务问题。

（5）效果不同。传统数据治理见效慢；场景化数据治理见效快。

场景化数据治理与传统数据治理方法的联系或者相同之处，主要体现在以下四个方面。

（1）框架相同。总体遵循的理论框架都是一样的。

（2）长期效果相似。都是形成企业长效的数据运营机制，为业务提供可靠的数据服务能力。

（3）业务价值相似。都是为了管理的决策赋能、运营降本增效、业务的敏捷拓展和风险的安全控制。

（4）直接效果相同。都是为了提高数据质量。

2. 场景化数据治理方法的步骤

元年科技的场景化数据治理使用六步法：场景收集、场景分析、范围确定、方案制定、方案落地、验证和总结。

第一步，场景收集。主要特点是"业务切入"，从企业的战略规划、管理决策、核心业务问题、关键业务环境着手，面向相应的业务部门收集数据质量问题。

第二步，场景分析。主要特点是"根因分析"，从业务、技术、管理的不同维度，分析产生数据质量问题的根本原因。

第三步，范围确定。主要特点是"价值导向"，从问题被反映的频次、问题的复杂度、对业务造成的具体影响的多少和设计数据规模的大小等不同维度，评估该场景的业务价值，以业务价值高低选取场景治理数据。

第四步，方案制定。主要特点是"一体化"，综合考虑规划和具体落地相结合，避免咨询不落地，落地没有正确参考依据的问题。制定拉通业务咨询＋实施交付＋产品落地的一体化的方案。

第五步，方案落地。主要特点是"继承"，避免平台能力重复建设，造成资源浪费，落地考虑企业原有数据治理能力继承＋标准化产品＋定制的组合方案。

第六步，验证和总结。主要特点是"闭环"，利用 PDCA 的循环机制反复提高治理效果，并总结成功经验，形成可以迭代复制的数据治理小闭环，向其他业务领域和场景大范围推广，逐步完成企业整体数据体系的建设。

3. 场景化数据治理实例分享

示例场景：各部门提供的经营数据不一致，尤其是净收入指标差异较大。

这是一个典型的数据分析类数据治理问题，面对这一问题，项目组利用分析模型对场景问题进行根本原因分析，对净收入指标的全生命周期的不同阶段的数据进行了完整性、一致性、准确性、规范性、关联性、唯一性、有效性和合理性分析。挖掘到了数据获取阶段的数据一致性问题，比如设备老化、接口重复建设、数据质量缺少校验机制等问题；挖掘到了数据存储阶段的维度不打通、指标分析维度不全等问题；挖掘到了数据加工阶段的指标口径不一致、数据加工逻辑重复编写等问题；挖掘到了数据分析阶段的数据资产不清晰的问题。

通过对多维度的场景价值排序，确定该场景需要进行场景化数据治理。由数据治理专家牵头，行业业务顾问配合，联合开展业务域的数据治理的轻咨询，结合该企业当前数据管理现状，继承该企业现有的数据管理工具能力，制定了咨询和落地一体化的数据治理方案。方案首先确定了净收入指标的差异性问题的具体解决办法，以及相应的老硬件设备的更新方案、接口治理方案、数据指标体系建设方案等，在对现有数据管理工具进行优化的基础上，扩充了指标管理模块微服务和数据质量校验微服务。

经过 4 个月的场景化数据治理工作，首先解决了经营数据中净收入指标不一致的问题，在解决该问题的同时，优化了整体数据治理体系，包括数据管理组织的优化和相关数据标准管理的流程制度建设。平台能力层面扩充了企业级的数据标准统一管理模块和数据质量校验模块。

该项目一期量化成果展示如下。

（1）数据管理方面：

- 统一了 2 个组织、6 个部门、12 个产品的指标口径。
- 打通了 30 个不同流程之间的数据通路。
- 打通了 5 个不同系统之间的接口阻塞。
- 解决了 3 个不同平台的不兼容问题。

（2）数据应用方面：

- 为 3 个系统的领导驾驶舱提供了准确的净收入指标。
- 解决了集团和 A 公司管理核算收入口径差异问题。
- 为管报系统的 10 个报告提供了准确的收入数据。
- 解决了集团和 A 公司的绩效考核错误问题。

（3）历史处理方面：

- 清除了数据仓库中 800GB 的重复数据。
- 将产品维度从 8 个精简到 2 个。
- 将净收入指标从 5 个精简到 1 个。
- 将净收入相关指标从 13 个扩展到 20 个。

该企业通过场景化数据治理方式，在两年的时间内，总共解决了 16 个业务场景问题，并逐步完善了企业数据治理体系，为后续的数字化转型战略铺垫了高质量的数据基础。

9.5.3　元年科技的数据治理策略与建议

元年科技的数据治理策略提倡体系化和场景化的数据治理相结合。在元年科技的"1-5-8-3"长期化、体系化的数据治理框架下，以场景化数据治理为主线切入，针对特定业务领域和场景开展数据治理，不断产出业务成果，激发更多利益相关者参与其中，利用业务价值的持续显现带动完整数据治理体系逐步完善。

一方面帮助企业建立长期的数据治理体系，另一方面根据业务问题形成快速的专项数据治理方案。这样长短结合的数据治理方案将形成企业数据运营管理的长效运营机制。

元年科技强调"大处着眼，小处着手"的数据治理推进策略。"大处着眼"是从企业的战略目标，经营管理诉求作为数据治理工作的牵引主线。小处着手是从具体的业务领域和业务场景出发启动数据治理项目。这一原则是企业实施数据治理的最优解。对于大多数企业而言，数据治理的目标是"降本增效，提升质量，安全可控"。尽管企业的数据治理涉及企业战略层面，总体目标很大，但是对于数据治理计划的实施，建议从一个业务领域、若干个具体的业务场景开始，然后基于此进行扩展。如果将所有数据全部铺开进行治理的话，需要企业各方资源的支持，必然会对其他工作的进展造成影响。

因此，建议选取某业务部门的强烈数据需求和数据质量痛点为着力点，倒推出其数据来源问题进行重点整治，在该类数据治理的价值得到体现后，再总结治理经验，逐步开展其他类型的数据治理。

第 10 章
数字平台场景应用案例

对于数字平台架构，不同的场景需要使用专门构建的工具组件，专门的工具组件需要专业的应用现代化云平台来提供。良好的数据迁移工具可以帮助客户选择最佳可用的计算实例和配置，用以部署机器学习模型，获得最佳的推理性能和成本。本章论述基于现代化架构的元年科技数字平台产品、方案以及在企业不同场景的应用案例。本章先介绍了基于现代化架构的元年方舟混合云平台产品和解决方案的主要原理、功能架构，随后分别论述了元年方舟数字平台在企业的四个不同场景的应用案例，帮助读者在对数字化转型认知提升基础上进一步通过场景案例获得更多的感性和实践认知能力。

10.1 基于混合云的开放式企业数字化平台

混合云是支撑企业数字化的重要底层架构模式，它兼顾了敏捷、成本与安全。混合云的普及会为数字化业务应用和数据处理技术带来更多全新的技术升级和服务模式的变化，最终可极大地降低企业数字化转型的成本，提升转型速度。因此，混合云是大型企业数字化转型的必然选择。

10.1.1 基于混合云的企业数字化平台架构

随着市场变革与技术创新，企业 IT 建设也发生了很大的变化。企业数字化平台要能够适应云计算的全新技术环境，支持企业各类数字化能力构建，满足创新型应用开发，同时能够持续集成、迁移现存的核心 ERP 应用。

从发展趋势来看，企业数字化平台呈现如下发展特点：

- 主营业务系统依赖 PaaS 能力（按需可组装的通用能力）深度定制化；
- 数据分析下的数据驱动成为业务流程的核心；
- 职能服务类软件趋向于采用专业 SaaS 软件（CRM、HCM、财务类）；
- 企业协作下的办公流程优化软件更多地融入外部生态中（如企业微信、钉钉、飞书）；
- 集成平台支持完成服务间的数据交换（IPaaS）；
- 底层基础设施更多地基于混合云架构 IaaS；
- 各个专业的系统提供专业服务，协作完成业务目标（SOA 理念）。

基于混合云的开放式企业数字化平台架构如图 10-1 所示，该架构由能够支撑混合云的基础设施（IaaS 层）、基于云原生的微服务构建各类 PaaS 能力（PaaS 层），以及在 PaaS 能力之上开发、部署、集成的各类数字化应用（SaaS 层）构成。

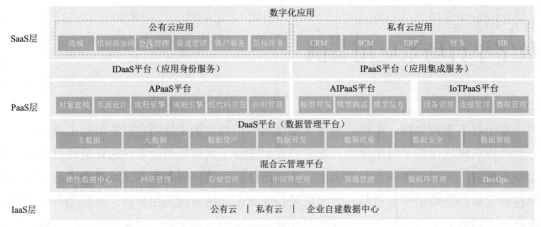

图 10-1　企业数字化平台架构

IaaS 层要能够支撑不同云厂商的公有云、私有云产品，以及企业自建数据中心中的计算资源。PaaS 层是企业数字化平台的核心层，向下管理云计算资源，向上支撑数字化应用。

混合云管理平台：管理公有云、私有云、多云中的计算资源、网络、存储、中间件、数据库服务，提供云原生底层技术开发的自动化机制（DevOps）。

DaaS 平台（数据管理平台）：提供数据的采集、计算和存储能力，以及元数据、主数据、数据质量、数据资产等数据治理能力，将分散在各应用的数据集中管理和利用，为上层的各类数字化应用提供强大的数据处理能力，充分发掘数据的价值。

构建应用的 PaaS 平台：利用低代码建模开发各类数字化应用的 APaaS 平台，开发 AI 模型的 AIPaaS 平台，以及开发和支持智能设备应用的 IoTPaaS 平台。

连接平台：能够快速整合多方应用的流程和数据的 IPaaS 平台，以及提供跨云、跨域的应用间统一身份认证的 IDaaS 平台。

企业数字化平台的 PaaS 的四层能力具有技术先进性和开放性的特征。

（1）支持云原生。适配多厂商混合云、异构云；支持跨云整合资源；充分利用云原生的各类数字化能力。

（2）开放的数据架构。支持结构化、非结构化、半结构化多种数据源；具有海量数据处理能力和数据应用开发的能力；具有数据治理能力；解决传统信息化架构的数据孤岛问题，弥补传统 ERP 在数据处理能力上的不足。

（3）业务驱动的应用构建能力。通过 APaaS 的低代码建模能力、AIPaaS 的 AI 模型开发能力、IoTPaaS 的设备应用开发能力，可以快速构建、持续迭代各类新型的数字化应用，极大地提高了对业务需求敏捷响应的能力。

（4）内外部异构应用整合的能力。通过 IPaaS 整合自建及第三方 SaaS 应用，快速实现流程、数据打通，避免断点，提高企业内部的协同能力。

（5）安全的内外部用户整合能力。利用 IDaaS 能力可以更安全地向外部用户、合作伙伴、金融机构、政府机关开放应用访问的能力，支撑突破企业围墙的数字化协同能力。

10.1.2　元年方舟企业数字化 PaaS 平台

基于多年的技术沉淀和潜心研发，元年科技在 2021 年就推出了国内领先的企业数字化 PaaS 平台——元年方舟平台，如图 10-2 所示。这是一款基于云原生、微服务、容器化的数字化 PaaS 平台，以技术含量高、功能齐全为主要特征，其不断迭代的版本强力支撑元年科技全系列企业数字化产品的研发，助力元年科技实现了飞速发展。

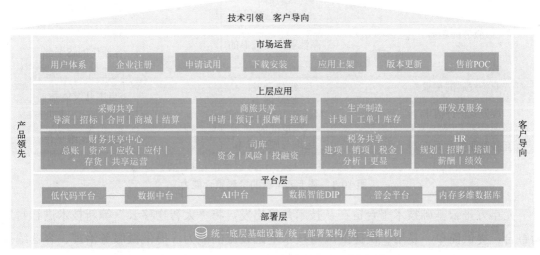

图 10-2　元年方舟企业数字化 PaaS 平台架构

元年方舟企业数字化 PaaS 平台分为部署层、平台层、上层应用和市场运营几个层级，用市场领先的产品和客户导向的理念帮助企业搭建新一代数字化技术架构，夯实数字化转型的技术基础。

部署层包括统一的底层基础设施、统一的部署架构和统一的运维机制。平台层包括低代码平台、数据中台、AI 中台、数据智能 DIP、管会平台、内存多维数据库。上层应用包括采购共享、商旅共享、生产制造、研发及服务、财务共享中心、司库、税务共享、HR 等不同领域的应用系统。市场运营包括用户体系、企业注册、申请试用、下载安装、应用上架、版本更新、售前 POC 等企业在不同阶段的平台应用需求。

元年方舟企业数字化 PaaS 平台拥有云基础技术平台、低代码平台、数据中台、AI 中台、多维内存数据库等多个模块，可帮助企业有效提升研发效率，融合内外部业务系统，打造以数据为中心的全域业务体系，全面升级企业前端应用，助力企业数字化转型。

1. 元年方舟企业数字化 PaaS 平台主要组成部分

1）云基础技术平台

云技术正在迅速取代传统的 IT 架构，尤其是基于容器、微服务为核心的 PaaS 平台的成熟和普及，为 IT 系统的构建和运维提供了全新的模式和效能。为了提升 IT 对业务需求的响应度，快速响应需求变化，实现新业务的上线应用，IT 需要基于敏捷迭代的方式进行系统建设，支持业务用户自建简易系统，降低业务试错成本。

同时，整合企业内外部各类 IT 能力、资产和数据，使得更为复杂、新型的业务模式创新在 IT 层面得以支持。IT 部门也需要云化思维，以业务运营视角进行 IT 解决方案的设计与系统建设，实现未来的业务重用，实现服务与数据的沉淀，如图 10-3 所示。

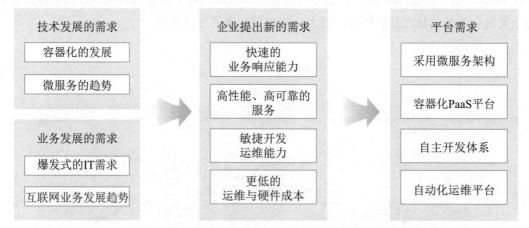

图 10-3　基于云平台的资源整合能力

元年方舟云基础技术平台旨在从技术角度出发，将"大智物移云"等新技术进行封装和整合，提供简单、易用、快捷的应用技术基础设施的能力，提供微服务治理、容器编排及管理、CI、CD 提供了统一的队列、调度、日志、缓存、数据管理等能力，支撑企业构建业务中台、数据中台、AI 中台等，如图 10-4 所示。

元年方舟云基础技术平台是 100% 的云原生，可实现开发运营一体化和服务治理可视化。

云原生技术包括容器、服务网格、微服务、不可变基础设施和声明式 API，同时支持公有云、私有云、混合云，以及先进的云原生业务中间件和基础技术架构，支持在公有云、私有云、混合云等各种不同云环境下部署，也支持基于本地服务器、虚拟机、超融合等环境下部署。元年方舟云基础技术平台通过技术易用性和开放性实现快速增长的正向循环，推动企业业务全面上云，大幅降低企业 IT 开发和运维的成本，提升业务创新效率和产业价值。

元年方舟云基础技术平台以 DevOps 为理念，结合敏捷的软件开发实践，有效促进开发（应用程序 / 软件工程）、技术运营和质量保障（QA）人员之间的沟通、协作与整合；同时，持续集成与持续交付提高了公司对市场的响应速率和软件交付的质量。将应用系统的声明性基础架构和应用程序存放在代码版本库中，使用代码管理来加速和简化应用程序的部署和运维任务，实现一个完整的端到端的交付流水线，提高业务的敏捷度，增加企业的市场竞争力。

元年方舟云基础技术平台提供开箱即用的一站式全方位的监控采集、检测、告警、处置、展示和通知能力，满足不同的监控场景需求，可实现服务治理可视化，确保监控的及时性、准确性、智能化，为在线业务保驾护航。

云应用			
多租户 多租户数据库管理 多租户企业管理	API网关 API授权管理 API策略管理	授权 应用授权管理 引擎授权策略	应用市场 应用模板管理 应用多端支持

基础技术平台				
队列 队列SDK 发布订阅 队列落盘 队列补偿 消息幂等 消息鉴权 消息追踪 多租户支持	调度 调度SDK 任务注册 任务监控 任务Cron 任务结果 任务日志 多租户支持 任务集群	日志 采集管理 日志模板 日志查询 日志链路 日志预警 审计日志 租户日志 日志清理	缓存 缓存SDK 分布式缓存 内存缓存 缓存策略 私有缓存 流量监控 多租户支持 ……	数据库 动态路由 数据监控 数据分片 数据缓存 冷热备份 数据备份 多语言支持 读写分离

云原生技术底座				
微服务 服务注册 服务发现 服务网关 流量管控 降级熔断 链路跟踪 服务容错 服务通信	CI 空间管理 项目管理 流水线管理 流水线插件 流水日志 流水视图 环境管理 授权管理	CD 节点管理 模板管理 中间件管理 应用管理 成品管理 自动扩缩容 部署管理 一键部署	监控 可视化图表 智能预警 日志监控 编排监控 追踪监控 流量监控 自定义监控 自定义采集	容器 镜像仓库 容器编排 弹性扩缩容 故障转移 配置中心 存储管理 秘钥管理 端口监控

公有云、私有云、混合云

图 10-4　云的技术资源整合封装能力

2）低代码开发平台

低代码是传统软件开发逐步优化和演变的产物，并非全新革命。传统的开发方法过于昂贵和僵化，无法为企业提供所需的高效和敏捷的开发流程，且交付周期长、定制能力弱，难以应对不断变化的市场和客户期望，为提高软件开发效率，对代码进行模块化封装的低代码产品进入开发者视野。

低代码开发降低了应用搭建的门槛，减轻了对专业工程师的依赖，让业务部门用拖拽的方式自行搭建应用平台，满足业务部门的个性化需求，降低人力成本，减少与 IT 部门反复沟通的流程，缩短项目整体开发周期。在后期运维上，低代码平台的迭代速度快，灵活性更高；并且低代码平台支持跨平台部署应用，能实现不同系统间数据联通，如图 10-5 所示。

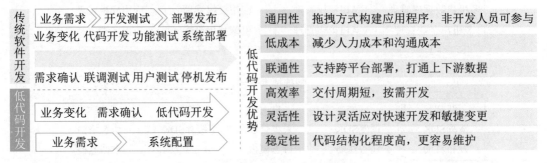

图 10-5　传统开发与低代码开发的对比

元年方舟低代码平台旨在从技术与模型层面支撑企业数字化转型，对象化、元数据驱动、智能知识图谱描述了企业中各种复杂实体，并打通了不同业务系统之间的边界，在企业中引入拥有理解、推理、学习和交互能力的智能业务系统，快速构建业务中台、数据中台、AI 中台，从而实现企业战略目标。

元年方舟低代码平台提供了模型驱动开发的模式，按照向导式的方式快速配置，降低了开发者的门槛；从数据建模开始，提供了业务对象、页面设计、规则引擎、流程引擎、业务流设计、集成平台、开放平台。业务需求直接体现在数据模型与页面逻辑设计中，支持企业数字化应用根据业务需求快速响应。其整体功能架构如图 10-6 所示。

低代码平台	应用商店	采购、销售、合同、项目、人事、行政、生产、供应链、协同办公等业务应用	智能制造、贸易零售、IT互联网、教育培训、物业租赁、连锁餐饮、房地产、金融等行业应用	研发体系 DevOps CICD
	通用能力	统一门户　通知消息　待办中心　授权中心　应用管理　个人设置　实时监控		二开规范
	设计能力	页面设计器　Dashboard　首页设计器　卡片设计器　表单设计器　元年组件库　多终端适配		开发脚手架
	引擎能力	规则引擎　流程引擎　模型引擎　主数据引擎　集成引擎　国际化引擎　社交化引擎		研发规范
	元数据驱动	元对象　Rest API　对象集　数据库结构　配置迁移　动态建模　多版本管理		部署/升级
	微服务底座	服务注册　配置中心　链路跟踪　服务熔断　API网关　容器化　服务管控		技术框架

图 10-6　元年方舟低代码平台功能架构

3）多维内存数据库

元年方舟多维内存数据库是一种基于内存技术，可以实时进行数据读写访问的 OLAP 系统，具有非常强大的商业建模能力。企业无须构筑庞大的数据仓库，便可通过一个统一的平台实现计划、预算、预测、分析和报表等财务绩效管理功能。

元年方舟多维内存数据库是元年科技自主研发的 MOLAP 数据库产品，是一款高性能内存数据库，运行在 Linux 系统上；具备实时数据回写、实时聚合、实时业务规则计算、快速即时分析、What-if 分析、维度和成员无限制、业务驱动等特点，可满足企业进行预算、预测、合并报表等业务场景。

元年方舟多维内存数据库具有强大的建模能力、计算能力、数据存储能力、事务、运维监控容灾等核心技术能力，不仅支撑了数据库的基础功能，也提供了非常灵活和健壮的整体系统的扩展性、高运维、高可靠、高集成度等特性，如图 10-7 所示。

图 10-7　元年方舟多维内存数据库功能架构

- 应用层：元年方舟多维内存数据库可以对接元年方舟的管理会计系统、智答系统、BI 分析工具等，同时无缝对接第三方的数据库工具（建模工具、数据服务工具、Docker、Office 等），建立起全面强大的 OLAP 生态系统。
- 接口层：元年方舟多维内存数据库中的标准 API 接口层负责向外部提供对接标准，

不管是通过标准的 XMLA 接口，还是通过以 JSON 方式接入的多维内存数据库，都可以使用多维内存数据库提供的强大功能。

- 管理模块：事务模块负责数据库中的事务机制管理，完整地支持事务的 ACID 特征；用户权限管理提供了多用户操作数据库的权限控制机制；高可用提供了数据库安全可靠的容灾机制，同时 Docker 的弹性计算也向用户提供了更快速的计算方案；运行监控服务于整体系统，使用户可以全面地掌控整个数据库系统；经过优化的内存管理机制可以随时释放及回收不再使用的内存，从而降低数据库系统的整体内存占用率。

- 引擎层：元年方舟多维内存数据库的 MDX 引擎提供了对标准 MDX 架构的支持，从而可以支持外部的数据分析工具、应用、Office、管理端等；规则引擎提供丰富的计算规则函数，包含专业的业务函数，同时脚本引擎提供了专有的脚本语法，二者共同完成了多维数据库的计算功能；聚合引擎负责聚合函数核心算法处理。

- 数据层：元年方舟多维内存数据库的核心内存数据存储树便在这一层，同时向上层提供了统一的数据驱动接口，上层模块可以通过该接口轻松地使用内存树，同时数据在内存的缓冲处理也在该层中完成。

- 存储层：元年方舟多维内存数据库的存储层可以在外部磁盘上存储所有的多维数据库的对象数据，以及事务和操作等数据信息。

4）数据中台

以数据中台为基础的数据处理引擎将位于企业应用的核心，是确保企业数据能够持续应用的一套经营管理机制。元年方舟数据中台的定位是让数据应用更敏捷、更准确、更智能。

更敏捷：使用数据就像逛超市一样，业务用户可根据需要查询和使用数据，做到数据应用场景快速搭建和试错。

更准确：依据数据治理原则，通过数据治理体系和数据资产管理平台双管齐下，全面确保高质量的数据结果。

更智能：大量内置算法模型方便构建智能化的数据应用，如数智化运营中智能监控预警、智能生成决策方案等，使数据应用更加智能。

企业借助数据中台可以盘活全量数据，用数据资产为业务赋能；借助数据中台的数据开发和治理，进行业务感知和商业洞察；借助数据中台的数据和算法，不断进行商业模式的进化。

元年方舟数据中台可实现对企业全域数据的统一管理，将企业基础主数据、各系统业务数据、运营数据、用户行为数据、运维监控数据以及外部的互联网数据，通过大数据平台的数据集成、数据存储、数据处理、数据建模、数据服务和数据运营等能力，为企业构建完整全流程的大数据平台。同时，数据治理平台将贯穿整个数据平台建设，形成企业级的数据资产，为企业数据资产化到资产服务化保驾护航，如图 10-8 所示。

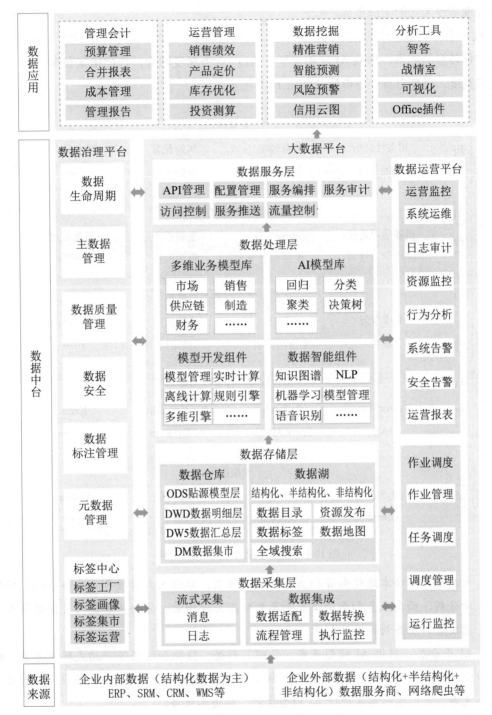

图 10-8　元年方舟数据中台功能架构

5）AI 中台

元年方舟 AI 中台是融合面向分析、面向业务和面向决策的智能一体化方案，支持业内主流 AI 中台的功能模块和机器学习、深度学习模型，支持根据业务需求进行灵活开发，提供可视化在线预测和归因分析功能，具备本地化部署和 AIaaS 解决方案，可以与其他业务系统实现非侵入式的无缝集成。

AI 中台帮助企业唤醒沉睡的业务数据，让企业更多地参与 AI 模型的生产，从源头上抓住数字化转型的先机。借助 AI 应用模型让 AI 与业务深度融合，持续拓宽和深挖 AI 业务的广度和宽度，提高自身业务价值，如图 10-9 所示。

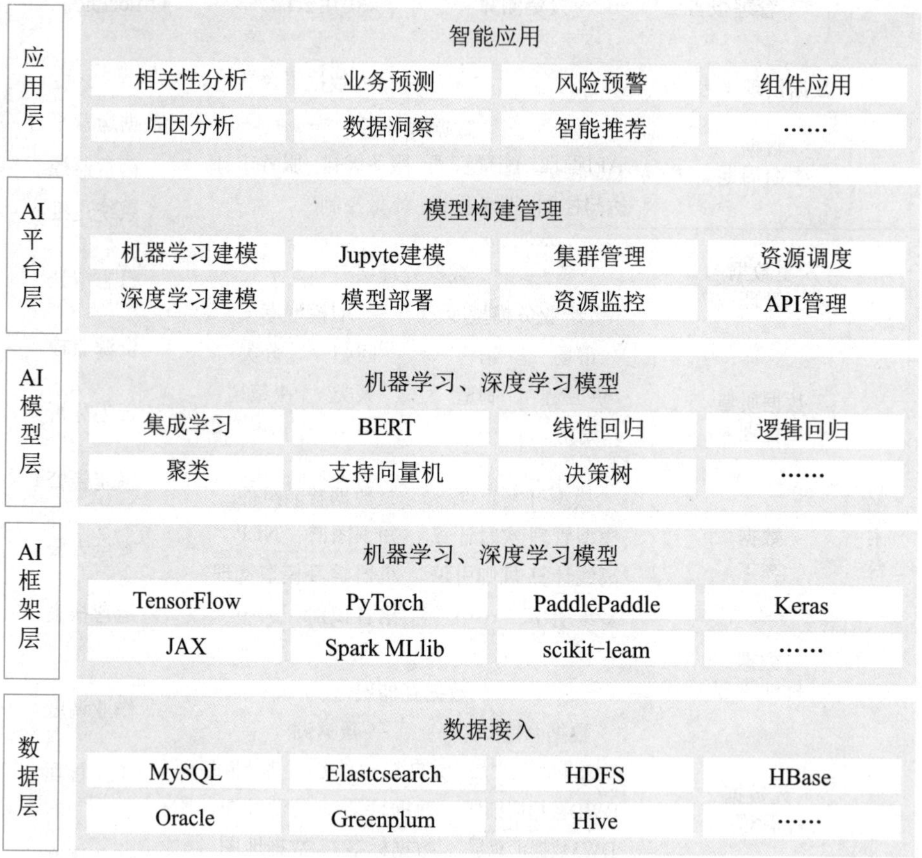

应用层	智能应用			
	相关性分析	业务预测	风险预警	组件应用
	归因分析	数据洞察	智能推荐	……
AI平台层	模型构建管理			
	机器学习建模	Jupyte建模	集群管理	资源调度
	深度学习建模	模型部署	资源监控	API管理
AI模型层	机器学习、深度学习模型			
	集成学习	BERT	线性回归	逻辑回归
	聚类	支持向量机	决策树	……
AI框架层	机器学习、深度学习模型			
	TensorFlow	PyTorch	PaddlePaddle	Keras
	JAX	Spark MLlib	scikit-leam	……
数据层	数据接入			
	MySQL	Elastcsearch	HDFS	HBase
	Oracle	Greenplum	Hive	

图 10-9　元年方舟 AI 中台功能架构

- 应用层：融合本地化部署和 AIaaS 解决方案，非侵入式对接各类业务系统，提供面向分析、面向业务和面向决策等各类智能应用场景，为企业各类人员提效降本、归因决策和业务创新提供支撑。
- AI 平台层：提供 AI 模型开发、管理、部署、监控和注册等一站式解决方案，赋能企业自主研发 AI 应用，降低部署成本，提高模型复用，加速业务响应，提升硬件利用率，无门槛一站式进行 AI 模型生产、部署和服务。
- AI 模型层：采用 AutoML 进行自动化数据处理、特征编码、模型训练和超参优化，提供场景丰富的机器学习模型和开箱即用的深度学习组件资源，可根据业务类型和复杂度，多种算法同时建模，满足企业各类业务需求。
- AI 框架层：全面支持各类型深度学习和大数据机器学习框架及多种开发支持环境，统一协调，稳定支撑不同的业务应用场景，满足不同环境下 AI 应用的开发和部署需求。

● 数据层：支持元年方舟数据中台和各种类型数据库的数据接入，能够对数据进行采集、开发、治理、共享及数据安全与隐私建设，为上层人工智能的场景赋能做好高质量、高效率的数据准备。

2. 元年方舟企业数字化 PaaS 平台优势

元年方舟企业数字化 PaaS 平台具有五大基础：云基础技术平台、低代码平台、数据中台、AI 中台、多维内存数据库，如图 10-10 所示。

图 10-10　元年方舟企业数字化 PaaS 平台的优势

1）平台完整性

元年方舟以低代码平台为基础，以云基础技术平台为保障，涵盖数据中台、AI 中台和多维内存数据库，形成了一体化全覆盖的企业级 PaaS 平台。通过统一交互中心、统一权限管理、统一网关、统一配置管理、统一监控中心，保证在分散的微服务架构下形成统一的用户体验。基于完全云原生架构，实现核心能力完全微服务化，全面支持基于容器的分布式部署，支持公有云、私有云和混合云部署方式。

2）完全自主可控

元年方舟企业数字化 PaaS 平台全系列产品在技术上完全自主可控，不存在套用任何第三方产品的情况。元年方舟企业数字化 PaaS 平台拥有一体化的产品架构设计，一站式的部署、构建、运行和运维能力。

3）复杂业务场景支持能力

元年方舟企业数字化 PaaS 平台对大量复杂业务场景的支持，既提供面向非专业人员的可视化环境，也提供面向专业人员的高度定制化环境，形成快速建模、数据分析、智能服务等多种能力，建设交易 - 分析 - 智能一体化的新一代数字化应用。

4）无限应用创新

在元年方舟企业数字化 PaaS 平台的基础上，可以建立无限的创新应用，实现数据驱动、技术赋能和生态共赢，支持企业全方位的数字化转型需求。

5）用户体验驱动

元年科技基于 22 年的行业深耕，形成"管理咨询 + 软件 + 信息化服务"一体化解决方案，拥有众多基于其 PaaS 平台构建的超大型客户案例，真正在客户第一现场磨炼了自身的产品。元年科技始终坚持"客户至上、客户需求至上"的原则，通过其平台的整体能力为企业客户打造完整的解决方案和信息化平台。

3. 元年方舟企业数字化 PaaS 平台价值

（1）升级架构。保持 IT 架构领先，元年科技协同提供技术输出，引领企业信息架构建设。

（2）降低成本。降低研发与实施成本，提高研发与实施效率，统一研发技术栈。

（3）赋能业务。支撑企业创新业务，打通内部数据壁垒，赋能企业中台战略。

必须认识到的是，云计算在中国大型企业的应用还集中在 IaaS 层和少量的 SaaS 应用，完整的企业数字化的核心架构尚未完全形成，业界还在探索和实践当中。即便如此，大型企业以 ERP 为核心的信息化架构，向数字化架构转型过程中，基于混合云的开放式架构也将扮演重要的角色。

传统信息化架构中以 ERP 套装软件为核心的烟囱模式存在流程断点和数据孤岛，无法适应数字时代业务敏捷性、弹性及动态组合能力的要求；也不符合云计算趋势下的服务化和组件化的技术趋势。企业数字化建设需要新一代的基础技术能力支撑，符合云原生架构，打破系统模块烟囱模式的边界，能有效实现能力复用、数据和流程的打通。

ERP 作为企业信息化的核心，它的基础能力是企业运营所必需的。传统 ERP 套装软件的封闭式架构制约着与外部系统的有效集成，偏事后的数据处理机制，在实时处理大量业财数据方面存在天生的障碍。随着周边业务的数字化加速，核心 ERP 的升级改造势在必行，它将沿着核心能力服务化、加强流程和数据集成能力、融合大数据处理能力等方面持续进化升级。

混合云因为具有能够综合平衡公有云的便捷与私有云的安全，以及可以融入不同云厂商的优势，正在被越来越多的企业应用。混合云将成为企业数字化基础设施的主要形态，主要有以下原因。

（1）依托公有云建立内外连接是数字化转型的必选项。在线连接是数字化转型的核心特征，企业打破传统 ERP 的内部围墙，建立与外部客户、渠道、合作伙伴、供应商、政府、金融机构之间的在线连接，提高运营效率，积累数据，发掘数据价值是不可阻挡的趋势。在这个趋势下，公有云端的连接能力是企业数字化转型绕不开的话题。

（2）公有云的云原生能力不断完善发展，为企业提供更多数字化能力。随着 SaaS 等数字化生态的不断发展，云原生的计算能力将越来越丰富。各种开箱即用的服务能力会不断涌现，诸如语音识别、图像识别、位置计算、票税自动化、供应链在线交易、金融业务、电子合同、电子档案处理等能力都会以公有云的方式提供给企业应用。不断应用 SaaS 化的公有云服务是企业建立外部连接的必然趋势。

（3）大中型企业应用和数据私有云的需求不会消失。大中型企业私有化的内部流程和数据安全需求不会随着公有云 SaaS 应用的不断丰富而消失。企业核心竞争能力的差异化，必然导致应用、流程需求的差异化，标准的公有云应用无法完全匹配企业业务模式、运营模式和管理模式的个性化需求。企业对于自身应用模式、流程、数据安全的需求不会消失，甚至对于数据资产的私有化和安全诉求会变得越来越重要。

（4）公有云、私有云、多云并存，打通是必然趋势。如前所述，由于业务和技术原因，采用公有云、私有云混合方式来部署不同类型的应用是必然趋势。那么引入多家云供应商的产品和服务自然也无法避免，随着数字化建设的不断深入，公有云、私有云并存，多个云服务供应商并存也会成为必然。利用统一的 PaaS 工具管理混合云、多云环境下的计算资源，开发部署跨云应用，解决不同云端应用的互访问和互操作就是一个绕不开的技术话题。

综上所述，企业的核心能力需要可控、安全和可持续的运营。在云计算的大趋势下，公有和私有、标准和个性、开放和安全的矛盾会长期存在。混合云模式提供了企业将所需的外部服务更好地融入它们的运营环境的技术能力，无须暴露内部基础设施和企业数据，就能同时与外部保持高效安全的应用和数据连接。因此混合云必将成为绝大多数企业数字化集成设施的标准形态。

10.1.3　混合云的应用趋势

混合云不是简单的公有云和私有云的叠加，或者多个厂商产品的简单混搭。混合云技术在企业数字化应用中将有如下发展趋势。

1. 跨云统一管理和高速集成是混合云成功应用的基础

为了避免多云间的技术差异代理和管理成本的增加，混合云需要有统一的管理平台，打通整合多个云环境，保持多云一致性的管理体验，这对企业走向混合多云非常重要。部署在多云间的应用和数据也需要具有高速访问的通道，以避免不同供应商间造成新的业务流程和数据孤岛。

2. 按需计费模式将不断降低混合云应用成本

企业对于计算资源的需求是不断波动的，按需计费方式既可以保障计算资源的敏捷性和弹性，又可以使计算成本最低，充分发挥云计算的优势。

3. 标准化应用与个性化需求的分离，满足企业差异化竞争需求

未来混合云基础设施上运行的应用形态也会发生较大变化。定制化的系统会被局限在少量新型应用中，而基于 PaaS 平台和标准化 SaaS 的新型应用会越来越多。这些平台和 SaaS 服务混合部署在公有云和私有云环境中，将会成为未来企业数字化应用的重要特征。服务商提供的标准平台和产品，与为了满足企业个性化需求的定制代码，会借助云原生、微服务的架构优势进行隔离和组合，降低平台和应用的持续升级的成本，保障应用体验的持续提升。

4. 计算与数据的分离是企业安全的基本保障

数据资产是企业未来的核心资产，数据资产的安全是企业安全的重中之重，而云计算提供的云端可扩展的算力，不断升级的算法和模型又是能够充分发挥数据价值的重要工具。因此，在混合云模式下，算力、算法、应用与数据的分离会随着数据价值的不断发掘而成为一种标准模式。

5. 分布式的数据整合将成为混合云模式下数据平台的新形态

应用多云和跨云部署必然会导致数据分布在不同的环境中，传统的数据仓库、数据湖、数据中台等技术在数据集成和治理过程中，普遍采用数据搬运方式，这种方式会带来较大的数据存储和时间成本。同时，因为数据搬运也会带来一些数据差异问题，使得决策数据的实时性、准确性存在一定风险。

随着数字化基础架构的不断升级，企业数据治理体系逐渐深入，数据治理工作将不断前移到业务应用端，保证应用数据质量更高，更加面向分析和 AI 模型。利用数据编织等更高效的数据处理技术，数据的搬运量将逐渐减少，数据处理的速度和实时性会大幅提高，分布式的数据集成和整合会成为混合云模式下数据中台的技术发展趋势。

综上所述，企业的核心能力需要在安全可控、可持续的环境下运营。在云计算的大趋势下，公有和私有、标准和个性、开放和安全都需要得到兼顾和平衡。混合云模式提供了企业将所需的外部服务更好地融入运营环境的技术能力，无须暴露内部基础设施和数据，又能同时与外部保持高效安全的应用数据连接，成为绝大多数企业数字化集成设施的标准形态。

10.1.4　PaaS 平台是数字化的基础

以云原生、微服务理念为基础，元数据驱动、业务对象建模为核心的数字化 PaaS 平台日趋成熟，呈现以下五大发展趋势，如图 10-11 所示。

图 10-11　数字化 PaaS 平台发展趋势

1. 适配混合云架构

适配混合云架构是未来数字化 PaaS 平台发展的重要趋势。"PaaS 平台 +SaaS 订阅 + 定制化服务"的全新在线服务模式支持在企业数据中心、私有云、公有云间的混合部署，让企业兼顾云服务的算力伸缩性和私有数据中心的安全私密性。

2. 打通底层能力，形成可组装的业务引擎

数字化转型的痛点不仅仅在于业务流程无法重塑，还在于底层引擎能力分散在各个系统中，无法形成合力来支持构建数据驱动型的新业务应用。PaaS 平台在混合云架构的基础上形成统一的技术底座，在元数据层之上构建可以互联互通的低代码建模能力、大数据处理能力、多维分析能力、数据智能、AI 建模能力。

PaaS 平台内置 AI 建模能力，结合大数据处理、数据增强分析技术形成解决方案，帮助企业落地大数据应用。由此，在 PaaS 平台上创建业务应用时，可以使用通用的引擎能力进行快速组装，如图 10-12 所示。

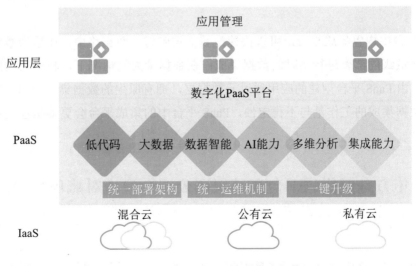

图 10-12　基于 PaaS 平台的技术架构

将各种底层能力内化、融合和打通，并在此基础上构造可拼装、可组合的能力组件，形成统一部署架构和统一运维机制，在混合云架构上持续成长，这是未来数字化 PaaS 平台的技术发展方向。

3. 打造极致的用户体验

随着数字技术的发展和业务系统的完善，企业数字化转型的重心已经从注重交易转移到提升客户体验上。通过优化每个互动触点的使用体验，把用户从价值交换者转变为价值共创者。

PaaS 平台提供了客户自定义首页、表单页面设计、图表分析、社交化交互、数据增强分析等面向终端用户的能力，由 PaaS 平台制作而成的用户终端页面都是高度可配置，面向每个用户自定义其个性化视图与工作台；结合业务场景融入数据驱动，提升可配置可扩展的用户体验。

4. 融入外部生态，建设开放平台

PaaS 平台具备"开放平台"的特性，可将企业自身数字化服务与外部生态相结合，将生态伙伴的 SaaS 服务与自身 SaaS 服务相互融合，给企业再次深度创新创造条件，形成在线的数字化生态优势。

PaaS 平台作为数字化转型的核心，需要提供标准通用、易于接入的开放平台，既可以接入到社交化生态中，也允许商业合作伙伴们通过标准开放平台更容易地实现互联互通，紧密协作。

5. 内置集成平台，集成多方系统

基于专业应用系统解决专业需求的原则，未来的 IT 架构一定是由多个来源的专业服务共同协作构成的，一部分由外部接入，另一部分则是在企业 PaaS 平台上自建而成。如何利用已经运行多年的 ERP 系统、多个系统之间的数据打通与集成都是企业数字化转型中非常现实的问题。

PaaS 平台中内置集成平台，可以快速配置数据映射、数据路由，在适当数据量的情况下，通过轻量级的部署进行实时的数据集成；在数据量大的情况下，利用大数据平台进行数据处理。由 PaaS 平台创建的应用通过元数据层，拥有原生的数据集成能力，在实践中会大大减少数据集成的工作量与不稳定性，PaaS 平台中的集成平台会更多担任企业数据总线的作用。

10.2 元年方舟低代码平台在某集团公司全渠道对账项目中的实践

10.2.1 项目背景

某集团公司在 2016 年提出了"单聚焦，多品牌，全渠道"战略，业务极速增长。全渠

道销售对于各销售渠道对账存在以下问题。

1.线下渠道门店对账

（1）人工对账，耗费时间多。

（2）对账差异重度依赖财务人员的责任心，人员调岗或离职会对企业产生较大的影响。

（3）总部无法实时监控。

2.线上渠道门店对账

（1）海量账单，手工处理，解析工作量大，每年规模不断上升，量级超过当前工具承载量。

（2）业务复杂，账单费用类型不断新增，场景繁杂，对账差异定位依靠员工经验，核查成本高，时效性低。

（3）内控风险高，人工核对，准确率不可控且无系统监督财务对账及时性。

10.2.2　项目目标

（1）流程。建立标准化对账流程，实现流程透明化，降低工作交接成本。

（2）运营监控。通过建立统一的对账平台，实现对（门店 / 区域 / 品牌）账进度的实时监控、稽核。

（3）降低成本。通过系统可配置化，降低变动成本；通过系统自动化对账 / 入账，提升对账效率；通过系统的可追溯性，降低核查成本。

（4）标准化。通过建立统一的对账模型，实现数据标准化；通过建立自动授权、主数据同步生成、对账源数据自动推送，构建新门店推广标准流程，如图 10-13 所示。

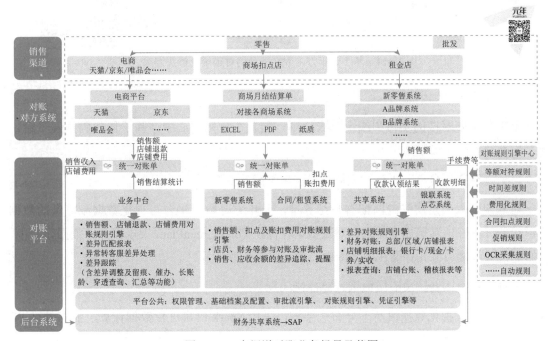

图 10-13　全渠道对账业务场景及蓝图

10.2.3 项目痛点

痛点一：开发周期短。项目涉及的需求多，任务重，开发时间短。

痛点二：对账单格式多。线下对账面对全国众多不同的合作商场，对账单格式不统一，存在上百种的对账单样式，对账内容也各不相同。

痛点三：大量的业务规则。不同的平台有不同的对账要求，对账规则多样化、复杂化；如果采用传统开发技术来实现项目，开发量大，交付速度慢。

痛点四：海量数据处理。电商对账需要处理海量的平台账单数据和业务交易数据，以往基于 Excel 的对账方式受限于工具的性能瓶颈，效率低下。

10.2.4 解决方案

基于元年方舟数字平台的对账场景解决方案如图 10-14 所示。

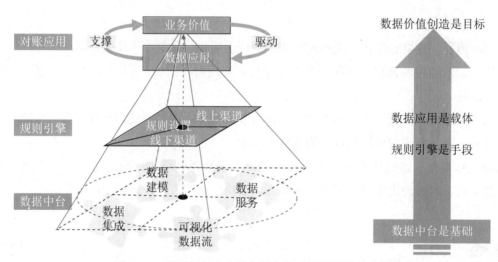

图 10-14　基于元年方舟数字平台的对账场景解决方案

1. 建立对账规则中心

整理某主要对接的实体和线上对账规则，配置在规则中心中，基于低代码开发平台快速二次开发实现对账规则应用。

2. 通过数字平台可视化数据流解决对账规则漏斗筛选

对账规则需要层层筛选匹配客户结算单，元年方舟数字平台可视化数据流提供的数据管道功能可很好地满足规则需求，对账数据存储在 GP（GreenPlam 大规模并行数据库）中，规则通过服务接口方式存储在关系库中，进行多表关联计算。

3. 通过数据中台解决海量数据计算性能问题

数字平台可视化数据流基于分布式架构，采用 Spark 语言进行数据计算，能够处理 PB 级数据，在秒级返回查询结果。

10.2.5　成果和收益

1. 商场扣点店：线下数据线上化，差异追踪、管控要求

（1）实现各商场结算单采集形成统一的对账单并进行对账规则校验。

（2）实现一张商场结算单按门店对账、统一开票。

（3）实现差异台账线上管理，并与日常对账建立差异核销 / 新增差异关系。

（4）实现对账差异实时追踪与监控，为门店 / 区域 / 总部分级业务监控提供有效手段。

（5）线下渠道商场对账单，用户提单至开票通过可在 5 天内完成。

2. 线上电商渠道：集成各平台数据，提升入账自动化率，提升差异追踪监控能力

（1）通过数字化手段，集成内外部数据，减少人工传导数据。

（2）提高核算入账自动化率，快速响应交易场景改变。

（3）支持人工干预入账处理。

（4）汇总生成入账明细表并推送共享进行后续账务处理。

（5）线上渠道数据对账系统自动匹配比率达到 98%。

10.2.6　低代码平台在某集团公司全渠道对账项目的价值

在该项目中，按照传统的开发流程，评估的工作量为 934 人天，通过引入低代码平台，评估的工作量为 266.5 人天，降低了近 70%，其主要价值体现在以下四个方面。

1. 提高开发效率、降低开发成本、提高可复用性

利用元年方舟低代码平台基于元数据驱动的模型驱动开发设计理念，能够实现快速交付、快速迭代。基于元年方舟低代码平台的元对象、业务对象可配置的建模能力，在对账数据模型创建、业务建模和用户 UI 构建上的效率得到较大地提升，提高了 IT 团队对业务需求的响应速度。

2. 可视化的开发能力，降低技术门槛

以可视化的方式构建前端界面和用户交互行为，减少了对专业开发人员的技术依赖，更好地赋能企业内部 IT 运维人员，甚至是业务部门的用户。

业务处理逻辑可视化构建：基于规则引擎的可配置化能力，能够快速便捷地完成业务规则的系统实现和以后的频繁变更。

3. 充分利用企业 IT 基础设施，实现标准化运维

基于云原生的体系架构，使得该项目构建的应用可以快速部署在自建的私有云上。这样，一方面充分利用了现有的 IT 基础设施能力；另一方面未来在应用的构建、分发和交付上也能够遵循整个云平台的运维规范实现标准化运维，从而降低运维成本。

4. 大数据处理能力

利用元年方舟数字平台的数据处理能力，提供海量数据存储、数据编排和跨平台集成能力，实现与内部自建的大数据平台集成，突破传统应用开发平台的大数据处理能力瓶颈，来从容应对电商业务海量的交易数据处理。

10.3　元年共享交易平台

"一切业务数字化，一切数字业务化。"以往传统的成功业务模型，正在被数字创新所摧毁。企业必须创造一个适应于数字时代的、弹性可变的数字业务平台，一个数据和技术强化的共享业务平台。业务数字化分为三个阶段。

第一个阶段是实现业务交易的在线化和自动化，不仅是要把前端销售、物流线上化，更要考虑把后端的财务、采购、内部资源配置与前端的新型商业模式进行匹配。

第二个阶段是实现业务经营管理的数字化和智能化。业务交易在线化使企业沉淀了大量业务数据，流程透明化为业务活动的过程管控提供了便利。通过引入物联网、AI、RPA、云端协作等技术来升级业务管理系统，企业不仅能高效完成跨部门全流程的智能化业务协作，还能辅助企业内部管理部门实现业务管理的不断优化，实现销售、生产、采购、商旅等全业务流程可控，计划可自动执行，决策可及时落地。

第三个阶段是实现业务发展的平台化和场景化。企业在融合技术、聚合数据、赋能应用的数字系统的支撑下，建立跨产业链的感知、收集和利用数据的能力，突破传统的业务边界，创新业务场景，成为价值创造平台，为行业客户、消费者、合作伙伴、供应商、员工等提供支持和服务，并通过与客户互动，实现产品优化、迭代，更好地满足客户需求，不断打造极致客户体验，推动业务快速发展。

数字时代，系统需要打通内部流程，连接外部生态，形成全价值链、数据驱动的运营和决策能力。基于上述理念，企业数字化转型引领者元年科技旗下元年共享交易平台打通了业务、税务、财务之间的数据流程，实现了从销售到回款、采购到付款、费用管控、计划分析等多个业务领域的应用能力，如图 10-15 所示。

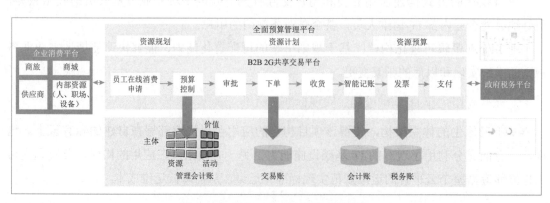

图 10-15　元年 B2B 2G 共享交易平台

费用管理平台致力于为企业打造支出管控及费用报销的智能化管理，打通"预算 - 申请 - 消费 - 报销 - 支付 - 入账"全流程。

商旅管理平台纵向连接供应商，提供机票、酒店、火车票、地面用车等产品，横向打通"消费 - 审批 - 结算 - 入账"全流程。商旅在线消费可以为企业提供机票、酒店、火车、用车、餐饮等不同类型的资源。优质的资源能够为企业带来价值，主要体现在三个方面：

（1）高效，通过元年科技一站式的综合服务平台来提供汇总价格信息，省去在各个平台或者软件当中切换来进行比价采购；

（2）稳定，为企业提供从外部到内部全流程的战略管理服务；

（3）灵活，商旅管理平台采用了现在的三方模式来搭建供应商体系。商旅管理平台的全程服务，可以从企业开始考虑内部商旅管理咨询服务一直到系统上线以后，企业的行政、财务、采购和出行人在系统上进行操作，实现了全程服务覆盖。

采购管理平台涵盖企业商城、供应商管理、寻源、招标、供应链协同等一站式智能采购管理。在线采购能够帮助企业轻松应对物资品类繁多、采购的业务流程长、寻源难、降本增效的挑战。采购管理平台带来六个方面的价值提升。

（1）品类，能够解决全品类采购管理。

（2）流程，从电商接入，到需求提报和招标管理，再到供应商协同网络等采购全流程。

（3）资源，采购管理平台内嵌了行业中的最优资源，大大降低了企业的寻源成本。

（4）模式，能够提供多种最新的数字化采购模式，供客户进行选择。

（5）行业，采购管理适用于多个行业。

（6）应用，采购管理将最新的技术创新和采购应用紧密地结合在一起。

税务管理平台通过自定义的多维度、钻取式的统计分析能力，通过"票税一体化"平台来提升税务分析的管控与决策力。税务平台可完成发票的线上验真、认证等，也可以直接连通税务接口进行发票开具。

财务管理平台打造自动化、智能化的全模块财务应用，统一企业的回款确认及应付结算流程，生成应收、应付账款账龄分析报告。

销售管理平台为企业打造从销售到收款的集中管理。

元年共享交易平台整体功能框架如图 10-16 所示。

10.4　数据智能平台

为了解决业务急速扩张带来的财务处理能力不足的问题，实现决策者实时获取准确业财数据的需求，支持管理者和业务人员实时"看数据、查业绩"的期望，元年科技通过结合 BI、AI、RPA、数字平台、知识图谱、移动互联等技术，帮助通威股份有限公司（简称"通威股份"）构建了其数字化转型的核心基础设施——数智运营中心，构建了面向未来的

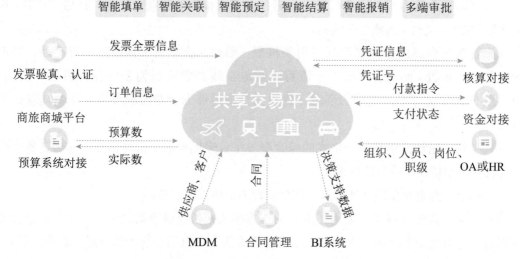

图 10-16　元年共享交易平台功能框架图

"实时在线、数据驱动、智能运营"系统架构，使得财务越来越智能化、敏捷化。通过构建智能财务体系来解决企业短期需求和长期发展相结合的问题，让 IT 系统真正发挥了支撑战略转型、引领业务变革、促进管理创新的重要作用。

10.4.1　数智运营中心的系统框架设计

在数字化转型总体战略指导下，通威股份设计和规划了以"四个中心一个平台"为核心的数智运营中心系统架构，如图 10-17 所示。

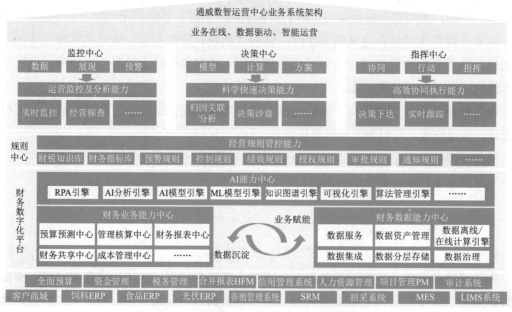

图 10-17　通威数智运营中心业务系统架构图

1.一个平台：财务数字平台

财务数字平台作为通威数智运营中心的核心平台系统，提供数字化转型的基础支撑能力。在财务数字化平台上构建了财务业务能力中心、财务数据能力中心和 AI 能力中心，为通威数智化运营提供可灵活组合的基础能力支撑。

- 财务业务能力中心以现代化架构的数字平台思想构建基础能力单元，为前端业务提供预算预测、财务报表、管理核算、财务共享、成本管理等各类财务基础处理能力支撑。通过能力单元的灵活组合，可以快速搭建符合创新业务要求的各类应用系统。

- 财务数据能力中心以数字平台的数据底座为基础，为财务提供完整、全面的数据支撑能力，实现业财数据的统一管理，为各业务单元提供数据支撑，包括数据集成、数据分层存储、数据资产管理、数据离线 / 在线计算引擎、数据治理、数据服务等系统。

- AI 能力中心提供人工智能支撑能力，各 AI 子系统为前端业务提供智能分析、数据挖掘、数据模拟预测等功能，实现各业务的自动化和智能化。AI 能力中心包括 RPA 引擎、AI 分析引擎、AI/ML 模型管理、可视化引擎、知识图谱、算法管理引擎等子系统。财务数字化平台还提供低代码开发、流程引擎、表单引擎、权限引擎、微服务管理等基础技术组件，以支撑通威创新业务场景的支持能力。

2.四个中心：规则中心、监控中心、决策中心、指挥中心

规则中心是智能运营中心的管理中枢，主要是对与业务管理紧密相关的政策、规定、策略等进行数字化转化，形成数字化管理的基础规则库，以及基于知识图谱的知识库和财务指标库等规则系统。数字化管理规则是实现业务自动化、规则化、智能化的驱动基础。规则中心提供各类的业务处理策略和规则，包括财税知识库、财务指标库、预警规则、控制规则、绩效规则、授权规则、审批规则、通知规则等内容的统一管理。

监控中心、决策中心、指挥中心是数智化运营的核心，以数字化、智能化驱动各类业务、财务管理场景，以"数据＋模型＋算法"的方式实现问题发现、策略匹配、最优推荐、辅助管理决策、任务精准下达等过程的智能化。其中，监控中心为业务管理者和决策者提供各类分析模型和数据分析工具，在业务发生过程中实时进行数据监控和探索，以规则中心的控制规则、预警规则、财务指标库等规则为标准进行比对，从而发现经营异常、业务问题和运营风险，实现对异常业务的预警预测。在发现经营问题后，决策中心通过分析模型和数据分析结果，通过规则中心匹配财税知识库中的解决方案，运用数据模拟、决策沙盘等方式找到多种可选的解决方案及策略，为企业管理者提供定量化的决策方案。最后，管理者通过指挥中心，将最终选择的方案及策略通过平台将业务指令直接下达到各业务系统，触发相关业务流程，实现从决策到执行的自动化、信息传递的零失真，保证决策能够最大化执行。

10.4.2　嵌入 AI 智能分析工具，实现 AI+BI 的增强分析能力

1. 应用 AI 技术（NLP、机器学习、知识图谱和语音认知）

传统财务 BI 工具在通威股份已应用多年，但是其体系架构复杂、报表输出慢、不能快速响应需求变化、用户操作不方便、维护复杂等问题非常突出，而管理层的要求是报表提供更实时、数据分析更智能、经营决策更科学、业务驱动更快捷，对数据经营监控、决策分析的要求已远远超越 BI 系统的支撑能力。

2019 年，通威股份发起了中国第一个"基于 AI 的数据问答应用项目——小通问答"项目，其应用架构如图 10-18 所示。该项目通过分析自然语言，确定搜索关键词，动态地构建查询语获取相关数据，向用户展示可视化数据分析视图。小通问答创新性地将 NLP、机器学习及知识图谱等技术与公司传统 BI 分析相结合，通过用户与 PC 或手机的自然语言问答交互，以类似搜索引擎的检索方式，快速、准确地展示可视化分析视图，改变了原本需人工取数制作报表的交付模式，数据分析更加日常化，提高了经营管理的决策效率，提升了企业数据使用的体验。

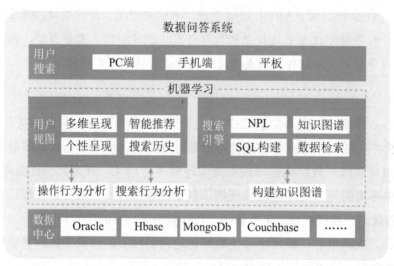

图 10-18　小通问答应用架构

2. 数据智能在通威股份有限公司落地的应用场景

- 问答式搜索：与搜索引擎操作方式相同，用户在搜索框内输入想要搜索的内容，系统展示相应的数据分析视图。支持以自然语言方式输入搜索内容。自然语言分析是数据问答的重要组成部分，是问答式交互的基础。

- 关联指标对比分析：除精准匹配出关键词相关的数据外，还应带出与指标有关的对比指标数据并进行对标分析（如销量对比的指标是考核销量，销量增长率对比的指标是行业增长率等）。

- 智能推荐：根据不同用户的行为挖掘生成用户画像，结合知识图谱、用户权限，为

每位用户提供个性化的推荐内容，极大地提升用户的数据分析效率（如搜索"华西片区今年的销量是多少"时，可根据不同用户、不同业务领域、不同数据权限等条件向其推荐相应的内容）。

- 智能纠错：用户在输入关键词时，可能会存在错别字，如语音输入时会出现同音不同义的字词。系统提供智能纠错功能，依据现有词库、标签、用户过往行为分析，结合 AI 技术为用户推荐出正确语义或接近正确语义的标签，在用户选择标签后，为之展示相应的数据分析视图。

10.5　AI 在企业场景中的应用案例

在智能化技术突飞猛进的时代，如何搭载技术迭代的高速列车，真正用技术为企业创造价值，一直是企业数字化和智能化的核心问题。智能化应用程度已经成为企业突破业绩瓶颈的重要指标，企业面临一系列抉择：如何从业务数据中洞察关键性的决策信息？如何高效、低成本地进行人工智能应用开发？如何将智能应用无缝地部署到现有的业务系统？智能应用多了以后该如何管理？

基于现代化架构的数字平台的 AI 引擎就提供了这样一种技术平台，可以帮助企业唤醒数据的价值，利用无代码技术让企业从源头上抓住智能化的先机，助力企业重新发现业务，进行提效和创新，拓宽和挖掘业务的广度和深度。

数字平台为企业智能化提供了无代码开发平台，提供了纵向和横向两个维度的支撑，为企业落地智能化应用提供了强大的无代码平台和可落地的多种应用场景。

10.5.1　无代码的自动化平台

基于数字平台的 AI 引擎的愿景就是为不同类型的企业用户提供不同的建模平台，特别是面向业务人员，推出了无代码的向导建模方式，让业务人员可以方便地使用最先进的技术来解决身边的问题。平台提供 AutoML 流程，包括以下三个方面。

1. 无代码建模平台

AI 是一门跨学科技术，AI 的工程化落地需要算法工程师、业务人员以及前后端工程师组成的复合团队，人才和硬件投入都比较高。对于处在数字化转型期的企业来说，企业更加关注的是业务转型和场景优化。算法的实现过程包含数据清洗、缺失值处理、特征提取、特征编码、算法设计、算法开发、优化、部署和监控等，平台将建模过程的复杂性隐藏了起来，用户可以快速实现智能应用，将应用部署的工程化周期从传统建模的几周缩短到分钟或小时级别。

2. 自动化模型调优

如何找到最优模型一直是困扰人工智能领域的难题，而这些问题需要具有专业知识才能解决。一方面，从数据角度来看，现实世界的业务数据非常复杂，不同业务数据不满足同分布，即使同一业务数据也存在长尾分布；此外，小样本、数据不平衡、数据缺陷也会让模型难以获得优异的精度。另一方面，人工智能模型的参数众多，同一套参数的模型在不同业务间的迁移性很弱，在海量的超参数空间训练模型则需要大量时间成本。平台提供了多种数据增强和参数优化方法，可以在不耗费大量训练资源的情况下，为用户提供最优的资源，而不需要用户面对专业的算法技术。

3.模型部署和解释

用户创建的模型可以很方便地部署成应用，并对外提供诸如归因分析、模拟预测、多组时序预测、模型部署、服务监控等服务。AI 平台的最大价值在于将企业的核心业务和繁杂的建模过程高效解耦，用户只需要聚焦于业务本身。AI 应用可以快捷地帮助用户完成数据处理分析并给出决策参考。例如，对于海量 SKU 的销量预测，AI 平台会提供包括周期性、趋势性和季节性的演化；对于通用的算法场景，AI 平台提供基于博弈论的 Shapley 指标进行归因分析，具有比较好的业务解释性，让业务人员对业务具有更好的感知和理解。

10.5.2 可落地的多应用场景

根据数字平台中的 AI 引擎在领域和行业内的落地化实践，我们将应用分为三类场景。

（1）面向分析的场景。主要针对企业内部的分析型数据进行建模，这是企业里应用最广泛的场景。

（2）面向决策的场景。一种复合场景，需要结合企业知识和业务常识，进行决策和创新。

（3）面向业务的场景。主要针对企业的流程或任务进行建模，旨在帮助企业提高效率、降低成本。

以广告转化预测、客户聚类分析、销量预测、回款匹配为例，我们从数据处理、建模调优、模型应用角度来看一下 AI 在各场景下如何应用。

1.场景一：广告转化预测 + 归因分析

对于广告转化来说，如何有效地投放广告、提升广告转化率是公司的关注重点，这涉及广告卖点、广告形式、投放网站等因素。我们通过数字平台上的 AI 引擎进行敏捷建模、创建实验，上传广告转化数据集，根据提示进行数据处理和特征筛选。

然后进行算法设置，可手动选择算法、参数和评价指标或使用平台默认设置，之后即可开始训练。训练完成后可通过创建应用进行归因分析和模拟预测。

归因分析使用瀑布图表示，上升表示特征对目标的正向贡献，下降表示特征对目标的负向贡献，由此可知不同特征对目标的贡献度，并可进一步下钻分析影响因素。在本例中，卖点是对广告转化率正向影响最大的因子，进一步了解哪种卖点最重要，可知用户更倾向于直降满返。由此，业务人员可根据归因分析决定广告投放策略，并且可以在模拟预测中通过调整投放策略来查看预计的转化结果。

2. 场景二：客户聚类分析

在营销场景中，客户分析可以帮助商家划分客户等级、根据客户特点有针对性地制定营销策略。利用数字平台上的 AI 引擎对客户进行分析，首先如前面所说上传数据集，在做特征选择时可以剔除如客户 ID 这种对聚类没有价值的特征。模型选择聚类算法，进行训练，然后创建应用，即可查看聚类结果。

例如，某企业通过对营销数据进行聚类分析发现：A 类客户最近一次的消费基本在两天以内，金额分布在千万元以上，近 3 个月内的消费次数为几千次至上万次，说明这一类用户流失率低、购买力高、忠诚度高；B 类客户最近一次的消费在 1～4 个月，消费金额在 9000～90 000，过去 3 个月累计消费 5～20 次，这类用户购买力和忠诚度都不高，决策时可以对这部分客户减少营销资源的投入；C 类客户的消费次数少但消费金额大，最近一次消费在 2～60 天，营销时需要重点提高他们的复购频率。

3. 场景三：周销量预测

销量数据集为某店铺脱敏后的公开数据集，数据包含以周为单位的日期列、节假日列（表示是否在当周有节假日，节假日会对某些商品销量有影响）、店铺 ID 列、部门 ID 列和周销量列。通过建模分析，可以对历史销量进行周期性捕获、发现节假日对销量的影响，并对未来销量进行预测。

建模过程仍然是上传数据集后进行数据处理和特征选择，在建模时选择时序算法。在算法中可以选择参数或自动调参，选择节假日，以及是否添加事件如（促销、清仓）等。然后进行模型训练，完成后创建应用准备预测销量。

在预测功能中选择所需预测的时间段后，即可显示历史数据的周销量图。预测完成后，周销量图会新增预测结果和误差范围。对于历史数据，数字平台提供时序分解，用户可以查看销量趋势、周周期、月周期、季度周期或年周期，并且可以查看节假日对销量的影响并进行模拟预测，从而根据预测安排供货或促销。

4. 场景四：智能回款匹配，无侵入接入业务系统

智能回款匹配是一个典型的财务运营场景：企业和客户的账务往来形成了应收账款的台账池，而客户的每一笔银行转账，都需要系统来确认它对应哪一笔应收台账。智能匹配算法会对候选台账的金额、客户名称、回款日期等进行匹配，快速锁定银行流水所对应的应收台账。

例如，某大型企业 1 个月的台账数量可能达到几千单，手工匹配 1 笔台账平均花费 10 分钟，而使用智能回款匹配规则 +AI 的方式匹配一笔台账只需要 2～3 分钟，可以节约约 80% 的时间，每月可节省 400 个工人，效果非常可观。

第 11 章
数字化转型的发展趋势

本章既是对前 10 章内容的概要总结，也是对企业未来数字化转型发展趋势的系统论述。11.1 节论述了企业现代化架构的数字平台的技术组成，与企业融合发展的场景趋势，构建用户视角一朵云的方法。11.2 节论述如何基于现代化架构，基于技术、数据驱动转型过程的数字化力指标体系的定义和评价，重点论述现代化架构对企业价值创造的思维方法。11.3 节描述了数字化服务是做强做优做大数字经济的新路径。

11.1 "平台 + 服务"——企业数字化建设新模式

以云计算、大数据、物联网、人工智能、5G 为代表的 Cloud 2.0 新技术集群的融合发展，形成了现代化架构的数字平台，推动着技术范式转变，并与各行各业广泛渗透和融通，成为新工业革命、企业数字化转型的主要驱动力，是改变传统生产、生活及交易方式的产业变革的新动能。云计算是数字时代的系统工程，它既是数据底座，也是各种新技术的融合平台。在此基础上与行业知识、业务融合封装为应用服务，即所谓的一切皆服务。这是未来数字化发展和运营的新模式。

11.1.1 "平台 + 服务"成为大企业数字化转型 IT 建设新模式

"平台 + 服务"模式是通过现代化架构的数字平台来提供公共服务和能力，应用按需调用资源和能力。这种模式简化了集成、管理工作，提升了应用开发的敏捷性，推动了应用构建的快速迭代。

"平台 + 服务"的模式简化了开发、运行和部署，促进业务快速创新：

- 共享平台环境：业务应用基于共享的平台环境进行构建、运行和管理。
- 服务沉淀共享：平台是数字化技术共享的核心关键，将企业的数字化应用的共性需求进行抽象，以接口、组件的形式共享给业务单元使用。
- 持续运营优化：公共服务需要持续的积累和更新，不断接纳新的技术组件，接入领域公共服务，通过运营持续优化用户体验。

平台驱动的持续创新力：打破边界，整合共享。现代化架构平台已经成为业务增长和创新的主要来源；平台在短时间内跨越各种边界，高效有序地组织、调动、整合了社会各类相关资源，并有效地帮助分工协作。

唯有现代化架构平台赋能企业、行业，才能真正实现数字化转型的内涵和奥义，也就是所谓的内部垂直集成、与客户的水平集成以及对生态的端到端集成，推动构建企业数字化能力。这是企业在数字时代立于不败之地的制胜法宝。

平台经济和平台模式是数字化转型和落地的主要实现方式。对位于行业龙头的大企业而言，需要转型成为行业性的和社会化的平台，最终形成生态链，从而保持行业领袖地位。对于行业内的中小企业来说，则要成为行业平台上的专业化生态合作伙伴、平台上的功能组件，让自身的价值在平台上占据重要一环，在平台上形成生态协同能力。

未来五年，大型企业 IT 投资中约 20% 将用于公共平台（云设施 + 公共技术平台）建设。在数字化转型背景下，中国电力建设集团有限公司建成了基础数字平台，中国石油天然气集团公司打造了云技术平台，深圳市机场（集团）有限公司打造了机场数字平台，华为技术有限公司（以下简称华为）打造了 HIS（Huawei IT Service）数字平台来支撑数字化转型。华为通过构建 HIS 数字平台，为数字化转型构建了强大的底座，将华为多年转型的经验和数据沉淀在平台中并封装为能力服务，使之能被各个业务场景灵活调用。其关键举措有：统一管控、架构治理、数据管理、安全策略、资源管理等。

11.1.2　混合云——云计算的后浪，在数字化转型过程中占主导地位

通过笔者多年的观察和研究，混合云将是数字化转型的主要架构平台。人们期望从混合云中获得理想的速度、出色的控制和改进的安全性。从市场层面来看，逐渐消失的互联网上云红利和公有云寡头时代的到来，以及混合云自身在安全性、合规性、自动化管理等方面的不断改进，也让多云和混合云迎来了发展良机。

- Gartner：2020 年以后，90% 的组织将利用混合云构建基础设施。
- IDC：85% 的受访企业表示已经开启上云之旅，69% 的组织采用多云战略。
- Forrester：混合云日趋成熟，企业计划在未来一年迁移更多的敏感工作负载。
- 华为云：云云协同战略，华为混合云 Stack，HCS。
- 元年科技：元年方舟平台基于云原生的底层技术，充分支持各大云厂商的公有云、私有云和混合云部署，通过元年方舟数据底座来提供大数据处理和数据治理能力，同时内置了 AI 引擎、算法和建模能力。

通过混合云可以加强 5G、边缘计算、AI 和云的融合。有了 5G 和边缘计算，企业可以把计算和数据存储放在更靠近数据产生的地方，更加容易地用数据产生的洞察结果来实时指导行动。新的边缘和电信网络云解决方案是基于混合云构建的，使客户能够在任何地方运行工作负载。从数据中心到多云再到边缘，这就是前面所讲的云 +AI+5G 新技术融合发展所呈现的新动能。

混合云是企业 IT 演进过程中的重大范式转变。当这一现代化架构出现并被广泛使用时，它将改变一切。它将重写 IT 系统的基本行为和假设，并重新定义组织创建和交付价值、运作、竞争和交易的方式。混合云在平衡成本、可控性和速度方面，可满足多种场景需求。例如，能源行业在公众服务、交易环节、AI 大数据模型开发等领域采用混合云模式：伍德赛德石油公司将 20 万传感器数据与 AWS 混合，进行大数据分析，辅助故障预测等；欧洲

天然气交易平台 PRISMA，基于亚马逊公司的开发和部署；中国石油化工集团有限公司基于混合云架构，打造易派克电商平台。

混合云应该具备可自动化运营和运维、资源和流程统一管理的解决方案，并且可以实现在多云之间按需编排云资源，使数据和应用能够在不同的云平台上共享和协同。

混合云不是公有云与私有云的简单组合，而是基于统一架构的云底座，让客户本地订阅公有云服务，并支持通过云联邦实现租户跨多云使用全栈云服务和资源。通过把与公有云同构的软件堆栈部署在企业数据中心内，企业可以根据业务需求将应用负载分布部署在公有云和自有数据中心，且能享受同样的云服务体验。

企业级的混合云方案应该具备以下四个关键能力。

（1）资源的整合和统一管理能力。混合云方案最基础的能力就是能够提供资源的整合和统一管理。

（2）数据的一致访问和协同能力。数据只有在流通中才能体现其价值，因此一个能为企业带来价值的混合云方案应该打破数据孤岛，解决数据的流通问题，实现数据的共享和协同。

（3）高效的联通和安全合规能力。混合云的内、外部之间需要安全和高传输效率的物理及逻辑网络连接。

（4）推动企业生态发展和创新的能力。当企业的基础架构从传统架构逐渐转为云架构时，需要快速构建与之匹配的新生态，这样才能保证业务的持续发展和创新。

1. 案例分析：混合云"统一管理＋三大使能"构筑国网数字新基建核心底座

- 集团＋省网，一级运营两级运维，分权分域管理，全网版本同步更新。
- 数据使能：提升新能源消纳，节省电力投资，端到端数据集成、开发、治理以及质量管理，30+异构数据源接入，通过拖、拉、拽的方式无代码开发。
- 应用使能：物联管理平台，让 App 从"雕版印刷"实现"活字印刷"。
- 整体规划统一的云架构，形成集团和各省物理分散、逻辑统一的一朵云：
  - 内外有别的运营策略，内网三地数据中心云节点统一运营，省公司云节点由各单位分级运营，外网实现中心统一运营。
  - 三地数据中心，实现数据级＋应用级异地容灾，实现总部及省公司系统纵向集成。
  - 数据集中共享，充分挖掘利用。

2. 案例分析：混合云打造智慧招商局

根据招商局集团统一的规划设计，基于混合云解决方案，通过一体化的技术路线管理、云化治理体系，按照分步建设，迭代建设的方式，实现了支撑业务运营、职能管理、客户营销、生态关系等云服务，全面助力招商局产业互联网转型。招商云是一个混合云架构的企业云平台，IaaS 层由基于自研的私有云和四朵外部公有云组成，并由混合多云管理平台进行统一管理；PaaS 层由 K8S 容器平台、移动开发平台、物联网平台等组成；SaaS 层主要由直接赋能二级公司的应用系统构成。

11.1.3　云原生实现应用和基础设施解耦，加速业务创新

企业在数字化转型的过程中，将基于云原生的技术、架构和服务来重新定义和构建企业应用，这些应用组件松散耦合、弹性、可组合。云原生技术也是实现混合云架构方案的最好选择，为企业的开放创新不断创造价值。

云原生提升资源利用率，应用交付速度和服务共享，加速企业创新和数字化转型。据统计，新增的云原生应用在新增应用的占比在 2024 年将达到 60%。

云原生是企业智能升级新阶段。企业云化从“On Cloud”走向“In Cloud”，成为“新云原生企业”，新生能力与传统业务系统有机协同，实现资源高效、应用敏捷、业务智能、安全可信。新云原生企业既需要让新生能力生于云、长于云，把 AI、大数据、边缘计算、视频等新生能力用于企业，同时也需要继承和发展既有能力。十年云计算浪潮下，DevOps、容器、微服务等技术飞速发展，云原生成为潮流。云原生是企业数字化转型的基础，企业需要建立云原生优先的战略，构建一体化全栈云原生平台。因此，企业可以通过混合云来拥抱云原生优先战略，加速各行业数字化转型和智能化升级。

11.1.4　数据成为企业战略资源，数据底座支撑数据治理

企业从只关注数据的某个方面到关注全生命周期的数据管理，再到数据治理工作的体系化开展，其间，数据资产、数据架构、数据应用获得了更多关注，以大数据和数据仓库为核心的数据底座成为了基础能力。

企业数据治理的主要任务是将数据转化为资产、建立数据架构、推动数据应用，建设企业的数据底座；通过数据底座建立数据隐私与安全、汇聚、主题血缘和应用生态能力，满足业务对数据的应用，助力企业走向以数据为驱动的先进企业。

数据治理是释放数据要素价值、推动数据要素市场发展的前提与基础。数据治理并非只是一个技术问题，而是为了解决业务需求，必须邀请业务部门共同参与，制定数据采集、存储、应用、流转等相关流程规范。企业须结合自身的业务特点、组织架构、数据管理现状建立数据治理体系，统一数据标准，提高数据质量。比如覆盖全业务域的元数据梳理就涉及多个业务部门、多个业务系统以及多个供应商，在有限的时间里，需要协调多方数据源头，投入较大成本。

在实践过程中，要加强数据治理和数字平台一体化建设理念，摒除先建数字平台，后进行数据治理的“外挂”式模式。在数字平台建设中，需要把数字平台建设与数据治理作为一个整体方案进行规划，并结合机器学习等人工智能技术，满足数据集成、共享、关联分析和应用的需求。

11.1.5　人工智能深入到全业务过程，云边结合加速渗透

领先企业使用人工智能、机器学习、机器人过程自动化等技术，尽可能多地适配应用场景，助力企业在生产、经营、维护、管理各领域实现业务过程自动化、智能化。云端训练，边端推理成为很多领域的主流形式，尤其在生产和服务等相关场景，云边结合推动着AI适配更多场景。

为充分释放AI的智能和混合云的敏捷性，可以将企业的多个系统编织成量身定制、更智能的业务，重点包括以下几个部分。

1. 以混合云架构快速构建从数据中心到边缘计算的敏捷IT环境

在混合云架构中，横跨多云和边缘计算的数据、应用都纳入到统一的数据管理平台之中，在统一的管理规则和运营机制下，确保不同企业应用产生的数据在不同运行环境下，能够得到及时收集、处理和应用，构建出敏捷的IT环境。

2. 无缝数据收集促进AI规模化应用，提高数据分析精度和预测准确度

数据采集的无缝连接，使得数据量和种类得到空前提高，大大满足了机器学习等AI应用对数据量的大规模需求，使得数据分析AI模型得到更加及时有效的验证和迭代，不断提升分析精度，助力对未来预测的准确度，提高企业智能决策水平。

3. 通过自动化和人工智能工作流程提高工作效率，提高检测、决策和行动效率

RPA等流程自动化机器人的大量使用，机器学习、语音图文识别、知识图谱等人工智能技术在各个领域的深入应用，大大提升了各类应用系统的感知和认知能力。AI引擎帮助企业唤醒数据价值，利用无代码技术让企业从源头上抓住智能化先机，助力企业重新发现业务，提效和创新，拓展和挖掘业务的广度和深度。迅速提高的工作效率使企业可以快速检测模型方案的可行性，及时修改优化行动方案，提升决策效率和准确性。

4. 主动协调、保护和管理数字资产，免受数据安全威胁

传统的信息安全往往追求将数据放在一个封闭的环境中，而在数据共享成为提升数据应用价值的大趋势下，数据安全应该包括防止数据被窃取、被滥用、被误用，提高数据的"保密性""完整性""可用性"。《中华人民共和国数据安全法》《中华人民共和国个人信息保护法》的颁布实施为规范数据处理活动、保障数据安全及个人和组织的合法权益奠定了法律基础，同时也对数据安全治理能力提出了更高的要求。因此，必须主动协调、保护和管理数据资产，充分利用整体有序的规模化AI应用创新，释放企业数据的潜能，帮助企业免受数据安全威胁，实现数字化转型。

5. 机器学习从数据中心延伸到端、边缘

之前业界的AI应用多是一种产品，用于解决某个层面的具体问题，而未来对于企业及AI已经不是简单的应用创新，而是贯穿于混合云平台的一种能力，帮助企业实现规模化的

AI 应用。这不仅仅需要包括对架构的理解和其他方面的专业知识做支撑,机器学习将从云端延伸到边缘端。数据正在爆炸式增长。今天,1 小时产生的数据,比 2000 年全年产生的数据还要多。未来 3 年内产生的数据,将比过去 30 年的还要多。例如,科学研究人员、制药公司、政府和医疗机构将所有资源转向疫苗开发、新的疗法,以及其他帮助人们对抗疫情的手段。

我们需要有处理海量数据的能力。无论是医疗还是别的什么应用,处理所有这些信息的唯一实际方法,就是使用数据摄取和聚合工具,与机器学习模型相结合,帮助我们理解这些信息。因此,毋庸置疑,机器学习在 2022 年已经成为主流。

机器学习历来是一个计算量很大的工作负载,只能在最强大的硬件上运行。但是随着软件和芯片技术的进步,情况正在改变。通过组合使用多种技术,软件和硬件在边缘端适配,可以发挥出比以往更大的作用。

云向边缘端不断地推进,将有更多行业和政府机构加速采用机器学习。在制造业,机器学习将融入生产线,实时发现生产异常。在农业领域,机器学习可以帮助农民更明智地使用宝贵的资源,例如土壤和水。

综上所述,我们可以确定 AI 正逐步变成一种云平台的服务,AI 的能力长在混合云上。AI 可以帮企业解决实际问题,实现 AI 的规模化应用。首先在现代化层面,AI 可以加速整合管理,实现从公有云到私有云到边缘计算的混合云基础架构;其次是企业就绪的 AI,也就是将人工智能应用在全业务层面;第三是自动化,将自动化贯穿于企业的整个业务流程;最后是安全,将安全策略和人工智能战略结合起来。

11.1.6　工业物联网应用深化给生产运行、维护带来更多价值

工业物联网是物联网技术在工业领域的深度应用,包括将具有感知、监控能力的采集、控制传感器或控制器、移动通信、智能分析等技术不断融入工业生产的各个环节,大幅地提高制造效率,改善产品质量,降低产品成本和资源消耗,给生产运行和维护带来更大价值。

与传统物联网不同,工业物联网具有实时性、自动化、嵌入式(软件)、安全性和信息互通互联性等特点。比如,智慧点检系统让设备"开口说话",让点检人员实时了解设备运行状况,实现远程监测、预测故障并实时派发工单,减少设备故障率;通过 5G 技术实现了钢厂天车的远程操控和无人操作,让员工远离高危环境,提升工作效率;通过现场传感器采集设备应力波能量、振动、温度、压力、流量、电流等数据进行全面的在线监测、建模和分析,提取出相应的故障特征,并进行故障诊断,实现无须停机就能得知机械的损伤位置和程度。

工业物联网并不独立于商业运营之外,工业物联网方案必须嵌入企业的业务流程及工作过程中,实现物联网解决方案、业务流程和工作流的集成,这也是基于现代化架构平台的。

综上所述，企业基于本节所描述的现代化架构平台，实现"上云用数赋智"，需通过数字化平台所提供的数字化服务（包括完整的、端到端的工具，从数据存储到计算、分析、AI 创新），利用广泛和深入的云服务，凭借在数据领域的产品创新与前瞻眼光，围绕为客户创造价值的价值链主线，让企业实施现代化的端到端数据集成战略。

11.2 数字化力——数字时代企业的新动能

企业数字化力是数字科技快速发展和深度应用赋能企业的必然体现。数字化力是在新 ICT 技术与实体经济以前所未有的广度和深度融合下，以数据为关键生产要素，驱动人类向数字化、网络化、智能化发展的动力。数字化力也是第四次工业革命的主要推动力，在为数字经济带来指数级增长的同时，永久地改变着物质世界的运转方式和运转特性。在数字时代背景下，企业加快获得信息的速度，把握市场的力度，在高度不确定的市场环境中做出决策，并在时间与空间上围绕数字化力展开竞争。

11.2.1 数字化力概念表述企业的数字化能力水平

数字化力这一概念是笔者通过二十余年来对新技术和企业信息化、数字化的深入研究和实践过程提出的一个表述数字时代企业竞争力的概念。数字化力试图通过底层技术、数据的融合、聚合，驱动企业全方位成为智慧企业的指标体系。这个体系是可以从技术到企业价值能力提升过程进行量化的指标体系。企业的数字化力用来衡量企业是否具备技术领导力、业务创新力，明确通过构建统一的数据底座和云化数字平台来承载数字技术，为转型提供技术驱动力，包括应用现代化、数据治理与分析、AI 使能、资源与连接、安全与隐私保护等。

在数字时代，非连续变化或者说是跳跃式变化的特征加剧了不确定性，而数字化力的主导地位就表现在通过对数字化信息的及时获取、有效控制和高效利用，降低或消除不确定性，并将数字化信息转化为物质和能量，进而为企业构建持续发展的动力、持续盈利能力和品牌影响力等。任何组织都是一个耗散系统，不断与外部进行物质、能量的交换，以寻求发展壮大，而数字化力使得这种交换更加快速、便捷、高效。在信息爆炸的当今社会，数字化力存在于各种类型组织，如个人、企业和政府。

一种成熟经济的长期增长是受技术进步所支配的，即所谓技术改变社会。数字化力以不断发展的前沿科技为动力，其典型代表正如我们在前面章节所阐述的以云 +AI+5G 融合新技术的 Cloud 2.0 数字平台，着力与产业深度融合，推动数字化、网络化、智能化，实现人、机、网三体世界（Cyber World）的交融，进而降低信息成本、增强发展质量和效益，并带来产业模式的变化。

与传统核心竞争力如专利技术、组织运营、人力资源等不同的是，数字化力具备显著的动态性。由于它的形成要基于外部环境和客户的大数据，所以数字化力本身就具有自组织能力，不断更新和迭代，从而具有生物的动态演进特点。相比较而言，企业传统的核心竞争力会因环境的变化而消失或产生刚性缺陷而有所不同，数字化力的动态性则能够在一定程度上避免这类问题，它可以使企业通过可持续创新活动，获得领先优势，及时适应动态的市场环境，从而在 VUCA［20 世纪 90 年代末期，美国战争学院在一份培训 21 世纪军官的报告中，预言了一个非常"波动、不确定、复杂和模糊"（Volatile, Uncertain, Complex and Ambiguous）的世界，简称 VUCA。20 年后，VUCA 不但已经成为世界秩序的常态，也成为了管理界的热门词汇，用来描述企业经营环境的本质。］环境中不断改进、重构并提升企业的市场竞争力。

11.2.2　数字化力的三维度量

数字化力可以从洞察力、协同力和敏捷力三个维度进行度量。基于这三种原子能力，可构建一个数字化力模型，如图 11-1 所示。

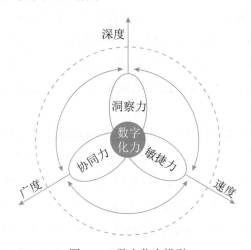

图 11-1　数字化力模型

- 洞察力：是企业内外数据集成能力的体现，指企业基于对数据的聚集、融合和分析而获得的对信息的判断能力和对市场、未来的预见能力以及客户响应能力。洞察力体现了数字化力的深度。它可以基于大数据分析，帮助企业进行预测和决策，感知客户行为和市场环境变化，进而洞悉市场趋势，把握商机。
- 协同力：主要是企业的端到端的数据集成和与客户数据的垂直集成能力的体现，是指企业在数字化运作过程中将内外部信息通过各种渠道进行相互传递、流动和集成共享，从而形成的跨所有客户触点进行渠道整合和链接的能力。协同力体现了数字化力的广度，即客户在各个接触点之间可以随时切换，如电子邮件、社交网络、网站、线下店铺等。各接入渠道之间服务信息互通、服务互补和信息共享，这使得行业边界越来越模糊，并衍生了场景生态。
- 敏捷力：是指企业为适应市场不断变化的需求而进行的业务创新、快速迭代所交付的能力。敏捷力体现了数字化力的速度和灵活性。迭代、敏捷、基于微服务、容器的企业 PaaS 已经成为企业敏捷开发的热点，这也是数字化力动态性和自我更新特点的来源，体现了数字时代对企业不断探索、加速创新的诉求。

对一个企业而言，数字化力的强弱和方向是由以上三个维度的原子能力的合力决定的。洞察力、协同力和敏捷力分别从深度、广度和速度三个维度对数字化力的含义进行了诠释和延伸，三者也可能会相互作用和影响，使得数字化力在不同企业或不同阶段呈现出独特的、差异化的表现形态。

11.2.3 数字化力的底层驱动

数字化力衡量一个企业是否具备技术领导力，明确通过构建统一的数据底座和云化数字平台来承载数字技术，为转型提供技术驱动力，包括应用现代化、数据治理与分析、AI 使能、资源与连接、安全与隐私保护等。因此，数字化力不是一个抽象的概念，它是数字时代所特有的一种新型企业能力，能够汇聚巨大的能量并释放威力。它的底层燃料包含数据、算法、算力、网络。数字化是在信息化的基础上把业务转化为数据，并以数据驱动业务的发展；算法和算力可以驱动业务流程，将系统智能化并协助企业开创新的业务模式；网络则通过信息技术的手段将系统、业务从线下逐步往线上迁移。实际上，数据、算法、算力、网络是对业务进行重塑的数字化力的原始动力，也是推动企业向数字化、网络化、智能化的方向演进的原始动力。

在数字时代，数据是与矿物和化学元素一样的原始材料或资源，而且由于数据具有不断更新的特征，它更像是流淌的血液，可以为企业带来各种营养。作为数据处理的软件和硬件，算法和算力体现了对数据资源的利用水平，也是体现企业数字化力的基础。

算法是数字化力的灵魂。算法迭代是从技术层面的创新到思维方式的转变，它意味着智能化乃至社会生态的无限可能。算法的"外壳"是软件系统，"核心"是对数据资源的有效运用。而算力则是数字化力的技术基础，其作用表现在运行时间减少、功耗降低、开发效率提高等方面。网络的高度渗透催生了计算能力的飞速提高。算法和算力既相互制约，也相辅相成。在数字新时代，超大规模、不断更新的大数据集将进一步推动算法的不断创新，并对算力提出更高的要求。

从对数字化力底层驱动的分析可以看出，数字化力能够协助企业持续完成大数据的采集和存储，然后开发相应的算法并运用算力对数据进行有效的搜寻、处理和分析，以期获得有价值的信息来辅助决策和动态适应市场，进而形成持续的竞争优势。该过程具有内生化性质，由于数据类型特点的高度异质性，导致数字化力的获得方式、路径都呈现出很强的个性化，因此企业数字化力很难被模仿和替代，并具有稀缺性。

随着传统产业全面数字化转型升级，通过封装数字化力的底层驱动可以构建现代化架构 Cloud 2.0 新技术引擎，如"5iABCD"等。这些技术融合形成核聚变驱动着企业快速增长，并为企业数字化转型赋能，裂变为企业新的商业模式和服务模式。比如亚马逊、BATJH 等互联网及科技公司，正在以"5iABCD"等 Cloud 2.0 创新技术颠覆传统业态，数字化力已成为这些企业新的核心竞争力。

11.2.4　数字化力的构建方法

　　自下而上分解数字化力可表现为通过基于云计算、大数据、机器学习等方式来提高企业的数据分析能力、智能化水平，进而提升业务创新和服务能力。事实上，数字化力是一个中间层能力，是一个企业核心能力的新引擎，通过底层数据、算法、算力、网络的驱动，形成洞察力、协同力和敏捷力三个维度。借助三个维度的能力，在分析决策、快速交付、场景触达、生态构建、智能服务等企业场景中呈现和发挥作用，如图 11-2 所示。

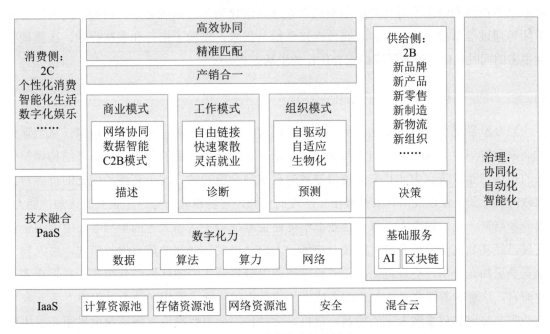

图 11-2　数字化力结构图

　　那么，如何构建数字化力？我们从数字化力的三个维度进行论述。

　　（1）洞察力的构建。利用云计算、大数据、人工智能技术实现企业的三大集成，在此基础上，企业可以建造用来解析未来场景的"望远镜""显微镜""透视镜"。企业依托数据描述、诊断、预测以实现智能决策，精准把握最具代表性的关键数据，并反向引导企业的数据产生、获取和分析。最终企业能够准确地洞察业务痛点、用户需求以及市场环境的变化，通过预判实现风险事前管控，提早调整业务方向，谋求市场先机。

　　（2）协同力的构建。数字时代形成了信息产生、传递和获取的全新方式，企业内部和外部的交互方式发生了根本的改变。这些变化为企业的流程、管理模式、业务模式的改善提供了空间。在此基础上，企业通过建立融入各种场景的触角，嵌入到各场景中去，从而突破原有的边界和局限性。此外，企业通过建立企业级 PaaS 平台，促进生态系统的改善甚至构建新的生态系统，为客户创造更大的价值。

　　（3）敏捷力的构建。数字时代在给众多行业带来挑战和改变的同时，对信息技术产业自身也带来巨大的影响，硬件资源组织、架构和软件开发模式发生了显著的改变。企业借助云计算、微服务等开放、平台化的技术架构以及更加弹性的软件开发模式，建立企业PaaS平台，发挥敏捷力的速度和灵活性，极大地缩短了产品推出和服务交付的时间，大幅度提升了企业的生产效率。目前，互联网公司广泛采用各种方式构建自身PaaS平台以获取持续的敏捷力，构建敏捷的技术团队阵型、弹性的试错机制和独立的考核机制等。

企业数字化力三个原子能力之间的相互组合和演化正影响甚至重构着行业的结构和生态。国际领先企业和互联网巨头们的业务创新和商业模式迭代更新正是数字化力演化的例证。随着行业竞争升级，企业在数字化力的助推下，其核心优势和路径选择在不断嬗变，从单个企业消除信息不对称的服务模式创新逐渐演化为生态系统之战。例如，滴滴出行和美团等通过信息技术构建平台，高效连接供给与需求，重构了出行和餐饮行业，在重构行业生态的同时也极大改变了我们衣食住行的生活方式。

11.2.5　数字化力对企业的价值创造

当今世界充满着各种变化。从传统产业经营模式到互联网＋和数字化转型；从全球化的高歌猛进到地缘政治带来的贸易保护主义以及对全球供应链的断裂；从经济结构调整带来的市场增速放缓到突如其来的疫情导致的严重现金流短缺，这个充满了变化的世界对国家政府、行业企业以及所有人都提出了严峻的考验，它将检验出每一个企业的认知、能力、素养和格局。我们每个人、每个企业都不可避免地成为了这场大考的参与者。中国的企业发展已经从如何快速地获取"政策、市场、人口、模式"红利的蓝海增长模式，进入到一个竞争更加充分的、更规范化的、考验管理能力等持续实力的红海经营模式。对于众多企业而言，这意味着即将进入加速淘汰或者加速升级的阶段。要想在这个过程中"活下来"，企业需要知道如何重塑未来的根基。危机过后，我们会更明显地发现商业世界正在发生重构。其实重构的进程早已开始，危机不过是一根导火索而已，是居安思危者的提醒，更是对企业面对"变化"所具备的战略高度、敏捷程度以及执行能力的一次检验。无论企业在之前的数字化转型和重塑过程中建立了何种程度的数字化能力，比如基于大数据、AI、混合云、物联网、5G、自动化、区块链等技术的各种能力，仍然需要审视这些能力是否在规模、速度和程度上足以支持企业持续的数字化重塑。任何磨难终会过去，战胜磨难的过程会给人们时间去检验、反思和规划，数字化力的概念正是为企业提供检验、反思和规划的方法论。

数字时代不仅带来了物质世界运转方式的改变，也改变着企业的商业模式，这种变化源于数字化力对价值创造、信息传递和分享方式的影响。数字化力使得数字科技与业务融合形成核聚变。数字科技与业务之间的融合，裂变为企业的不同业务价值，因而也使得数字化力强弱不同的企业处于不同的发展阶段。

基于笔者二十余年来对企业的深入理解的经验与认知，归纳出在当今VUCA时代企业需要具备的核心竞争力及科技赋能的三大数字化力（洞察力、协同力和敏捷力），通过数字平台再进一步裂变出企业的五种核心能力，即以客户为中心的洞察决策力（洞察力 - 深度）、智能应变力（协同力 + 敏捷力）、持续创新力（洞察力 + 敏捷力）、持续运营力（洞察力 + 协同力）以及敏捷执行力（敏捷力）。如何以客户体验为中心，基于现代化架构的数字平台来培育企业的五种核心数字化能力呢？笔者建议，企业可以从数据、智能、平台、持续、敏捷五个方面进行提升。

1. 数据支撑的洞察决策力

赢得信任、创造价值的数字时代，某种程度上来说是一个由数据和算力主导的世界。目前，全球的数据量已达到 44 ZB，各种呈指数级发展的新兴技术已经开启了可以充分发挥数据潜力的时代。

当危机来临时，我们无比清楚地感受到了数据及各种数据分析技术所带来的价值：从流动人员轨迹分析，到流行病确诊、疑似、密切接触者的动态检测；从危机爆发可能产生的结果分析，到医疗救援、物资调配的决策支持。真实有效的数据为危机防控和应对决策提供了坚实的基础。从危机爆发之初，各方从对有关数据将信将疑，到依赖数据进行应急风险管理，信任成为这次数据价值回报的“底色”。我们看到，从企业到管理机构，只要拥有足够的真实信息，就能做出合乎理性的判断并采取理性的行动。然而，当数据质量不能保证时，它也会带来误判并伴随各种风险。所以我们说，数据至关重要，但信任决定了数据的价值。

如果说危机之前，很多企业已经认识到了数据积累的重要性，那么，危机之后，企业将更注重可信赖的数据。过去，客户信任总是与品牌挂钩，现在信任则取决于数据。数据将成为新的信任载体，这主要包括三个方面：数据与业务战略的整合程度；最高管理层是否将数据视为战略资产；以及是否全企业都认识到了数据的战略价值。

整合业务与数据战略：

- 定量与衡量：数据与业务战略整合程度、是否将由数据视为战略资产的最高业务管理者提供支持、是否在整个企业业务范围内建立数据文化。
- 运用数据创造价值：通过数据创造价值的能力；访问、提取和关联数据的能力；利用数据发掘洞察能力。

为了充分发挥数据的战略作用，企业需要确保数据的质量，避免认知偏见。另外，领先的企业在共享数据的同时也需要降低在共享生态系统中数据交换的风险。企业要考虑共享哪些数据可以实现双赢，同时保留哪些数据作为自己的专有优势。总之，在当今的数字时代，数据为王。企业需要思考如何用数据成就信任——利用数据来赢得客户的信任，建立基于数据的决策文化，并善于在不丧失竞争优势的前提下，与生态系统合作伙伴共享数据，用信任创造更大的价值。

2. 智能的应变力

增强智能、人机协同、物理世界数字化、数字世界智能化是当今数字时代的典型特征。

在这次疫情中，人们看到了很多智能化的手段：远程遥控机器人可以进行远距离视频通信、监控病情、递送医疗物资；AI技术可以帮助医疗物资供应对接更透明、更及时……。人们看到了越来越多的有形机器人，而无形机器人的数量未来将会远大于有形机器人的数量，这些无形机器人就是我们说的智能化、自动化的工作流程。将人工智能融入基础的自动化流程能够有效提升工作效率。人工智能驱动的流程可以自动扫描数百万页的文档，所耗时间只是人类花费时间的"九牛一毛"。智能自动化系统的数据分析速度比人脑快25倍，可以24小时全天候不间断地运转，能够使用自然语言与员工和客户进行交流，并且理解的准确率令人惊叹。

世界经济论坛估计，到2025年，各行业的数字化转型可能为整个社会创造超过100万亿美元的综合价值。领先企业的CEO已经开始思考如何最充分地利用这些技术，加快人与技术的协同，打造智能化流程，提升企业对市场的应变能力。智能工作流就是企业从客户的角度，打造人性化的工作流程，提供客户需要的产品和服务。应用呈指数级发展的技术（如AI、区块链、物联网等），建立起高度动态化、智能化和端到端的工作流，来打破孤岛架构和职能边界，整合内外部的数据，并以迭代方式同时展开工作，最终发挥非凡的生产力和创新力。通过人工智能等技术，可以让流程具备自我意识，能够不断学习、优化。当日常活动实现了自动化处理，人就被解放出来，可以腾出时间去做更富有创新性的工作。另外，企业还可以利用智能工作流中经过梳理的数据，挖掘出最重要的价值池，帮助人们更有效、更及时地做出决策，从而创造更高的价值。总之，人工智能的技术进步将有力地推动工作流程、业务运营和个性化体验朝着更自主的方向发展。从某种程度上说，目前人们面对的这场危机可能是人工智能快速升级的新起点，它会迫使相关产业加快技术迭代和商业化推广。

3. 平台驱动的持续创新力

在数字时代，平台已经成为业务增长和创新的主要来源。当危机出现，各类大流量的在线购物、在线商务、在线娱乐、在线教育催生出了"宅经济"。在特殊时期，平台在短时间内跨越各种边界，高效有序地组织、调动、整合了社会各类相关资源，并帮助有效地分工协作。另外，特殊时期还催生出了新的平台业务模式，比如传统餐饮企业与互联网企业"跨界共享"。其实，平台经济从诞生之日起就从未停止过对社会资源的整合与赋能，平台经济不是互联网企业的专属产物，它更是每一个企业都必须重视的战略性议题。

从本质上说，平台战略旨在"打破边界，整合共享"。我们把平台分为内部平台和外部平台。内部平台打破企业内部的孤岛结构，打造新式规模经济，利用技能、智能工作流和数据发掘新的价值。例如，企业共享的采购平台、物流平台等，它们整合自身的资源和能力，为自身服务，实现降本增效。外部平台不仅打破了企业间的界线，有时甚至还能突破行业的边界、扩大业务范围。外部平台分为两种：第一种是产业级的平台，它整合自身的资源和能力，为产业服务，实现赋能创收；第二种是生态级的平台，它整合跨产业的资源和能力，为整个生态系统服务，实现共创共赢。从企业级的平台，到产业级乃至生态级的平台（也就是本书所论述的企业内部集成、外部集成到生态集成的概念），除了业务模式的演进之外，现代化架构的数字平台建设也是非常重要的基础。随着业务模式向平台演进，完善的数字平台成为企业推动平台战略的重要基石。我们把认知型企业数字平台转型过程分为三个阶段。

（1）平台建设期，即通过企业内部垂直集成，进行内部资源的整合，初步构建起现代化的数字平台。这样，企业可以拥抱云计算技术并规划随需可用的资源，即在整合企业内部能力的同时，将企业能力微服务化或 API 化，一则提升企业应对外部变化的快速响应能力，二则可建立与产业、生态系统的有机合作关系。为实现这些目标，企业必须有效建立一个云化的数字平台，以混合、安全、数字化的方式整合内部及上下游供应链，并以此吸引更多合作伙伴，拓展生态体系。

（2）平台成长期，企业有了基于云平台的合作和运行，也就有了越来越多的数据基础，这时企业再结合自身、产业以及生态体系中的数据，自然开始平台的成长阶段，建立人工智能的技术能力，同步发展更多的改善效率、降低风险或洞察商机的 AI 应用场景，并利用这个能力服务于平台的竞争能力。

（3）平台创新期。这时企业就能在现代化架构数字平台上，基于业务模式的创新，在数字化转型的征程上大展宏图了。诚然，不同的企业需要根据自己的实际情况找准自己的定位。企业在采用平台战略的时候，应当选择与能力相匹配的平台类型，要综合考量自身的战略能力、企业渠道实力、客户群规模和忠诚度、品牌相关性以及与生态系统的关系，通过灵活、智能的认知型企业的架构体系，打破各种边界，实现平台驱动的业务创新。

4. 持续的运营力

应对动态、专注核心、持续经营是所有企业的梦想，但并非所有的企业都具备持续运营的能力。正因为如此，真正基业长青的企业可谓凤毛麟角。一个拥有长青基因的企业，既能在企业发展的机遇来临之时勇于创新、善于决策、攻城略地，战无不胜，也更能在逆境时期抵抗风险、平稳过渡。如同近年的疫情这个突发事件一样，风险总是在人们猝不及防时骤然降临。当突发疫情时，众多行业，尤其是中小制造企业、零售企业以及线下依靠人流量、高周转率和高运营成本的企业，都面临着巨大的挑战。在 IT 世界中，人们会经常提到 IT 运营的连续性。对于企业而言，持续运营能力则需要在更高的层面上进行整体规划：从经营主业的定义到资产的配置，从供应链的优化路径到所需要的数字化能力、运维管理等诸多方面。在今天复杂动荡、从牛市到熊市再到牛市的快速市场变化中，企业想要稳定运营、持续发展，首先就要在"专注核心"与"应对动态"这两项能力上面下功夫。在这个快速变化、难以预测的新世界，竞争优势稍纵即逝，要怎样重新设计、建立企业的动态竞争优势，让组织比黑豹还要敏捷呢？最近的各种波动和突发事件，促使企业在面对巨大挑战的同时，重新审视自身不够"动态"的竞争元素。以现代餐饮为例，由于互联网的兴起，外卖成为很多企业必不可少的业务环节，但是有多少餐饮企业建立了自己的外卖业务呢？几乎没有。餐饮外卖的业务早已被很多专业的外卖平台承揽，餐饮企业只要专注于自己的餐饮主业，不断提升主业的差异化和吸引力，然后与外卖平台合作，就可以实现线上的餐饮服务。这样的模式在企业面对市场起伏时，能够更好地降低自身的风险，专注于专业能力本身，这一点十分重要。过去四十年，中国市场持续、快速发展，企业扩张往往较少考虑成本和风险。根据自身快速发展的需要，很多企业通过自己投资的方式，建立了许多业务能力。一方面，企业的这些业务能力并非全都是企业发展和竞争所需要的核心竞争能力，但却牵扯了大量的管理资源；另一方面，在外界环境波动的时候，这些能力又可能会成为企业的巨大负担，降低企业抵抗风险的能力。

因此，我们认为一个认知型企业要想建立动态的竞争优势，首先必须非常清楚自身的核心竞争能力，并且专注于不断建立和提升核心专业能力；而对于非核心能力，建议寻求该领域的专业公司，共同发展长期的合作伙伴关系，以保证竞争优势的最大化。其次，企业需要尽可能考虑以轻资产运营的模式，剥离非核心业务，通过"服务"而非"资产"的模式建立自身必需的但又非核心的能力。在科技和产业充分发展的今天，从 IT 到物流，几乎所有的业务元素都能够以服务的方式来提供。随着各个产业、企业数字化发展的不断深化，该趋势将进一步加强，这就要求企业具备管理这些"服务"的能力。在外部环境风云变幻、各种服务需要整合管理的情况下，建立智慧的运营管理能力也是确保企业具备动态竞争优势的关键要素。

5. 敏捷的执行力

数字时代，一切都瞬息万变，敏捷已经不单单局限于"多快好省"，而更多地体现在快速响应以及对不确定性的应对能力上。当突发事件发生时，敏捷地应对变得尤为重要。因为只要晚一步，就可能处于被动局面，而要将被动变为主动，就需要付出十倍、百倍的努力。我们看到，在突发事件中，资源的调配、人员物资的组织、可信任信息的发布、准确的决策等，无一不体现出了敏捷应对、快速响应的重要性。在互联网加持的数字时代，以企业为中心的经济逐步演变成为以个人为中心的经济。个体对市场需求的反应在快速改变市场结构，比如"网红经济"，它所带来的产业跨度要求企业必须对市场瞬息万变的需求和无处不在的竞争做出快速反应，从消费端倒逼企业必须增强敏捷性，其实质就是 C2B2B 的商业模式。任何一家企业都要快速响应不确定性造成的变化，提升应对能力，有效管理不确定性带来的风险。因此，敏捷的执行力将会成为企业必备的常态能力之一。成为敏捷型的企业无疑是很多企业家和公司高层的共识。

11.2.6 打造数字化力的行动建议

企业数字化没有终点，它只是一段旅程。在充满了各种挑战和不确定性的当下，企业在经历了浅水区的摸索之后，开始面临更深层次的数字化转型挑战。面对商业世界的各种冲击与挑战，企业需要应用现代化架构数字平台重构认知型企业的核心理念和竞争能力，以客户体验为中心，在数字平台上打造洞察的决策力、智能的应变力、持续的创新力、持续的运营力和敏捷的执行力这五方面的企业数字化力。为此，我们提出三点行动建议。

1.坚定信心，拥抱数字新时代

企业数字化转型是一种全新的思维方式、认知能力、业务模式、工作方式及人员技能的大变革。只有坚定必胜信念，开放思维，才能抓住这个数字时代提供的新机会，运用新技术，学习新方法，成就新事业，开创美好的新未来。

2.坚持以客户为中心，规划先行

据调查，只有不到 40% 的企业有规划并按照规划执行数字化转型，有 30% 的企业有规划但执行不到位，而 30% 的企业根本没有规划。只有用战略思维全面分析，才能制定出切实有效的数字化转型行动计划，敏捷、有序地从短、中、长期实现数字化能力的提升和商业价值。

3.持续创新，坚持变革

企业数字化重塑的目标是实现认知型企业。这一转型之旅不是单纯的技术应用，企业必须有效广泛地收集客户及市场洞察数据、充分应用和发挥已有数据进行产品及服务的快速创新，通过引入全新的创新方法持续创新，打造敏捷持续、不断变革的核心能力和企业文化，为客户创造更好的商业价值和客户体验。这是一个企业成功的根本。

达尔文在《进化论》中说："能够生存下来的物种，并不是那些最强壮的，也不是那些最聪明的，而是那些能对变化作出快速反应的。"今天的世界存在着各种变化的可能，是被动地接受世界的变化，还是积极地采取措施主动变化，是每个企业都需要面对的课题。要想在变化的世界中占据主动，根本的方法就是要利用科技的力量及时发现变化、适应变化，不断地增强自身应对变化、重塑自身的能力——这是一个企业抵御风险、破茧成蝶的根本能力。决定一个企业发展最终高度的往往不是起点而是拐点，机遇往往蕴含在危机之中。没有一个冬天不可逾越，只要转型的脚步永不停歇。要想成为颠覆者，而不是被颠覆，企业就需要借助数字化重塑去应对诸多的挑战。唯有抓住机遇，驾驭复杂环境，才能在数字时代为企业开创一个美好的未来，这也是企业冲破阴霾、逆风飞扬的霸气和担当。

11.3　数字化服务——做强做优做大数字经济的新路径

数字经济是当今世界最重要的经济形态，需要先进的新型基础设施来支撑。数字化服务是信息产业在数字经济基础设施层面的终极竞争，是企业数字化转型的科学路径，是中小企业创新活力的策源地，能重构软件产业快速突破卡脖子技术。随着各国数字化进程的加快，全球云服务市场将用 5 年左右形成稳定格局。

诚然，我国数字化服务市场还处于初级阶段，政府和行业使用的数字化服务占其 IT 投资不到 1%（除互联网），还存在着认知、文化、政策、采购流程、预算、考核等众多障碍。美国已在抢跑，领先至少 5 年以上。我国必须抓住百年不遇的大机遇，以科学的方法、正确的路径和更快的速度推进数字化服务模式发展，才能做强做优做大数字经济，实现大国崛起的中国梦！

11.3.1　数字化服务是数字经济发展新模式

狭义地讲，数字化服务就是"云服务"的概念，就是将企业组织的业务流程、分析洞察结果、应用软件、以云计算为基础的现代基础架构有机融合在一起的新型模式，成为企业对内升级共享服务，对外支持业务发展数字化转型的有效手段。使企业实现"一切皆可云""一切皆服务"的模式，充分展现数字化服务具有的即时使用、迅速扩展和灵活消费等特性。

数字化服务使企业的任何场景、需求都可以以服务的方式得到满足。数字化服务的核心是帮助企业找到真正的需求点及问题所在，把基于云平台上的基础设施服务能力、新技术融合服务能力、融合千行百业的知识经验都封装为服务来提供，为社会、政府、行业、企业和个人带来真正的价值。即所谓的基础设施即服务、技术即服务、数据即服务、经验即服务，简言之"一切皆服务"。其本质所在就是客户需要的是价值，而不是功能。只有靠服务通过云平台把软硬件打通，端、边、云、网融合，将现有业务产品、流程和旧系统融合后封装为一系列数字化服务，才能为客户带来预期的价值。

数字化服务的底层逻辑是企业"上云用数赋智"，即所谓的"一切皆可云"在云平台上所呈现的数字经济新模式，数字化服务就是数字经济主要落地模式和发展趋势。

11.3.2　推进数字化服务，做强做优做大数字经济

"一切皆可云"就是企业数字化转型"上云用数赋智"的过程，通过云平台把现有大量的产品、工具和新技术进行整合，封装为服务提供给用户。从本质上说，任何 IT 功能、企业经验都可以转变为服务供企业使用。通过数字化服务，云可以提供完整的、端到端的工具，从数据存储到计算、分析、人工智能创新。利用广泛而深入的云服务，凭借在数据领域的产品创新与前瞻眼光，围绕为客户创造价值的价值链主线，让企业实施现代化的端到端数据集成战略。

数字化服务的主要价值意义有以下几点。

1. 数字化服务是数字经济发展新模式

云计算是一切新 ICT 技术的基础，更是数字经济时代的新型基础设施；云的逻辑不仅是帮助实体产业面对结构性重大改革，更是一种服务。如果把云变成数字化的基础设施，云服务会颠覆人们对边际成本、规模经济、范围经济等经济学概念的认知，进而使人们更

快地迈进数字经济新时代。

推进数字化服务，让企业"上云用数赋智"可以促进数字化转型进程，这是做强做优做大数字经济的科学方法和正确路径。通过云的基础设施把各种资源整合在云上，然后封装为云服务。云是数字经济时代底层数字化解决方案，是一项系统工程。

新一轮科技革命驱动数字经济发展，未来任何企业需求都可通过数字化服务的方式满足。AI、大数据、区块链等先进技术都承载在云上，在任何时间、地点以数字化服务的方式提供给用户。

2. 采用数字化服务最直接的好处就是降低成本、提高效益，快速响应市场

研究表明，企业选择自建方式时，获取新技术的速度延长半年以上，成本上升 3 倍。云服务能实现低成本启动和轻资产运营，大幅缓解中小企业探索新业务的压力，对 GDP 的拉动效果是传统基建的 1.2 倍，带动就业更是翻倍。

（1）订购云服务会大幅减少企业软硬件资产负担，初期投入为传统建设的 1/3，带来的回报为 2.5 倍，是中小企业技术创新的策源地。

（2）使用云服务能大幅提升经营效率，传统自建需几个月甚至跨年，而订购云服务可分钟级就获得新技术，还避免了长期保留运维团队。

因此，借助数字化服务，企业可以通过订购方式从提供商处购买服务来降低成本，加速新应用和业务流程创新。这种模式使企业能够利用新的应用或解决方案快速适应不断变化的市场需求。利用多租户方法，数字化服务可以提供企业迫切需要的灵活性。资源整合和快速弹性支持意味着业务主管可以根据需要轻松地添加或减少服务。企业可以快速利用新技术，并在需要创新资源时自动扩展基础架构。云作为基础设施，通过推进云服务，使边际成本无限趋近于零。如果把云变成数字化的基础设施，通过数字化服务会颠覆我们对边际成本、规模经济、范围经济等几个经济学概念的认知，进而使我们以低成本推进数字化转型进程。

3. 数字化服务的大规模应用能减少数据中心 78% 的碳排放量

数据中心是新基建的主要载体。传统数据中心已成耗能大户，用电量占全社会的 2%。研究表明，传统行业如使用数字化服务，将直接降低碳排放量的 40%。例如亚太地区企业将应用从本地数据中心迁移到云，碳排放量可能会减少 78%。由此可见，推进数字化服务发展，是实现双碳目标的科学举措。

4. 基于数字化服务的场景化可以加速数字产业化、产业数字化，做大数字经济

数字化服务可重构 ICT 产业链，以规模应用带动卡脖子根技术的快速突破。数字化服务场景对产业链上下游产品有强大的定义能力，向下可以定义芯片、存储和网络等核心硬件的演进，向上可重新规划操作系统、数据库、中间件、大数据、AI 等基础软件的发展路径，是卡脖子根技术的最佳试验场和孵化器。同时，软件产业正从传统的许可（License）

向服务化模式变革，美国已经抢跑，通过数字化服务向软件价值链两端延伸。

数字化服务渗透、赋能千行百业，打通技术与业务壁垒，给人们带来了产业链的无限深度和广度。广度是把过去的所有产业链分解得越来越细，在最专业、最垂直细分的一个领域中无限垂直下去，而且连科研、销售、售后服务、设计、维护等一切都在云端分工，解决全部问题。这样，数字化服务才能成为这个时代最深厚的产业链当中的工具和方法。

5. 数字化服务可以促进数据要素的流通、加速社会治理进程

数字化服务模式能快速实现"东数西算"的布局，更有效地支撑数据要素的开放共享和透明监管。将西部丰富的算力资源以数字化服务模式调度给东部使用，结合国家枢纽节点的布局，加持区块链、隐私计算等数字化服务应用，更有利于数据要素的开放共享、流通交易和有效管理，构建数据可信流通环境。

数字化服务天然的资源弹性、随处可得和互联互通，可从容应对疫情、暴雨等紧急状况对 IT 的突发需求，全面提升政府的城市治理水平。

通过数字化服务，政府采用一网统管、一网通办来逐步实现国家和社会治理，把云的外部特性放大到最大程度，云的公有价值会得到最佳配置。数字时代一定是资源配置最优、社会功能最完善，云的私有逻辑、公有价值也会得到最佳配置。

未来数字社会的治理复杂度成倍上升，非常考验政府的数字化手段运用能力，如疫情催生了科技抗疫数字平台，数字化服务通过海量实时数据的分析实现自主化决策，大幅提升了政府的数字治理水平。

面向未来，只有推进数字化服务模式，充分发挥海量数据和丰富应用场景优势，促进数字技术和实体经济深度融合，赋能传统产业转型升级，催生新产业新业态新模式，才能不断做大做优做强我国的数字经济。

数字化服务模式正在各个行业落地结果。随着企业迫切需要准确分析数据并高效运用数字资产，服务化模式的应用场景会更加广泛。与企业传统 IT 建设模式不一样，服务化转型速度令人侧目，可以帮助企业在数日或是数周内获得世界一流的运营能力。通过云端的计算和应用，企业能够在极短时间内快速重建其财务会计、采购，供应链分析及客户服务能力。

数字化服务模式与之前自建中心或外包模式最大的区别在于，其作为企业数字化转型支柱的意义要远大于优化流程和提升效率。企业应着眼于更敏捷、智能的业务转型，专注新的能力培养，创造新产品和服务。企业需要抛弃的正是旧有的业务运作和外包模式，不能简单依靠劳动力红利来节约成本。

数字化服务模式的突出优势在于改造可以从小处着手，快速扩展规模，这是其他模式所不具备的。对于大多数服务采购方来说，向服务化模式迁移首先应当制定全面的实施路径图，随后逐一推进，研究如何利用服务化转变工作，达成特定的业务成果。

11.3.3　我国数字化服务产业现状简析

我国云计算技术处于世界前列，但数字化服务模式的应用处于初级阶段，复杂的流程让企业用户望而却步，已成为制约我国数字经济高质量发展的阻碍。其主要表现有以下四点。

1. 我国数字化服务市场规模远远落后于美国等先进国家

近年来，我国一直推进企业上云，但应用规模普遍不大，渗透率低，数字化服务即云服务采购占比仍然很小，2020 年美国云服务规模是中国的 11 倍。2020 年美国硬件采购占比低于 20%，而我国占比仍很大。很多政企还是用传统软件采购的方式来用云（如虚拟化等，均不是真正意义上的云），更关注资产而非租用服务来按需付费，造成各行业云的规模增长非常缓慢。

2. 老旧小散数据中心林立，与国家"双碳"目标不符，数据要素成为孤岛不能流通，无法支撑经济高质量发展的战略诉求

在政企数据中心市场结构中，粗放的硬件集中化占大多数，表现为小、散、乱，而云计算不到三成（云服务更是不到一成），业务割裂、数据无法连通，资源难以高效共享，能耗高，PUE（电源使用效率）在 1.6 ～ 1.8 以上（云数据中心 PUE 为 1.1 ～ 1.2）。

3. 云服务发展的滞后，影响软件产业向数字化服务模式转变的健康发展

我国一直是重硬件、重资产，软件的核心差距不在于关键技术，而在于通过规模化发展，带来边际成本的降低，进而良性循环。全球先进的软件巨头（如 Salesforce 市值 12 000 亿美元），都在以数字化服务的方式向客户提供服务。

4. 数字化服务模式的发展在政策、采购、预算和监管意识层面存在诸多问题

政策层面，相关部门出台过鼓励使用云计算的政策，带来了大量虚拟化的建设，但缺乏数字化服务优先的引导。预算上，数字化服务在科目中缺乏明确的归属，同时有一定的比例限制。数字化服务预算科目不固定且不合适，"劳务费""维护费""租赁费"都有，费用总体偏少，一般按对应资产的 15% 配置。数字化服务预算每年申请的延续性难以保证，很多部门基于"无预算不采购"原则，对云服务的选择非常谨慎或直接拒绝。

采购流程上，缺乏数字化服务的明确采购目录和配套指导。财政部要求各级部门、地方政府实行指导性目录管理，"运营服务""其他电信和信息传输服务""数据服务"等都曾经用来打擦边球。有的省市在自行制定的采购标准中限定为 IaaS，无 PaaS 和 SaaS，额度也有限定；而未列入采购目录的省市有更大限制，还需要政企自行验证合规性。考核审计上，中央及国有企业出于国有资产保值增值的约束，倾向采购硬件资产而非数字化的云服务。

以上传统的观念、政策、制度以及机制体制等制约和限制了我国数字经济做强做优做大。

11.3.4 他山之石，美国数字化服务产业发展概况

美国 80% 的 GDP 都是服务业的贡献，其中数字化服务更是占据半壁江山，这与美国政府长期推进数字化服务的各项政策制度、文化氛围、机制体制有着直接的关系。

1. 美国政府认为采购云服务才能保证技术先进性

以国防部（DOD）为典型的美国政府（2017 年"Cloud Adoption"）认识到仅靠自身是无法提升 IT 竞争力的，只有通过灵活的逐年服务采购才能站在云计算巨头肩膀上，获取最为先进的技术与生态，保持先进才是安全在握、胜券在握的核心技术战略。

2. 美国从战略、行政管理、预算、采购等举措，持续推动云服务落地

从 2009 年至今，美国通过"Cloud First""Cloud Smart"战略及行政管理、预算、采购流程等措施，推动联邦政府将 IT 总花销的 1/4 用于云服务；制定 FedRAMP（联邦风险与授权管理）政府层面计划，提供一种标准方法来对云服务进行安全性评估、授权以及持续监控，保障监管与安全。美国国防部计划通过 JEDI 和 JWCC 以达成关闭 75% 的数据中心、核心数据中心缩减到 11 个的目标，2021 年仅有 4000 万美元投入在自主建设系统，而用 2.1 亿美元来购买云服务。

3. 美国通过全球化云服务形成技术壁垒，不利于我国软件产业生态发展

经过十几年的发展，美国在基础设施、基础软件、业务软件等多个层面都已全面走向数字化服务模式。厂商在美国云服务发展的助推下，构筑了完整强大的技术生态，并在全球范围内广泛地提供云服务，占全球总份额的近 70%，呈现逐步吞噬 IT 产业之势（AWS 2020 年的收入为 3000 亿元人民币）。美国厂商逐步以此方式将各国数字化基础设施构筑在其云服务之上，将在全球范围内形成技术壁垒，非常不利于我国技术生态的构建，长此以往将导致我国技术体系发展缓慢、孤立。

11.3.5 我国数字化服务发展策略建议

我们建议应从政策、制度、流程、考核以及机制体制等多个维度来建设、培育、推广和快速推进数字化服务模式。

1. 国家相关部委应出台加速数字化服务应用的扶持政策

未来数字化建设应以数字化服务模式采购为主，设备采购为辅，完善采购云计算服务的配套政策，简化流程，推进数字化服务的文化、机制、体制建设。发挥政府推广云服务的试点示范作用，明确"十四五"期间考核上云率、使用云服务，树立数字化服务的样板，提升产业共识，构筑良好的数字化服务氛围。通过软件产业政策加速数字化服务的推广，支持软件企业以数字化服务的方式提供国产装备软件等，通过 SaaS 构建良性的商业模式。

2. 完善预算政策

调整预算分布，提高数字化服务采购资金，降低服务器等传统 IT 的采购预算，从预算上限制自建模式发展。明确"云计算服务"的预算科目归属，并出台相应的配套细则，增大或者取消不合理的比例限制。推广"先使用后统计、先报备后结算"等敏捷预算、采购流程，保证云计算服务预算的延续性。

3. 完善采购政策，增加明确的云服务采购目录，并出台相应配套细则

4. 考核、审计为数字化服务提供良好、宽松的机制

探讨将云服务的数字化服务的使用列为创新投入，不影响企业利润和资产考核；鼓励云上数据成为正资产。

5. 在数据中心建设上，鼓励以国家级和国家认证的为主，避免小、散、乱的建设

（1）鼓励企业优先使用云服务，遏制小型数据中心建设，逐步淘汰老、旧、小、散的数据中心。

（2）数据中心建设主体上探索政府、行业和公有云厂商协同的多种模式，如一个城市一朵云，一个行业一朵云，关键行业设专区，如金融团体云、政务云专区等；积极支持具有自主知识产权、安全可信的公有云厂商如华为等承建、集中运维，以提升数字化服务水平。

国家各部委、各级政府、各行各业只有积极推进数字化服务的文化、政策制度、机制体制建设，形成良好的数字化服务社会氛围，我们才能抓住百年不遇的大机遇，以科学的方法、正确的路径和更快的速度推进数字化服务模式发展，才能做强做优做大数字经济，实现大国崛起的中国梦！

第 12 章
元宇宙及其发展趋势

2021 年被认为是元宇宙（Metaverse）的元年，一大批国内外领先公司都宣布自己的元宇宙产品或计划，从元宇宙社交（Soul App）、企业元宇宙（微软公司）、智造元宇宙平台（海尔公司），到元宇宙模拟和协作平台（英伟达公司）；Roblox 成为第一家以元宇宙概念在纽交所上市的公司（Roblox）、字节跳动斥巨资收购了 PICO 公司、Facebook 甚至把公司的名字就改成了 Meta……一个元宇宙的时代已经来临。

12.1　元宇宙及其演进

"元宇宙"堪称是技术与艺术完美融合的一个名称。元宇宙的思想源头可以追溯到美国数学家和计算机专家弗诺·文奇（Vernor Vinge）教授在 1981 年出版的小说《真名实姓》，书中他描绘了一个脑机接口获得感官体验的虚拟世界。1992 年，尼尔·斯蒂芬森（Neal Stephenson）在其科幻作品《雪崩》（*Snow Crash*）里直接用 Metaverse（元宇宙）来指代这个虚拟世界。

虚拟现实（Virtual Reality，VR）技术通过数字技术模拟虚拟环境，给用户难以辨别的真实感和沉浸感，在虚拟世界体验到真实的感觉，通常也被认为是元宇宙的雏形。从某种意义上来说，元宇宙更是一种被用户感知的、与真实宇宙不同的体验（虚拟现实），或者是真实宇宙的一种数字扩展（增强现实（Augment Realing，AR）），又或者是真实宇宙的数字对应物（数字孪生（Digital Twins））。从广义上讲，元宇宙是全社会、全方面数字化转型的高级阶段和长期愿景，可以肯定的是，元宇宙将对人们的日常工作和生活产生深远的影响，将重塑全人类的经济和社会运行环境和机制。

早在 20 世纪 90 年代初，钱学森就已经注意到了"Virtual Reality"，并将之命名为"灵境"，这个中国词汇非常传神地表达出元宇宙给用户带来的感知和体验。钱学森对"灵境"技术非常重视，并预言"灵境技术是继计算机技术革命之后的又一项技术革命。它将引发一系列震撼全世界的变革，一定是人类历史中的大事。"

钱学森将 Virtual Reality 命名为"灵境"，除了在"修辞"和"达意"方面做到了兼顾之外，还有另外一层隐含深意，就是希望中国的科技界不要老是跟着外国人跑，要有开拓创新的精神。钱学森认为，语言的影响是潜移默化的，因而科技名词的翻译不是小事，在表意准确的前提下，应该使用忠于中国语言风格的表达，这将有助于建立中国科技工作者的学术自信。

2022 年 9 月 13 日，全国科学技术名词审定委员会对"元宇宙"概念给出了权威的名称宙实现了体验传播的民主化，因此"元宇宙"的到来可以视为互联网传输技术革命。可以将 Web 1.0、Web 2.0、Web 3.0 以及元宇宙的相互关系表述如图 12-4

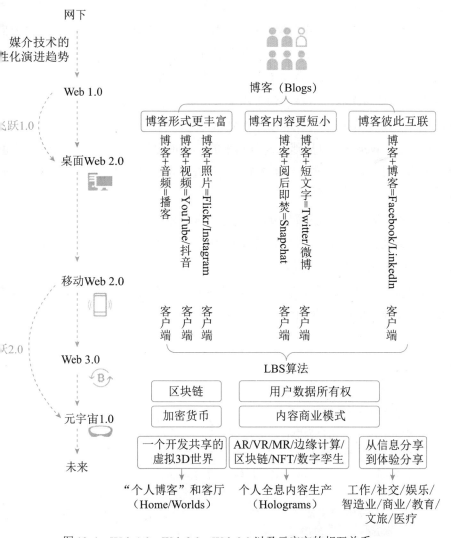

图 12-4　Web 1.0、Web 2.0、Web 3.0 以及元宇宙的相互关系

宙时代的用户化身也是采用数字孪生技术。人们通过各种技术向网络空间发布关息，最终实现用户在现实空间和虚拟空间之间的相互复制，人们的数字化身为"数字孪生"。这个过程包括三个阶段。

人和世界的数字化。网下真实的自我通过持续、自觉、全面地发布微内容（文字、视频）实现自身向网络空间的数字化，逐渐建设成一个化身，或称"数字勤务下真实的自我服务。

人和世界的数据化。各种技术，包括 RFID、GPS、LBS、Google Glass、Apple cebook Rayban Stories 眼镜和初级的虚拟现实 / 增强现实 / 混合现实技术等使得

和释义："元宇宙"英文对照名"metaverse"，释义为"人类运用数字技术构建的，由现实世界映射或超越现实世界，可与现实世界交互的虚拟世界。"正所谓"元虚生宇宙，妙窍观天人"。

元宇宙被认为是 Web 3.0 的典型应用。在 Web 1.0 阶段，主导互联网的是各种各样的网站，硬件以台式机或笔记本式计算机为主；在 Web 2.0 阶段，中心化的网络平台成为主角，智能手机成为主要的上网设备；在正在到来的 Web 3.0 阶段，其特征将是去中心化和去平台化。

Web 3.0 通过大幅提升用户在虚拟世界的内容体验和交互体验，人类可以在网络上营造出一套符合真实世界运行逻辑的社会运转体系。在这个虚拟世界中，每个人都是内容的生产者，同时也是内容的消费者，并且可以利用区块链、虚拟现实等技术从事生产、交易、社交等活动。这种基于 Web 3.0 的终极应用生态系统就是未来的"元宇宙"。

12.1.1　元宇宙到底是什么

"元宇宙"的内涵很丰富，但其主要成分是泛在性网络、加密货币和加密网络（如比特币和以太坊）、虚拟现实和增强现实技术以及 NFT（Non-Fungible Tokens）。

广义而言，我们可以说，互联网就早已经是一个元宇宙了。我们在对抗新型冠状病毒感染的过程中不可或缺的远程视频会议都有一些"元宇宙"元素。"元宇宙"是永远在后退的地平线，我们可以不断靠近它，但永远无法完全实现它。

扎克伯克说元宇宙是一个"具身的互联网"（embodied Internet）。但狭义的元宇宙是一种基于增强现实、虚拟现实和混合现实（Mixed Reality，MR）等技术，整合了用户替身创设、内容生产、社交互动、在线游戏、虚拟货币支付的网络空间。在元宇宙中，用户不仅能看内容，而且能全身心沉浸在相互补充和相互转化的物理世界和数字世界中，恰是中国文化中的阴与阳，如图 12-1 所示。

图 12-1　现实世界与元宇宙之间的相互转化

就像今天的互联网一样，元宇宙并不是某种单一技术，而是一个由许多公司提供各种技术，逐步共同建设而成的生态系统。具体来说，元宇宙有四大特征：逼真性、沉浸性、开放性、协作性。

用户在虚拟空间将感受到一种"共同的具身在场感"，以第一视角感受环境并与其他用户互动。此时，我们将不再是简单地在媒介之外，而是将生在媒介之中。

元宇宙生态系统的各部分将相互连接和实现互操作（interconnected and interoperable）。

在元宇宙中，各种人和物件都有固定的身份，这样个人和数字商品能从一个虚拟世界移动到另一个虚拟世界，甚至通过增强现实进入网下的真实世界。这意味着，元宇宙中，信息可以畅通无阻地跨平台和跨世界传输，包括在虚拟世界之间，以及虚拟世界和现实世界之间。

元宇宙是要在现实世界之外创造一个想象的世界（fantasy），这一努力从远古时代就存在，并具有不同的形式，这些形式具有不同的"元宇宙率"（Metaverse Ratio），如图 12-2 所示。

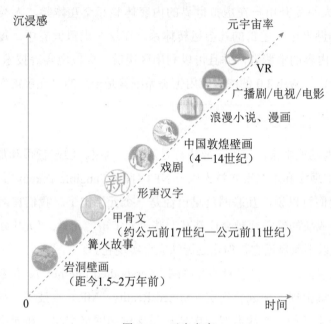

图 12-2　元宇宙率

汉字的每一个形声字恰如元宇宙用户自己创造出来与人分享的 3D 体验包，或称为扎克伯格说的元宇宙中的 holograms（可以是一本书、一部电影、一个游戏，如下棋、赛车、K歌和竞猜等）。

中国的昆剧，如著名音乐家谭盾和"昆曲王子"张军共同担纲制作的中国首部实景园林昆曲《牡丹亭》以园林实景为舞台，通过多种声光物美极具沉浸性地呈现明代大文豪汤显祖的巨作《牡丹亭》，将观众远距离投送（teleport）到汤显祖笔下的一个最真实、最纯粹的牡丹之梦中。

12.1.2　从数字"化身"到"孪生"

在元宇宙中，用户将在虚拟空间中拥有一个或多个"化身"（avatar）。该词源自梵文avatar，指神的显身。在印度教中，各种神在人间都以多个化身存在。2009 年获得巨大票房的美国科幻电影《阿凡达》的英文原名即是 avatar，因而让我们知悉了这个词的新媒体含义。

但总体而言，在各种游戏的演进过程中，尽管有很多迭代和提升，其人机互动方式仍是：用户身在游戏之外正对着计算机屏幕，音箱放在两侧，通过键盘、鼠标、触控板或游戏控制器来与游戏中的环境以及其他玩家互动。这显然与《雪崩》中描绘的元宇宙场景差别巨大。

在后者中，玩家完全沉浸于游戏，用自己的全部感官与游戏环境

当进入到 Web 2.0 时代，则实现了信息传播的民主化。此时以在互联网上拥有一亩三分地"——博客，也即个人主页。因网上的迁移，使得个体能在网上有了一个"数字化身"（博客/兵"）。此后，随着技术的进一步发展，这个"化身/博客/个人

● 媒介的表达形式，从纯文字变成包含图片、动图、音/

● 媒介内容的长短，从长内容变成也可以发短的内容；

● 媒介内容之间互联，从独立的个人主页变成互联的个人

此外，移动端（App），将互联网带入到移动化时代。

Web 3.0 是在 Web 2.0 的基础上发展起来的一种能更好地值均衡分配的一种互联网方式。Web 3.0 时代弥补了 Web 2.0 内脆弱的不足。

Web 3.0 的体现之一是数字游戏玩家通过化身付出时间通，币，这些虚拟财富通过一定方式可以在现实中兑换。这时，区护技术（如 NFT）就显得至关重要。

由于 Web 3.0 的应用非常小众和隐蔽，所以不大为普通公众宙的重要基础设施，如图 12-3 所示。

图 12-3　Web 3.0——元宇宙的基础设施之一

用户可以上传空间数据、行为数据、生理数据和非语言符号数据，使自己的化身越来越丰满。

（3）元宇宙数字孪生。用户通过元宇宙基础设施和超级虚拟现实技术使自己全身心地成为元宇宙的一份子（Cyborg）。在混合虚拟现实技术的支持下，日益人性化的人机互动界面导致网下与网络空间的不断重合，网络空间就是现实空间，现实空间亦是网络空间。

12.2　元宇宙的本质

关于元宇宙的内涵，正如大家现在看到的，三十年来，元宇宙早已脱离了早期科幻小说中赛博朋克的设定，通过严肃认真的科技研发投入和商业运作，首先进入了与大众生活密切相关的游戏娱乐领域，其概念内涵一直处于不断的演变过程中，各种说法层出不穷，尚没有权威统一的定义。

一个规范的术语条目定义是区别特征加上上位概念。先来看元宇宙的区别特征。距离元宇宙最近、与元宇宙最相关的概念，肯定是虚拟现实、增强现实和混合现实，或者说是这些技术的应用，比如元宇宙和多年前的大型多人在线角色扮演游戏《第二人生》有什么区别？目前各大厂和游戏厂商推出的元宇宙应用，与虚拟现实＋社交、虚拟现实＋游戏和虚拟现实＋购物究竟有什么区别？

通过梳理各种定义，我们可以总结出（未来的）元宇宙和上述技术或应用的三个区别特征：

- 持久性：元宇宙将与人类文明共存，它必须能永远存在，不能因为某个公司的破产而影响了元宇宙的存续。
- 去中心化：类似互联网的 HTTP 协议，接入元宇宙必须有一个开源共享协议。这一协议和相关规则的制定权、解释权不能属于某个公司或者国家。
- 协同进化：类似于数字孪生系统中的数字孪生体及其对应的物理实体之间是实时连接、动态交互的关系，从元宇宙中的虚拟人物和现实世界的真实个体，到两个世界的群体组织，都需要相互连接、相互影响、协同进化。

上述三个区别特征，既是元宇宙与其他现有技术和应用的本质区别，实际上也是人类未来构建元宇宙所要满足的需求指标。

那么元宇宙究竟是一种什么东西？它的上位概念是什么？是维基百科定义中的虚拟共享空间吗？或者是 Facebook、腾讯等大厂商心目中的下一代互联网？对这个问题的回答，实际上涉及人类构建元宇宙的终极目的。例如，为什么人类需要游戏？为什么人类需要虚拟空间？元宇宙究竟解决了人类的什么问题和需求？我们认为，元宇宙的本质是一场现实世界与数字世界的接口革命。这一观点正好契合了 IEEE 2888 系列标准要解决的问题。

元宇宙的技术基础是数字技术全面、快速的发展，但其本质是人类发展，就像抖音的技术基础是算法，但本质是社交空间。所以，元宇宙是人类发展的社会学现象。元宇宙的本质不是与真实世界平行的另一个新世界，而是与真实世界交融在一起，或者根本就是真实世界的一部分。它是人类学意义上第一次实现的群体智能，其表现形式就是各种数字经济形态的第一次融合。

群体智能是指众多简单个体组成的群体，通过相互之间的简单合作来实现某一个任务或目标的过程中，所体现的基于群体的宏观智能行为。在动物界的例子就是蚂蚁搬家。群居动物表现出来的类似的智能行为是动物在自然演变中理性的融合，而人类理性的融合也是人类进化的必然结果，会产生超级理性。

移动社交网络的出现把人类空前地连接起来，虽然只限于在信息层面的传播，也已经极大地加速了人脑的进化。人脑连接智慧所产生的群体效应是构建社交网络的巨大意义所在，只是群体智能的表现不如人工智能等某项技术那么明显，甚至有些虚幻，但它正在发生，不容忽视。

人类智能的激发是需要条件的，只有在元宇宙时代，才可能通过不同场景，更高频次地有效刺激问题的产生和解决，使智力激荡的效用达到质的飞跃。我们需要算力、联合、零时滞，这些既是游戏需要，也是工业需要。通过构建脱离物理定律的空间，解决了零时滞问题，进而提升了协作效率。同时，人与人之间的关系与互动更加密切，生命效率显著提高。在元宇宙，人与人的需求关系、供给关系、社会关系都发生了本质变化。

真实宇宙中的行为方式是根据大自然的规律、科学定理来运行的，如果违背了这些规律、定理，必然会受到大自然的惩罚。而元宇宙的运行是被主导者定义的，是依靠定义规则在元宇宙里生活、工作和学习，开拓星辰大海。但是，即使是虚拟的星辰大海，也参与到了现实生活中，成为影响现实宇宙未来的重要因素。比如元宇宙正在定义未来城市，借助虚拟现实、增强现实、混合现实技术来优化城市运营，城市元宇宙成为智慧城市的进化版。

12.3　元宇宙技术分析

12.3.1　技术系统分析

在上一节我们分析了元宇宙的三个区别特征（或称需求指标），本节将对元宇宙这个未来的复杂体系进行技术系统分析。

Beamable 公司创始人 Jon Radoff 提出了元宇宙的七层架构，如图 12-5 所示，它们是基础设施（Infrastructure）、人机交互（Human Interface）、去中心化（Decentralization）、空间计算（Spatial Computing）、创作者经济（Creator Economy）、发现（Discovery）和体验（Experience）。

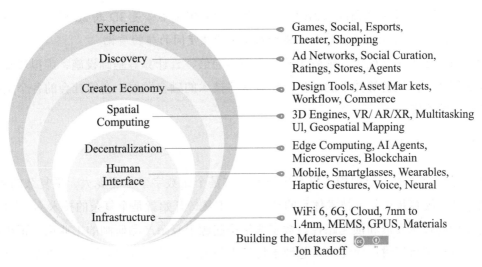

图 12-5　元宇宙的七层架构

- 元宇宙的最底层是基础设施：其中包括支持我们的设备、将它们连接到网络并提供内容的技术，如 5G/6G、云计算、芯片、电池、图像传感器等。

- 第二层是人机交互层：这一层主要是智能可穿戴设备。目前索尼、微软、Oculus、三星等公司生产的 VR/AR 用头盔好比移动互联网早期的大哥大。很快将出现可以执行智能手机所有功能以及 AR 和 VR 应用程序的智能眼镜、集成 3D 打印的可穿戴设备的服装、印在皮肤上的微型生物传感器，甚至脑机接口。计算机设备越来越接近人体，将人变成"半机械人"——赛博格（cyborg）。

- 第三层是去中心化层：这一层是构建元宇宙人与人关系的重要转折，通过这一层，可以把元宇宙的所有资源更公平地分配。分布式计算和微服务为开发人员提供了一个可扩展的生态系统，让他们可以利用在线功能而无须专注于构建或集成后端功能。围绕微交易进行优化的 NFT 和区块链技术将金融资产从集中控制和托管中解放出来。远边缘计算将使云以低延迟启用强大的应用程序，而不会给设备带来所有工作的负担。

- 第四层是空间计算层：这一层将真实计算和虚拟计算进行混合，以消除物理世界和虚拟世界之间的障碍，由一些提供算法的企业提供 3D 引擎、手势识别、人工智能等支持。

- 第五层是创作者经济层：这一层包含创作者每天用来制作人们喜欢的体验的所有技术，以去中心化和开放的方式为独立创作者提供一整套集成的工具、发现、社交网络和货币化功能，使前所未有的人能够为他人创造经验。

- 第六层是发现层：类似于互联网的门户网站和搜索引擎，这一层提供将人们引入新体验的"推"和"拉"。这是一个庞大的生态系统，也是许多大企业最赚钱的生态系统之一。

- 第七层是体验层：也就是顶层，这里是用户直接面对的游戏、社交平台等。许多人把元宇宙想象成是围绕人们的三维空间，但元宇宙不必是 3D 或 2D 的，甚至不一定是图形的，它是关于空间、距离和物体等物理空间的非物质化。

元宇宙在这七个层面上，依赖于芯片、网络通信、云计算等基础设施、虚拟现实、游戏、人工智能、区块链等技术的进步，随着这些技术的融合发展，会给社会的各个层面带来颠覆和新的价值。

12.3.2 技术演化分析

从上述元宇宙的七层架构可以看出，元宇宙是个比数字孪生更庞大、更复杂的体系。如果数字孪生还算是个复杂技术体系的话，元宇宙从一开始就是个复杂的技术 - 社会体系，两者有不同的技术发展和演化路径。数字孪生是起源于复杂产品研制的工业化，正在向城市化和全球化领域迈进；而元宇宙起源于构建人与人关系的游戏娱乐产业，正在从全球化向城市化和工业化迈进，如图 12-6 所示。

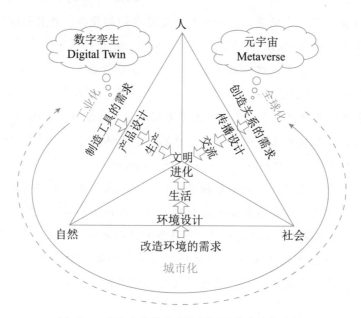

图 12-6　元宇宙和数字孪生不同的技术演化路径

虽然元宇宙和数字孪生都关注现实物理世界和虚拟数字世界的连接和交互，但两者的本质区别在于它们的出发点完全不同。元宇宙是直接面向人的，而数字孪生是首先面向物的。

虽然 Metaverse 这个词比 Digital Twin 的概念原型早出现了十年，但数字孪生技术体系的成熟度和国际标准化工作进展远高于和快于元宇宙。数字孪生技术在经历了技术准备期、概念产生期和应用探索期后，正在进入大浪淘沙的领先应用期，而元宇宙还处于技术准备期和概念产生期的早期阶段，还有至少二三十年漫长的技术研发、标准体系、道德和法律监管，乃至大国博弈等漫长的道路要走。

虽然和虚拟现实 / 增强现实技术的亲密关系相比，数字孪生与元宇宙两大技术体系的距离没那么近（《元宇宙通证》一书给出的元宇宙六大技术全景图中压根儿没提数字孪生），但是可以预见，数字孪生将很快成为元宇宙技术体系中的基础技术。

像《头部玩家》《堡垒之夜》这样的所谓元宇宙环境是与现实空间完全分离的科幻世界。即使它们是以现实世界为模型的，在元宇宙中发生的事情也不会反映在现实中，反之亦然。而数字孪生技术为元宇宙中的各种虚拟对象提供了丰富的数字孪生体模型，并通过从传感器和其他连接设备收集的实时数据与现实世界中的数字孪生化（物理）对象相关联，使得元宇宙环境中的虚拟对象能够镜像、分析和预测其数字孪生化对象的行为，将极大丰富数字孪生技术的应用场景（从物联网平台到元宇宙环境）和数字孪生系统的复杂程度（从系统级向体系级扩展）。

虽然最近元宇宙的概念被爆炒，但它的确代表了下一代、下下一代互联网的发展方向；在数字孪生技术的加持下，两大技术体系将在未来第四次工业革命中相得益彰、大放异彩。

12.4　元宇宙应用场景及领先公司分析

12.4.1　元宇宙的应用场景

元宇宙并非仅仅是像扎克伯格这样的技术公司高管的逐利梦想，它还是一个伟大的技术和工程上的创新，如果能得到正确的应用，也是一个能为物理世界带来确实好处的有益工具。

按照元宇宙的发展现状与未来趋势，大致可以将元宇宙的应用场景分为三层，分别为核心层、技术层与环境层，如图 12-7 所示。

核心层	技术层	环境层
工作、社交与娱乐是最常见的场景，具有用户覆盖面广、技术实现度高、生活化底色足的特点，满足用户基本的元宇宙生活需求。	大型企业与跨国公司角逐的关键领域，也是元宇宙的重要技术支撑，是元宇宙发展话语权分配的重要场景，包括资本投入、商业贸易、技术研发、规则体系制定。	基于元宇宙技术形成的综合使用场景，具有复合性、生态性特征。"元宇宙+"生态大量涌现，对用户注意力争夺常态化，是未来与人们最容易触达的场景。

图 12-7　元宇宙应用场景

核心层包括工作、社交和娱乐，如图 12-8 所示。技术层包括商业、场景体验和疾病治疗，如图 12-9 所示。而环境层包括虚拟人物、教育、旅游生态和国际传播，如图 12-10 所示。

- 工作
  - 扎克伯格说："未来，相互合作将成为人们使用元宇宙的主要方式之一。"
  - 在家办公的好处：兼顾工作和家庭、免除通勤所需的时间、金钱和体力成本，减少碳排放有利于环保
  - 在家办公的不足：无法满足人的社会性需求和具身传播对人类创意的促进作用
  - Horizon Workrooms具备独立账户，基于手势实现各种功能，带来更加身临其境的远程协作体验
  - Microsoft Mesh允许不同物理位置的用户通过多种设备加入共享式和协作式全息体验，实现所有需要"在场感"的协作场景
  - 著名咨询公司埃森哲与微软公司合作，在虚拟空间里对新员工进行入职培训

- 社交
  - Meta推出平台设计软件"地平线"（Horizon），用户使用Horizon设计和装饰自己的"家"（Horizon Home）。"家"主要是用户的工作和娱乐空间
  - 百度推出"希壤"，打造"多人互动虚拟世界"，目前三种功能为：虚拟空间定制、全真人机互动、商业拓展平台；"真实感"与"生态化"是其亮点所在
  - 2021年12月27日召开开发者大会，"希壤"为打破已经固化的关系格局带来了新的可能

- 娱乐
  - 游戏只是元宇宙概念的一个初级应用形态，是入口之一而非全部
  - 通过Horizon，Facebook用户可以根据自己的需求随意设计出所谓Horizon Worlds，满足场景化需求
  - 在Decentraland中，用户可以观看音乐会，参观艺术画廊和在赌场赌博
  - 电子游戏Fortnite中可以观看歌手表演
  - Roblox具有UGC内容生态+强社交属性，给用户一种补偿性的认知、感官与体验，未来发展更具有可塑性
  - Epic Games《堡垒之夜》中举办线上演唱会
  - "虹宇宙"剑指沉浸式的泛娱乐虚拟生活社区，强调人与内容之间构建轻松的互动关系

核心层

图 12-8　核心层应用场景

- 商业
  - 京东方推出了业界领先的OLED产品，在2021年获得了AR\VR隐形眼镜的相关专利
  - 字节跳动投资"光舟半导体"，收购了国内VR行业头部厂商Pico
  - 2019年第一条数字区块链连衣裙Iridescence卖出9500美元；2021年纯数字版Gucci手袋在Roblox上的售价超过4000美元
  - 2021年可口可乐发起的含有虚拟服装和品牌纪念图像的虚拟战利品箱活动，为慈善事业筹集了超过500000美元
  - 2021年苏富比拍卖以猴子为主题的NFT艺术品，总拍卖价格可能达到1350万美元~2000万美元

- 场景体验
  - 房地产公司和家具公司展示房产和商品，例如宜家家具、苹果手机等都已经通过VR在展示自己的商品
  - 在虚拟世界nikeland中，玩家可以通过购买相关Nike产品来装扮自己的数字化身
  - 加州大学伯克利分校在线上举办了虚拟的毕业典礼；中国传媒大学在《我的世界》中重建了校园，毕业生以虚拟化身参加了毕业典礼

- 疾病治疗
  - 高度沉浸的虚拟环境有利缓解PTSD或者抑郁症患者的焦虑和痛苦
  - 华盛顿大学医院针对烧伤患者的治疗使用虚拟现实，投送患者到任何更具有治疗效果的环境中
  - 洛杉矶Cedars-Sinai医学中心和斯坦福大学医学院给孕妇使用虚拟现实头盔，减轻分娩疼痛，免除硬膜外麻醉
  - Surgical Theatre公司瞄准对复杂人体结构进行精准治疗的痛点，通过混合现实可视化技术提供解剖视图
  - Meta与世界卫生组织合作设计移动学习应用，模拟正确的穿戴人体防护装备的顺序
  - Oculus相关技术也被应用于对整形外科医生的培训
  - 元宇宙技术也用于减轻PTS的困扰，通过体验感知的方式替代传统的谈话治疗
  - 山西医科大学第一医院研发出用于治疗抑郁障碍的阿凡达虚拟诊疗系统

技术层

图 12-9　技术层应用场景

- 娱乐与商业价值：B站每年推出BML VR演唱会，给予年轻人在文化生活层面的满足感与参与感；B站虚拟艺人在上海国际时尚中心上演了一场虚拟与现实融合的时装走秀
- 上海算术初子网络科技有限公司其IP拥有的粉丝数量在全国具有重要的市场份额
- 虚拟偶像的生成具有可控性、成长性与编辑性，创造大量的消费与交互场景
- 社交与情感价值：虚拟人物结婚在很大程度上能让我们获得现实中无法获得的体验感
- 深圳元族世纪网络科技有限公司打造成为"元宇宙场景的婚恋社交平台"
- 内容与媒介价值：腾讯新闻、山魈映画联合推出的新国潮智慧型虚拟偶像梅涩甜，成为腾讯新闻首位虚拟人知识官
- 梅涩甜具备很强的"媒体人"属性，具有很强的可塑性，产生更多的工具性与服务性价值

虚拟人物

- 研究人员试图通过虚拟现实来让人真切地体验全球变暖带来的可怕后果
- Facebook的AR/VR for Good计划与亚特兰大的"全美公民和人权中心"推出虚拟现实纪录片，帮助人们认识到系统性歧视的严重性，同情边缘群体并包容和促进多样性
- Roblox开发面向初高中以及大学生的三款教育游戏
- 雷蒙特科技公司的Tec Review团队打造了虚拟校园，学生以个性化化身的身份在虚拟校园中学习

教育

- 张家界成为全国第一个设立元宇宙研究中心的景区
- 需要关注的应该是通过元宇宙技术能否增强游客的旅游认知，打造多维的感官体验
- 紧跟时代的创新思维以及深厚强大的宣传本领值得我们学习

旅游生态

- 2021年巴巴多斯将在Decentraland公司的元宇宙平台设立大使馆，预计将于2022年1月1日开始运行，聘请了法律顾问，以使数字大使馆符合国际法以及《维也纳外交关系公约》的规定
- 2007年马尔代夫在视频游戏《第二人生》中设立了一个外交办公室，吸引其他国家效仿
- 元宇宙中设立使馆具有潜在的国家安全意义，警醒了我们关于"领网主权""网络主权"等议题的思考

国际传播

环境层

图 12-10　环境层应用场景

12.4.2　元宇宙的领先公司

催生元宇宙到来的是分布在广泛领域的众多极具创新性的公司，它们形成了生机勃勃和快速发展的元宇宙生态系统。2021 年 newzoo.com 发布"元宇宙生态图"，其中包括的生态公司类别有元宇宙入口类、化身和身份类、用户界面和沉浸式开发类、元宇宙支付类、元宇宙社交类、元宇宙零工类等。在元宇宙基础设施方面开发的公司类别有云计算存储类、可视化与数字孪生类、人工智能类、去中心化基础设施类、元宇宙广告类、连接服务类等。

2021 年 6 月创立的 Roundhill Ball Metaverse ETF 专注于元宇宙产业。它推出了一个"波尔元宇宙指数"（Ball Metaverse Index），这是全球第一个旨在追踪元宇宙产业表现的指数。该指数是在对全球积极参与元宇宙建设的上市公司进行"分层权重"（tiered weight）后生成的。这些元宇宙公司被分成硬件、算力、网络、虚拟平台、融合工具和技术标准、支付服务、内容服务和资产保护 7 类，如图 12-11 所示。

图 12-11　元宇宙生态分类

我们可以按发展潜力列出 10 家目前全球领先的元宇宙公司（由于元宇宙技术还在发展中，且市场并未完全清晰分割，因此对以下公司的分类并非完全互斥和稳定的）：

（1）Roblox。在线视频游戏平台，可能是当今最接近元宇宙的平台。拥有 4320 万日活跃用户，年龄 6～30 岁，2021 年第二季度的用户在线时间为 97 亿小时。时装品牌 Gucci 甚至都在其上推出了新款秀活动。

（2）Unity Software。3D 游戏设计软件公司，游戏设计师通过其图像渲染引擎可以设定玩家在游戏中的交流方式；世界前 1000 款手机游戏中有 71% 是使用 Unity 平台创建的；全球所有电子游戏中，超过 50%（跨 PC、移动和控制台设备）都是用 Unity 软件创建的。

（3）Fastly。减少数据传输时间延迟的方案解决商。Fastly 拥有一个边缘计算"基础设施即服务"（infrastructure-as-a-service）平台，可以在全球 28 个国家和地区内实现 145TB/s 的数据传输速度，从而有助于减少因数据传输带来的时间延迟。

（4）Autodesk。一个软件公司，20 世纪 80 年代上市，因 AutoCAD 软件而闻名，已经成为工业流水线、基础设施、交通工具、建筑业、工业设计软件的行业标准，用户包括工程师、建筑师、设计师和学生。

（5）英伟达。该公司多年来一直生产用于高端计算和人工智能的图形和视频处理芯片，且已经被广泛运用在复杂计算所必需的服务器和中央计算机中。英伟达计划从软银集团手中收购 Arm Holdings。ARM 公司拥有众多专利和软件，均与芯片如何配置到计算机系统中有关。如果此收购成功，英伟达将有能力将其图形处理单元（GPU）和高端芯片直接嵌入更多计算系统中，并提升计算能力。

（6）Meta。多领域布局，全球领先的元宇宙公司。

（7）Shopfiy。底层架构元宇宙商业模式。建成元宇宙的一个关键方面是内容创作者都希望能有自己的商业模式，因此，资产数字化、数字货币和内容变现方式在元宇宙中必不可少。Shopify 公司推出了一个新的 NFT 平台，可以让数字创作者直接向消费者出售自己的艺术作品或其他内容。NBA 芝加哥公牛队首先测试了该功能——他们通过 Shopify 销售了 NBA 1991 年总冠军戒指的限量版 NFT。

（8）微软。推出了一套新的元宇宙工具，使用户能够创建自己的 AI 化身，创建虚拟工作室和参与虚拟会议。例如，在虚拟会议中，与会者通过 Microsoft Dynamics 365 Connected Spaces 这款工具可以即时虚拟访问工厂车间或零售店，与工人或店员交谈，试用产品，感受环境，查找问题，增进理解。

（9）Matterport。一家软件和视频捕捉公司，它开发的软件能让用户拿着手机对实体建筑物一拍就能生成其"数字孪生"。

（10）Roundhill Ball Metaverse ETF。充分关注整个元宇宙领域的发展，从基础设施建设、界面开发到内容创作等无所不包，共涵盖 50 家上市公司，其中提供云解决方案、游戏平台和计算元件的公司占近 70%，包括英伟达、微软和中国游戏巨头腾讯。到 2021 年 11 月，该公司已经累积财富 1 亿美元，日均交易量达到 25 万股。

12.5　元宇宙发展趋势

一个新兴的领域在想象力上有千差万别的可能，而在现有技术、信息的透明度上，可能差异并不明显。元宇宙该如何发展，这是一个摸着石头过河的问题，尚没有人能给出明确的论断，但基于现有的条件与社会现象，我们可以做出一些阶段性的思考与未来可能的发展方向的推测。

从宏观层面来看，元宇宙的理念、技术、硬件、软件、内容、应用均会面临重构与再构，元宇宙变革如图 12-12 所示，图 12-13 展示了元宇宙未来发展十大趋势。

从微观层面来看，"政产学研用"各界对元宇宙均会有所行动，如图 12-14 所示。

元宇宙的概念内涵和外延不清晰，众说纷纭，百人百议。苹果公司的 CEO 库克在接受《时代》周刊杂志采访时，被记者问到"你所说的就是所谓的元宇宙吗？"他回答说：不，我们只是叫它增强现实。有网友指出，"元宇宙这玩意，过去搞游戏和视频内容的叫 AR/VR，搞工业软件仿真和设计的叫数字孪生，搞社交的叫虚拟社区，现在又加入一点区块链和数字艺术品后，被炒作成了一个谁也说不清的高大上的新词'元宇宙'，真有点扯淡……"

元宇宙作为一个概念先行的事物，市场以及相关企业是布局元宇宙的重要力量，但过度对元宇宙进行吹嘘乃至于魔化，不免带偏元宇宙的发展方向，陷入万物皆可元宇宙的戏谑性资本的现实狂欢。

要完全实现元宇宙可能需要等待数年的时间和数十亿美元的投入。Facebook 在技术上投入了大量资金，例如 Portal 视频通话设备、Oculus 头盔和 Horizon 虚拟现实平台。Facebook 也拥有每天 10 亿人登录的巨大优势，如果扎克伯格选择提供元宇宙娱乐服务，他很难不成功。但扎克伯格也承认，现有的 VR 头盔"有点笨重"，离他所描述的元宇宙体现还距离很遥远。

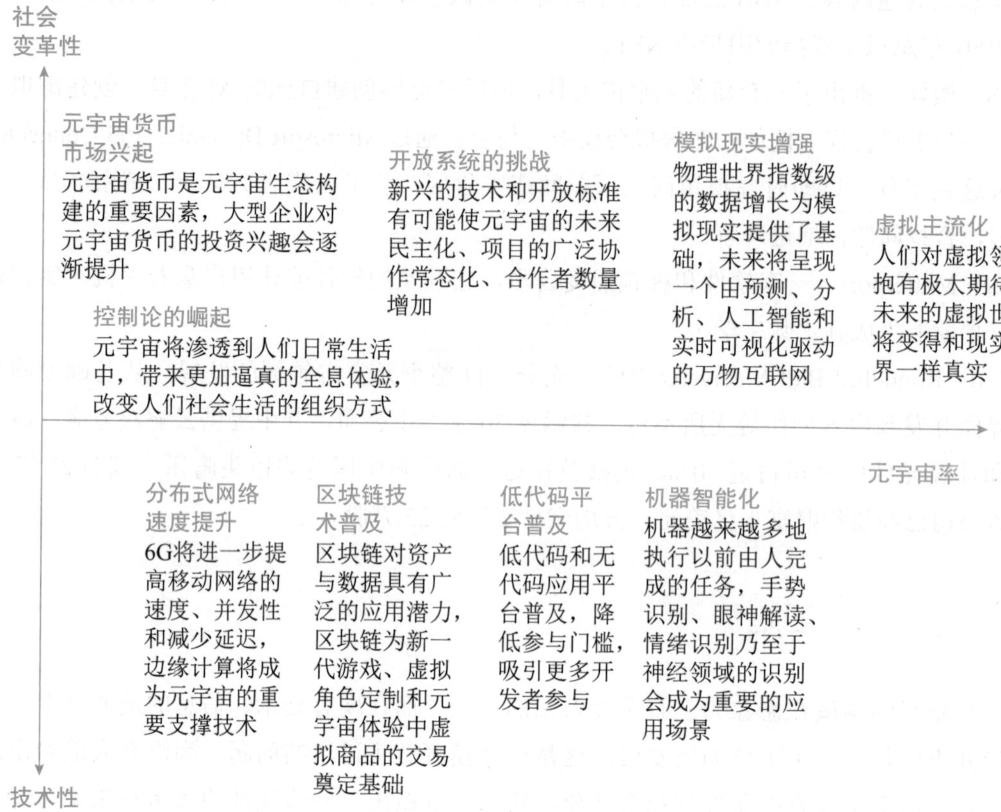

社会
变革性

元宇宙货币
市场兴起
元宇宙货币是元宇宙生态构建的重要因素，大型企业对元宇宙货币的投资兴趣会逐渐提升

开放系统的挑战
新兴的技术和开放标准有可能使元宇宙的未来民主化、项目的广泛协作常态化、合作者数量增加

模拟现实增强
物理世界指数级的数据增长为模拟现实提供了基础，未来将呈现一个由预测、分析、人工智能和实时可视化驱动的万物互联网

虚拟主流化
人们对虚拟领域抱有极大期待，未来的虚拟世界将变得和现实世界一样真实

控制论的崛起
元宇宙将渗透到人们日常生活中，带来更加逼真的全息体验，改变人们社会生活的组织方式

元宇宙率

分布式网络
速度提升
6G将进一步提高移动网络的速度、并发性和减少延迟，边缘计算将成为元宇宙的重要支撑技术

区块链技术普及
区块链对资产与数据具有广泛的应用潜力，区块链为新一代游戏、虚拟角色定制和元宇宙体验中虚拟商品的交易奠定基础

低代码平台普及
低代码和无代码应用平台普及，降低参与门槛，吸引更多开发者参与

机器智能化
机器越来越多地执行以前由人完成的任务，手势识别、眼神解读、情绪识别乃至于神经领域的识别会成为重要的应用场景

技术性

图 12-12　元宇宙变革

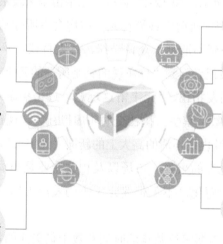

1.VR头显进一步轻薄化，AR多种技术路线将会共存

2.手柄仍是VR主流的交互方式，分体式AR以手势和手机交互为主，并将与互联网公司算法商合作

3.光场显示硬件将逐步产品化，采集算法预计近期解决，内容是产业发展瓶颈

4.手机厂商和互联网将以不同方式进入产业，现有玩家优势在B端市场

5.高质量内容不断涌现，UGC技术门槛和成本继续下降，行业未来急需出圈

6.不同平台模式各异，互联网将与VR不断融合

7.行业价值体现在现实，从"+行业"到"行业+"

8.VR和AR对网络需求不同，运营商是重要玩家，网络技术未来仍需完善、升级

9.行业还在发展上升期，安全应前置

10.产业聚集遵循高科技产业规律，应用将各具特色

图 12-13　元宇宙未来发展十大趋势

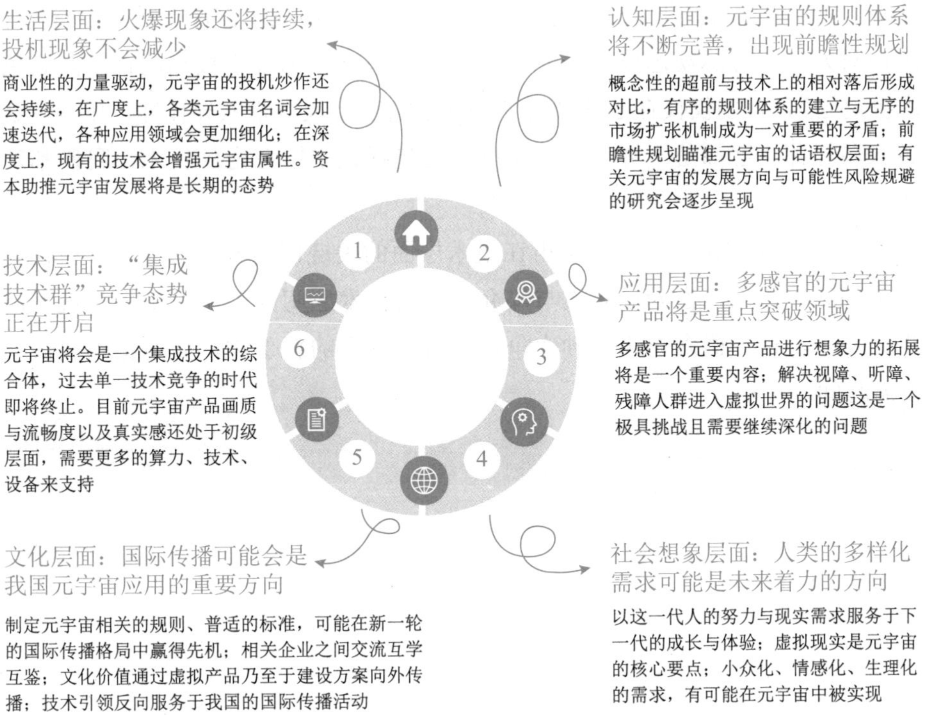

生活层面：火爆现象还将持续，投机现象不会减少

商业性的力量驱动，元宇宙的投机炒作还会持续，在广度上，各类元宇宙名词会加速迭代，各种应用领域会更加细化；在深度上，现有的技术会增强元宇宙属性。资本助推元宇宙发展将是长期的态势

认知层面：元宇宙的规则体系将不断完善，出现前瞻性规划

概念性的超前与技术上的相对落后形成对比，有序的规则体系的建立与无序的市场扩张机制成为一对重要的矛盾；前瞻性规划瞄准元宇宙的话语权层面；有关元宇宙的发展方向与可能性风险规避的研究会逐步呈现

技术层面："集成技术群"竞争态势正在开启

元宇宙将会是一个集成技术的综合体，过去单一技术竞争的时代即将终止。目前元宇宙产品画质与流畅度以及真实感还处于初级层面，需要更多的算力、技术、设备来支持

应用层面：多感官的元宇宙产品将是重点突破领域

多感官的元宇宙产品进行想象力的拓展将是一个重要内容；解决视障、听障、残障人群进入虚拟世界的问题这是一个极具挑战且需要继续深化的问题

文化层面：国际传播可能会是我国元宇宙应用的重要方向

制定元宇宙相关的规则、普适的标准，可能在新一轮的国际传播格局中赢得先机；相关企业之间交流互学互鉴；文化价值通过虚拟产品乃至于建设方案向外传播；技术引领反向服务于我国的国际传播活动

社会想象层面：人类的多样化需求可能是未来着力的方向

以这一代人的努力与现实需求服务于下一代的成长与体验；虚拟现实是元宇宙的核心要点；小众化、情感化、生理化的需求，有可能在元宇宙中被实现

图 12-14　元宇宙微观趋势

相对于社交媒体，元宇宙的技术提升仅仅是通过虚拟现实技术将主要的文字和音视频的互联网变成了用户可以全身心参与的"具身互联网"，但其商业模式并不会有根本的变化——从个人网页转变为"个人具身存在的家"，社交媒体平台变成"一个具身参与的公共空间"。因此，元宇宙仍然将涉及用户隐私这一"基本人权"问题。

元宇宙被视作一种未来的媒介，可以帮助人类打破既有的社会性实践疆界，这样的论断对技术的发展抱有乐观的想象。实际上，网络的电子边疆与领网主权同样值得关注，在看不见的元宇宙中，其空间的建构产品的生产必然是有着物理世界国家边疆的约束。

从目前的发展上来看，国际企业与各大平台积极探索元宇宙产品，建立自身的元宇宙体系，微软、Meta、百度、腾讯等均开发出自己的元宇宙空间，每个空间都有自己独立的运营体系与规则内容，或者说每个元宇宙对社交、游戏、商业等多领域的侧重点不同。人类如何在众多的元宇宙空间中实现自由切换与无缝衔接？"开放世界"的理念现在仅仅是对用户层面开放，作为规则制定者的跨国企业之间如何实现完全开放、互联互通？目前来讲，存在巨大挑战。

目前，社会上对元宇宙技术将带来一种什么样的未来还存在不同意见。刘慈欣先生认为，"人类面前有两条路。一条是向外，通往星辰大海；一条向内，通往虚拟现实。"前一条道路就是"飞船派"，志在探索广袤的宇宙世界，后一条就是"元宇宙派"。

但是，另一种观点则认为，元宇宙虽然也耗费资源，但开发外太空耗资更巨大且看不到未来，美苏太空计划就是先例。向内或向外并不矛盾，不必以向外来反对向内。人类需要物质资源，也需要学习、工作、沟通、娱乐和治疗等，而元宇宙都能在其中发挥作用。

但无论对元宇宙持悲观态度还是乐观态度，如果它们都过于极端的话，其底色都是一种"技术决定论"，差别仅仅在于悲观者认为元宇宙会将人类带入异托邦，乐观者认为它会将人类带入乌托邦。这都是不够公允的态度。对包括元宇宙在内的技术，我们都可以保持审慎乐观。

2021 年被称为元宇宙元年，元宇宙在技术层面的关键词是颠覆与变革，在社会层面的关键词则是创新与想象，也为反思人与媒介、人与技术之间的关系提供了契机。但是资本的介入也让元宇宙这一概念充满了炒作争议。对于这样的新事物，如何正确被认识还需要一定的发展时间。

参 考 文 献

[1] KOTTIGU.IoT-bin ich schondrin?[J] Digital Manufacturing,2016(4).

[2] THORHAUER P. Successful Project road map[J]. Berlin: Siemens, 2016(2).

[3] 博斯 . 信息论、编码与密码学 [M]. 武传坤，李徽，译 . 北京：机械工业出版社，2010.

[4] Klaus Schwab. 第四次工业革命 转型的力量 [M]. 北京：中信出版集团，2016.

[5] 雷万云 . 集团云：开始行动 [J]. 中国经济和信息化，2010（10）.

[6] 雷万云 . 云计算不是 IT 人的绞索 [J]. 中国经济和信息化，2010（24）.

[7] 雷万云 . 云计算就算是泡沫，也要踩破了走过去 [J]. 中国经济和信息化，2011（1）.

[8] 雷万云 ."云"意味着什么 [J]. 企业管理，2011（3）.

[9] 雷万云 . 云计算到底是什么 [J]. 中国经济和信息化，2011（10）.

[10] 雷万云 . 云计算重塑 IT 人 [N]. 计算机世界，2011-6-13.

[11] 雷万云 . 企业管理者如何认识云计算 [N]. 经理日报，2012-2-29.

[12] 雷万云 . 中国企业必须考虑云计算 [J]. 管理学家 , 2012(5).

[13] 雷万云 . 管理步入云时代 [J] 管理学家 , 2013(1).

[14] 雷万云 . 大数据背景下我国药品信息共享平台建设研究 [J]. 价格理论与实践，2015（03）.

[15] 雷万云 . 云计算：企业信息化建设策略与实践 [M]. 北京：清华大学出版社，2010.

[16] 雷万云 . 云计算：技术、平台与应用案例 [M]. 北京：清华大学出版社，2011.

[17] 雷万云 . 信息化与信息管理实践之道 [M]. 北京：清华大学出版社，2012.

[18] 雷万云 . 信息安全保卫战 [M]. 北京：清华大学出版社，2013.

[19] 雷万云 . 工业 4.0——概念、技术及演进案例 [M]. 北京：清华大学出版社，2019.

[20] 雷万云 . 云 +AI+5G 驱动的数字化转型 [M]. 北京：清华大学出版社，2020.

[21] 雷万云 . 推进数字化服务快速发展，做强做优做大数字经济 [J]. 时代商家 - 数字世界专刊 , 2022（3）.